交通运输预测与决策技术

主　编　胡郁葱　黄　玲

副主编　杨亚璟　张丽莉

参　编　张春梅　翁金贤

总序

交通运输业是国民经济体系的重要组成部分，也是促进国民经济发展的重要基础产业和推动社会发展的先决条件。在最近的30年里，我国交通运输业整体上取得飞速发展，交通基础设施、现代化运输装备、客货运量总量和规模等都迅猛扩展，大量的新技术、新设备在铁路等交通运输方式中被投入应用。同时，大量的交通基础设施建设，特别是近年来我国高速铁路的不断投入使用，使我国的交通供需矛盾得到一定的缓解，我国交通运输网络的结构也得到了明显改善，颇具规模的现代化综合型交通运输网络已经初步形成。

我国交通运输业日新月异的发展，不仅对专业人才提出了迫切的需求，更使其教材建设成为专业建设的重点和难点之一。为解决当前国内高校交通运输类专业教材内容落后于专业与学科科技发展实际的难题，由中南大学出版社组织国内交通运输领域内的一批专家学者，协同编写了这套交通运输类“十二五”规划教材。参与规划和编写这套教材的人员都是长期从事交通运输专业的科研、教学和管理实践的一线专家学者，他们不仅拥有丰富的教学和科研经验，同时还对我国交通运输相关科学技术的发展和变革也有深入的了解和掌握。这套教材比较全面、系统地介绍了目前国内交通运输领域尤其是高速铁路的客货运输管理、运营技术、车站设计、载运工具、交通信息与控制、道路与铁道工程等方面的内容，在编写时也注意吸收了国内外业界最新的实践和理论成果，突出了实用性和操作性，适合大中专院校交通运输类以及相关专业的培养目标和教学需求，是较为系统和完整的交通运输类系列教材。该套教材不仅可以作为普通高校交通运输专业课程的教材，同时还可以作为各类、各层次学历教育和短期培训的首选教材，也比较适合作为广大交通运输从业人员的学习参考用书。

由于我们的水平和经验所限，这套教材的编写也有不尽如人意的地方，敬请读者朋友不吝赐教。编者在一定时期之后会根据读者意见以及学科发展和教学等的实际需要，再对教材进行认真的修订，以期保持这套教材的时代性和实用性。

最后衷心感谢参加这套教材编写的全体同仁，正是由于他们的辛勤劳动，编写工作才得以顺利完成。我们还应该真诚感谢中南大学出版社的领导和同志们，正是由于他们的大力支持和认真督促，这套教材才能够如期与读者见面。

田红旗

中南大学副校长、教授

前　言

在交通运输和交通工程行业的学习、研究和具体实践工作中，通常需要在复杂的环境下，利用并不完整的观察资料，对不肯定事物做出科学的预测和决策，为交通规划、管理和运营等工作提供依据。因此，预测与决策技术是交通专业本科生必须掌握的基本技能之一，有必要建立自己的核心教材。而国内目前讲授预测与决策技术的教材多数属于经济与管理学科，且偏重于统计预测和经济决策，一般使用经济管理方面的案例，不适于交通专业的学生理解和学习交通行业特有的预测和决策技术。本书针对此问题，紧密结合交通专业学科特点，在常规统计预测和经济决策理论与方法的基础上，融合交通专业特有的预测和决策技术，利用交通运输案例，在帮助学生理解基础理论和方法的基础上，侧重于提高学生解决综合交通预测和决策问题的能力。主要特点包括：

(1)进一步理顺基础理论和方法：仍采用常规的以定性预测、回归预测和时间序列预测为主的预测技术分类体系，以及含风险型决策、不确定型决策和多目标决策在内的常规决策技术分类体系，保持与一般预测与决策技术教材的一致性和可比性，方便学生利用其他参考书籍强化基础理论和方法的学习。

(2)强化交通运输案例学习：在常规预测和决策技术部分，尽量补充交通运输有关案例，强化学生在学习过程中对专业的感性认识，帮助学生更好地理解专业问题，提高解决专业问题的能力。

(3)增加交通运输综合预测方法的学习：补充交通学科特有的综合预测方法和有关案例，如客货运量预测、四阶段法等，使学生对专业核心预测内容有一定接触和理解，为后期详细学习客货运输组织以及交通规划等核心课程打下良好的基础，同时提高学生解决综合交通问题的能力。

(4)为便于学生复习以及思考和练习，在每章附有思考与练习题，特别注意了加入交通问题，给学生更多的练习机会，帮助学生更好地理解和学习。

全书分为预测和决策两部分，预测部分分别介绍定性预测和定量预测方法，其中定量预测方法除主要介绍常规的回归预测、时间序列预测、灰色预测、状态空间模型和卡尔曼滤波等方法外，还重点补充了交通运输系统一些特有的综合预测方法和案例，例如客货运输量的预测、公交地铁客运量预测、四阶段法预测、车辆保有量预测等。决策部分以常规的风险型决策、贝叶斯决策、不确定型决策和多目标决策方法为主线，辅以交通运输案例分析，帮助学生理解和运用所学知识，提高解决交通运输系统中实际问题的能力。

本书由胡郁葱和黄玲老师主编，负责全书的整体框架设计及全书的修改、总纂和定稿工作，杨亚璪和张丽莉老师为副主编，张春梅老师和翁金贤老师参编。具体分工为：胡郁葱负责第4、14章的撰写；黄玲负责第1、5、13章的撰写；杨亚璪负责第10、11、12章的撰写；张丽莉负责第2、3章的撰写，张春梅负责第8章的撰写；翁金贤负责第6、7、9章的撰写。

本书定位为交通工程、交通运输、物流工程等高等学校本科专业教材，也可作为交通运输工程学科研究生的参考书籍。

本书在撰写过程中，得到了中南大学出版社的鼎力支持，同时获得了华南理工大学教材立项支持；在框架设计和全书统稿、修改、校对和定稿阶段，得到了李婷和邹小健同学的大力协助，全书由黄玲负责统稿审校，在此一并表示感谢！

由于编者水平有限，书中难免存在不尽如人意之处，敬请广大读者批评指正，以使其日臻完善。

胡郁葱

2014 年 7 月

目　录

第1章
交通运输预测方法概述

1.1　交通运输预测的概念和作用

1.1.1　交通运输预测的概念

预测就是根据过去和现在估计未来、预测未来。交通运输预测属于预测方法研究范畴，交通运输预测，是指以历史的、现有的交通以及相关因素的调查统计资料为依据，以预测科学的理论和方法为基础、以交通运输系统为对象，对未来交通系统可能发生的变化以及交通的发展规律和趋势进行推断的过程。在这种推测中，不仅有数学计算，而且有直觉判断。

交通运输预测的方法论性质与统计学的方法论性质是一致的。交通运输预测方法是一种具有通用性的方法。实际调查的交通数据资料是预测的依据，交通工程专业理论是预测的基础，数学模型是预测的手段，它们共同构成交通运输预测的三个要素。交通运输预测可用于人类交通运输领域中的实质性预测。例如，用于预测区域的居民每日平均出行次数以及出行分布，道路交通流中的车型组成等。明确交通运输预测和各种实质性预测之间的联系和区别是十分重要的。下面以交通运输预测和统计预测为例，说明两者的联系和区别。

两者的主要联系是：

①它们都以某种经济现象(交通运输也是社会经济现象的一部分)的数值作为其研究的对象。

②它们都直接或间接地为宏观和微观的市场需求预测、管理决策、政策制定和政策评估等提供信息。

③统计预测为交通运输定量预测提供所需的统计方法论。实践证明，如果没有科学的统计预测方法，经济定量预测就难以取得迅速的发展和较准确的结果。同时，统计预测也对交通运输预测结果的准确性进行研究，以便使交通运输预测方法得到不断的完善。

两者的主要区别是：

①从研究的角度来看，交通运输预测和统计预测都以经济现象的数值作为其研究对象，但着眼点不同。前者是对实际交通运输现象进行预测，是一种实质性预测，其结果表现为对某种交通运输现象的未来发展做出判断；后者则属于方法论研究，其研究的结果表现为预测方法的完善程度。

②从研究的领域来看，交通运输预测是研究交通运输领域中的问题，统计预测则被广泛地应用于人类活动的各个领域。

为了使统计预测和决策方法在交通运输领域中发挥更大的作用，本书在阐述方法后，列举了大量的交通运输预测和决策实例。

1.1.2 交通运输预测的作用

就统计预测方法而言，其最基本的作用在于把历史资料中同时并存的基本轨迹和误差分开，以研究其形态的变化。把轨迹分离出来的办法，就是对资料拟合某种模型，使模型尽可能准确而全面地反映出有规律的轨迹。误差又称为残差或剩余项。残差必须呈现某种随机性。研究残差的随机性是统计预测的一项重要内容。

在现代市场经济条件下，预测的作用是通过各个企业或行业内部的行动计划和决策来实现的。预测与决策和行动计划之间的关系在于：预测在决策之前，行动计划在决策之后。预测为决策提供依据，是决策科学化的前提；而正确的决策又给合理的预测提供实践机会。行动计划是预测、决策之后的产物，又是预测、决策实现的桥梁。预测人员是情报和信息的生产者，而决策人员和计划人员则是情报或信息的消费者。

交通运输预测在整个交通运输系统有着举足轻重的作用，可以说，预测必不可少。例如，在交通规划过程中就需要对未来规划年的交通需求量进行预测，经典的交通“四阶段法”——以居民出行调查(person trip survey)为基础，由交通生成(trip generation attraction)、交通分布(trip distribution)、交通方式划分(model split)、交通量分配(traffic assignment)四个阶段组成。其中第一阶段“交通生成(trip generation/attraction)”就需要先对交通生成进行总量预测；此外，在日常交通运输管理和调度中，预测也必不可少，例如春运期间车辆的调度安排需要在春运期间客流量预测的基础上进行。

交通运输预测是交通运输决策的依据，更是实现科学规划设计的前提。缺乏科学的预测会对人们出行造成很大的影响，例如，由于对客流量缺乏科学的预测，在广州 BRT 线路开放的首个工作日，人们在 BRT 公交车里被挤成沙丁鱼罐头；亚运会期间推行的免费地铁导致广州市地铁站人山人海，排队进站的人甚至排到了路上等。这些事例表明，无论在交通规划、设计层面还是交通管理、控制、政策等方面的决策，都需要以科学的交通运输预测作为依据。

与经济预测类似，交通运输预测作用的大小取决于预测结果所产生效益的多少。影响预测作用大小的因素是多种多样的，主要有：①预测费用的高低。预测费用包括设计预测程序费用、资料搜集和整理等调查费用、资料使用费用、计算费用以及研究人员的劳务费用等。显而易见，费用的高低直接影响了预测结果效益的好坏。②预测方法的难易程度。它与预测费用的高低有着密切的联系，如方法简单易懂，则费用就低；反之，方法复杂难用，费用就高。③预测结果的精确程度。通常情况下，准确性高的预测比准确性低的预测作用更大一些。也就是说，花费更多的时间和金钱有可能得到一个较好的预测结果。但是，是否值得花这部分额外的代价去取得额外的精确性，是需要考虑的。虽然目前有办法去评估预测模型提高精度带来的价值，但在一种特定的预测方法被实现之前，很难了解它究竟能在多大程度上提高预测精度。同时，还要注意到提高精度的好处常在于减少风险，而不是降低费用。由此可见，预测费用的高低、预测方法的复杂程度以及预测结果的精度是影响预测作用的三大主要因素。

1.2　交通运输预测方法的分类及其选择

1.2.1　交通运输预测方法的分类

按预测方法的性质，大致上可分为定性预测法、回归预测法和时间序列预测法三类。

1. 定性预测法

定性预测法是以逻辑判断为主的预测方法。这类方法主要是通过预测者所掌握的信息和情报，结合各种因素对事物的发展前景做出判断，并把这种判断定量化。它普遍适用于缺乏历史统计资料的事件进行预测，或对趋势转折进行预测。具体方法有德尔菲法、主观概率法、领先指标法、厂长(经理)评判意见法、推销人员估计法、相互影响分析法和情景预测法等。

2. 回归预测法

回归预测法是研究变量与变量之间相互关系的一种数理统计方法，应用回归分析从一个或几个自变量的值去预测因变量的值。回归预测中的因变量和自变量在时间上是并进关系，即因变量的预测值要由并进的自变量的值来旁推。这类方法不仅考虑了时间因素，而且考虑了变量之间的因果关系。具体方法有一元线性回归预测法、多元线性回归预测法、非线性回归预测法等。

3. 时间序列预测法

时间序列预测法是一种考虑变量随时间发展变化规律并用该变量以往的统计资料建立数学模型做外推的预测方法。由于时间序列预测法所需要的只是序列本身的历史数据，因此，这类方法应用得非常广泛。具体方法有时间序列分解分析法、移动平均法、指数平滑法、趋势外推法、自适应过滤法、平稳时间序列预测法、灰色预测法、状态空间模型和卡尔曼滤波等。

现代预测方法的发展，往往是各种方法交叉运用、相互渗透，很难做出截然的划分。因此，对上述分类不能绝对化。例如，回归预测法和时间序列预测法的共同特点都是偏重于统计资料，以便建立数学模型进行预测。我们把以数学模型为主的预测方法习惯上称为定量预测法。因此，统计预测方法又可归纳成定性预测法和定量预测法两类。

按预测的时间长短，可分为近期预测、短期预测、中期预测和长期预测。一般来讲，近期预测是指1个月以内的预测，短期预测是指1~3个月的预测，中期预测是指3个月到2年的预测，2年以上的预测称为长期预测。向未来预测的时间越长，预测误差就越大。

按预测是否重复，可分为一次性预测和反复预测。在根据某种预测模型进行外推预测时，有的模型可以一次计算出所需的远近任何时期的预测值，称为一次性预测，如回归预测法和时间序列趋势外推预测法等；另外一些模型每次只能前测一期，称为反复预测，如指数平滑法、自适应过滤法等。

此外，根据交通运输预测方法的复杂程度，还可将交通运输预测分为基本交通预测方法和组合交通预测方法两大类。

(一)基本交通预测方法

基本交通预测是以所获取的交通数据为研究对象，通过分析发现其中隐藏的时间或空间规律性，并使用某一种预测模型实现预测的方法。预测的精度和鲁棒性取决于所选取的这一模型本身。在基本交通预测模型的研究中，国内外研究人员提出并验证了很多理论和方法。总体上来说，这些基于经验的预测方法可以大致分为两类——参数方法和非参数方法。具体地说，主要有基于线性系统理论的方法、基于非线性系统理论的方法、基于知识发现的智能模型方法等。

(1)参数预测方法

从20世纪80年代开始，各种参数方法在交通预测领域已被广泛使用，并且取得了较好的效果，包括历史平均算法、平滑算法、线性和非线性回归法、滤波方法、自回归线性过程等时域方法，以及谱分析等频域方法。这些传统的参数预测方法是时间序列预测的里程碑，对交通状态预测研究的发展意义重大。

(2)非参数预测方法

近些年来，随着研究人员对各种非参数技术，如非参数回归、神经网络、支持向量机等方法的深入研究，非参数预测模型已经显现出可以替代传统参数预测方法的巨大潜力。尤其是计算智能技术的快速发展，模糊系统、机器学习和进化计算等非参数技术已经被成功地应用在交通预测领域中。

非参数统计回归预测方法可以被看作一个动态分类模型，它依赖于相关或不相关的交通变量之间的关系，力图确定和预测时间点状态相似的过去时间点的状态，加以利用并实现预测。具体地说，根据历史数据中因变量和自变量的关系建立案例数据库，预测时把当前要预测的交通状态，看成是过去状态的近邻状态，按照模式识别的原理，寻找出案例数据库中与当前输入状态相类似的近邻状态，并根据这些近邻状态完成预测。这一方法不需要先验知识，只需要有足够的历史数据，并且随着案例数据库中案例的增加，就能够考虑到更多情况下的交通流变化趋势。

(二)组合交通预测方法

组合交通预测是把两种或两种以上预测方法混合起来进行的联合预测，目的是为了发挥每种组分预测方法各自的优点，克服其各自的缺陷，力求得到更加理想的预测效果。预测的精度和鲁棒性取决于各组分模型的预测效果，以及组分模型组合的效率等。对于此类方法的研究早在20世纪90年代后期就已经开始，相应的组合有小波分析和时间序列分析结合的方法、模糊推理结合神经网络的预测方法、多种预测方法与人工智能技术相结合的智能预测方法等。

1.2.2 交通运输预测方法的选择

在选择预测方法时，应考虑三个主要问题，即合适性、费用和精确性。任何一种预测方法都是建立在一定的假定条件之上的，而任何一种假定条件都无法囊括现实世界中错综复杂的关系，因此，必须考虑方法的适用条件。也就是说，一个合适的方法不仅要适合于影响被预测项目的因素，而且也应适合于预测的环境和条件。例如某种可用于一次性预测的方法可能并不适合于库存量控制的预测。在精确性和费用问题上，要权衡两者的轻重，要依靠自己的判断能力去断定应该用多大的力量，从而决定使用哪一种方法。表1－1概括了各种预测方法的特点，以供事前选择之用。

表 1－1　各预测方法特点表

方法	时间范围	适用情况	计算机硬件最低要求	应做工作
定性预测法	短、中、长期	对缺乏历史统计资料或趋势面临转折的事件进行预测	计算器	需做大量的调查研究工作
一元线性回归预测法	短、中期	自变量与因变量两个变量之间存在着线性关系	计算器	为两个变量收集历史数据，此项工作是此预测中最费时间的部分
多元线性回归预测法	短、中期	因变量与两个或两个以上自变量之间存在着线性关系	在两个自变量情况下，可用计算器，多于两个自变量的情况用计算机	为所有变量收集历史数据，是此项预测最费时间的部分
非线性回归预测法	短、中期	因变量与一个或多个自变量之间存在某种非线性关系	在两个自变量情况下，可用计算器，多于两个自变量的情况用计算机	必须收集所有变量历史数据，并用几个非线性模型试验
趋势外推法	中期到长期	当被预测项目的有关变量用时间表示时，用非线性回归	与非线性回归预测法相同	只需要因变量的历史资料，但用趋势图作试探时很费时间
分解分析法	短期	适用于一次性的短期预测或在使用其他预测方法前消除季节变动的因素	计算器	只需要序列的历史资料
移动平均法	短期	不带季节变动的反复预测	计算器	只需要因变量的历史资料，但初次选择权数时很费时间
指数平滑法	短期	具有或不具有季节变动的反复预测	在用计算机建立模型后进行预测时，只需计算器即可	只需因变量的历史资料，是一切反复预测中最简易的方法，但建立模型所费的时间与自适应过滤法不相上下
自适应过滤法	短期	适用于趋势形态的性质随时间而变化，而且没有季节变动的反复预测	计算机	只需因变量的历史资料，但制定并检查模型很费时间
平稳时间序列预测法	短期	适用于任何序列的发展形态的一种高级预测方法	计算机	计算过程复杂、烦琐
干预分析模型预测法	短期	适用于当时间序列受到政策干预或突发事件影响的预测	计算机	收集历史资料及影响事件
景气预测法	短、中期	适用于时序趋势延续及转折预测	计算机	收集大量历史资料和数据，并需大量计算
灰色预测法	短、中期	适用于时序的发展呈指数型趋势	计算机	收集对象的历史数据
状态空间模型和卡尔曼滤波	短、中期	适用于各类时序的预测	计算机	收集对象的历史数据，并建立状态空间模型

与传统的基于数学回归方法、物理模型和交通工程理论的预测方法不同，随着信息技术的发展，特别是对人工智能、机器学习等技术的工程实用性研究的不断深入，基于计算智能的交通预测模型有更为广阔的发展空间。交通运输预测研究按照研究方法不同，可以分为基本预测模型和组合预测模型两类。从预测的基本原理来说，如果交通运输数据集比较完备，则某特定的基本预测模型完全可以较好地解决预测问题。但对于实际研究中存在的数据缺失、噪声干扰等因素的影响，基本预测模型就很难给出精确、稳定的预测结果，而组合预测模型针对基本模型各自的优缺点，取长补短，可以实现模型预测能力的相互补充，从而给出较稳定的预测结果，提高交通运输预测的水平。

1.3 交通运输预测的原则和步骤

1.3.1 交通运输预测的原则

由于交通运输系统本身十分复杂，不仅受到社会各种活动和各种错综复杂关系的影响，还受到自然界许多偶然因素的影响，这使得交通运输预测似乎无规律可循。然而事实表明，虽然偶然因素对交通运输预测对象的发展起着一定的作用，但这些偶然性始终受着内部规律的支配。如果能掌握交通运输预测对象发展变化的规律性，则预测必然会与实际情况基本相符。因此，在进行交通运输预测时通过观察、分析，从交通运输系统中发现存在的规律，是进行科学交通运输预测应遵循的总原则。

(一)连续性原则

连续性原则是根据事物的发展具有连续性而总结出来的。连续性原则指事物的发展是其过去的延续，而未来是现在的延续。交通运输系统中连续性是普遍存在的。机动车保有量、路网密度、自行车拥有量、人口、国民生产总值以及交通量等交通因素都具有一定的连续性。这些因素今天的状况是昨天状况的延续。同样，今天现状的继续就是所要预测的未来。因而连续性的存在为进行交通运输预测提供了一定的理论依据。

(二)相关性原则

相关性原则是说任何影响交通因素的发展变化都不是孤立的，都与其他一个或多个交通因素的发展变化相互联系、相互影响，这种发展变化过程中的相互联系就是相关性。例如，车辆保有量的发展不是孤立的，它是某一地区交通运输需求的产物，是国民经济、劳动分布、交通运输政策、人口因素的综合反映，它们相互影响、相互作用。这种相关性有多种表现形式，其中最主要的、应用最广泛的是因果关系。因果关系是交通因素中普遍联系和相互作用的形式之一，它的特点是：原因在前，结果在后，并且原因和结果之间常常具有类似函数关系的密切联系。这就为建立预测模型进行定量预测提供了一个理论依据。因而，利用交通运输系统发展过程中的相关性是进行预测时首要考虑的一个重要方法，特别是需要定量预测时，如果能找到一个或几个与预测对象密切相关并且是可以控制或可以预见其发展变化的因素，利用调查数据(历史数据)建立起它们与预测对象之间的数学模型，则会得到较好的预测结果。

(三) 类推性原则

许多事物相互之间在发展变化上常有类似之处，可根据某一事物发展变化体现出的规律来预测类似事物的变化发展，把先发展事物的表现过程类推到后发展事物上去，并对后发展事物的前景做出预测，这就是类推原则。类推原则在缺乏研究对象的历史数据时较常采用。此外，通过抽样调查研究某些局部或小范围的经济、交通运输发展情况，预测或了解整体和大范围的交通、经济发展情况，也可以应用类推原则。交通运输预测模型可移植性研究就是该原则在具体应用中的一个体现。

(四) 概率性原则

由于预测受到其他各种随机因素的干扰，使得预测结果具有一定的不确定性。在这种情况下，为便于决策者更好地做出决策，应该对这种不确定性进行更好地表达和体现。为了说明预测结果的不确定性，可采用概率论与统计学上的概念，在给出预测值的同时，给出预测区间与预测对象发生在该区间的置信度(概率)。

(五) 系统性原则

交通运输系统作为社会的一个子系统，其发展变化必然受到整个社会系统的影响。并且政治、经济、文化等的发展变化也会引起交通运输系统发展变化。因此，交通运输预测不仅要考虑到其自身发展变化，还要考虑到社会其他子系统的发展变化。

1.3.2　交通运输预测的步骤

一个完整的交通运输预测研究，一般要经过以下几个步骤。

(一) 确定预测的目的

预测的目的不同，所需的资料和采用的预测方法也有所不同。例如，对一个小区居民户的出行次数预测，既可从其居民收入方面来预测，也可从其年龄结构方面来预测，还可从居民小汽车拥有量等方面来预测。有了明确的目的，才能据以搜集必要的统计资料，采用合适的统计预测方法。

(二) 搜集和审核资料

准确的统计资料是交通运输预测的基础。预测之前，必须掌握大量的、全面的、准确有用的数据和情况。为了保证统计资料的准确性，还必须对资料进行审核、调整和推算。对审核、调整后的资料，要进行初步分析，画出统计图形，以观察统计数据的性质和分布，作为选择适当交通运输预测模型的依据。

(三) 选择预测模型和方法

资料审核、调整后，根据资料结构的性质，选择合适的模型和方法来预测。在资料不够完备、精度要求不高时，可采用定性预测法；在掌握的资料比较完备、进行比较精确的预测时，可运用一定的数学模型，如采用回归预测法和时间序列预测法等。

(四)分析预测误差，改进预测模型

预测误差是预测值与实际观察值之间的离差，其大小与预测准确程度的高低成反比。预测误差虽然不可避免，但若超出了允许范围，就要分析产生误差的原因，以决定是否需要对预测模型和预测方法加以修正。

(五)提出预测报告

即把预测的最终结果编制成文件和报告，向有关部门上报或以一定的形式对外公布，即提供和发布预测信息，供有关部门和企业在决策时参考和应用。交通运输预测在具体应用中的完整程序如图 1－1 所示。

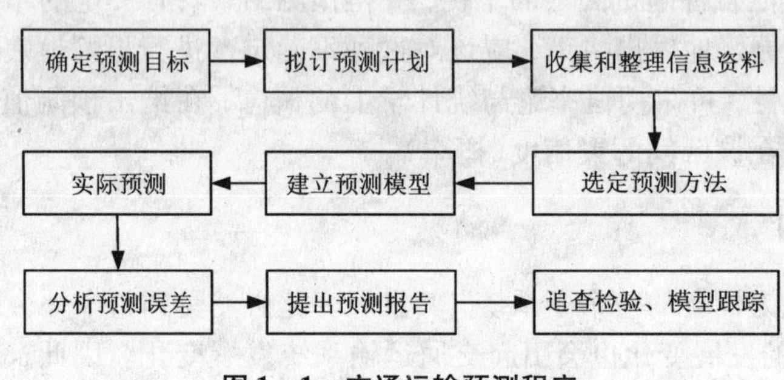

图 1－1 交通运输预测程序

1.4 交通运输预测的特点及思想方法

1.4.1 交通运输预测的特点

(一)交通运输预测具有系统性的特点

交通运输系统是一个庞大的系统，在进行交通运输预测工作的时候，应该遵循系统工程原理。交通运输预测以国民经济、国土规划、综合交通布局为依据，同时兼顾相关的行业的发展动态。在预测中，不仅要考虑到交通运输系统结构，同时还要考虑到预测范围的内外部环境，如人口、经济、土地等促使交通运输系统产生变化的因素。

(二)交通运输预测具有不断变化发展的特点

在交通运输预测中，弄清交通量发展、系统结构的改变对交通的影响是十分必要的。交通运输系统本身就是一个不断发展变化的系统，主要包括：

①运输方式结构发展。②产品结构发展。③人的需求发展。④交通运输系统发展。

(三)交通运输预测具有复杂、影响因素众多的特点

交通运输预测常常范围大、期限长、影响因素多、政策性强，在规划预测中不确定性的因素多。这种不确定性因素一方面来自环境的不确定性，包括政策、人的心理需求等；另一方面来自规划方案实施过程中的不确定性。预测中对这些不确定性因素的正确判断和处理，完全取决于预测人员对交通运输系统以及各相关环境条件的熟悉程度，知识面的广度。

1.4.2　交通运输预测的思想方法

(一)系统的思想

交通运输系统是一个庞大的系统，在进行交通运输预测工作的时候，应该遵循系统工程原理。交通运输预测以国民经济、国土规划、综合交通布局为依据，同时兼顾相关的行业的发展动态。在预测中，不仅要考虑到交通运输系统结构，同时还要考虑到预测范围的内外部环境，如人口、经济、土地等促使交通运输系统产生影响和变化的因素。

交通运输预测的系统思想还体现在交通预测的层次性上。不同规划层次的交通运输预测有不同的要求，既要以上一规划层次的预测结果为基础，又要考虑同一层次的路网交通量预测结果及其布局，同时还应为下一层次的交通运输预测提供较明确的预测控制参数，在可能的情况下，还应考虑层次间的交互作用。

(二)发展的思想

在交通运输预测中，弄清交通量发展、系统结构的改变对交通运输的影响是十分必要的。交通运输系统本身就是一个不断发展变化的系统，交通运输预测就应该有发展的思想。

(1)运输方式结构发展的思想

目前我国主要有铁路、公路、水路、航空、管道五大运输方式，在过去几十年的发展中，每一种运输方式的构成都有较大的变化。这一构成在今后一段时期内，在各规划期限内会有怎样的变化，是很值得研究的问题。

(2)产品结构发展的思想

交通是为人、物流通服务的，不同的产品工业结构对交通的需求会产生较大的影响，因而交通量预测中应注重分析规划区经济结构、产品结构。目前我国工业结构处于调整时期，在今后一段时间内产品结构会发生较大的变化，这不能不作为交通预测中应考虑的重要问题之一。

(3)人的需求发展的思想

对于交通问题来说，随着经济发展、社会进步和人民收入水平的不断提高，人的交通运输需求会有较大的改变，对交通运输的要求也会有一定的变化。因此，交通运输预测时应考虑人的交通需求的发展。

(4)交通运输系统发展的思想

目前我国交通运输系统还比较落后，系统的建设处于被动状态，未能对经济发展、社会进步起较大的诱导作用，布局未尽合理，这就要求我们在预测时要考虑到交通运输系统发生的变化对于预测结果的影响。

由于交通运输预测对交通运输规划关系重大，不可能一蹴而就。由于目前交通运输预测理论及其体系上的缺陷，故在预测中必须分析方案对预测的反馈，使预测结论与交通运输网络布局真正满足经济、社会以及人民生活的需要，即走预测—规划—再预测—再规划的交通运输规划预测道路。前一阶段预测侧重于探讨交通发展的方向和前景，而后一阶段预测则从需要出发探讨实现的可能，以完善方案，即从经济、社会、军事及人民生活发展的需要出发，完善交通运输系统。

交通运输预测是对尚未发生或目前尚不明确的交通因素问题进行预先的估计和推测。预测是有前提的，一旦预测中的前提发生改变，预测结果就会产生较大的变化，对公路网规划也就应有所调整。应该说，路网交通量的分布、大小、变化是绝对的，而不变则是相对的。每次公路网规划都只是其中的一步，应不断注重预测工作的总结，逐步提高预测水平。由于预测结果是可变的，因而交通运输规划是长期不断的连续性的工作。

（三）定性、定量、定时预测相结合的思想

交通运输预测常常范围大、期限长、影响因素多、政策性强，在规划预测中不确定性的因素多。这种不确定性因素一方面来自环境的不确定性，包括政策、人的心理需求等；另一方面来自规划方案实施过程中的不确定性。预测中对这些不确定性因素的正确判断和处理，完全取决于预测人员对交通运输系统以及各相关环境条件的熟悉程度，知识面的广度，对交通系统演变历史的了解以及对未来发展的综合分析判断、估测能力和技巧。单一的预测方法要完成这一复杂工作是不可能的，仅仅熟悉预测技术或仅仅了解交通运输发展的人，难以做好预测工作。必须将定性、定量、定时预测有机地结合起来，以把握交通系统未来总体发展趋势以使我国公路交通建设能抓住时机，健康发展。

（四）多角度交通预测的思想

交通运输预测是对交通运输预测范围内及其环境的未来不明确的交通运输状况、大小、分布进行估测，是一项十分复杂的工作。这一工作不仅是一个技术问题，而且也是一个国家或地区的政策和人为条件等因素的综合反映。因而在预测过程中应有多角度系统分析的思想，即从组织、技术、人的角度独立地对交通运输发展进行分析和预测，并加以综合，构成预测结果。组织角度即是从政府组织的政策、计划等的现状和变化趋势对交通的发展进行预测；技术角度即是在系统分析的基础上，根据交通运输系统发展的特点及发展趋势，建立数学模型进行预测；人的角度则是从人的行为理论、心理学、价值观、社会习惯等方面着手，对交通需求做出预测。必须指出的是，以上三个角度的预测是相互独立进行的。

此外，交通运输预测中注意不要迷信模型检测精度。预测工作者都有这样的体会，对相同的问题和相同的预测资料，不同的人有时会得到质量相差很大的预测结果，这一方面与预测水平有关，同时也与评价模型的指标有密切的关系。评价交通运输预测模型的好坏不仅要考虑模型检测误差，更重要的是考察模型的合理性及其预测能力。有些模型在数学关系上很严密，无可挑剔，但从客观实际上分析，则不合情理。

重点与难点

重点：①预测的定义；②交通运输预测方法及分类；③交通运输预测研究步骤。

难点：交通运输预测的特点及主要思想方法。

思考与练习

1－1　什么叫交通运输预测？试述交通运输预测的三要素。

1－2　试述交通运输预测的分类。

1－3　定量预测使用外推法时有哪些重要原则？

1－4　交通运输预测研究有哪些步骤？

1－5　交通运输预测有哪些特点？

1－6　交通运输预测的主要思想有哪些？

第 2 章

定性预测方法

2.1 定性预测方法的概念和特点

2.1.1 定性分析方法的概念

定性预测是指预测者根据一定的理论知识和经验，在对研究对象的发展进行调查分析的基础上，对其发展趋势作出判断的预测，用于预测事物的发展趋势、可能性，属于主观判断预测。然后，再通过一定形式综合各方面的意见，作为预测未来的主要依据。但有时可以提出数量估计，其特点为：需要的数据少，能考虑无法定量的因素，比较简便可行。它是一种不可缺少的灵活的经济预测方法。在掌握的数据不多、不够准确或无法用数字描述进行定量分析时，定性预测是一种行之有效的预测方法。如新企业、新产品生产经营的发展前景，由于缺少生产资料，以采用定性预测方法为宜。又如党和国家方针政策的变化，消费者心理的变化对市场供需变化的影响，均无法定量描述，只能通过判断方法，进行定性预测。通过定性预测，提出有预见性的建议，可以为政府和企业进行经济决策及管理提供依据，该方法在我国已经得到了广泛的应用。

定性预测在工程实践中被广泛使用，特别适合于对预测对象的数据资料(包括历史的和现实的)掌握不充分；或影响因素复杂，难以用数字描述；或对主要影响因素难以进行数量分析等情况。定性预测偏重于对市场行情的发展方向和施工中各种影响施工项目成本因素的分析，能发挥专家经验和主观能动性，比较灵活，而且简便易行，可以较快地提出预测结果。但是在进行定性预测时，也要尽可能地搜集数据，运用数学方法，其结果通常也是从数量上做出测算。

由于定性预测主要靠预测人员的经验和判断能力，易受主观因素的影响，为了提高定性预测的准确程度，应注意以下几个问题：

①应加强经济调查，掌握各种情况，使目标分析预测更加接近实际。

②进行有数据有情况的分析判断，使定性分析数量化，提高说服力。

③应将定性预测和定量预测相结合，提高预测质量。

2.1.2 定性分析方法的特点

由于定性预测是利用已有的主观认知经验和逻辑判断与推理方法为主，对事物未来的发展情况与趋势进行的推测和判断。定性预测的特点在于：①着重对事物发展的性质进行预测，主要凭借人的经验以及分析能力；它是一种十分实用的统计预测方法，特别是在对预测对象所掌握的历史统计资料不多，或影响因素复杂，难以分清主次，或对主要影响因素难以定量分析等情况下，定性分析方法将是适用性很强的方法。②着重对事物发展的趋势、方向和重大转折点进行预测。定性预测一般用于缺乏历史统计资料的事件，或者历史统计资料不全，而更依赖专家经验的情况进行预测，如新产品销售情况的预测、新技术发展趋势的预测等。定性预测的准确程度，主要取决于预测者的实践经验、业务水平和理论知识及掌握的情况，分析判断的能力。常用的定性预测方法有德尔菲法、主观概率法、情景分析法等。

2.2　定性预测与定量预测的关系

2.2.1　定性预测的优缺点

定性预测的优点是能集思广益，简便易行，在缺乏足够统计数据或原始资料的情况下，可以做出定量估计和获得文献上尚未反映的信息。定性预测一般不需要建立高深的数学模型，所以易于普及和推广。

定性预测的缺点是：由于缺乏客观标准，往往易受到预测人员经验和认识上的局限，可能会带有一定的主观片面性。在定性预测中，为了消除主观因素的影响，可对调查资料和经验判断资料进行一些计算或统计处理，以提高预测的准确性。

2.2.2　定量预测的优缺点

定量预测是根据准确、及时、系统、全面的调查统计资料和经济信息，运用统计方法和数学模型，对事物发展前景的规模、水平和比例关系等作出的预测。由于定量预测和统计资料、统计方法有密切关系，所以也称为统计预测。它包括时间序列预测和因果关系预测等。因果关系预测是把客观事物之间的内在的因果关系，转换成一种数学语言，找出自变量和因变量，用一种近似的函数关系表示出来，并依靠历史统计数据，建立相应的数学模型，然后根据自变量的数量变化预测因变量变化的预测方法。

定量预测的优点是：注重于事物发展在数量方面的分析，重视对事物发展变化的程度做数量上的描述，更多地依据历史统计资料，较少受主观因素的影响，可以利用电子计算机对统计方法和数学方法作大量的计算处理。其缺点是：比较机械，不易灵活掌握，对信息资料的质量和数量要求较高，而且不易处理有较大波动的信息资料，更难以预测事物质的变化。

2.2.3　定性分析与定量预测的关系

定性分析是主要凭借分析者的直觉、经验，凭借分析对象过去和现在的延续状况及最新的信息资料，对分析对象的性质、特点、发展变化规律作出判断的一种方法。定性分析是对研究结果的“质”的分析。定性分析有两种含义：一种是专指作为研究方法的定性研究，如观察法和访谈法就是两种定性研究方法；另一种是作为研究结果的分析手段的定性分析和研究。与此相对应，还可以将定性分析划为两种不同的层次：一种是研究结果本身就是定性的描述材料，数字化的水平较低甚至没有数量化。另一种是与定量分析密切结合的定性分析。定性分析是建立在描述基础上的逻辑分析和推断。用于定性分析的资料，通常是描述性的资料(包括描述性的数量统计)，如文字、图片等。为了使分析顺利进行，保证结论的正确性，研究资料必须要充分、全面，这就要求研究者在收集研究结果时应该把握尽可能多的信息。在丰富的资料背景下进行逻辑分析，才能准确地揭示各种现象的内在联系。

定量分析是建立在统计学、数学、系统论、控制论、信息论、运筹学及计量经济学等学科基础上，运用方程、图表、模型和计算机仿真等技术建立数学模型，并用数学模型计算出分析对象的各项指标及其数值的一种方法。

相比而言，定量分析方法更加科学，但需要较高深的数学知识，而定性分析方法虽然较为粗糙，但在数据资料不够充分或分析者数学基础较为薄弱时比较适用，更适合于一般的投资者与经济工作者。但是必须指出，两种分析方法对数学知识的要求虽然有高有低，但并不能就此把定性分析与定量分析截然划分开来。事实上，现代定性分析方法同样要采用数学工具进行计算，而定量分析则必须建立在定性预测基础上，二者相辅相成，定性是定量的依据，定量是定性的具体化，二者结合起来灵活运用才能取得最佳效果。定性分析与定量分析应该是统一的，相互补充的；定性分析是定量分析的基本前提，没有定性的定量是一种盲目的、毫无价值的定量；定量分析使定性分析更加科学、准确，它可以促使定性分析得出广泛而深入的结论。

不同的分析方法各有其不同的特点与性能，但是都具有一个共同之处，即它们一般都是通过比较对照来分析问题和说明问题的。正是通过对各种指标的比较或不同时期同一指标的对照才反映出数量的多少、质量的优劣、效率的高低、消耗的大小、发展速度的快慢等，才能为做鉴别、下判断提供确凿有据的信息。定性预测和定量预测并不是相互排斥的，而是可以相互补充的。在实际预测过程中应该把两者正确地结合起来使用。在实际预测工作中，只有把定性预测方法和定量预测方法正确地结合起来，相互补充、相互检验和修正，才能取得较好的预测效果。

另外，通常接触到的市场调查中，小组座谈会、深度访谈等是定性研究的具体方法，而大量的问卷调查、电话访问等是定量研究，因此，预测基本上要经历定性研究—定量研究—定性研究这样一个过程。

2.3 德尔菲法

2.3.1 德尔菲法的概念和特点

1. 德尔菲法的概念

德尔菲法是在20世纪40年代由赫尔默和达尔首创，经过戈尔登和兰德公司进一步发展而形成的。德尔菲是古希腊的一座城市，位于弗西斯境内帕尔那索斯山南坡，传说是希腊神话中的太阳神阿波罗的神殿所在地，而阿波罗神具有极高的占卜未来的能力。后人便以德尔菲比喻神的高超的预见能力，德尔菲预测法便以此得名。

德尔菲法也称专家调查预测法。该方法是以匿名的方式，通过轮番征询专家意见，最终得出预测结果的一种经验意见综合预测方法。德尔菲预测法是定性预测方法中最重要和最有效的一种方法，它不仅可用于短期预测，而且能用于中、长期预测，尤其是当预测中缺乏必要的历史数据，应用其他预测方法有困难时，采用德尔菲预测法能得到很好的结果。

德尔菲法最初用于军事和科技预测，由于该方法预测效果好，适用面广，所以很快便为各国、各部门和各企业竞相采用，现已广泛应用于经济、社会、科技等各个领域的预测。归纳起来，德尔菲法主要有以下五个方面的用途：

①对达到某一目标的条件、途径、手段及它们的相对重要程度做出估计；

②对未来事件实现的时间做出概率估计；

③对某一方案（技术、产品）等在总体方案（技术、产品）中所占的最佳比重做出概率估计；

④对研究对象的动向和未来某个时间所能达到的状况、性能等做出估计；

⑤对方案（技术、产品）等做出评价，或对若干个备选方案（技术、产品）评价出相对名次，选出最优者。

2. 德尔菲法的特点

(1) 匿名性

为了消除专家会议调查法中专家易受权威、会议气氛和潮流等因素影响的缺陷，德尔菲法采用匿名征询的方式征求专家意见，即在德尔菲预测法的每一轮征询中，均采用背靠背的方法向专家征询意见，这样可以保证每位专家不制约、影响其他人的意见。所以，匿名性可以创造一种平等、自由的气氛，鼓励专家发表自己的见解。由于采取匿名的方式，专家们根本不必担心这会有损于自己的威望。

(2) 反馈性

由于采用匿名的方式，受邀专家之间互不见面和联系。因此，仅靠一轮调查，专家意见往往比较分散，且不能相互启发，共同提高。为此，采用德尔菲预测法需要多次轮番征询意见，每次征询都必须把预测主持者的要求和上一轮专家意见的统计结果反馈给专家。因此，德尔菲预测法具有信息反馈沟通的特点。这样经过多次反馈，可以不断修正预测意见，使预测结果比较准确可靠。

(3) 集思广益

在整个预测过程中，每一轮调查都将上一轮的许多意见与信息进行汇总和反馈，这样可以使专家们在背靠背的情况下，能充分了解各方面的客观情况和其他专家的意见，从而有助于专家们开拓思路，集思广益。

(4) 趋同性

德尔菲预测法注重对每一轮的专家意见做出定量的统计归纳，使专家们能借助反馈意见，最后使预测意见趋于一致，即德尔菲预测法能使专家的预测结果“趋同”，而且这种“趋同”不带有集体讨论中盲目屈从权威的色彩。

除了上述特点外，调查人员通常采用函询的方式征求专家意见，因而比较容易通过控制调查面使受邀专家具有代表性。此外，专家也有充分的时间思考和进行调查研究，以保证专家意见充分、可靠。

3. 德尔菲法的步骤

应用德尔菲法征询意见的过程如下：

(1) 成立预测领导小组

这个小组的主要任务是对预测工作进行组织和指导，包括明确预测目标；选择参加预测的专家；编制调查表进行反馈调查；对各轮回收的专家意见进行汇总整理、统计分析与预测；

编写和提交预测报告，该小组的成员主要由信息分析和预测人员构成。

(2)明确预测目标

德尔菲法的预测目标通常是在实践中涌现出来的大家普遍关心且意见分歧较大的课题。此阶段的主要任务是选择和规划预测课题，明确预测项目。

(3)选择参加预测的专家

专家的任务是对预测课题组提出正确的意见和有价值的判断。专家的选择是否恰当直接关系到德尔菲法应用的成败。选择专家应注意以下原则：

①专家的代表面应广泛，除信息分析与预测专家外，还应包括对对策目标比较了解并有丰富的实践经验或较高的理论水平的本专业的理论研究、系统设计、生产、管理和高层决策人员以及相关领域和边缘学科的有关专家。

②专家的权威程度要高，但这里的权威并不是指其高职称或高职务，而是指其熟知预测目标，并且有独到的见解。例如富有10年以上营销经验的企业营销人员，也可能成为专家。

③专家应有足够的时间和耐心填写调查表，经典的德尔菲法要进行四轮征询，其间还包含大量的信息反馈，因此，要求受邀的专家应有足够的时间和耐心接受征询。

④专家的范围应有所限制，例如，当被征询的问题涉及本部门的机密时，应注意从本部门内部挑选专家；当被征询的问题涉及广泛的社会现象时，应注意同时从部门内外挑选专家。

⑤专家的人数一般控制在15~50人。人数太少了缺乏代表性，起不到集思广益的作用。人数太多了难以组织，意见难集中，专家意见的处理复杂。如果课题很大，15~50人仍缺乏代表性，起不到集思广益的作用，可以考虑分成若干个专家小组，但每个小组的人数仍保持在15~50人。

⑥应事先要求专家不要向外透露参与征询调查这件事，以免相互商量，答案雷同，达不到德尔菲法应起到的作用。

专家选择的方法很多，常见的有：由熟悉的专家推荐、从报纸杂志上按照研究成果的大小和多少筛选，由上级部门介绍和推荐、查询专家档案数据库等。为了提高德尔菲法的效果，在很多情况下还要考虑将上述各种方法结合起来使用。

(4)编制调查表

调查表是获取专家意见的工具，是进行信息分析与预测的基础。调查表设计的好坏，直接关系到预测的效果。在制表前，设计人员应对课题及其相关背景情况进行调查，以保证提问的针对性和有效性，调查表的设计应做到以下几点：

①主题明确，中心突出；

②语言简练、文字表达准确；

③问题简单明了，数量不宜过多，且问题之间应有一定的内在联系，以使得被征询者保持一个连贯的思路；

④问题要有启发性，问题的解答应便于数量化处理；

⑤表格的设计应当清楚，不要太复杂，应当提供一些已掌握的背景材料，供专家预测时参考。

总之，调查表的设计要有利于专家充分发表自己的意见，同时又不离题。

常见的调查表类型有：

①目标—手段调查表。即调查表设计者在分析研究已掌握的情况的基础上，确定预测对象的目标及其分解而成的若干子目标，并提出达到这些目标所可能采取的各种措施和方案。将目标列入调查表的横栏，措施和方案列入纵栏，就构成了目标—手段调查表。专家对这种表的回答很简单，只需在相应的目标和手段重合处打“√”，或者对所提出问题的手段在达到目标过程中的地位打分，一般采用百分制。

②由专家简要回答的调查表。即由调查表设计者根据预测目标提出一些问题，然后由专家简要回答。回答的内容因问题而异，如某一事件完成的时间、技术参数值、实现条件、各种因素间的相互影响、原因分析、对策措施、实施效果等。

③由专家详细回答的调查表。这类调查表一般问题很少，但却要求专家对提出问题做出充分的论证、详细的说明或提出充足的依据。

调查表的具体格式包括：

①预测某事件实现的时间。表中罗列各个事件的实现时间及其实现的不同的概率（如：10%，15%，90%）。专家只须根据自己的判断，分别填上不同的实现时间。

②预测事件的相对结构比重。表中应罗列预测事件的结构成分及其可能的结构比率数。专家只需对应打“√”。

③选择性预测。表中应罗列预测事件的各种可能选择的方案或意见，专家只需对应打“√”。

④排序性预测。这是对一系列事件希望做出优先排序的预测，表中应罗列这一系列事件，专家只需分别填写其序号。

进行反馈调查和专家意见的汇总整理、统计分析与预测。经典的德尔菲法一般包含以下四轮的征询调查，且在调查过程中包含着轮间反馈。

第一轮调查：发给专家的调查表不带任何限制条件，只提出要预测的问题。专家可以各种形式回答有关提问，提出应预测的事件。组织者要对回收的调查表进行汇总整理，归并相同的事件、剔除次要的、分散的事件，并用准确的术语制订出事件一览表。该表可在第二轮调查时作为调查表反馈给专家。

第二轮调查：请专家对第一轮提出的各种事件发生的时间、空间、规模大小等做出具体的预测，并说明理由。组织者要对这一轮回收的调查表进行汇总整理，统计出专家总体意见的概率分布。

第三轮调查：将第二轮的统计结果连同据此修订了的调查表再发给专家，请专家再次做出具体预测，并充分陈述理由。组织者同样要对这一轮回收的调查表进行汇总整理、统计分析与预测，以备第四轮的反馈资料。

第四轮调查：将第三轮的统计结果连同据此修订了的调查表再发给专家，请专家再次做出具体预测，并在必要时做出详细、充分的论证。在第四轮调查结束后，组织者同样要对这一轮回收的调查表进行汇总整理、统计分析与预测，并寻找出收敛程度较高的专家意见。

上述四轮调查不是简单的重复，而是一种螺旋上升的过程。每循环和反馈一次，专家都吸收了新的信息，并对预测对象有了更深刻、更全面的认识，预测结果的精确性也逐轮提高。

（5）编写和提交预测报告

专家意见收敛后，组织者应将最终的统计分析与预测结果进一步的进行加工，形成正式的预测报告，并通过适当的信息传递渠道将其提交给用户。该阶段要根据几次征询所得到的全部资料，最后做出预测结论。在做出预测结论阶段，最重要的工作是合理运用数理统计方法对专家的分散意见做出统计归纳处理。最后的预测结论必须忠实于专家意见，从专家意见中提炼出真正的预测值。常用的统计处理方法有概率估计法、直方图法、中位数和上、下四分位数法及等级相关法等。当组织者有了切合实际的预测结论后，就应制作预测报告，介绍预测的组织情况，资料整理情况及预测结论等。

2.3.2 德尔菲法的优缺点

1. 德尔菲预测法的优点

德尔菲预测法与常见的召集专家开会，通过集体讨论得出的一致意见的专家会议预测法既有联系，又有区别。德尔菲预测法具有以下几个突出优点：

①能充分发挥各位专家的作用，集思广益，准确性高。

②能把各位专家间意见的分歧点表达出来，取各家之长，避各家之短。

③避免了权威人士意见影响他人意见的不足。

④避免了有些专家碍于情面，不愿意发表与其他人不同的意见，或出于自尊心而不愿意修改自己原来意见的不足。

2. 德尔菲预测法的缺点

①第一轮是一张白纸，这虽然能充分吸收专家的意见，避免片面性，但由于无法与预测组织者直接沟通，有些专家会感到无从下手，不知道如何才能符合预测组织者的要求。

②有些专家对背景资料的了解不够。在许多情况下，预测对象的发展取决于政策和经济条件，而参加预测的成员一般是某一领域的专家，他们可能对政治和经济情况了解得较少。所以，从专家那里得到的预测结果，可能会因为专家对这些政治和经济情况了解程度的不同而有较大的差异。

③预测周期长。一般要经过三轮征询，有时甚至要经过五轮征询，因此需要的时间较长。

④从专家预测结果中不能看出专家对自己的自信度。专家对自己的自信度不能从多次反馈修正的预测值看出来。事实上，专家自信度程度越高，预测精度往往也越高。

⑤给出上、下四分位数和中位数后，争论可能会向中位数靠拢。德尔菲预测法的特点之一，就是用上、下四分位数和中位数来表示专家意见的不同的状况。预测组织者反馈给专家上、下四分位数和中位数后，有些专家可能只是简单地向中位数靠拢，有意回避提出新的预测意见。

另外，德尔菲预测法还有其他一些缺点，例如：德尔菲预测法的结果易受主观认识的制约，其精度取决于专家的学识、心理状态和预测对象的兴趣程度；德尔菲预测法在技术上还存在不成熟的地方，如没有衡量专家的标准，有的征询表的设计比较粗糙等。

德尔菲预测法适用于没有足够信息资料的中、长期经济预测与科技预测，还可用于决策和技术咨询等方面。另外，对于难以用精确的数学模型处理，需要征求意见的人数较多，成员较分散，经费有限，难以多次开会或由于某种原因不宜当面交换意见的预测问题，用该种方法预测效果较好。

3. 派生的德尔菲法

德尔菲法是一种广为适用的预测方法。它克服了专家个人判断和专家会议调查的许多缺陷，但随着实践的发展，其本身的缺陷也开始暴露出来，如缺乏严格的论证，容易在有限范围内进行习惯思维，受专家的学识、评价尺度、心理状态及兴趣程度等主观因素的制约等。许多预测学家在对经典的德尔菲法进行广泛的研究后，进行了改进，并开发出一些派生的德尔菲法。这些派生的德尔菲法大体上可以分为两大类：一类是保持德尔菲法基本特点的派生德尔菲法；一类是部分地改变德尔菲法基本特点的派生德尔菲法。

(1)保持德尔菲法基本特点的派生德尔菲法

这类派生德尔菲法在保持经典方法的匿名性、反馈性和统计性特点不变的前提下做了某些改进，以克服经典方法中的某些缺陷。这些方法包括：

①列出预测事件一览表。

经典方法的第一轮调查只提供空白的预测事件一览表，由专家填写应预测的事件。但某些专家由于对德尔菲法了解甚少或其他原因，往往不知从哪里入手。即使是提供了预测事件，也往往条理不清，难以归纳；或者太专深，让其他专家难以接受。为了克服这些缺陷，组织者可根据已经掌握的资料或征求专家的意见，预先拟订一份预测事件一览表，在第一轮调查时提供给专家。专家可以在第一轮调查时对该表进行补充或提出修改意见。

②向专家提供背景材料。

在许多情况下，参加预测的专家的专业面并不是很宽广，即他们对所在的专业领域往往知之甚多，而对影响预测结果的其他因素(如政治、经济、文化、科技、环境、心理等)知之甚少。为克服这一缺陷，组织者可根据预测对象和参与预测的专家特点提供必要的背景性资料。这些资料在第一轮调查时就提供给专家，供专家应答时参考。

③减少应答轮数。

经典的方法一般规定为四轮(有时甚至为五轮)。但这样的预测大多要耗费一年以上的时间，拖得太长了。派生的德尔菲法对此做了改进，即认为如果在第四轮之前专家的意见就已经协调、一致或者趋向稳定，就可以在第三轮或第二轮时停止调查，不再反馈，这样做可以显著地提高效率。

④对预测结果进行自我评价。

在征询专家意见时，组织者要求专家自己评估自己对调查表中每一问题的专长程度或熟悉程度，专家的自我评价越高，说明专家的自信程度越高，对问题的回答越有把握。组织者分析这些专家的自我评价，进行有关的统计处理，有利于提高预测的准确度。

⑤给出事件的多个可能实现时间的日期。

经典的方法只要求专家提供一个事件实现时间的日期，而在派生的德尔菲法中，可以要求专家就事件实现的时间提供多个概率不同的日期。例如：给出概率分别为 10%(未必可能发生)、50%(等量可能发生)和 90%(几乎可能发生)的三个日期。

组织者在进行数据处理时，可获得三个不同日期的中位数，可以以概率为 50% 的日期的中位数为预测日期，以其他两个日期的中位数为可供参考的波动范围。

(2)部分地改变德尔菲法基本特点的派生德尔菲法

①部分取消匿名性。

匿名性有助于发挥专家个人的长处，不受他人的直接影响。但在某些情况下，部分取消匿名性也能保持经典方法的这一优点，而且可以加快预测进程。具体做法是：先匿名征询，再进行口头讨论或辩论；或者先进行口头讨论或辩论，再匿名征询。

②部分取消反馈。

反馈是德尔菲方法的核心，具有重要的作用。但在某些情况下，为了提高预测效果，可以考虑部分取消反馈。部分取消反馈的方法主要有两种：第一种方法是只向专家反馈前一轮预测结果的上、下四分点，而不提供中位数。这样做有助于防止有些专家只简单地向中位数靠近，有意回避提出与众不同的新预测意见的倾向；第二种方法是在第一轮调查中，应预测事件由专家自由提出；在第二轮调查时，每个专家都要对每个事件给出三种不同概率（如10%，50%，90%）的日期，并做出自我评价。组织者在进行数据处理时要分别计算三种不同概率日期的中位数；在第三轮调查时，反馈意见仅发给两种人，即本领域的权威专家以及预测50%概率日期未处于小组的10%概率日期的中位数和90%概率日期的中位数之间的专家。这样做，可以保护权威专家和持不同看法的专家的不同意见。

2.3.3 交通运输案例分析

1. 运用德尔菲法预测时应遵循的原则

①问题要集中，要有针对性，不要过分分散，以便使各个事件构成一个有机整体。

②调查单位或领导小组意见不应强加于调查的意见之中，要防止出现诱导现象，避免专家的评价向领导小组靠拢，以致得出迎合领导小组观点的预测结果。

③避免组合事件。

2. 德尔菲法的统计处理方法

（1）专家作答情况的统计处理

$$\text{问卷回收率} = \frac{\text{收回问卷的份数}}{\text{发出问卷的份数}} \times 100\%$$

$$\text{问卷有效率} = \frac{\text{对该问题有效回答的份数}}{\text{收回问卷的份数}} \times 100\%$$

（2）对数量和时间答案的统计处理

对数量和时间答案的统计处理可采用中位数的方法，即将几位专家所提供的答数从小到大，从左至右进行排序，即

$$x_1 \leqslant x_2 \leqslant x_3 \leqslant \cdots \leqslant x_{n-1} \leqslant x_n$$

中位数的计算公式为：

$$\tilde{x} = \begin{cases} x_{k+1}, & n = 2k+1 \text{（奇数）} \\ \dfrac{x_k + x_{k+1}}{2}, & n = 2k \text{（偶数）} \end{cases} \tag{2-1}$$

求上、下四分位点的方法，先求上四分位点，其计算公式为：

$$x_{\text{上四}} = \begin{cases} x_{\frac{3k+3}{2}}, & n = 2k+1,\ k \text{ 为奇数} \\ \dfrac{x_{\frac{3}{2}k+1} + x_{\frac{3}{2}k+2}}{2}, & n = 2k+1,\ k \text{ 为偶数} \\ x_{\frac{3k+1}{2}}, & n = 2k,\ k \text{ 为奇数} \\ \dfrac{x_{\frac{3}{2}k} + x_{\frac{3}{2}k+1}}{2}, & n = 2k,\ k \text{ 为偶数} \end{cases} \tag{2-2}$$

下四分位点的计算公式为：

$$x_{下四}=\begin{cases} x_{\frac{k+1}{2}}, & n=2k+1, k \text{ 为奇数} \\ \dfrac{x_{\frac{k}{2}}+x_{\frac{k}{2}+1}}{2}, & n=2k+1, k \text{ 为偶数} \\ x_{\frac{k+1}{2}}, & n=2k, k \text{ 为奇数} \\ \dfrac{x_{\frac{k}{2}}+x_{\frac{k}{2}+1}}{2}, & n=2k, k \text{ 为偶数} \end{cases} \tag{2-3}$$

3. 实例分析

【例 2－1】　某公路部门准备将原有的一段普通公路改造为高速公路，为进行该工程的经济评价，需要对该公路今后若干年的车流量进行预测。

采用德尔菲法对车流量进行预测，其具体过程如下：

①提出问题：用德尔菲预测法对该公路今后第五年的日均车流量进行预测。

②邀请专家：邀请了 4 位经济学家，3 位研究人员，4 位领导人员，6 位业务管理人员，3 位用户代表，发放意见征询表，要求每人对该公路今后第五年的日均车流量进行预测。

③意见汇总、整理、计算、分析，经过三轮的意见反馈，得到该公路日均车流量的预测结果，见表 2－1 所示。

④根据预测结果表，采用适当的计算方法得出预测结果：

(1)方法一：用算术平均数计算

该公路日平均车流量的预测结果＝3440/20＝172(百辆)＝17200(辆)

(2)方法二：用中位数计算

首先把 20 位专家的第三轮预测意见从小到大依次排列，从而得到以下数列：110，112，130，136，140，140，140，148，150，160，164，180，180，200，200，200，220，280，300。则中位数为第十个数和第十一个数的平均数＝(150＋160)/2＝155(百辆)，即公路车流量预测结果为 15500 辆。

表 2－1　某公路日均车流量专家预测结果

专家	第一次意见	第二次意见	第三次意见
经济学家 A	240	280	300
经济学家 B	200	200	200
经济学家 C	240	200	280
经济学家 D	48	88	164
研究人员 A	220	200	200
研究人员 B	220	180	140
研究人员 C	100	140	140
领导人员 A	180	176	180
领导人员 B	88	112	112
领导人员 C	120	136	136

续表 2-1

专家	第一次意见	第二次意见	第三次意见
领导人员 D	88	100	148
业务管理人员 A	140	140	180
业务管理人员 B	140	140	200
业务管理人员 C	130	140	140
业务管理人员 D	140	130	130
业务管理人员 E	160	160	160
业务管理人员 F	150	140	150
用户代表 A	70	100	110
用户代表 B	250	220	220
用户代表 C	140	150	150
合计			3440

2.4 主观概率法

2.4.1 主观概率法的概念

在社会和自然界中，某一类事件在相同的条件下可能发生，也可能不发生，这类事件称为随机事件。不同的随机事件发生的可能性大小不同，在这种情况下，就产生了概率。概率是用来表示随机事件发生可能性大小的量。例如：市场上某种新商品的销售状态是不确定的随机事件，有畅销、平销和滞销三种可能性，而出现畅销、平销或滞销的可能性，可用系数或百分数表示，就是一种概率。概率分为主观概率和客观概率两种。

主观概率是指根据分析者的主观判断而确定的事件发生的可能性的大小，反映个人对某件事的信念程度。所以，主观概率是对经验结果所做出主观判断的度量，也是个人信念的度量。主观概率也要符合概率论的基本定理，即：所确定的概率必须大于或等于零，而小于或等于1；经验判断的全部事件中，各个事件的概率之和必须等于1。

在实际中，主观概率与客观概率的区别是相对的，因为任何主观概率总带有客观性。分析者的经验和其他信息是客观情况的具体反映，因此不能把主观概率看成纯主观的东西。另一方面，任何客观概率在测定过程中也难免带有主观因素，因为在实际工作中所取得的数据资料很难达到大数定律的要求。所以，在现实中，既无纯客观概率，又无纯主观概率。

主观概率预测法是分析者通过对现实事件发生的概率做出主观估计，或者对事件变化的动态做出一种心理评价，然后计算其平均值，以此作为事件发展趋势分析结论的一种定性预测方法。其优点是把大量原来不可以直接预测的现象和事物，转化为可测量与统计的；缺点是测出的数据没有数理统计的数据准确。

常用的主观概率预测法有主观概率加权平均预测法和累计概率中位数预测法。

主观概率加权预测法是以主观概率为权数，对各种预测意见进行评价加权，求得综合性预测结果的预测方法。累计概率中位数预测法是根据累计概率，确定不同预测意见的中位数，对预测值进行点估计和区间估计的方法。累计概率中位数预测法首先通过对预测对象未来各种结果的概率及累计概率进行主观估计，建立概率分布函数，然后根据概率分布函数来进行预测。

2.4.2　主观概率法的步骤

对于发展的客观性统计出来的一种概率，在很多情况下，人们没有办法计算事情发生的客观概率，因而只能用主观概率来描述事件发生的概率。主观概率法是一种适用性很强的统计预测方法，可以用于人类活动的各个领域。用主观概率法进行预测的步骤如下：

①准备相关资料；

②编制主观概率调查表；

③汇总整理；

④判断预测。

1. 主观概率加权平均法

该方法是以主观概率为权数，对各种预测意见进行加权平均，求得预测结果的方法。其步骤为：确定主观概率，即根据过去的实际资料和对过去推测的准确程度来确定各种可能情况的主观概率；计算综合预测值。以下以某公司的经管人员和销售人员的对下一年第一季度销售额的预测为例，对该方法进行介绍。

首先，以主观概率为权数，计算每人的最高销售、最低销售和最可能销售的加权平均数，作为个人期望值。启动 Excel，将基本数据输入在单元格内（请参照图 2－1），在单元格 C6 中键入公式“SUMPRODUCT(C3：C5，D3：D5)”，回车后选中该单元格，按下复制按钮，再分别选中单元格 C10 和 C14，按下右键，在弹出的快捷选项框内点击选择性粘贴，在弹出的对话框中点击公式，然后按下确定按钮，就可得到三个人的期望销售量。

	A	B	C	D
1	主观概率加权平均预测计算表			
2	销售员	估计销售量（万件）		主观概率
3	甲	最 高	1000	0.16
4		最可能	700	0.68
5		最 低	600	0.16
6		期望销售量	732	
7	乙	最 高	1200	0.16
8		最可能	1000	0.68
9		最 低	800	0.16
10		期望销售量	1000	
11	丙	最 高	900	0.16
12		最可能	700	0.68
13		最 低	500	0.16
14		期望销售量	700	
15	三人平均预测销售量		810.667	1
16	经理预测	1000		
17		900	950	2
18	综合预测		903.556	

图 2－1　主观概率加权平均预测计算 Excel 表格截图

甲的估计销售量为：

1000×0.16+700×0.68+600×0.16=732(万件)；

乙的估计销售量为：1200×0.16+1000×0.68+800×0.16=1000(万件)；

丙的估计销售量为：900×0.16+700×0.68+500×0.16=700(万件)。

其次，在单元格C15中键入公式“AVERAGE(C6，C10，C14)”，求出三个销售员预测的销售量的平均数为：(732+1000+700)/3=810.667(万件)；

如果两个经理也分别做了估计预测，甲经理预测销售量为1000万件，乙经理预测销售量为900万件。现在把经理的意见加以综合。

在单元格C17中键入公式“AVERAGE(B16：B17)”，可得两个经理预测销售量的平均数为(900+1000)/2=950(万件)。

然后将经理人员和销售人员预测的意见再加以综合，做出最后的预测。计算时用加权平均数，分清主次轻重。用什么权数，不能用人数为权数，要考虑经验丰富程度，对经理的预测量用较大的权数，对销售人员的预测量用较小的权数。假定前者权数为2，后者权数为1。在单元格D15和D17将销售员和经理的权重填入，在单元格C18中键入公式“(C15*D15+C17*D17)/SUM(D15：D17)”，则可得的综合销售量预测数为：(950*2+811.1)/3=903.5563(万件)。

2. 累计概率中位数法

这种方法是根据累计概率，确定不同预测意见的中位数，对预测值进行点估计和区间估计的预测方法。其步骤如下：

第一步，确定主观概率及其累计概率。

现以某企业的销售额为例。过去若干年的统计资料如表2-2所示。并且要求，预测2013年10月份的商品销售额，预测误差不得超过6万元。根据每个调查人员对未来销售额增长趋势有关看法的主观概率。列出不同销售额可能发生的不同概率，概率要在0与1之间分出多个层次，如0.010，0.125，0.250，…，0.990等。并由调查人员填写可能实现的销售额，一般用累积概率，如表2-3所示。

表2-2 某地区商品销售额统计表 (单位：万元)

年 月份	2010	2011	2012	2013
1	66	70	166	208
2	56	68	166	20
3	58	66	192	212
4	60	68	176	204
5	58	70	166	203
6	60	70	188	218
7	68	92	194	
8	62	80	193	
9	60	80	202	
10	58	88	204	
11	60	98	202	
12	62	126	198	

表 2－3　主观概率调查表　（单位：万元）

累积概率	0.010 (1)	0.125 (2)	0.250 (3)	0.375 (4)	0.500 (5)	0.625 (6)	0.750 (7)	0.875 (8)	0.990 (9)
商品销售额									

表 2－3 中第(1)栏累积概率为 0.01 的商品销售额是可能的最小数值，表示小于该数值的可能性只有 1%；第(9)栏累积概率为 0.99 的商品销售额是可能的最大数值，说明商品销售额小于该数值，而大于该数值的可能性只有 1%；第(5)栏累积概率为 0.5 的商品销售额，是最大、最小的中间值。说明商品销售额大于和小于该数值的机会都是 50%。

第二步，汇总整理。

按事先准备好的汇总表将各个调查人员填好的调查表汇总。在 Excel 中建立主观概率汇总表格，如图 2－2 所示。

	A	B	C	D	E	F	G	H	I	J
1	表2-5　主观概率汇总表　单位：万元									
2	预测	0.01	0.125	0.25	0.375	0.5	0.625	0.75	0.875	0.99
3	人员	1	2	3	4	5	6	7	8	9
4	1	190	193	194	198	200	202	204	205	208
5	2	178	189	192	194	198	200	204	205	225
6	3	184	189	192	193	202	204	206	208	220
7	4	194	195	196	197	198	199	200	201	202
8	5	198	199	200	202	205	208	210	212	216
9	6	168	179	180	184	190	192	194	196	198
10	7	194	198	200	206	208	212	216	219	224
11	8	180	185	186	189	192	195	198	200	205
12	9	188	189	190	191	192	193	194	195	196
13	10	200	202	202	205	207	209	212	213	220
14	平均数	187.4	191.8	193.2	195.9	199.2	201.4	203.8	205.4	211.4

图 2－2　主观概率汇总表 Excel 截图

在单元格 B14 中键入公式“AVERAGE(B4：B13)”，利用复制手柄将其公式复制至单元格 J14，计算出各列平均数，由图 2－2 可以做出如下判断：

①该企业 2013 年 10 月份的销售额最低可达 187.4 万元。小于这个数的可能性很小，只有 1%。

②该企业 2013 年 10 月份的销售额最高可达 211.4 万元。超过这个数的可能性也只有 1%；

③可以用 199.2 万元作为 2013 年 10 月份该企业商品销售额的预测值。这是最大值与最小值之间的中间值。其累积概率为 50%，是销售额期望值的估计数；

④本例要求预测误差为 6 万元，则预测区间为：(199.2－6)～(199.2＋6)，即销售额的预测值在 193.2 万元～205.2 万元之间；

⑤预测销售额在 193.2 万元～205.2 万元，在第(3)栏到第(8)栏的范围之内，其发生概

率相当于0.875 - 0.25 = 0.625。也就是说，销售额在193.2万~205.2万元之间的可能性为62.5%。扩大预测误差的范围，可以提高实现的可能性。例如，要求误差在±12万元以内，则预测区间为187.2万~211.2万元之间，在第(1)栏到第(9)栏的范围之内，其相应概率为0.99 - 0.01 = 0.98，即销售额在187.2万至211.2万元之间可能性达到98%，可靠程度是相当高的。

第三步，对预测值进行检验和校正。校正时要对调查人员提出的预测值及主观概率的根据做深入了解，并且根据过去已做过的预测和实际发生数的偏差进行研究，寻求对预测值的改进。设假定该企业曾经对2012年各月的商品销售额做过同样的主观概率预测，求得各个月的预测值，并已将2012年各月的商品销售额预测数和实际数资料如图2-3所示。

第(4)栏计算了2012年每个月实际数对预测数的比率。这种比率可以用来判断2011年各月预测数的偏差程度。由于偏差有不同的情况，有时偏高、有时偏低，偏差的程度也不同。就必须计算平均偏差，反映偏差的一般水平。在单元格D15中键入公式"AVERAGE(D3:D14)"，得出实际数与预测数比率的平均数为0.996264377，这表明对销售额的预测是稍微偏高了一点。因此，我们可以用0.996264377作为修正系数去修正2013年10月份的预测值，在单元格B16中引用表2-4中单元格F14，在单元格B17键入公式"B16 * D15"，得出修正后的2013年10月份的预测值 = 199.2万元 × 0.996 = 198.4559万元。

	A	B	C	D
1	表2-6 2012年某地区商品销售额			单位：万元
2	时间（月）(1)	预测数 (2)	实际数 (3)	实际数/预测数 (4)
3	1	170	166	0.976470588
4	2	168	166	0.988095238
5	3	190	192	1.010526316
6	4	176	176	1
7	5	167	166	0.994011976
8	6	186	188	1.010752688
9	7	195	194	0.994871795
10	8	197	198	1.005076142
11	9	201	202	1.004975124
12	10	205	204	0.995121951
13	11	204	202	0.990196078
14	12	201	198	0.985074627
15	平均预测比率			0.996264377
16	中位预测数	199.2		
17	修正预测数	198.4559		

图2-3 2012年某地区商品销售额Excel截图

2.4.3 交通运输案例分析

某小区打算预测该小区2012年的汽车需求量，因此选取了10位调查人员进行主观概率法预测，要求预测误差不超过±67辆。调查汇总数据如表2-4所示。

①综合考虑每一个调查人的预测，在每个累计概率上取平均值，得到在此累计概率下的预测需求量。由表2-4可以得出该小区对2012年汽车需求量预测最低可到2083辆，小于这个数值的可能性只有1%。

②该小区 2012 年的汽车最高需求可到 2349 辆，大于这个数值的可能性只有 1%。

③可以用 2213 辆作为 2012 年该小区的汽车需求量的预测值。这是最大值与最小值之间的中间值。其累计概率为 50%，是需求量期望值的估计数。

表 2－4　某小区汽车需求量调查汇总数据

被调查人编号	累计概率								
	0.010 (1)	0.125 (2)	0.250 (3)	0.375 (4)	0.500 (5)	0.625 (6)	0.750 (7)	0.875 (8)	0.990 (9)
	汽车需求量(辆)								
1	2111	2144	2156	2200	2222	2244	2267	2278	2311
2	1978	2100	2133	2156	2200	2222	2267	2278	2500
3	2044	2100	2133	2144	2244	2267	2289	2311	2444
4	2156	2167	2178	2189	2200	2211	2222	2233	2244
5	2200	2211	2222	2244	2278	2311	2333	2356	2400
6	1867	1989	2000	2044	2111	2133	2156	2178	2200
7	2156	2200	2222	2289	2311	2356	2400	2433	2489
8	2000	2056	2067	2100	2133	2167	2200	2222	2278
9	2089	2100	2111	2122	2133	2144	2156	2167	2178
10	2222	2244	2244	2278	2300	2322	2356	2367	2444
平均数	2082.3	2131.1	2146.6	2176.6	2213.2	2237.7	2264.6	2282.3	2348.8

2.5　定性预测的其他方法

2.5.1　领先指标法

1. 领先指标法概念

社会各种经济现象之间的内在联系是十分紧密的，表现在经济指标上，则反映为时间序列上的先后关系。例如，原材料价格的变动先于制成品价格的变动；教育事业的发展先于科学技术的发展；科学技术的发展又先于生产建设的发展等。领先指标法就是利用经济指标之间的时间差异，将各种经济时间序列分为三种类型，即领先指标型、同步指标型和滞后指标型，如图 2－4 所示。

领先指标是在变化时间上早于预测对象，即波峰或波谷的出现时间均早于预测对象；同步指标是指变化时间与预测对象完全同步，即出现波谷与波峰的时间与预测对象相一致；滞后指标是指在变化时间上迟于预测对象。根据这种分类，可以通过领先指标以预测同步指标或滞后指标。运用领先指标法，不但可以预测经济发展趋势，而且可以预测转折点。领先指标法既可用于微观经济预测，也可用于宏观经济预测。

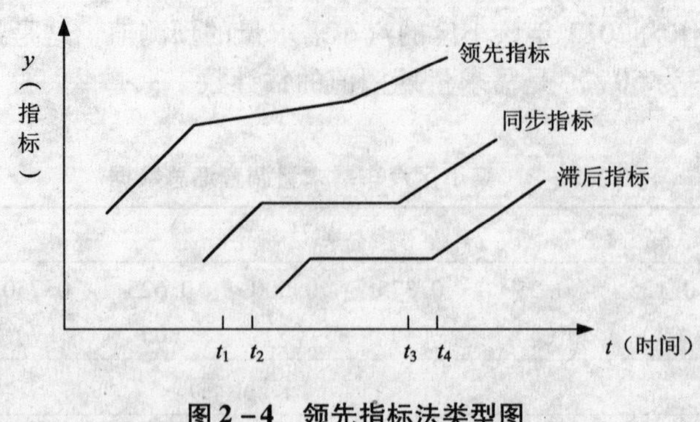

图 2－4 领先指标法类型图

2. 领先指标法的基本原理

(1)领先指标预测法的基本思想

某些经济变量和另外一些经济变量之间有着直接的关系，这些经济变量的变化将直接影响另一些经济变量的变化。因此，可以设想通过某些经济变量的变化趋势来预测另一些经济变量的变化趋势。

(2)领先指标法的预测步骤

①根据预测的目标和要求找出领先指标；

②画出领先指标、同步指标、滞后指标的时间序列图；

③进行预测。

(3)领先指标法的应用条件

确认指标之间的伴随关系到现在是否仍然存在，间隔时间有什么变化。

(4)领先指标法的主要应用领域

领先指标法不仅用于微观经济预测，而且可用于宏观经济预测。例如把另一国的国民经济发展速度作领先指标，预测本国的国民经济发展速度；还可以把科学技术和教育事业的发展作为领先指标，预测国家经济的发展。

2.5.2 经理评判意见法

经理(厂长)评判意见法，就是由企业的负责人把与市场有关或者熟悉市场情况的各种负责人员和中层管理部门的负责人召集起来，让他们对未来的市场发展形势或某一种大市场问题发表意见，做出判断；然后，将各种意见汇总起来，进行分析研究和综合处理；最后得出市场预测结果。

1. 经理(厂长)评判意见法的预测过程

(1)进行定性分析

①研究企业历史销售情况，目前市场状态。

②研究同行业生产厂商情况。

③研究流动资金来源和利用情况。

④研究改善经营管理的措施及可能达到的效果。

⑤研究劳动组织、业务人员和销售水平情况。

(2)在定性分析基础上，确定三个定量数据：自然状态、销售估计值、概率

(3)计算每个人的预测方案期望值，并以期望值为基础确定综合预测值

【例2-2】 某企业的几位厂长，他们根据个人的能力和经验，经过综合大家的意见，分析判断，分别提出如表2-5中的数据。

表2-5　三个厂长提出的预测数据表

厂长	销路好		销路中等		销路差		期望值
	销售估计值	概率	销售估计值	概率	销售估计值	概率	
甲	140	0.2	100	0.7	40	0.1	102
乙	120	0.1	98	0.7	50	0.2	90.6
丙	130	0.1	95	0.8	30	0.1	92

第一步：根据表2-5中的每个厂长的个人方案，一般运用加权平均法，综合成厂长的统一方案。其权数应根据各位厂长在企业的地位、作用和权威而定。假定厂长甲是主管市场营销业务的，其预测方案应有较大权威性，所以给予较大的权数(如为1.5)，厂长乙、丙预测的方案可给予较小的权数(如均为1)，则厂长方面的统一方案为：

$(102\times1.5+90.6\times1+92\times1)/(1.5+1+1)=95.89$

各部门的负责人以及有关人员所预测的方案，也可按上述方法加以综合。

第二步：确定企业的综合预测值。

第三步：确定企业的最后预测方案。

2. 经理(厂长)评判意见法的优缺点

经理(厂长)评判意见法的优点：

①迅速、及时和经济，不需要经过复杂的计算，也不需要多少预测费用，就可以及时得到预测结果。

②集中了各个方面熟悉市场情况的有经验中高级管理人员的意见，可以发挥集体的智慧，使预测结果比较可靠。

③使用这种方法不需要大量的统计资料，更适合于那些不可控因素较多的产品进行销售预测。

④如果市场发生了变化可以自己进行修正。

经理(厂长)评判意见法的缺点：

①预测结果容易受主观因素影响。

②对市场变化、顾客的愿望等问题了解不细，因此预测结果一般化。

2.5.3　相互影响分析法

1. 概述

相互影响分析预测法，也称交叉概率预测法，是美国于20世纪60年代，在德尔菲预测法和主观概率预测法的基础上发展起来的一种新的预测方法。该方法是根据若干个事件之间的相互影响关系，分析当某一事件发生时，其他事件因受到影响而发生何种形式变化的一种

预测方法。

进行相互影响分析预测时，每项预测包括两个因素，即事件出现的时间与几率。任何事件出现时间和几率的预测，都是以尚未发生的其他事件的假设为基础。如果这中间事件有不同于假设的结果，原来的预测就变得不切题，因此，事件间的预测是相互影响的。相互影响分析预测法就是考虑了这种相互影响的预测方法。

使用相互影响分析预测法，可选择出有预测早出现时间的事件，且确定其结果。根据这个结果，对接受第一个事件相互影响的所有其他时间的出现时间和几率做出调整。然后，再选出下一个有早出现时间的事件，确定其结果，且对其余事件进行调整。如此进行下去，即可得出最后的预测结果。

2. 相互影响分析预测法的步骤

相互影响分析预测法的具体步骤如下：

①将接受交叉影响分析的一组事件标为 E_1, E_2, …, E_n。被研究事件的数量可多可少。一组事件的性质可以是密切相关的，也可以是极不相同的，但在那些性质迥异的事件之间不会有什么实质性的相互影响。

②采用德尔菲法预测法独立地预测被分析的事件，E_1, E_2, …, E_n 所发生的时间和概率，这时不必考虑它们之间的相互作用。

③用列入相互影响分析的一组事件来构成一个矩阵，矩阵的首行和首列是同一组事件。通过主观的直觉判断，首先研究第一个预测事件与其他预测事件之间的关系，然后再研究第二个预测事件与其他预测事件的关系，以此类推，把每一相互影响的估计值填入相应的交叉格内。估计值除了表示影响方向(如正向、中性和负向)之外，还应表示其影响强度。影响强度通常用 0 ~ 1 之间的数值来表示，强度为 0，则对应于无方向或中性。每一影响用方向和大小来表示是估计修正概率的基础。

④用德尔菲预测法的预测结果逐一加以修正，即预测某一事件在受另一事件影响条件下的新概率，其基本关系式为：

新概率 = f(原概率，相互影响的方向，相互影响的大小，原预测中两事件发生的时间)

3. 相互影响分析预测法的评价

相互影响分析法是以德尔菲预测法取得的资料和结果为分析依据，两者的结合可以看作是德尔菲预测法应用的进一步发展。在实际应用中，相互影响分析预测法克服了德尔菲预测法的局限性，能协调专家之间的意见，根据一系列相关事件之间的交叉影响来修正概率估计，从而大大提高了对相关事件预测的可靠程度和德尔菲预测法的实用价值。特别是对于某些关键项目的评估及发展规划的制定等复杂问题，采用相互影响分析预测法均能得到较好的结果。

但是，在估计相关事件的相互影响时，根据主观判断的数据利用公式将初始概率转变成校正概率，有相当的主观任意性，如使用不当，其修正则会得到相反的结果。而且，这种估计通常建立在直观的基础之上，缺乏严格考证，其估计值往往不可靠。同时，对概率与时间的关系式是否恰当有人也提出了疑问，希望能把这种关系式建立在更为合理统计基础上。

4. 相互影响分析预测法的应用

下面以美国 15 年内汽车能源政策评价为例，介绍相互影响分析预测法的具体应用过程。

(1) 确定影响关系

影响能源政策的因素很多，为讨论方便，将下列三个主要因素作为被预测的事件组：

D_1——用煤炭代替石油；

D_2——降低石油价格；

D_3——控制空气和水源的质量标准。

假设这三个事件在不考虑交叉影响时原估计发生的概率分别为：$P_1=0.8$，$P_2=0.4$，$P_3=0.3$（由专家估计）。显然，这一组数据在考虑事件之间的交叉影响后要发生变化。这三个事件之间的定性影响关系见表2-6。

表2-6　相互影响矩阵表

如该事件发生	原估计发生的概率	对其他事件的影响		
		D_1	D_2	D_3
D_1	0.8	—	↑	↑
D_2	0.4	↓	—	—
D_3	0.3	↓	↓	—

矩阵表中的"↑"表示正影响，"↓"表示负影响，"—"表示无影响（包括可以忽略不计的极小影响）。例如，如果 D_1 发生，将导致进一步降低国内石油价格（D_2）以及制订更加严格的空气和水源的质量标准（D_3）。

（2）评定影响的程度

在评定事件之间的影响程度时，一般要预先制定一个影响程度分挡表，然后确定具体的影响程度。影响程度的确定一般采用主观概率法或德尔菲法。

①制定影响程度分挡表。

为了便于判断，我们采用七个挡次的影响程度分档表，见表2-7所示。

表2-7　影响程度分档表

序号	影响程度档次	影响程度 S
1	无负影响	0
2	较小负影响	-0.5
3	较小正影响	+0.5
4	较强负影响	-0.8
5	较强正影响	+0.8
6	极强负影响	-1.0
7	极强正影响	+1.0

②影响程度调查。

影响程度经常采用德尔菲调查。在德尔菲法中，经常设计如表2-8所示的调查表。

表 2-8　影响程度调查表

如该事件发生	原估计发生的概率	对其他事件的影响		
		D_1	D_2	D_3
D_1	0.8	—	S_{12}	S_{13}
D_2	0.4	S_{21}	—	S_{23}
D_3	0.3	S_{31}	S_{32}	—

表中，$S_{mi}(m \neq i)$表示事件 D_m 发生时对其他事件 D_i 的影响程度。例如，S_{12}表示 D_1 发生时对 D_2 的影响程度。S_{mi}的值由专家根据自己对 D_m 与 D_i 之间定性影响程度的分析从表 2-7 所给出的分档标度中择一填写。

③影响程度汇总。

假设有 10 位专家填写了表 2-8，则按照表 2-9 将专家意见汇总，并将结果反馈给每位专家，反复征求四轮意见，使意见收敛。

表 2-9　影响程度汇总表

专家编号	D_1的影响		D_2的影响		D_3的影响	
	S_{12}	S_{13}	S_{21}	S_{23}	S_{31}	S_{32}
1	+0.5	+0.8	-0.8	0	-0.5	-0.5
2	+0.5	+0.8	-0.5	-0.5	-0.5	0
3	+0.5	+0.5	-0.8	-0.5	-0.5	-0.5
4	+0.5	+0.5	-0.5	-0.5	0	0
5	0	+0.8	-0.8	-0.5	0	0
6	0	+0.8	-0.5	0	-0.8	0
7	0	+0.8	-0.8	0	-0.5	0
8	0	+1.0	-0.8	0	-0.5	0
9	0	+1.0	-0.5	0	-0.5	0
10	0	+1.0	-0.8	0	-0.5	0
平均值	+0.2	+0.8	-0.68	-0.2	-0.43	-0.1

(3)计算影响值

①经验公式。

当 D_m 发生并对 D_i 产生影响后，假设 D_i 的概率由 P_i 变成 P_i'，则其相互关系可由下列经验公式来表示：

$$P_i' = P_i + SP_i(1 - P_i) \tag{2-4}$$

式中：P_i 为 D_i 的原估计发生的概率；

P_i'为考虑交叉影响后的修正概率；

S 为影响程度。

上述公式所体现的 P_i'与 P_i 之间的函数关系可用图 2－5 反映出来。显然，P_i'的取值范围介于 $S=1$ 和 $S=-1$ 时的两条曲线之间的区域。

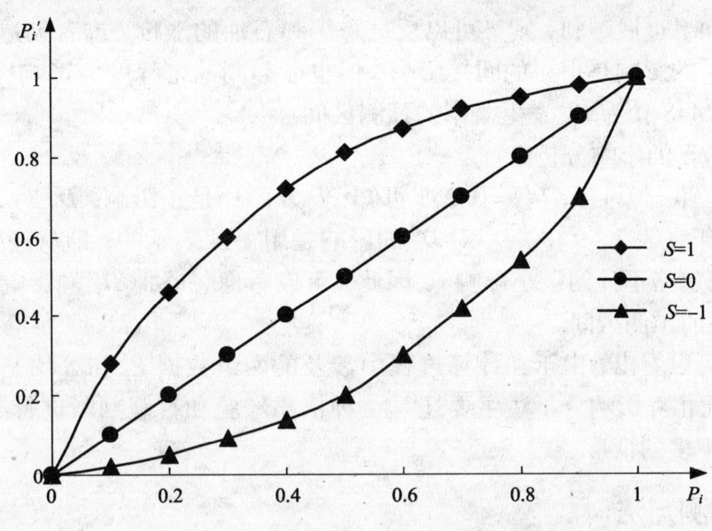

图 2－5　P_i'与 P_i 之间的函数关系图

② P_i'值的计算。

假设表 2－9 中提供的数据是德尔菲法收敛后的最终专家意见，则可考虑取该表中的平均值为 S 的值。于是，我们可以计算 P_i'的值：

ⓐD_1 对 D_2、D_3 的影响值。

$P_{12}'=P_2+S_{12}P_2(1-P_2)=0.4+0.2\times0.4\times(1-0.4)=0.448$

$P_{13}'=P_3+S_{13}P_3(1-P_3)=0.3+0.8\times0.3\times(1-0.3)=0.468$

ⓑD_2 对 D_1、D_3 的影响值。

$P_{21}'=P_1+S_{21}P_1(1-P_1)=0.8+(-0.68)\times0.8\times(1-0.8)=0.691$

$P_{23}'=P_3+S_{23}P_3(1-P_3)=0.3+(-0.2)\times0.3\times(1-0.3)=0.258$

ⓒD_2 对 D_1、D_3 的影响值。

$P_{31}'=P_1+S_{31}P_1(1-P_1)=0.8+(-0.43)\times0.8\times(1-0.8)=0.731$

$P_{32}'=P_2+S_{32}P_2(1-P_2)=0.4+(-0.1)\times0.4\times(1-0.4)=0.376$

(4)分析并得出预测结果

上面的影响值是根据专家评定的影响程度计算的，而向专家调查并获取影响程度的前提是假定某一事件肯定发生，可是，从实践上看，该事件还存在着可能不发生或不完全发生的情形，因此需要对上述影响程度和影响值做进一步的分析和修正。

①D_2、D_3 对 D_1 的影响分析。

由 $P_1=0.8$，$P_{21}'=0.691$，$P_{31}'=0.731$ 可知，D_2、D_3 对 D_1 的影响都是负影响。但 P_{21}'（或 P_{31}'）是在假设 D_2（或 D_3）肯定发生的前提下提出的修正概率。如果经过认真分析，认为降低

国内石油价格(D_2)的可能性不大，则应否定掉P'_{21}这个修正概率，而取0.731～0.8作为D_1发生概率的预测区间。

②D_1、D_3对D_2的影响分析。

由$P_2=0.4$、$P'_{12}=0.448$、$P'_{32}=0.376$可知，D_1对D_2的影响是正影响，D_3对D_2的影响是负影响。但影响的程度均不太大。D_1与D_2是一种倒因果关系。石油涨价将迫使以煤代油；而以煤代油如果进展顺利，则又可以反过来缓和石油的涨价，或者创造一些使石油降价的条件。D_3对D_2的影响是很小的间接影响，但也能起到一定程度的影响作用。因此，可以考虑取0.376～0.448作为D_2发生概率的预测区间。

③D_1、D_2对D_3的影响分析。

由$P_3=0.3$、$P'_{13}=0.448$、$P'_{23}=0.258$可知，D_1对D_3是正影响，D_2对D_3的影响是负影响(但很小)。由于在表2-9中，D_2对D_3的影响是用"—"表示的，即从经验来看，D_2对D_3无影响(或者可以忽略不计的极小影响)，因此，可以考虑忽略掉D_2的影响，取0.3～0.468作为D_3发生概率的预测区间。

从以上实例可以看出，由于在计算过程中涉及的两组数据P_i和S均是通过主观估计由专家给定的，因此相互影响分析法主要还是一种依靠经验和直观判断进行分析预测的方法，多用于数据掌握不多的情形。

2.5.4 其他预测方法

1. 一般调查预测法

调查预测，一般需组织有专业特长、有实践经验的人员，根据预测目标，制定调查表或调查提纲，选定调查对象，深入实际，调查了解。然后把所收集到的信息加强综合整理，分析研究或经简单推算给出预测结果。

一般调查预测法采用的调查方式多样，有会议调查、采访调查、表报调查、典型调查、联系网调查及咨询调查等。这些调查方式各有利弊，通常是交叉使用或综合使用，这样做可以将各方有经验的主观判断集中起来，经过科学加工，做出正确预测。

(1)会议调查方式

会议是预测工作中常用的一种调查方法。其优点是解决问题快，易于展开思路，也便于交流、协商和统一认识。在进行初步预测时，是一种对已经提出的预测方案进行评价的好办法。会议的形式是多种多样的，预测者通常会通过经验来选择会议形式。

会议调查方式的缺点是准确性差，其原因是多方面的，比如情感影响、个人影响及时间影响等。

(2)采访调查方式

采访调查方式的优点是灵活、目的性强、便于深谈；缺点是当调查范围很大时不适用。

(3)表报调查方式

表报调查方式的优点是形式多样、用途广、不受调查范围限制；缺点是不易得到被调查者的密切配合。

(4)典型调查方式

典型调查方式是指在不同的代表面上抽出一定的典型作为样本，进行比较细致的调查研究的调查方式。在缺乏数据时，有时把典型调查作为放大推演的根据。但是，要注意在把典型放大到面上去推演时，切忌以点带面的错误做法，放大是允许的，但范围是有限的。

(5)联系网调查方式

即在产销、协作、上下级部门之间，科技、生产、流通、消费单位之间，学术团体、企业、事业单位之间，不同地区、不同部门之间都根据各自的需要，利用各种形式组成联系网进行相互间的调查研究。

(6)咨询调查方式

任何预测工作者都不可能掌握自己预测所需要的全部信息，也不可能掌握全部预测方法和手段，因此需要咨询，以吸收别的专家的经验和意见。

一般调查预测法的步骤为：

(1)确立调查目的和指导思想

一般调查预测法的第一步工作就是调查预测活动的组织者在初步分析情况基础上明确调查目的，即回答为什么调查或经调查后取得哪些资料等问题。明确了调查目的后，尚需确立调查的指导思想。调查的指导思想是指导调查工作全过程的原则和准则，在调查的各阶段都不应偏离指导思想。总之，本步骤既是某次调查预测活动的开始，又是检查调查预测结果的依据。

(2)成立调查工作小组或领导小组

为了使调查预测工作有计划、有组织地进行，必须成立调查工作小组或课题研究小组。小组组长应是懂得调查科学、熟悉调查内容、富有组织才能的专家。小组成员应是熟悉部分调查内容的人员，而参与调查工作的一般调查人员应富有工作热情、吃苦耐劳、工作责任心强。必要时，对以上工作人员应进行调查前的培训，不仅使他们能够完成正常的调查任务，而且应会排除非正常情况下的种种障碍。当调查规模较大，涉及跨单位、跨部门、跨行业时，还应成立由主要部门领导参加的领导小组，以保证调查预测活动能得到有关部门的配合与支持。

(3)制订调查方案，设计调查问题与表格

制订调查方案就是根据调查预测总目标进行目标分解，做好系统设计，确定调查的方法与形式，安排工作计划，确定各阶段的工作目标等。

调查方案完成后，调查工作小组或课题研究小组要拟订调查问题，这些问题的范围不应超出调查预测目标所限定的范围。在此基础上，调查工作小组或课题研究小组应针对每个问题或同类问题，设计调查表格。上述问题和表格设计的好坏与否，将直接关系到调查预测活动的效果，也体现着调查工作小组或课题研究小组的工作水平。

(4)实地调查，处理调查中的新情况

实施调查除了按设计方案进行外，还应注意研究和处理调查过程中出现的各种问题，及时制订解决问题的方案。同时，应注意了解调查工作的进展情况，做好控制工作，以保证如期完成调查任务。

(5)整理调查资料

对调查获取的资料应分门别类地分析和编辑整理，应审查资料之间的偏差及是否存在矛盾。调查工作小组或课题研究小组还应从调查资料中优选信息，总结出几种典型观点或意见。资料整理是一项烦琐而艰辛的工作，工作人员必须具有耐心、细致的工作作风，并应努力提高工作效率。

(6)提出调查报告

编写调查预测报告时应注意紧扣主题，力求客观，扼要并突出重点，使决策者一目了然；要注意文字简练，必要时可用图表形象地说明。

2. 综合意见法

所谓综合意见法，就是综合经营管理人员判断意见的预测方法。经营管理人员处于生产经营的第一线，比较熟悉市场需求的情况及其动向，他们的判断，比较能反映市场需求的客观实际，因而是企业短期、近期预测的常用方法。

常用的具体方法有：

(1)销售人员预测法

销售人员预测法即征求并综合本企业推销人员和商业部门业务人员的意见，综合为该企业的预测。其优点是商业部门业务人员熟悉市场情况，因此综合他们的信息、意见，所做的预测有较大的现实性。缺点是受销售人员预测能力的限制，有时会影响其预测的准确程度。

(2)顾客意见法

即在直接征求顾客意见的基础上进行预测。此法对于用户数量不大或用户与本企业有固定协作关系的企业较为适用。

(3)个人判断法

由企业的经理或主管业务的人员凭个人的直观经验，对未来市场趋势做出判断，对商品销售进行预测。其优点是迅速、方便、省钱，市场发生变化可及时调整或修改。缺点是侧重于主观意识，科学性较差一些。

3. 头脑风暴法

(1)头脑风暴预测法概述

头脑风暴预测法的发明者是现代创造学的创始人、美国学者阿历克斯·奥斯本。头脑风暴原指精神病患者头脑中短时间出现的思维紊乱现象，病人会产生大量的胡思乱想。奥斯本借用这个概念来比喻高度活跃、打破常规的思维方式而产生大量的创造性设想的状况。头脑风暴预测法的特点是让与会者敞开思想，使各种预测设想在相互碰撞中激起脑海的创造性“风暴”。是以专家的创造性思维来索取未来信息的一种直观预测方法。包括直接头脑风暴，即组织专家，对所要预测的课题，各抒己见的进行对话，以便集思广益。质疑头脑风暴，即对各种计划方案或某种已制定的工作文件，召集专家会议，由专家提出质疑，去掉不合理的或不科学的部分，补充不具体不全面的部分，使报告或计划趋于完善。采用头脑风暴法预测时，要集中有关专家召开专题会议，主持者以明确的方式向所有参与者阐明问题，说明会议的规则，尽力创造融洽轻松的气氛。主持者一般不发表意见以免影响会议的自由气氛，由专家们自由提出尽可能多的预测意见，各抒己见，以创造一种自由的气氛激发专家提出各种想法。

(2)头脑风暴预测法的原则

采用头脑风暴预测法时，邀请的专家通常包括：方法论学者，即预测领域的专家；设想产生者，即所讨论问题的专家；分析者，即所讨论问题领域的高级专家；演绎者，即具有发达的推断思维能力的专家。组织头脑风暴会议的原则为：要尽量选择方法论和专业技术领域的资深专家；专家的选择与预测对象要一致；被挑选的专家最好是彼此不认识的；要为头脑风暴法创造良好的环境条件，使专家能将注意力高度集中在所讨论的预测问题上，所谓良好的环境条件，是指由一个可以真正自由发言的环境，组织者要讲明讨论规则，使专家没有心理顾虑，真正做到畅所欲言；要有鼓励讨论者对已经提出的预测设想进行改进的措施，为修改个人意见的专家提供优先发言的机会；最好选择熟悉预测程序和处理方法，并具备相关经验的专家来负责会议的主持工作，主持会议要尽量启发专家思维；领导工作应由预测专家来完成等。

(3)头脑风暴预测法的步骤

①直接头脑风暴预测法的步骤为：

ⓐ确定与会专家的名单、人数和会议时间

为了提供一个创造性的思维环境，与会人员尽量互不认识，会议人员以 10 人左右为宜，会议时间以 1 小时左右为好，不宜过长。

ⓑ召开专家讨论会

在讨论会上，会议主持人首先要对预测问题做简要说明，然后请专家们参加讨论，发表意见。在讨论中，主持人要创造一种自由、活跃、民主的讨论气氛，激发专家们参与讨论的积极性。会议主持人要严格限制讨论范围，对专家们提出的各种预测意见不持否定和批评态度，在讨论会上提出的预测设想多多益善，因为讨论的问题越广越深，产生有价值的预测设想的概率就越大。

ⓒ对各种预测设想进行归类、比较和评价

会议主持人要对提出的所有设想编制名称一览表，用专业术语表述每一种预测设想的内容和特点，找出重复或互为补充的预测设想进行比较分析，以此为基础形成一种较为完整的综合设想，还要对每一种预测设想提出批评意见。

②质疑头脑风暴法的预测步骤。

质疑头脑风暴预测法是指对直接头脑风暴预测法提出的已经系统化的预测设想进行质疑分析的预测方法。其做法与直接头脑风暴预测法基本相同，只是要对预测设想实现的可能性进行全面质疑和评价。在对已经提出的预测设想能否实现进行论证时，要着重分析存在的制约因素，以提出消除限制因素的建议。在质疑过程中，应鼓励对预测设想进行修正，从而形成更科学、更可行的预测结论。

(4)头脑风暴预测法的评价

头脑风暴预测法是一种直观的预测方法，它的优点是：可最大限度地发挥专家的个人才智，且不受外界影响；能够通过信息交流，产生思维共振，进而激发创造性思维，能在短期内得到创造性的成果；获取的信息量大，考虑的预测因素多，提供的方案也比较全面和广泛；方法简单易行，节省时间。头脑风暴法的缺点是：由于参加会议的人数有限，故不能更广泛地搜集各方面的意见；由于受专家个人在知识、爱好、经验、成见等方面的限制，预测结论有时有片面性；有些专家易受权威的影响，不利于充分发表意见；易受表达能力影响；易受心理因素影响；容易随大流等。

4. 情景分析法

(1)情景分析法概述

情景分析预测法最早可追溯到曼哈顿项目，当时兰德公司的科学家尽力通过计算机用情景分析预测法预测爆炸一枚原子弹的效果。第二次世界大战后，当美国军方设计防御战略时，进一步发展了该方法。然而，情景分析预测法最初并没有引起人们的重视。在 1973 年世界能源危机以前，未来研究中采用的预测方法一般以趋势外推预测法为基础，即从现在或较近的过去外推到未来。然而能源危机的突然爆发，使得世界经济受到很大冲击，一些大型项目的预测纷纷失败。人们开始认识到，趋势外推预测法对于必须考虑“突发可能性”的长期、中期甚至短期预测来说是不太合适的，这在战略决策中表现得更为突出。受 Royal Dutch/Shell 公司使用情景分析法成功预见石油危机的影响，大约 10 年后，美国和欧洲的大企业中大约有一半都向外界宣布了他们使用情景分析预测法而做出的长期决策。除了壳牌石油公司外，德国的 BASF 公司、戴姆勒—奔驰公司、美国的波音公司等世界著名跨国公司在制订战略规划时都使用了该方法。然而情景分析预测法在我国的起步较晚，近年来才引起学术界的重视，目前应用范围主要限于对国民经济有重大影响的交通、能源、钢铁、水资源等领域，在商业企业中应用较少。

情景分析的动机不是探究未来，而是描述最有可能的未来或决策者期望的未来。情景分析预测法与传统预测法的主要区别是：情景分析预测法认为未来不只是一成不变的、简单的沿袭过去的发展模式，而是在对历史进行回顾分析的基础上，对未来的趋势进行一系列合理的、可认知的、大胆的、自圆其说的假定，给出事物未来发展的各种情景，在某一情景的框架下，可借用传统预测方法对事物发展做出更进一步的定量描述。用情景分析预测法进行预测，不仅能得出具体的预测结果，而且还能分析达到未来不同发展情景的可行性及提出需要采取的技术、经济和政策措施，为决策者提供参考依据。

(2)情景分析法的特点

①由于预测是根据事物发展的过去和现在而对其未来做出估计和判断，这种超前性的特点决定了在预测过程中不可避免地要遇到一些不确定因素，对不确定因素的不同处理方法，将推导出多种可能的发展趋势，各种趋势的差别很大，但各自都有存在的理由，情景分析预测法认为事物发展的未来具有多样性，因此，其预测结果是多维的。

②在进行预测时，应从预测对象所处的社会、政治、经济环境出发，用系统工程的思想和方法分析问题，特别要注意分析对预测对象的发展起重要影响的关键因素，以对事物的未来发展做出有联系、多层次、组合式的描绘。情景分析预测法能够做到在系统环境变化条件下对事物的发展做出深层次分析，是一种系统预测方法。

③情景分析预测法是在已经掌握的客观资料的基础上，融合专家的逻辑思维形象思维能力，对事物发展前景进行分析。因此，情景分析预测法是一种认同并发挥人的主观能动作用的预测方法。

④情景分析预测法是一种定性与定量相结合的预测方法。情景分析预测法并不排斥趋势外推等定量预测方法，如对未来情景框架进行描述时，可运用趋势外推等预测方法做短期预测，并在此基础上对远期情景的不可靠部分进行必要的拓展和补充。情景分析预测法的定性分析主要是获得专家的经验和智慧，这一点与德尔菲预测法有一定的相似性，在情景分析预测法中通常用德尔菲预测法作为一项子技术。因此，情景分析预测法是一种定性分析与定量分析相互嵌入，以定性分析为主的综合性预测方法。

综上所述，情景分析预测法是一种适合于在变化的环境中进行预测的系统预测方法，它能够将定量分析与定性分析有机地融为一体，以德尔菲预测法等作为定性分析手段，以趋势外推等预测方法作为定量分析手段，并在其中嵌入大量的定性分析，以指导定量分析的进行。情景分析预测法的主要缺点是操作过程比较复杂，预测成本较高。

(3)情景分析法的一般方法和步骤

①主题的确定。

即明确预测的目的和主要任务，包括其涉及的时间范围、具体对象和区域等。主题的确定是一项专业性很强的工作，并不是由高层管理人员直接提出的，而是竞争情报人员经过具体调研，同时结合企业的自身情况、发展目标、最终提出有实际价值的预测主题。确定预测主题后，要成立情景分析预测工作组，这个工作组不仅要包括竞争情报专业人员，还要包括不同层次的管理人员。要注意选择那些具有前瞻性，能够跳出框架进行创新性思考的人参加预测工作组。

②主要影响因素的选择。

影响因素是指影响预测对象未来发展趋势的因素，也可以说是造成未来情景变化的主要原因。影响因素状态的改变决定着预测对象未来的发展趋势和方向。利用情景分析预测法对未来的情景进行预测和描述时，必须先确定该主题的影响因素。

世界是一个有机联系的整体，所以要将影响因素逐一列举出来是不可能的，而且从不同角度分析它们的影响程度也不同。所以在大量搜集情报的同时，还需要通过大规模的调研和分析工作提出最初的影响因素列表，而主要影响因素集中在那些未来不确定性强、影响程度大的因素。在提出最初的影响因素的列表的基础上，通过召开讨论会让所有的与会的企业人员和专家人士各抒己见，对影响因素进行选择，也可提出需要补充的其他影响因素。随后，对讨论内容进行汇总，对影响因素进行选择，也可提出需要补充的其他影响因素。最后，对讨论内容进行汇总，选择出所在领域影响主题的10个左右的因素作为主要影响因素。

假设有10个主要影响因素，每个因素都有最积极、最消极和最有可能发生三种状态，那么可以产生3^{10}种可能的方案。如果对这么多的方案逐一进行模拟，不仅浪费人力、物力，同时有可能避重就轻，把握不住重点。所以，在实际操作中要进一步将主要影响因素提炼压缩至5个以下。通常情况下，可通过征求专家意见，对主要影响因素进行重要性排序，选择出公认的，最重要的5个以下的因素，作为关键影响因素。

③方案的描述与筛选。

将关键影响因素的具体描述进行组合，形成多个初步的未来情景描述方案。由于决策者在选择方案时往往从其发生概率及战略重要性两个角度出发考虑，所以将各种方案按照发生概率和战略重要性横纵坐标进行归类，通常分为A、B、C、D四个区域，如图2-6所示。

在图2-6中，A区域内的方案拥有相对较高的发生概率和较弱的战略重要性，适合于追求发展的企业；B区域中的方案与A区域的方案相比，在战略重要性上明显增强，如果预测准确，该区域中的方案往往不仅是众多企业制定战略的重要依据，也是企业创造竞争趋势的有力武器；C区域中的方案因其低发生概率和弱战略重要性通常是被忽略的对象，但有时也能给企业发展带来出其不意的效果；D区域中的方案与B区域的方案都拥有非常强的战略重要性，但由于低发生概率的影响，该区域中的方案不如B区域中的方案受青睐。

考虑到资源的稀缺性，企业不可能对每个方案都给予同样程度的重视，因此需要对方案作进一步的处理，也就是进行筛选。方案筛选是一个非常关键的步骤，一时疏忽就可能导致错误的决策。因此，这一步就需要信息专家、经济专家、管理专家和该领域专家一起对产生的所有方案进行评估，从方案的战略重要性和发生概率两方面，结合企业自身及所处行业的特点，进一步压缩方案数量，重点集中在5个以内的描述方案，然后将这几个方案代入下一

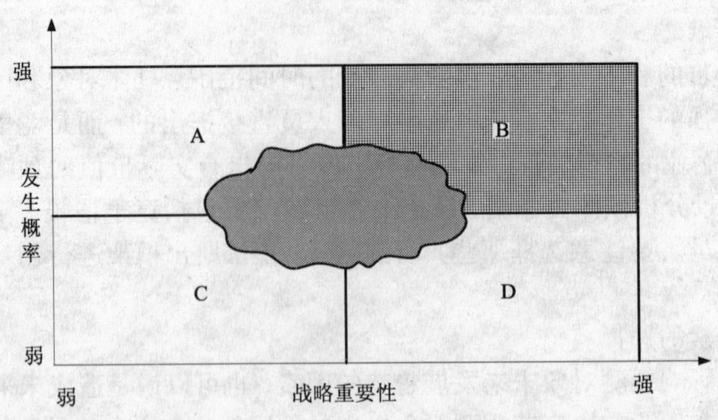

图 2－6　方案的描述与筛选矩阵图

步的模拟。

进行筛选时，尽量选择战略重要性高同时发生概率高的方案，即图 2－6 中 B 区域的方案。当然，由于关键都是不确定性强的因素，因此，这里说的发生概率高低是相对而非绝对的。但发生概率高同时战略重要性强的情景方案通常不多，在实际操作中，企业进行方案选择时会将决策重心向左下方倾斜移动，即图 2－6 中的斜线区域。此外，不同行业甚至不同企业之间细微的差别，都决定了企业在进行方案选择时的不同倾向。比如也有一些企业倾向于选择战略重要性高，发生概率相对低的方案，即 D 区域的方案。

④模拟演习。

模拟演习是指邀请企业的管理人员进入描述的情景中，面对情景中出现的状况或问题提出对应策略的过程。换言之，就是模拟未来。

首先将每个情景方案用形象的手法详细描绘出来，列举出该情景下可能出现的问题，尽可能让人读起来有身临其境的感觉。企业各个层次的管理人员按照最终确定的重点描述方案的数量进行分组，每组进行隔离模拟。他们必须完全抛开日常的工作和其他事务，设想自己就处在该描述方案的真实环境中，要对所列举的可能出现的问题进行讨论并做出相应的决策，在逐一制定了相应的策略之后，他们还必须讨论出该情景下的战略。信息工作人员要将管理人员在模拟中的反应作为反馈信息回收。管理人员要真正投入，信息工作人员要如实记录反馈信息，记录时不能加入个人主观意见。

⑤制定战略。

分析每组隔离模拟时的记录信息及该情景下制定的战略，确定每个情景中涉及的战略的真实性和准确性。在肯定了每个情景的战略之后，所有管理人员要合成一个总的战略。合成总体战略是在分组进行模拟并肯定了每个单一战略后进行的综合分析，主要是通过所有参与和管理人员集中讨论而得出的。基于每个情景下的战略汇总，找出将来决策的重心，最终制定出企业未来的战略规划和决策。例如，在几个情景下管理人员做出的相同决策，就是将来的决策重心之一。还要考虑每个方案的战略重要性及发生的概率。战略重要性大的情景中管理人员的决策也是今后决策的重点。

⑥早期预警系统的建立。

建立早期预警系统在情景分析预测法中起着非常重要的作用。通过扫描主要影响因素，监测环境、发现环境中的细微变化，及早发现威胁机会，并对情景分析预测法中的主要影响因素进行及时调整，进而调整方案，为以后的情景分析预测提供一个很好的基础。

早期预警系统的核心是信息搜集子系统、指标预警子系统和因素预警子系统。信息搜集可以通过第三方利用专题服务的方式获得，也可以利用计算机软件(如网络蜘蛛)，自动搜索相关信息，这是实现预警的基础。指标因素综合预警系统是预警系统发展的趋势之一，其中指标预警重点监测主要影响因素中可以量化的因素，如收入水平；因素预警重点监测无法量化的因素，如竞争程度、政策支持等。预警系统监测的对象有时不容易识别，在设计预警系统时还要考虑那些隐性的特征，例如，竞争程度的变化通常用“愈发激烈”、“有所减弱”来形容。因此，预警可以只监测某些重要因素是否出现，若出现则发出警报。指标预警相对复杂，需对搜集到的原始信息进行规范量化，对各项指标设置不同级别警报的阈值范围。

2.5.5　交通运输案例分析——以私家车保有量预测为例

1. 情景分析预测法的应用

在信息爆炸和动荡多变的市场环境下，情景分析预测法作为一种有效解读未来的方法，越来越受到学术界和企业界的重视。自情景分析预测法产生以来，有关情景分析预测法的研究主要集中在以下两个方面。

(1)理论研究

如对情景、情景分析、情景分析过程等基本概念的研究；确定最可信和最有情景的研究；如何有效获取专家知识的方法手段和对专家知识进行处理的定量分析模型的研究。

(2)应用研究

涉及有关国家和企业各个方面的未来研究，如国民经济发展研究、能源发展与碳排放研究、环境影响研究、人类学研究、企业发展研究或项目风险研究等。其中，许多应用研究是带有全球性质的，如经济增长、通货膨胀、利率等。由于竞争对手的行为是一种主要的不确定因素，因此，情景分析预测法也研究工业结构、企业定位和发展战略等问题。另外，情景分析预测法也可以用于投资创业的初始阶段，通过尽可能揭示未来不同情景并提供相应的对策，来吸引风险投资。

由于情景分析预测法属于资源密集型预测方法，通常被认为在大型跨国公司中更容易实施，因为这些大公司较容易获得情景分析预测法得以实施的资源。然而，有学者认为给定有限的资源和管理时间，情景分析预测法对于中、小企业也是适用的。R. Phelps 通过研究两个处于不同地位、不同行业的公司发现，情景分析预测法是一种有益的技术，当行业面临变化并对未来形势不能确定时，使用情景分析预测法制订公司战略规划有助于改善公司业绩。

情景分析预测法作为一种主要用于中、长期预测的方法，其应用范围主要包括以下几个方面：

①未来发展具有很强的不确定性，有可能出现新的机遇和挑战，但依据并不充分；

②对未来发展有不同意见，各种意见的分歧很大，而且各有一定的理由；

③在未来发展中有众多因素的影响，其中人为因素(决策的选择)等影响较为明显；

④影响未来发展的因素的信息量太大，而且项目分散，范围极广，而且获取这类信息的费用太高；

⑤过去曾有多种“突发性”现象出现，并造成了很大的损失，事物发展可能经历明显的“跳跃”。

2. 实例分析

本例对近些年来国内经济指标与汽车保有量及其结构等因素进行分析的基础上，对我国汽车保有量进行综合分析预测。

(1)趋势外推法

采用趋势外推法是根据历史上汽车保有量增长速度，以及对未来汽车保有量增长趋势的判断，预测未来汽车保有量增长速度及汽车保有量。在 1980—2004、1995—2004、2000—2004 期间，我国汽车保有量的增长速度分别为 11.98%、11.15%、13.75%。在 2010 年前，汽车保有量增长速度呈快速上升趋势。2010 年以后，随着汽车基数的增大，资源、环境问题的日益突出，交通需求与管理政策的实施，汽车保有量增长速度会有所下降。未来汽车保有量增长速度按 3 个方案设定：2004—2010 年增长速度分别为 11%、12%、13%；2011—2020 年增长速度分别为 9%、10%、11%；2021—2030 年增长速度分别为 6%、6.5%、7%。根据汽车保有量的历史数据，三个方案预测结果见表 2-10 所示。

表 2-10 趋势外推法预测汽车保有量

项目	时期								
	2004—2010 年			2011—2020 年			2021—2030 年		
保有量增长速度(%)	11	12	13	9	10	11	6	6.5	7
汽车保有量(万辆)	5039	5317	5609	11929	13792	15926	21363	25890	31328

(2)弹性系数分析法

由于汽车保有量的增长与经济发展阶段高度相关，且具有阶段特征，因此，可采用弹性系数法对我国未来的汽车保有量进行预测。弹性系数预测法是采用汽车保有量对 GDP 的弹性关系预测汽车保有量，不同历史阶段弹性系数指标见表 2-11。

表 2-11 不同历史阶段汽车弹性系数

年度阶段	时期	GDP 增长率(%)	汽车保有量增长率(%)	弹性系数
按 5 年一个阶段	1981—1985	10.71	12.49	1.17
	1986—1990	7.87	11.42	1.45
	1991—1995	12.00	13.53	1.13
	1996—2000	8.27	9.12	1.10
2001—2003	8.36	13.99	1.67	
按 10 年一个阶段	1981—1990	9.28	11.95	1.29
	1991—2000	10.12	11.30	1.12
其他年度阶段	2000—2003	8.36	13.99	1.67
	1980—2003	9.52	11.93	1.25
	1995—2003	8.31	10.92	1.31

由于不同时期GDP的增长速度不同，对GDP的增长速度可按3种发展情景进行设计，即2004—2010年为8%，2010—2020年为7%，2020—2030年为6%。对汽车增长速度，2005—2010年将是快速增长期，在以后随着保有量基数的扩大和交通需求管理的加强，汽车保有量的增长速度会有所减缓。因此，人均GDP的汽车保有量弹性系数为：2010年的弹性系数约为1.4、1.5、1.6；2020年的弹性系数约为1.3、1.4、1.5；2030年的弹性系数约为1.1、1.2、1.3。则2010年、2020年、2030年我国汽车保有量计算结果见表2-12。

表2-12　弹性系数法预测汽车保有量

项目	时期								
	2004—2010年			2011—2020年			2021—2030年		
GDP增长率(%)	8	8	8	7	7	7	6	6	6
弹性系数	1.4	1.5	1.6	1.3	1.4	1.5	1.1	1.2	1.3
保有量增长速度(%)	11.2	12	12.8	9.1	9.8	10.5	6.6	7.2	7.8
汽车保有量(万辆)	5094	5317	5549	12170	13543	15062	23059	27144	31920

从表2-13可以看出，按弹性系数法预测未来我国汽车保有量，到2010年可能达到5000万~5600万辆、2020年可能达到1.2亿~1.6亿辆、2030年可能达到2.3亿~3.2亿辆。

(3)国内外情景类比分析法

国内外情景类比分析法是用我国经济发展各个阶段与世界上不同类型的国家和地区的人均汽车保有量进行对比分析。尽管世界各国社会制度不同，经济发展水平不同，各国采取的政策也不同，但是其汽车保有量与经济发展水平，即与人均GDP之间的关系却存在着普遍规律，从而可以推算出未来我国汽车保有量可能达到的规模。国际经验表明，随着居民收入水平的不断提高，居民家用轿车需求将经历一个快速增长阶段。从发展趋势看，我国汽车市场需求增长的幅度关键在于轿车，而轿车增长又取决于家用轿车的增长。由于我国国土辽阔，地区间、城乡间收入差别较大，所以我国经济各个发展阶段存在不同的人均GDP人群分布。

①国外情景分析。

国外一些工业化国家由于工业化时间不同，各国国情不一，加之汇率的变化，各国不同时期的人均GDP千人汽车保有量也不同。研究中选取了与我国发展状况较接近的国家作为参照系，不同国家人均GDP及千人拥有车辆数分布情况见表2-13。

②我国各发展阶段汽车保有量预测。

依据1995—2004年不同人均GDP人群分布及千人拥有车辆数来分析我国未来的情景。考虑国内外不同人均GDP和千人拥有车辆数，以及我国未来的交通政策，并参照我国现有各地区不同的人均GDP千人拥有汽车的车辆数，现阶段我国千人汽车拥有量为：人均GDP 1000美元以下的人群，千人拥有车辆数约为5辆；人均GDP 1000~3000美元的人群，千人拥有车辆数约为30~50辆；人均GDP 3000~5000美元的人群，千人拥有车辆数约为70~100辆；人均GDP 5000~10000美元的人群，千人拥有车辆数约为100~200辆；人均GDP 10000美元以上的人群，千人拥有车辆数约为200~400辆。运用类比法预测2010、2020、2030年我国不同人群分布和汽车保有量，见表2-14、表2-15、表2-16所示。

国内外情景类比法预测结果很明确地预示了我国汽车市场的前景，到2010年我国汽车保有量将达到5300万~5400万辆，2020年我国汽车保有量将达到1.3亿~1.5亿辆，2030年我国汽车保有量将达到2.5亿~2.8亿辆。

表2-13 不同国家人均GDP及千人拥有车辆数分布

人均GDP分组	国家	人均GDP(美元)	千人拥有车辆数(辆)
1000~3000美元	马来西亚	1170	51.90
	巴西	2190	74.70
3000~5000美元	巴西	3700	87.34
	马来西亚	3890	126.60
	日本	4940	250.96
5000~10000美元	韩国	5770	48.40
	韩国	8910	292.4
10000美元以上	韩国	10240	133.50
	日本	10440	323.39

表2-14 2010年不同人群分布及汽车保有量预测值

人群分布	人口数(万人)	人均GDP(美元)	情景确认(千人拥有车辆数(辆)	保有量预测(辆)
1000美元以下	35164	746	5	1758200
1000~3000美元	72647	1676	30	21794100
3000~5000美元	16977	3850	70	11883900
5000~10000美元	8943	7090	180	16097400
10000美元以上	914	10479	200	1828000
按平均计算	134645	2125	40	53858000

表2-15 2020年不同人群分布及汽车保有量预测值

人群分布	人口数(万人)	人均GDP(美元)	情景确认(千人拥有车辆数(辆)	保有量预测(辆)
1000美元以下	2960	795	5	148000
1000~3000美元	80817	1974	50	40408500
3000~5000美元	29709	3769	80	23767200
5000~10000美元	23070	6883	200	46140000
10000美元以上	9531	13882	250	23827500
按平均计算	146087	3867	100	146087000

表2-16　2030年不同人群分布及汽车保有量预测值

人群分布	人口数（万人）	人均GDP（美元）	情景确认（千人）拥有车辆数（辆）	保有量预测（辆）
1000~3000美元	39133	2262	50	19566500
3000~5000美元	49463	4037	100	49463000
5000~10000美元	38129	6786	180	68632200
10000美元以上	28366	16386	400	113464000
按平均计算	155091	6524	180	279163800

（4）运输工作量计算法

根据汽车运输在综合运输系统中承担的运输量计算汽车保有量。我国1980—2004年全社会公路客、货车辆年平均完成的运输量如图2-7所示。

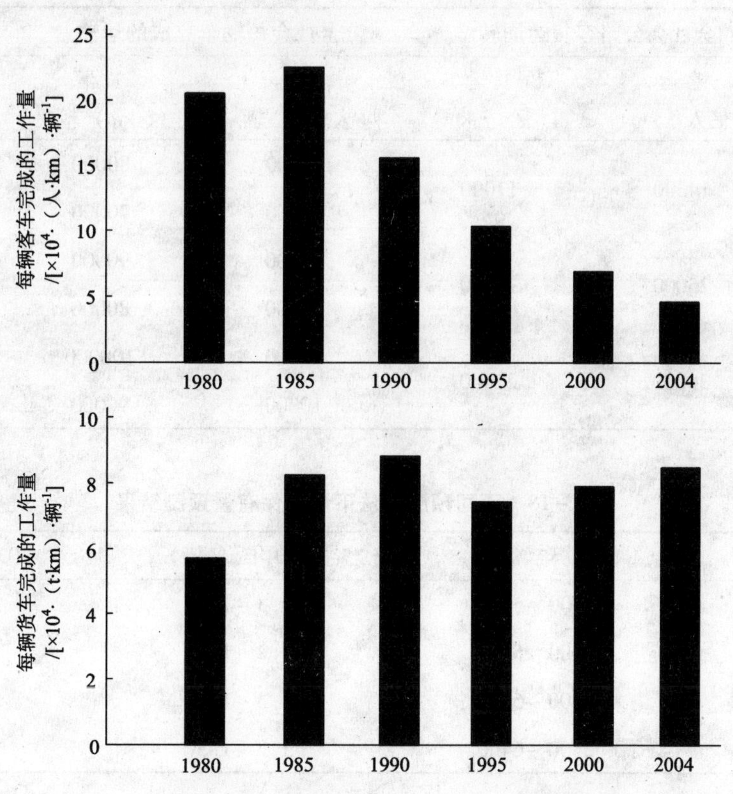

图2-7　不同时期每辆客车、货车完成的运输量

从图2-7可以看出，随着小客车比重的增加，全社会公路客车平均完成的运输量呈下降趋势。随着货车结构的变化及重型车辆的增加，全社会公路货车平均完成的运输量呈上升趋势。汽车未来发展趋势为小汽车将快速增加，同时，随着国家公共交通优先发展政策的引导，小汽车发展将受到能源、土地资源与环境的制约，小汽车的使用效率将受到影响。因此

每辆客车承担的运输量仍将呈下降趋势。发达国家汽车工业的发展经验表明，除了由小型货车承担的货物配送外，运输车辆的大型化和专业化能够大大降低运输成本，车辆大型化是世界性的发展趋势。我国也不例外，发展大吨位重型车，特别是重型集装箱运输车、重型专用车将是发展的方向。因此，随着大型车、小型车的不断增加，中型车比重的下降，每辆货车承担的运输量将不断上升。2010 年、2020 年、2030 年全社会民用车辆保有量预测结果见表 2－17所示。按每辆车承担的运输量预测 2010、2020、2030 年我国汽车保有量将分别达到 5400 万～6400 万辆、1.2 亿～1.5 亿辆、2.7 亿～3.3 亿辆。

(5)预测结果分析

我国未来的汽车保有量主要取决于经济发展速度和能源供应，对趋势外推法、弹性系数法、国内外情景类比法和运输工作量计算等预测结果进行综合分析，以确定2010 年、2020 年及 2030 年我国的汽车保有量。在不同预测方法下，我国汽车保有量预测结果见表 2－18。

表 2－17　2010、2020、2030 年全社会民用车辆数预测值

年份	全社会公路客货运周转量		全社会每辆车完成的运输量		全社会民用车辆数（万辆）
	客运（亿人·km）	货运（亿 t·km）	客车 [(人·km)·辆$^{-1}$]	货车 [(t·km)·辆$^{-1}$]	
2010	14300	11000	35000	80000	5461
			30000	70000	6338
2020	25000	16000	25000	90000	11778
			20000	80000	14500
2030	30000	22000	12000	100000	27200
			10000	90000	32444

表 2－18　不同预测方法下汽车保有量预测结果

预测方法	2010 年(万辆)	2020 年(亿辆)	2030 年(亿辆)
趋势外推法	5000～5600	1.3～1.6	2.1～3.1
弹性系数法	5000～5600	1.2～1.5	2.3～3.2
国内外类比法	5300～5400	1.3～1.5	2.5～2.8
运输工作量法	5400～6400	1.2～1.5	2.7～3.3

经综合分析比较，确定未来我国的汽车保有量分别为：2010 年有可能达到 5000 万～5500 万辆；2020 年有可能达到 1.2 亿～1.5 亿辆；2030 年有可能达到 2.3 亿～2.5 亿辆。

资源约束将是我国未来道路运输发展必须面对的重大课题。一方面为了满足经济社会发展对道路运输的需求，未来20 年我国道路运输将有一个快速发展，另一方面伴随着道路运输的快速发展，也会带来众多新的问题。一是加剧我国石油资源短缺的矛盾；二是占用大量的土地资源，以修建道路、停车场以及相关客货运输设施。

环境保护是走可持续发展道路所面临的另一重大问题。我国汽车数量的快速增长，将大幅度增加有害气体的排放量，这就要求我国交通运输必须走可持续发展道路，加快推广使用低污染、低能耗的交通工具，最大限度地节约资源，提高资源使用效率，减少污染物排放，保护生态环境。面对经济社会发展的巨大需求，贯彻科学发展，节约资源，保护环境，走可持续发展道路将是我国未来道路交通发展的客观要求。

重点与难点

重点：①定性预测的含义及特点；②德尔菲预测法；③了解定性预测所采用的几种方法。
难点：情景分析法。

思考与练习

2-1　什么是定性预测方法，有什么特点？
2-2　定性预测和定量预测的优缺点是什么，它们之间的关系是什么？
2-3　简述德尔菲法的步骤及其优缺点。
2-4　简述情景分析预测法的特点和步骤。
2-5　什么是相互影响分析预测法？该方法有什么特点？

第 3 章

回归预测方法

3.1 概述

“回归”最初是遗传学的一个名词，是由英国生物学家兼统计学家高尔顿(Galton，1822—1911)首先提出来的。他在研究人类的身高时，发现高个子父母的子女身高有低于其父母身高的趋势；而矮个子父母的子女身高往往有高于其父母身高的趋势。从整个发展趋势看，高个子回归于人口的平均身高，而矮个子则从另一个方向回归于人口的平均身高。“回归”一直为生物学和统计学所沿用。

现代含义的回归分析预测法作为经典的预测方法，是常用的定量预测方法之一。其主要思想是根据自变量(影响因素)与因变量(预测对象)之间的关联关系来建立数学模型，通过自变量的预测值实现对因变量未来情况的预测。回归分析法在经济、电力、水利、交通等各领域的应用十分广泛，如在交通工程领域中，某城市的年公路客运总量与该城市的国民经济总量、人口数量、交通工具数量、通车里程等信息的条件下，就可以得到未来年份该城市年公路客运总量的平均值。

3.1.1 函数关系与相关关系

现实世界中，每一事物的运动都是和它周围的事物相互联系、相互影响的，因此反映客观事物运动的各种变量之间就存在着一定的数量关系。这种数量关系一般分为两种类型：一种是确定性的关系，也称函数关系；另一种是不确定的关系，即相关关系。

所谓函数关系，是指现象之间存在着严格确定的数量依存关系。在这种关系中，当一个或几个变量取一定量的值时，另一个变量必然有确定的值与之相对应，并且这种关系可以用一个数学表达式反映出来。例如，商品销售额与销售量的关系即是一种函数关系。

所谓相关关系，是指现象之间存在着密切但非严格的依存关系。即当一个变量发生变化时，另外的变量也发生变化，但其变化值是不确定的，往往会出现几个不同的数值与之对应。也就是说，因变量的值不能由一个或几个自变量的值唯一确定。例如，商品的需求量和商品的价格之间存在着非常密切的关系。对一般的商品而言，如果商品的价格提高了，该种商品的需求量就会下降；如果价格下降了，则该种商品的需求量就会上升；但是商品需求量的变化值是不确定的，因为商品的需求量不仅受价格因素的影响，还受消费者收入、其他相关商品价格、消费者对未来的预期及一些不可控因素的影响。也就是说，不能根据该种商品的价格精确计算出该种商品的需求量。在统计上，把现象之间存在的这种不确定的关系称为相关关系。

3.1.2　相关分析与回归分析

相关分析是回归关系的分析过程，用于判别现象之间是否存在相关关系及相关的密切程度。直线相关时用相关系数表示，曲线相关时用相关指数表示。在相关分析的前提下，采取适当的方式，把散布的数据点拟合成最为理想的回归线，建立起以确定的回归方程为表现形式的数学模型，用以进行预测。这类有关回归关系的计算和理论称为回归分析。

(1)相关分析与回归分析的联系

相关分析是回归分析的基础和前提，回归分析是相关分析的深入和继续。相关分析需要依靠回归分析来表现变量之间数量相关的具体形式，而回归分析则需要依靠相关分析来表达变量之间数量变化的相关程度。只有当变量之间存在高度相关时，进行回归分析寻求其相关的具体形式才有意义。与此同时，相关分析只研究变量之间相关的方向和程度，不能推断变量之间相互关系的具体形式，也无法从一个变量的变化来推测另一个变量的变化情况。因此，在具体的应用过程中，只有把相关分析和回归分析结合起来，才能达到研究和分析的目的。

(2)相关分析与回归分析的区别

相关分析中涉及的变量不存在自变量和因变量的划分问题，变量之间的关系是对等的；而在回归分析中，则必须根据研究对象的性质和研究分析的目的，对变量进行自变量和因变量的划分。因此，在回归分析中，变量之间的关系是不对等的。

在相关分析中，所有的变量都必须是随机变量；而在回归分析中，自变量是确定的，因变量才是随机的，即将自变量的给定值代入回归方程后，所得到的因变量的估计值不是唯一确定的，而会表现出一定的随机波动性。

相关性分析主要是通过一个指标，即相关系数来反映变量之间相关程度的大小，由于变量之间是对等的，因此相关系数是唯一确定的。而在回归分析中，对于互为因果的两个变量，则有可能存在多个回归方程。

需要指出的是，变量之间是否存在真实相关，是由变量之间的内在联系所决定的。相关分析和回归分析只是定量分析的手段，通过相关分析和回归分析，虽然可以从数量上反映变量之间的联系形式及其密切程度，但是无法准确判断变量之间内在联系的存在与否，也无法判断变量之间的因果关系。因此，在具体应用过程中，一定要注意把定性分析和定量分析结合起来，在定性分析的基础上展开定量分析。

3.1.3　回归分析预测模型的分类

回归分析模型从不同的角度有不同的分类方法。常用的分类方法如下：

(1)根据预测模型中自变量的多少分类

根据模型自变量的多少，可以分为一元线性回归、多元线性回归。一元线性回归模型是根据某一因变量与一个自变量之间的相互关系建立的模型。例如，根据日用消费品与居民收入的相关关系建立的预测模型。多元线性回归模型是根据某一因变量与两个或两个以上自变量之间的相互关系建立的模型。例如：根据农作物产量对施肥量、降雨量和气温的相关关系建立的回归分析预测模型。

(2)根据预测模型是否有线性特征分类

根据模型是否线性，可以分为线性回归模型和非线性回归模型，或叫做本质线性回归模型和本质非线性回归模型。线性回归模型中，因变量与自变量之间呈线性关系，而在非线性回归模型中，因变量与自变量之间呈非线性关系。在现实中，因为自变量的影响而促使因变量的发展变动可能呈线性趋势，也可能呈非线性趋势。在线性回归分析预测模型中，因变量与自变量的关系是呈直线形的。例如日用消费品的消费量与居民收入的关系，在非线性回归分析预测模型中，因变量与自变量的关系是呈曲线性的。例如，产品的销售量与价格之间的关系。

(3)根据预测模型是否带虚拟变量分类

根据回归模型是否带有虚拟变量，回归模型可以分为普通回归模型和带虚拟变量的回归模型。普通回归模型的自变量是数量变量，虚拟变量回归模型的自变量既有数量变量又有品质变量，品质变量通常无法用数量来衡量，例如，农作物亩产量不仅受施肥量、降雨量和气温等数量变量的影响，而且也受地势和政府政策等品质变量的影响等。

此外，根据回归模型是否用之后的因变量作为自变量，又可分为无自回归现象的回归模型和自回归模型。

3.1.4 回归分析预测方法的工作流程

回归预测方法的工作流程如图 3－1 所示：

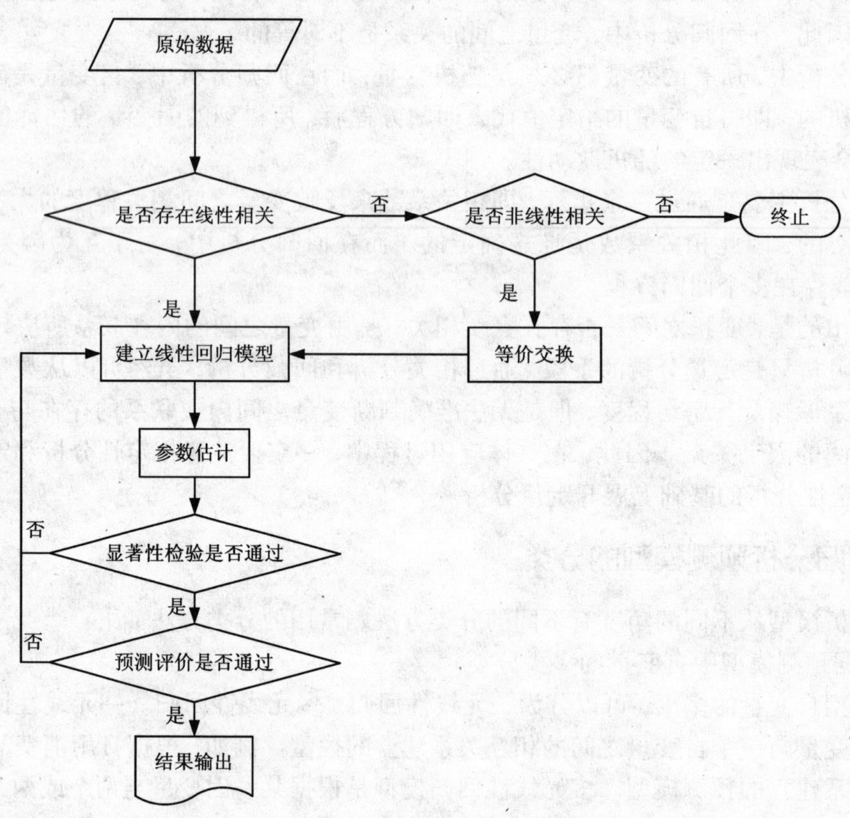

图 3－1 回归预测工作流程图

3.1.5　回归预测的主要曲线形状

(1)一元线性回归 $\hat{y}=a+bx$，如图 3－2 所示

其中，$\hat{y}$：预测值；x：样本值或自变量；a，b 为参数。

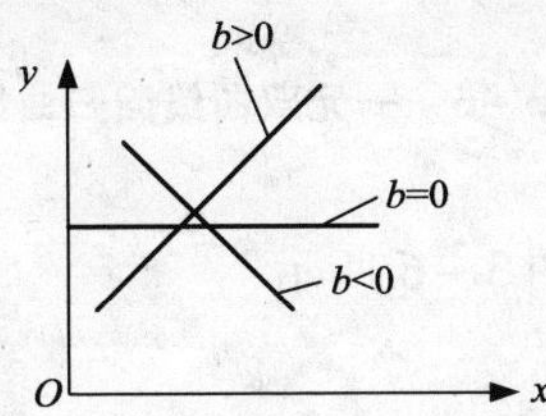

图 3－2　一元线性回归曲线

(2)一元对数回归 $\hat{y}=a+b\lg x$，如图 3－3 所示

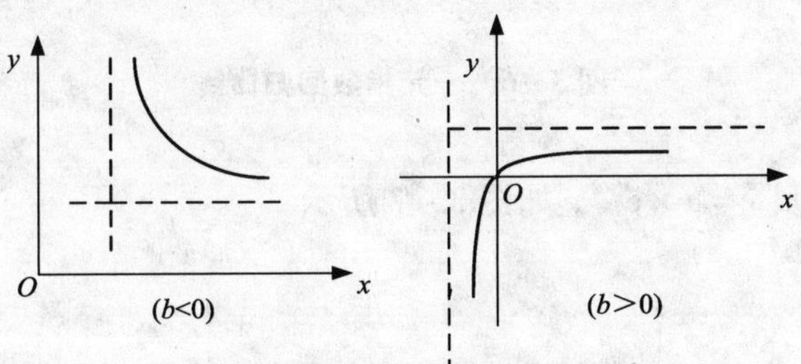

图 3－3　一元对数回归曲线

(3)一元幂函数回归 $\hat{y}=ax^b$，如图 3－4 所示

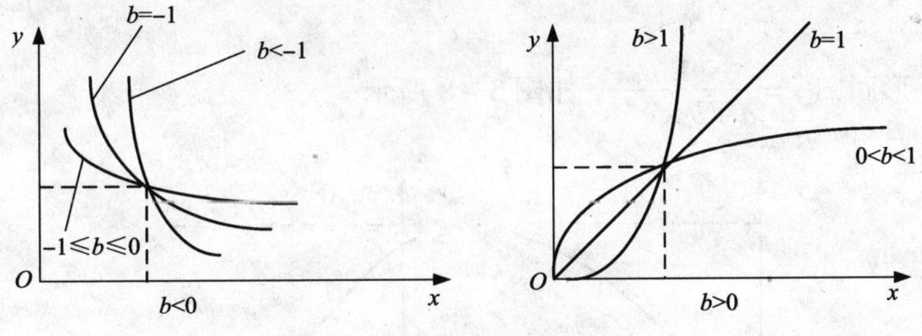

图 3－4　一元幂函数回归曲线

(4)一元双曲线回归 $\frac{1}{y}=a+\frac{b}{x}$，如图 3－5 所示

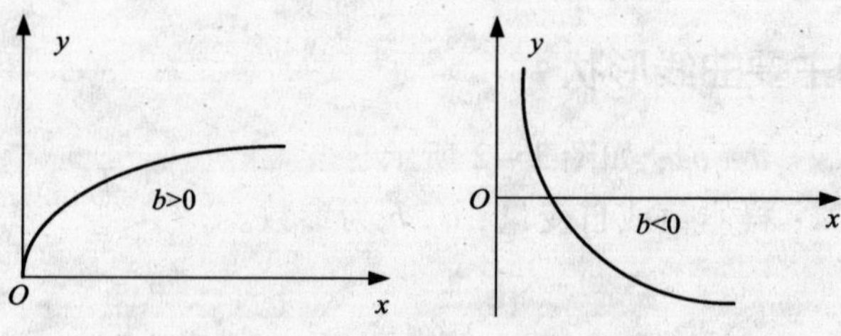

图 3-5 一元双曲线回归曲线

(5)一元指数回归 $\hat{y}=ae^{bx}$，如图 3-6 所示

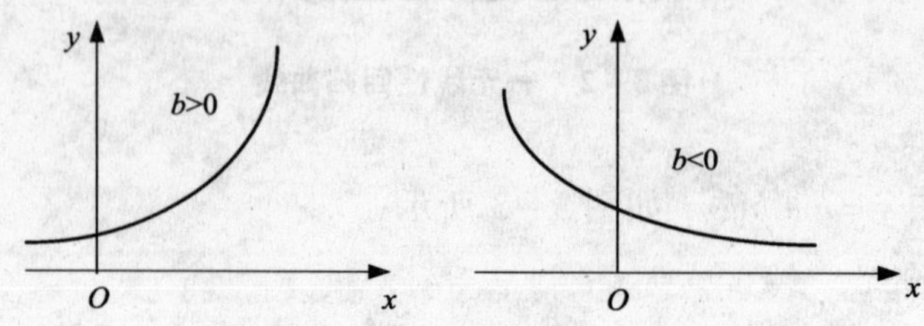

图 3-6 一元指数回归曲线

(6)一元倒指数回归 $\hat{y}=a\times e^{b/x}$，如图 3-7 所示

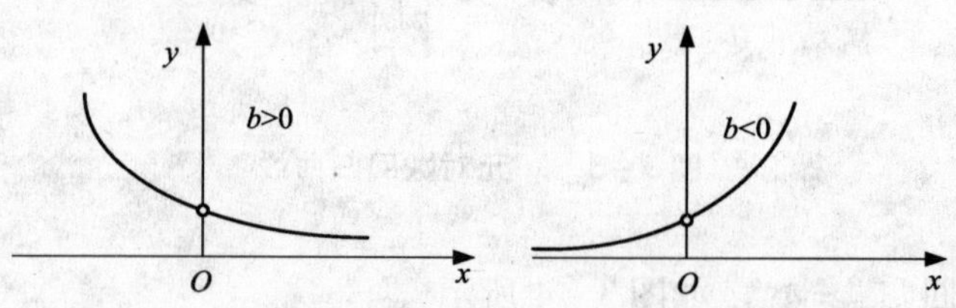

图 3-7 一元倒指数回归曲线

(7)一元 S 形回归 $\hat{y}=\dfrac{1}{a+b\times e^{-x}}$，如图 3-8 所示

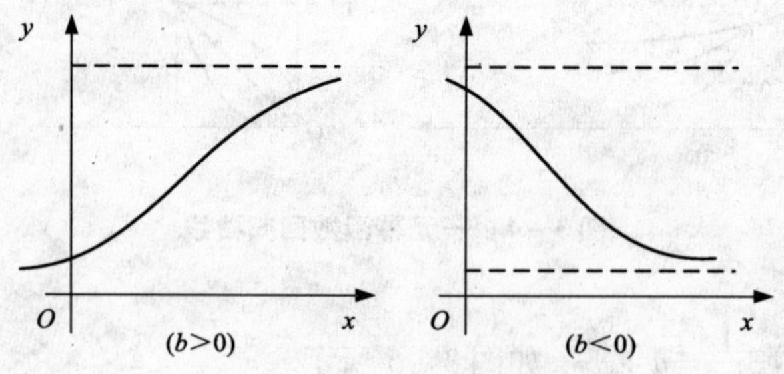

图 3-8 一元 S 形回归曲线

(8)一元二次回归 $\hat{y}=b_0+b_1x+b_2x^2$，如图 3-9 所示

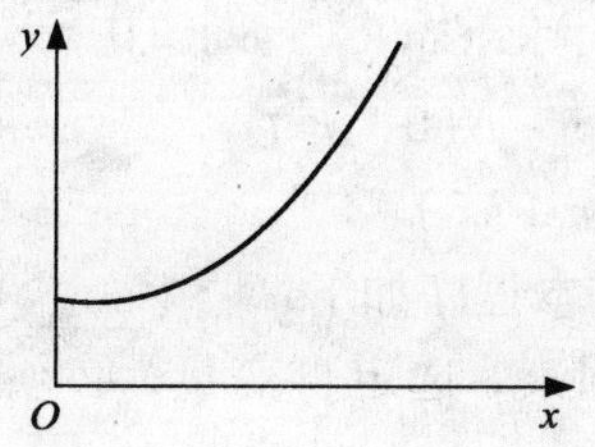

图3-9　一元二次回归曲线

(9)一元三次回归 $\hat{y}=b_0+b_1x+b_2x^2+b_3x^3$，如图3-10所示

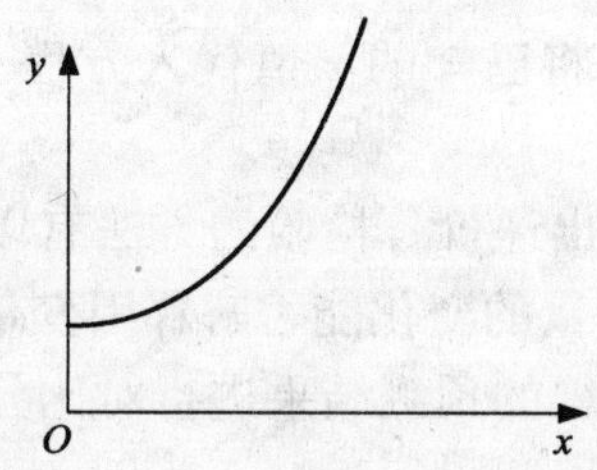

图3-10　一元三次回归曲线

(10)一元四次回归 $\hat{y}=b_0+b_1x+b_2x^2+b_3x^3+b_4x^4$，如图3-11所示

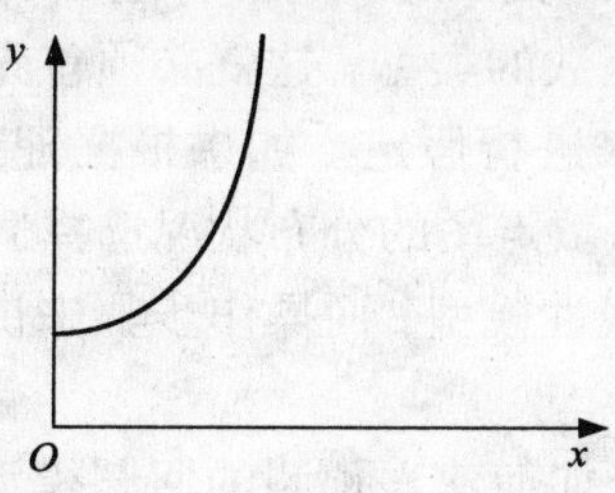

图3-11　一元四次回归曲线

3.2　一元线性回归预测方法

3.2.1　一元线性回归预测法概述

一元线性回归预测法是对两个具有线性关系的变量，建立线性回归模型，根据自变量的变动来预测因变量平均发展趋势的方法。

一元线性回归模型的基本假设为：

假定1：干扰项的均值为零，即 $E(\varepsilon_i)=0$

假定2：同方差性或 e_i 的方差相等，即 $D(\varepsilon_i)=\mathrm{Var}(\varepsilon_i)$

假定3：各个干扰项无自相关，即 $Cov(\varepsilon_i, \varepsilon_j)=0$

假定4：x_i 和 ε_i 的协方差为零，即 $Cov(x_i, \varepsilon_i)=0$

假定5：ε_i 服从正态分布，即 $\varepsilon_i \sim N(0, \sigma^2)$

于是：$E(y_i)=a+bx_i$，$y_i \sim N(a+bx_i)$

一元线性回归分析预测法的基本程序如下：

①分析影响预测目标的有关因素，选定自变量，必须在诸多因素中找出一个决定性的因素。

②建立回归方程，如果自变量与因变量之间的相关系数接近于1，就可以用两者的数据拟合直线方程，即：

$$y=a+bx \tag{3-1}$$

利用最小二乘法求得 a，b。

③利用回归方程进行预测，即将已知的 x 值代入方程求得 y，同时求出预测区间值和预测标准误差。

④检验预测结果的可靠性，做出评价。检验的方法有以下两种：一是对回归方程中自变量与因变量相关的密切程度及自变量的变化能否解释因变量的变化进行统计检验，即显著性检验；二是同利用其他预测方法所得的预测结果进行对比分析。

3.2.2 一元线性回归模型

对于一元回归的模型和操作步骤，我们只详细介绍一元线性回归模型和一元线性回归的操作步骤。社会经济现象中的变量是复杂的，变量之间除线性关系以外，在许多实际问题中，大量地存在着非线性关系，对这类问题只有选择适当的曲线来拟合，才会符合实际情况，在具体问题中，往往不知道回归函数的类型，这就必须首先对回归函数的形式进行假定。回归函数可以根据理论分析或经验来进行假定。如果根据理论或经验无法推知 X 与 Y 之间的函数类型，就需要根据实测数据从散点图的分布状况选择适当的曲线来拟合。这样得出的其他四种的模型可以通过变换变为线性模型，而操作步骤来讲，其他四种和一元线性回归的操作步骤相似。

对于一元线性回归预测而言，如何建立预测的回归模型，初看起来很简单，如先做散点图，再从散点图中看发展趋势。如果散点图大致呈直线趋势时，可用趋势直线来描述散点图以建立直线模型。但是建立的模型是否切实有效，只能依靠人们的经济理论水平、经济分析能力以及个人的抉择。因而，预测工作者的知识水平和实践工作经验是相当重要的。

在建立模型时，应注意以下几个问题：

①确定因变量和自变量。一般是先应用经济理论找出事物发展变化的主要矛盾以及事物内部的必然联系，从多方面进行探讨，从而决定自变量的取舍。若建立了模型，在经过参数估计等之后，发现所拟模型不适用，则应重新建立模型并检验。

②尽可能地搜集有关统计资料。不言而喻，有关的统计资料愈丰富，则预测结果愈有可能准确。

③选择自变量时，一个重要原则是统计数据容易获得，另一个原则是统计数据变化大致有规律可循，或比较稳定。

上面的思想应贯穿整个模型建立的过程。

在进行相关分析、拟合数学模型时，应从质的分析和量的分析两个方面判断。从质的分析方面来讲，要判断两变量是否存在相关关系；从量的分析方面来讲，要判断能否找到两者之间关系的经验公式。如果这种关系是呈线性的，就可以用一元线性回归方程进行拟合。

设 y 为因变量，x 为自变量，x 和 y 存在某种线性关系，即一元线性回归分析模型如下式所示：

$$y_i = a + bx_i + \varepsilon_i,\ i = 1,\ 2,\ \cdots,\ n \tag{3-2}$$

式中，a 和 b 为回归系数；ε_i 为各随机因素对 y 的影响总和，根据中心极限定理，认为它服从正态分布，即 $\varepsilon_i \sim N(0,\ \sigma^2)$。因变量 y 是一个以回归直线上的对应值为中心的正态随机变量，即 $y \sim N(a + bx,\ \sigma^2)$。

设 $\hat{y}_i = a + bx_i$，它是由一组实测值 $(x_i,\ y_i)(i = 1,\ 2,\ \cdots,\ n)$ 得到的回归方程，$\hat{y}_i$ 为 y_i 的估计值，对于每一个自变量 x_i 都可以得到一个估计值 $\hat{y}_i = a + bx_i$，其中 a 为直线 $\hat{y}_i$ 在 y 轴上的截距，它是 $x = 0$ 时 $\hat{y}_i$ 的估计值。b 为直线 $\hat{y}_i$ 的斜率，表明自变量增加或减少一个单位，因变量相应增加或减少多少，可以证明，当 $b > 0$ 时，x 和 y 为正相关，当 $b < 0$ 时，x 和 y 为负相关。

任何事物的发生和发展都受到一些因素的影响和制约，预测所要研究的经济变量也是在一系列因素作用下才会发生和发展的。由于因和果之间的联系，在一定的因素下对结果可以进行预测。例如，随着职工收入的增加，社会购买力也就增加；工业产值增加，能源消费量也就增加。在这种情况下，“结果”主要受一个“原因”的影响，就可以考虑用一元回归的方法进行处理。在实际经济生活中，“结果”一般会受多个“原因”的影响，例如考虑我国近期服装消费需求问题，就要涉及更多的因素，像前一期的服装消费需求、消费总需求、人口、纺织品消费价格指数等多种因素。这种情况下就需要考虑使用多元回归模型。因此，一元回归模型是一种特定经济现象的近似。

3.2.3　预测模型的相关性分析

相关性分析的相关性系数的计算公式为：

$$R = \frac{\sum (X_i - \overline{X})(Y_i - \overline{Y})}{\sqrt{\sum (X_i - \overline{X})^2 \sum (Y_i - \overline{Y})^2}} \quad (-1 \leqslant R \leqslant 1) \tag{3-3}$$

相关性分析方法：

①当 $-1 < R < 0$ 时，表明因变量随自变量增加而减少，两者呈负相关。

②当 $0 < R < 1$ 时，表明因变量随自变量增加而增加，两者呈正相关。

③当 $|R| = 1$ 时，因变量和自变量完全相关，X 与 Y 的关系变为确定性关系。

④当 $R = 0$ 时，仅表明因变量与自变量之间不存在线性相关关系，并不排斥 X 与 Y 之间存在其他关系。

⑤通常认为 $0.75 < R \leqslant 1$ 时，X 与 Y 高度相关。

如 2002—2008 年南京市城市居民人均可支配收入的统计数据见表 3-1 所示。试用回归分析法预测 2013 年南京市城市居民人均可支配收入。

表 3 - 1　2002—2008 年南京市城市居民人均可支配收入

年份	2002	2003	2004	2005	2006	2007	2008
人均可支配收入(元)	9157	10196	11602	14997	17538	20317	23123

解: ①建立回归分析模型。

从表 3 - 1 中的数据可以看出, 时间序列 X_i 的数目为奇数, 故将中间数(即 2005 年)定为 0, 则 X_i 的值及其他有关计算数据见表 3 - 2 所示。

表 3 - 2　X_i 及其他有关数据

年份	人均可支配收入 Y_i	X_i	X_iY_i	X_i^2
2002	9157	-3	-27471	9
2003	10196	-2	-20392	4
2004	11602	-1	-11602	1
2005	14997	0	0	0
2006	17538	1	17538	1
2007	20317	2	40634	4
2008	23123	3	69369	9
$\sum$	$\sum Y_i = 106930$	$\sum X_i = 0$	$\sum X_iY_i = 68076$	$\sum X_i^2 = 28$

则: $\overline{X} = 0, \ \overline{Y} = \dfrac{\sum Y}{n} = \dfrac{106930}{7} = 15276$

根据公式:

$$b = \frac{\sum_{i=1}^{n} X_iY_i - n\overline{X}\,\overline{Y}}{\sum_{i=1}^{n} X_i^2 - n\overline{X}^2} = \frac{\sum_{i=1}^{n} X_iY_i}{\sum_{i=1}^{n} X_i^2} = \frac{68076}{28} = 2431.29$$

$$a = \overline{Y} - b\overline{X} = \overline{Y} = 15276$$

由此得到预测模型为:

$$\hat{Y}_i = a + bX_i = 15276 + 2431.29X_i$$

② 模型相关性分析:

$$R = \frac{\sum (X_i - \overline{X})(Y_i - \overline{Y})}{\sqrt{\sum (X_i - \overline{X})^2 \sum (Y_i - \overline{Y})^2}} = 0.97$$

该模型具有很好的相关性。

③ 预测 2013 年南京市城市居民人均可支配收入:

当年份为 2013 年时, $X_i = 8$

则: $\hat{Y}_{2013} = 15276 + 2431.29 \times 8 = 34726$(元)

2013 年南京市城市居民人均可支配收入的预测值为 34726 元。

3.2.4 参数估计

估计模型的回归系数有许多方法，其中适用最广泛的是最小二乘法(ordinary least square，OLS)。用最小二乘法估计模型的回归系数，其中心思想是通过数学模型，配合一条较为理想的趋势线，这条趋势线必须满足两点要求，一是原数列的观测值与模型估计值的离差平方和最小，二是原数列的观测值与模型估计值的离差总和为0，即

$$\sum_{i=1}^{n}(y_i - \hat{y}_i)^2 \text{ 最小}$$

$$\sum_{i=1}^{n}(y_i - \hat{y}_i)^2 = 0$$

根据最小二乘法的要求，记

$$Q = \sum_{i=1}^{n}(y_i - \hat{y}_i)^2 = \sum_{i=1}^{n}(y_i - a - bx_i)^2 \tag{3-4}$$

根据极值原理，取极小值的必要条件是 Q 对 a 和 b 两个一阶偏导数为零，因此，有：

$$\frac{\partial Q}{\partial a} = -2\sum_{i=1}^{n}(y_i - a - bx_i) = 0 \tag{3-5}$$

$$\frac{\partial Q}{\partial b} = -2\sum_{i=1}^{n}(y_i - a - bx_i)x_i = 0 \tag{3-6}$$

对上面两式联立求解，得到回归系数的估计值为：

$$\hat{b}_i = -\frac{n\sum_{i=1}^{n}x_iy_i - \sum_{i=1}^{n}x_i\sum_{i=1}^{n}y_i}{n\sum_{i=1}^{n}x_i^2 - (\sum_{i=1}^{n}x_i)^2} \tag{3-7}$$

$$\hat{a}_i = \frac{\sum_{i=1}^{n}y_i}{n} - \hat{b}_i\frac{\sum_{i=1}^{n}x_i}{n} \tag{3-8}$$

3.2.5 显著性检验

一元线性回归模型是否符合变量之间的客观规律，两个变量之间是否具有显著的线性相关性，通过显著性检验来判断。在一元线性回归模型中，常用的显著性检验的方法有 R 检验法、F 检验法、t 检验法、以及 $D-W$ 检验法。

(1)R 检验

R 检验，即相关系数检验，是一元线性回归模型中衡量两个变量之间线性相关关系强弱程度的重要指标。相关系数越大，说明两个变量之间的线性相关关系越强，相关系数的表达式如下：

$$R = -\frac{n\sum_{i=1}^{n}x_iy_i - \sum_{i=1}^{n}x_i\sum_{i=1}^{n}y_i}{\sqrt{n\sum_{i=1}^{n}x_i^2 - (\sum_{i=1}^{n}x_i)^2}\sqrt{n\sum_{i=1}^{n}y_i^2 - (\sum_{i=1}^{n}y_i)^2}} \tag{3-9}$$

相关系数检验法步骤如下：

第一步：计算相关系数；

第二步：根据回归模型的自由度 $n-2$ 和给定的显著性水平 α，从相关系数临界值表中查出临界值 $R_a(n-2)$；

第三步：判别，若 $|R| \geqslant R_a(n-2)$，表明两变量之间线性相关系数显著，检验通过，这时回归模型可以用来预测；否则，检验不通过，需对回归模型重新调整。

(2) F 检验

构造如下所示的 F 统计量：

$$F = \frac{\sum_{i=1}^{n} (\hat{y}_i - \bar{y})^2}{\sum_{i=1}^{n} (\hat{y}_i - \bar{y})^2 / (n-2)} \tag{3-10}$$

式中，$\bar{y} = \frac{\sum_{i=1}^{n} y_i}{n}$。

可以证明，统计值 F 服从第一自由度为1，第二自由度为 $n-2$ 的 F 分布，对给定的显著性水平 α，查 F 分布表可得临界值 $F_a(1, n-2)$，若 $F \geqslant F_a$，则认为两变量之间线性相关关系显著，反之，则不显著。

(3) t 检验

t 检验法是检验 a 和 b 是否显著异于0 的方法，构造如下所示的统计量：

$$t = \frac{\hat{b}}{S_{\hat{b}}} \tag{3-11}$$

式中，$S_{\hat{b}}$ 为 $\hat{b}$ 的样本标准差，对给定的显著性水平 α，查 t 分布表可得临界值 $t_{a/2}(n-2)$，若 $t > t_{a/2}(n-2)$，则认为 b 显著异于0，反之，则认为 b 不显著异于0。对于 a 是否显著异于0 的检验过程与此相同。

(4) $D-W$ 检验

$D-W$ 统计检验方法是一种检验模型是否存在自相关的有效检验方法，如果回归模型的因变量序列或残差序列存在自相关性，用普通的线性回归模型进行预测时就会失效，这时必须采取适当的补救措施，比如增加样本容量，重新选择合适的回归模型形式，重新选择自变量等。

$D-W$ 统计量的计算公式为：

$$D-W = \frac{\sum_{i=2}^{n} (e_i - e_{i-1})^2}{\sum_{i=1}^{n} e_i^2} \tag{3-12}$$

式中，$e_i = y_i - \bar{y}_i$，它是随机扰动项 u_i 的估计量。$D-W$ 的取值在0 ~ 4 之间。

根据给定的显著性水平 α 值，样本容量 n 以及变量个数 m（对于一元线性回归，$m=1$），从 $D-W$ 检验表中查出相应的临界值上限 d_U 和下限 d_L，利用表3-3的结论进行检验判断。根据经验，$D-W$ 在1.5 到2.5 之间时残差序列不存在自相关关系。

表3－3　自相关性的 $D-W$ 检验规则

$D-W<2$ 时		$D-W>2$ 时	
$D-W$ 值的情况	ε_i 序列的检测结果	$D-W$ 值的情况	检验结果
$D-W<d_L$	存在正自相关	$4-(D-W)<d_L$	存在负自相关
$D-W>d_U$	无自相关	$4-(D-W)>d_U$	无自相关
$d_L<D-W<d_U$	不能确定	$d_L<4-(D-W)<d_U$	不能确定

3.2.6　预测区间

回归模型通过显著性检验后，就可以用来预测。在一元线性回归模型中，对于自变量 x 的一个给定值 x_0，代入回归模型，就可以求出一个对应的预测值 $\hat{y}_0$，$\hat{y}_0$ 又称为点估计值。在实际工作中，受各种因素的影响，预测目标的实际值和预测值之间总会产生或大或小的偏差。因此，在一定的显著水平下，预测往往依据数理统计方法，计算出的包含预测目标未来真实值的某一区间范围。

设预测点为 (x_0, y_0)，则预测值为 $\hat{y}_0=\bar{a}+\hat{b}x_0$。其预测误差用下式表达：

$$e_0=y_0-\hat{y}_0 \tag{3-13}$$

可以证明，y_0，$\hat{y}_0$ 服从正态分布，所以误差也服从正态分布，其期望和方差分别为：

$$E(e_0)=E(y_0)-E(\hat{y}_0)=0$$

$$D(e_0)=D(y_0)-D(\hat{y}_0)=[1+\frac{1}{n}+\frac{(x_0-\bar{x})^2}{\sum_{i=1}^{n}(x_i-\bar{x})^2}] \tag{3-14}$$

式中，$\bar{x}=\frac{\sum_{i=1}^{n}x_i}{n}$。

考虑到总体方案 σ^2 往往是未知的，可以用总体方差的无偏估计量来替代，如下式所示：

$$S_y=\sqrt{\frac{\sum_{i=1}^{n}(y_i-\hat{y}_i)^2}{n-2}} \tag{3-15}$$

实际计算时，可用其简易公式替代，即 $S_y=\sqrt{\frac{\sum_{i=1}^{n}y_i^2-\hat{a}\sum_{i=1}^{n}y_i-\hat{b}\sum_{i=1}^{n}x_iy_i)}{n-2}}$，令 $S_0{}^2=[1+\frac{1}{n}+\frac{(x_0-\bar{x})^2}{\sum_{i=1}^{n}(x_i-\bar{x})^2}]S_y{}^2$，$S_y{}^2$ 为 σ^2 的无偏估计量。因此，$S_y{}^2$ 也为 $D(e_0)$ 的无偏估计量，且服从 χ^2 分布，有：

$$\frac{y_0-\hat{y}_0}{S_0}\sim t(n-2) \tag{3-16}$$

在显著性水平为 α 时，预测值 $\overline{y_0}$ 的预测区间的上下限为：$\hat{y}_0\pm t_{a/2}(n-2)S_0$。当实际观测值较多时，$S_0$ 的取值近似等于 S 分布，$t_{a/2}(n-2)$ 也近似于正态分布 $Z_{a/2}$，因此，预测区间的

上下限为 $\hat{y}_0 \pm Z_{\alpha/2} \cdot S_y$，$n > 30$。

3.3 多元线性回归预测法

3.3.1 多元线性回归预测概述

在市场的经济活动中，经常会遇到某一市场现象的发展和变化取决于几个影响因素的情况，也就是一个因变量和几个自变量有依存关系的情况。而且有时几个影响因素主次难以区分，或者有的因素虽属次要，但也不能略去其作用。例如，某一商品的销售量既与人口的增长变化有关，也与商品价格变化有关。这时采用一元回归分析预测法进行预测是难以奏效的，需要采用多元回归分析预测法。多元回归分析预测法，是指通过对两上或两个以上的自变量与一个因变量的相关分析，建立预测模型进行预测的方法。当自变量与因变量之间存在线性关系时，称为多元线性回归分析。

一元线性回归研究的是因变量与一个自变量的关系，而实际情况是，事物的变化可能受到多种因素的影响。例如城市某小区的交通出行产生量，就同该小区内的居民的数量、人均收入水平、汽车拥有量、各类职业的人口数、小区距城市中心的距离、非住宅用地面积等因素有密切的因果关系。多元线性回归分析就是从众多特定因素中，选取几个主要的且近似相互独立的因素作为自变量，从而建立因变量与多个自变量之间的回归模型。

多元线性回归分析的原理与一元线性回归分析基本相同，不同之处在于前者在建模过程中的计算更为复杂，分析方法的理论相对较深。其基本思想是通过对两个或两个以上的自变量与一个因变量的相关分析，建立预测模型进行预测的方法。当因变量与自变量之间存在线性关系时，称为线性回归分析。

3.3.2 预测模型建立

一元线性回归是一个主要影响因素作为自变量来解释因变量的变化，在现实问题研究中，因变量的变化往往受几个重要因素的影响，此时就需要用两个或两个以上的影响因素作为自变量来解释因变量的变化，这就是多元回归，亦称多重回归。当多个自变量与因变量之间是线性关系时，所进行的回归分析就是多元性回归。

建立多元性回归模型时，为了保证回归模型具有优良的解释能力和预测效果，应首先注意自变量的选择。假定预测对象为 Y，影响预测对象的因素为 x_j，其中 $j=1, 2, \cdots, p$，为了从大量的影响因素 x_j 中选择主要的起决定作用的影响因素作为预算因子，舍弃关系不大的影响因素，必须进行必要的因素预选工作。否则，预算方程中混有不必要的影响因素，这将导致预测精度的降低。因素选择的方法有：

①经验选择法。通过常识以及对预测的深入了解，舍弃某些影响不大及关系不密切的影响因素。

②模型选择法。当根据经验无法决定是否要保留该自变量时，可以在建模时根据每个自变量对因变量的贡献大小决定是否选择该自变量。目前主要常用的方法有强行进入法、向前选择法、向后剔除法和逐步回归法，这些方法在统计分析软件，如 SPSS 中都可以找到。使用不同的自变量选择方法，也就形成了不同的回归方法，把选择的变量全部进入回归方程称之

为强行进入法多元线性回归，把经过向前选择法选择的变量进入回归方程称之为向前选择法多元线性回归、把经过向后剔除法选择的变量进入回归方程称之为向后剔除法多元线性回归、把经过逐步回归法选择的变量进入回归方程称之为逐步回归法多元线性回归。一般进入自变量选择后，如果有自变量因为某种原因被剔除了，则回归预测的精度将有所增加。

关于模型自变量的选择，主要介绍以下几种方法：

(1) 强行进入法

顾名思义，强行进入法就是把选择的全部自变量都进入回归方程，这里就不再叙述了。

(2) 向前选择法

按各自变量对因变量的贡献从大到小逐个进入方程，每进入一个自变量就重新对方程进行检验，若新进入方程的自变量的对因变量的贡献值大于规定的进入检验值，则检验通过，可以继续从剩下的自变量中选择一个进入方程，否则结束选择，并用已进入方程的自变量进行回归分析。

(3) 向后剔除法

先把全部的自变量都进入方程，选择对因变量贡献最小的自变量，若该自变量的贡献值大于规定的退出检验值，则保留该自变量并结束，否则剔除该变量并继续，如此反复，直到没有自变量可以被剔除了，剩下的工作就是用没有被剔除的自变量进行回归分析和预测。

(4) 逐步回归法

逐步回归法是前两种方法的综合，它克服了前两种方法的缺点，是使用最广泛的方法。逐步回归法选择自变量的方法分为两步：

第一步是选择可以进入的变量。就是从没有进入过回归方程的自变量中选择一个对因变量的贡献最大的自变量进入方程并检验，若新进入的自变量对因变量的贡献值大于规定的进入检验值，则保留该自变量并进入第二步，否则结束整个过程。

第二步是选择要剔除的变量。即从已进入方程的自变量中选择一个对因变量贡献最小的自变量，若该自变量的贡献值大于规定的退出检验值，则保留该自变量并返回到第一步，否则剔除该变量并继续剔除。

总体来说，模型自变量的选择准则是：

①自变量对因变量必须有显著的影响，并且是密切的线性相关；

②自变量与因变量之间的线性相关必须是真实的，而不是形式上的；

③自变量之间应具有一定的互斥性，即自变量之间的相关程度不应高于自变量与因变量之因的相关程度；

④自变量应具有完整的统计数据，其预测值容易确定。

设变量 y 与变量 x_1，x_2，…，x_n 存在着线性回归关系，它的 n 个样本观测值为 $y_i = x_{i1}$，x_{i2}，…，$x_{im,}$ $i=1$，2，…，n，于是，多元线性回归的数学模型可以用下式表示：

$$y = b_0 + b_1x_1 + b_2x_2 + \cdots + b_kx_k + e \qquad (3-17)$$

式中，b_0 为常数项，b_1，b_2，…，b_k 为回归系数，b_1 为 x_2，x_3，…，x_k 固定时，x_1 每增加一个单位对 y 的效应，即 x_1 对 y 的偏回归系数；同理 b_2 为 x_1，x_3，…，x_k 固定时，x_2 每增加一个单位对 y 的效应，即 x_2 对 y 的偏回归系数等等。

3.3.3　参数估计

多元线性回归的矩阵形式为 $Y = XB + \varepsilon$。

采用最小二乘法可以对上式中的待估计回归系数β_1，β_2，…，β_n 进行估计，求得 B 值后，即可以利用多元线性回归模型进行预测。

设观测值与模型估计值的残差向量为 E，则

$$E = Y - \overline{Y} \tag{3-18}$$

式中，$\overline{Y} = XB$ 为估计值。根据最小二乘法要求，应满足

$$E'E = (Y - \overline{Y})'(Y - \overline{Y})\text{最小}$$

根据极值原理，可整理得回归系数向量 $\boldsymbol{B}$ 的估计值 $\boldsymbol{B} = (X'X)^{-1}(X'X)$。

以二元线性回归模型为例，求解回归参数的标准方程组为：

$$\begin{aligned} \sum y &= nb_0 + b_1 \sum x_1 + b_2 \sum x_2 \\ \sum x_1 y &= b_0 \sum x_1 + b_1 \sum {x_1}^2 + b_2 \sum x_1 x_2 \\ \sum x_2 y &= b_0 \sum x_2 + b_1 \sum x_1 x_2 + b_2 \sum {x_2}^2 \end{aligned} \tag{3-19}$$

解此方程可求得 b_0，b_1，b_2 的数值。亦可用下列矩阵法求得：

$$b = (x'x)^{-1} \cdot (x'y) \tag{3-20}$$

即：

$$\begin{bmatrix} b_0 \\ b_1 \\ b_2 \end{bmatrix} = \begin{bmatrix} n & \sum x_1 & \sum x_2 \\ \sum x_1 & \sum {x_1}^2 & \sum x_1 x_2 \\ \sum x_2 & \sum x_1 x_2 & \sum x_2^2 \end{bmatrix}^{-1} \begin{bmatrix} \sum y \\ \sum x_1 y \\ \sum x_2 y \end{bmatrix} \tag{3-21}$$

3.3.4 模型检验

如同一元线性回归模型检验一样，为了检验建立的回归模型是否反映了多个变量之间的客观关系，以及在模型中引入的自变量是否有效，需要进行模型检验，以决定模型是否可以应用。

（1）拟合程度的测定

与一元线性回归中可决系数 R^2 相对应，多元线性回归中也有多重可决系数 R^2，它是在因变量的总变化中，由回归方程解释的变动（回归平方和）所占的比重，R^2 越大，回归方各对样本数据点拟合的程度越强，所有自变量与因变量的关系越密切。计算公式为：

$$R^2 = 1 - \frac{\sum (y - \hat{y})^2}{\sum (y - \overline{y})^2} \tag{3-22}$$

其中，

$$\sum (y - \hat{y})^2 = \sum y^2 - (b_0 \sum y + b_1 \sum x_1 y + b_2 \sum x_2 y + \cdots + b_k \sum x_k y) \tag{3-23}$$

$$\sum (y - \overline{y})^2 = \sum y^2 - \frac{1}{n}(\sum y)^2 \tag{3-24}$$

（2）估计标准误差

估计标准误差，即因变量 y 的实际值与回归方程求出的估计值 $\hat{y}$ 之间的标准误差，估计标准误差越小，回归方程拟合程度越大。

$$S_y = \sqrt{\frac{\sum (y_i - \hat{y}_i)^2}{n - k - 1}} \tag{3-25}$$

$$v_k = \frac{S_y}{y} \tag{3-26}$$

其中，k 为多元线性回归方程中的自变量的个数。

(3) 回归方程的显著性检验

回归方程的显著性检验，即检验整个回归方程的显著性，或者说评价所有自变量与因变量的线性关系是否密切。通常采用 F 检验。根据给定的显著水平 α，自由度(k, $n-k-1$)，查 F 分布表，得到相应的临界值 F_α，若 $F > F_\alpha$，则回归方程具有显著意义，回归效果显著；$F < F_\alpha$，则回归方程无显著意义，回归效果不显著。

(4) 回归系数的显著性检验

在一元线性回归中，回归系数显著性检验(t 检验) 与回归方程的显著性检验(F 检验) 是等价的，但在多元线性回归中，这个等价不成立。t 检验是分别检验回归模型中各个回归系数是否具有显著性，以便使模型中只保留那些对因变量有显著影响的因素。检验时先计算统计量 t；然后根据给定的显著水平 α，自由度 $n-k-1$，查 t 分布表，得临界值 t_α 或 $t_{\alpha/2}$，$t > t-\alpha$ 或 $t_{\alpha/2}$，则回归系数 b_i 与 0 有显著差异，反之，则与 0 无显著差异。

(5) 多重共线性判别

若某个回归系数的 t 检验通不过，可能是这个系数相对应的自变量对因变量的影响不显著所致，此时，应从回归模型中剔除这个自变量，重新建立更为简单的回归模型或更换自变量。也可能是自变量之间有共线性所致，此时应设法降低共线性的影响。

多重共线性是指在多元线性回归方程中，自变量之间有较强的线性关系，这种关系若超过了因变量与自变量的线性关系，则回归模型的稳定性受到破坏，回归系数估计不准确。需要指出的是，在多元回归模型中，多重共线性是难以避免的，只要多重共线性不太严重就认为模型是可以接受的。判别多元线性回归方程是否存在严重的多重共线性，可分别计算每两个自变量之间的可决系数 r^2，若 $r^2 > R^2$ 或接近于 R^2，则应设法降低多重线性的影响。亦可计算自变量间的相关系数矩阵的特征值的条件数 $k = \lambda_1/\lambda_p$(λ_1 为最大特征值，λ_p 为最小特征值)，$k < 100$，则不存在多重点共线性；若 $100 \leqslant k \leqslant 1000$，则自变量间存在较强的多重共线性，若 $k > 1000$，则自变量间存在严重的多重共线性。降低多重共线性的办法主要是转换自变量的取值，如变绝对数为相对数或平均数，或者更换其他的自变量。

(6) 常用的检验方法

①t 检验。

在回归方式的显著性检验中，认为回归方程有意义，则 $\beta_0 = \beta_1 = \beta_2 = \cdots = \beta_m = 0$ 的假设不成立，但并不否认某些系数可能为零，因此，需要对引进回归方程中的自变量进行逐个的显著性检验，即判断是否有某个自变量对因变量的影响不显著，即其系数为零。回归系数的显著性检验，采用式(3-25) 所示的统计量。

$$t_j = \frac{\beta_j}{\sqrt{C_{jj}} \cdot S} \tag{3-27}$$

式中，β_j 为第 j 个自变量的回归系数；C_{ij} 为相关矩阵 $X'X$ 的对角线上的第 j 个元素；剩余标准差 $S = \sqrt{Q/(n-m-1)}$。

对于给定的置信水平 α，查 t 分布表得 $t_{\alpha/2}(n-m-1)$，若计算值 $|t_j| >_2 t_{\alpha/2}(n-m-1)$，则拒绝原假设，即认为 x_j 为重要变量，反之，则认为变量 x_j 可以剔除。

②F 检验。

回归方程的显著性检验，采用统计量

$$F = \frac{U/m}{Q/(n-m-1)} \tag{3-28}$$

式中，$U = \sum_{j=1}^{n}(\hat{Y}_j - \bar{Y})^2$ 为回归平方和，其自由度为 m，$Q = \sum_{j=1}^{n}(Y_j - \hat{Y}_j)^2$ 为剩余平方和，其自由度为 $n-m-1$。

利用上式计算出 F 值后，再利用 F 分布表进行检验，给定显著性水平 α，在 F 分布表中查出自由度为 m 和 $n-m-1$ 的值 F_α。如果 $F \geqslant F_\alpha$，则说明 y 与 $x_1, x_2, \cdots, x_n$ 的线性关系密切；反之，则说明两者线性关系不密切。

③R 检验。

R 检验是通过复相关系数检验一组自变量 $x_1, x_2, \cdots, x_n$ 与因变量 y 之间的线性相关程度的方法，又称为复相关系数检验法。与一元线性回归模型类似，可以通过对总变差的分析得到多元线性回归模型的复相关系数的计算公式：

$$R = \sqrt{\frac{\sum(\hat{y}_i - \bar{y})^2}{\sum(y_i - \bar{y})^2}} = \sqrt{1 - \frac{\sum(y_i - \hat{y}_i)^2}{\sum(y_i - \bar{y})^2}},\ 0 \leqslant R \leqslant 1 \tag{3-29}$$

R^2 反映在 y 的总变差中由一组自变量 $x_1, x_2, \cdots, x_n$ 变动所引起的百分比；R 则描述一组自变量 $x_1, x_2, \cdots, x_n$ 与因变量 y 之间的线性相关程度。复相关系数的另一种定义方式为

$$R_k = \frac{\sum(x_{ik} - \bar{x})(y_i - \bar{y})}{\sqrt{\sum(x_{ik} - \bar{x})^2}\sqrt{\sum(y_i - \bar{y})^2}},\ -1 \leqslant R_k \leqslant 1 \tag{3-30}$$

式中，${R_k}^2$ 为复可决系数，${R_k}^2$ 反映在 y 的总变差中由自变量 x_k 变动所引起的百分比；R 则描述 x_k 与因变量 y 之间的线性相关程度。与一元线性回归的相关系数检验法一样，复相关系数检验法的步骤为：ⓐ 计算复相关系数；ⓑ 根据回归模型的自由度 $n-m$ 和给定的显著性水平值 α 值，查相关系数临界值表；ⓒ 显著性判别。

④$D-W$ 检验。

该检验主要考察回归模型是否存在自相关性，$D-W$ 统计量的计算公式为

$$D-W = \frac{\sum_{i=2}^{n}(e_i - e_{i-1})^2}{\sum_{i=1}^{n}(e_i)^2} \tag{3-31}$$

式中，$e_i = y_i - \hat{y}_i$ 是随机扰动项 u_i 的估计值。

3.3.5 预测区间

与一元回归模型相似，多元回归模型的预测值和预测区间的计算步骤如下：

第一步：估计标准误差 $S = \sqrt{Q/(n-m-1)}$；

第二步：设预测点位 $X_0 = (x_{01}, x_{02}, \cdots, x_{0m})$，则预测值为 $y_0 = X_0\bar{B}$，预测误差 $e_0 = y_0 - \hat{y}_0$ 的样本方差为 ${S_0}^2 = S^2[1 + X_0(X'X)^{-1}X'_0]$；

第三步：当预测值的显著性水平为 α 时，多元线性回归模型的预测区间的上下限为

$$y_0 \pm t_{\alpha/2}(n-m-1)S_0,\ n<30 \tag{3-32}$$

式中，n 为样本数。

由于 X_0 是一个影响因素数据向量，S_0 计算较复杂，在实际预测中，可用 S 代替 S_0 近似的估计预测区间。

3.4　非线性回归预测

线性回归预测方法的研究出发点是因变量与自变量呈线性关系，然而在实际系统中，或多或少地含有非线性因素，预测对象与各影响因素之间可能存在非线性关系。当这种非线性关系较弱，或在某一特定范围内较弱时，就可以近似地用线性回归模型来加以描述，但如果这种线性描述达不到预期效果时，应该建立相应的非线性回归预测模型。

常见的非线性回归模型有以下几种：

(1)双曲线模型

$$y = a + b \times \frac{1}{x} + \varepsilon \tag{3-33}$$

(2)二次曲线模型

$$y = a + b_1 x + b_2 x^2 + \varepsilon \tag{3-34}$$

(3)对数模型

$$y = a + b\ln x + \varepsilon \tag{3-35}$$

(4)三角函数模型

$$y = a + b\sin x + \varepsilon \tag{3-36}$$

(5)指数模型

$$y = A\mathrm{e}^{\beta x + \varepsilon} \tag{3-37}$$

(6)幂函数模型

$$y = Ax_1^{\beta 1} x_2^{\beta 2} \cdots x_k^{\beta k} \mathrm{e}^{\varepsilon} \tag{3-38}$$

(7)罗吉斯曲线

$$y = \frac{\mathrm{e}^{b0} + b_1 x}{1 + \mathrm{e}^{b0} + b_1 x} + \varepsilon \tag{3-39}$$

(8)修正指数增长曲线

$$y = a + br^x + \varepsilon \tag{3-40}$$

对于非线性回归模型，其参数估计没有比较好的直接估计方法，通常采用将非线性模型及相应的数据进行交换，使其成为或接近线性回归模型，从而利用线性回归模型的估计方法，再将估计参数的结果进行相应的逆变换，还原回原来的非线性模型，一般有三类转换方法：

第一类为直接换元型，以上的非线性回归模型(1)～(4)就属于这类模型，这类非线性回归模型通过简单的变量换元可直接化为线性回归模型，可直接采用最小二乘法估计参数并进行验证和预测。

第二类为间接代换型，通过对数变形间接地化为线性回归模型，这一过程改变了因变量的形态，使得变形后的模型的最小二乘法估计失去了原模型的意义，从而估计不到原模型的最佳回归参数。

第三类为非线性模型，即属于不可以线性化的非线性模型。

确定非线性回归分析预测模型的相关检验法，相关检验法是在预先确定的长于初等函数集合，如(x, x^2, e^x, e^{-x}, $\sin x$ 等)中，利用比较简单的计算程序，从中选取与预测对象相关程度较大的函数类型，作为预测因子，经过数据变换，列出一元或多元线性回归方程，最后再复原成非线性回归分析预测模型进行预测。综上，非线性回归的操作步骤为：

①选择符合变量关系的数学模型。如果有以前的经验积累，可以直接套用；如果事先不能确定变量间的函数关系，可以通过绘制历史数据散点图，从散点图中的分布形状选择适当的数学模型。

②进行适当的线性变化，把非线性回归模型转化为相应的线性回归模型。

③根据最小二乘法确定函数中的未知参数。

④进行预测。

⑤显著性检验。

其中后三步类似于线性回归的分析方法，这里不再叙述。

3.5 自回归预测法

3.5.1 自回归预测法的特点

自回归预测法是指利用预测对象的时间序列在不同时期取值之间存在的关系，即自相关关系，建立回归方程进行预测。具体来讲，就是用一个变量的时间序列作为因变量数列，用同一变量向过去推移若干期的时间序列作为自变量数列，分析一个因变量序列和另一个或多个自变量序列之间的相关关系，并建立回归方程进行预测。

自回归预测法与回归分析预测法的区别是：回归分析预测模型是通过研究自变量和因变量之间的关系，以自变量的变化来描述和预测因变量的变化，是一种因果分析预测模型。

在多元线形回归方程 $y = b_0 + b_1x_1 + b_2x_2 + \cdots + b_kx_k + e$ 中，若 $y = y_t$，$x_1 = y_{t-1}$，$x_2 = y_{t-2}$，$\cdots$，$x_k = y_{t-k}$，$\varepsilon = \varepsilon_t$，则有：

$$y_t = b_0 + b_1y_{t-1} + b_2y_{t-2} + \cdots + b_ky_{t-k} + \varepsilon_t \tag{3-41}$$

此式称为自回归(autoregression，AR)方程。

AR 与多元线性回归方程的相同之处在于两者都是回归方程；不同之处在于 AR 右边的变量不是自变量，而是同一时间序列中各前期变量。另外，用于研究事件序列的自回归与用于研究个变量之间关系的回归分析在数据处理方法上也有所不同，其原因如下：

①AR 中右边变量间存在相关关系，因此残差独立性的基本假设难以得到保证。

②AR 中包括多少个前期数据项数难以简单确定。

自回归预测法的优点是所需资料不多，可用因变量数列来进行预测。但是这种方法受到一定的限制，即必须具有自相关性。这种方法只适用于某些具有时间序列趋势的相关经济现象，即受历史因素影响较大的经济现象。对于受社会因素影响较大的经济现象，不宜采用这种方法。

3.5.2 自回归预测法的步骤

(1)确定自相关数列

根据预测目的和要求，对预测对象的时间序列资料(月、季、年度)加以整理，使之具有可比性，并将这些数列划分为因变量和自变量数列。

因变量数列的期限(即项数)，可以根据时间序列所反映的周期变动规律确定。自变量数列，可用原时间序列向后逐渐推移取得，它的期数必须同因变量数列相同。

(2)确定自回归模型

计算各个因变量数列的自相关系数，自相关系数的计算方法同一般相关系数的计算方法相同。根据自相关系数的大小确定自变量，即选择自相关系数较大的自变量数列，用以拟合自回归模型。自回归模型可以是线性的，也可以是非线性的；如果自回归模型中只有一个自变量，称为一阶自回归模型；如果有两个自变量，称为二阶线性自回归。在经济预测中，一般用向后推移一期或两期的一阶或二阶线性自回归。二阶以上的自回归计算复杂，且一般不能提高预测准确度，因此用处不大。

(3)估计参数，利用模型进行预测

自回归模型参数值的求法，与其他回归分析模型的参数求法一样。预测的自变量，就是自变量数列的下一期数值，在原时间序列中可以找到，可用于预测。对预测值的可靠性检验，也与其他回归分析模型相同。

此外，从多元线性回归分析方法可知，如果模型含有的自变量越多，则回归平方和越大，离差平方和就越小。但是如果用较多的变量来拟合回归方程，则会使方程的稳定性变差，每个自变量的误差累积会影响到总体误差，这样会使预测的精度降低。另外，如果在选取自变量时，采用了次要因素而忽略其主要因素，可能会导致估计量产生偏倚性而使得误差较大。

在实际多元回归预测过程中，可以用逐步回归的预测思路，从众多相关因素中选取对因变量贡献大的自变量，从而建立一个稳定、可靠的回归模型。从一个自变量开始，根据自变量对 y 作用的显著程度从大到小逐一引入回归方程，当先引入的变量 x_i 因后引入的变量 x_{i+1} 的作用，其对于因变量的影响程度变得不再显著时，要将先引入的变量 x_i 删除。引入一个变量或删除一个变量为逐步回归的一个步骤，每一步都要进行 F 检验，以确保每次在引入新的变量之前回归方程中只存在显著的变量。反复操作该过程，直至既没有不显著变量从模型中被删除，又没有新的显著变量引入回归方程为止。

逐步回归预测的基本步骤可以归纳如下：

①变量剔除；

②变量引入；

③通过计算，确定引入的变量之后建立回归方程；

④回归方程显著性检验；

⑤利用通过检验后的回归模型进行预测。

就以上介绍的几类回归方法而言，目前回归预测理论还存在一些不足之处，在实际回归预测工作中应注意以下几方面的问题：

①回归预测是在自变量已知的前提条件下，对因变量进行预测，所以因变量的预测精度依赖于对自变量的预测精度。

②对于多元线性回归，怎样从大量相关因素中快速选择自变量，以及如何消除自变量之间的多重共线性是值得重点考虑的内容。

③回归预测的计算过程不能完全依赖于计算机，因为交通信息预测并不仅以预测精度为最终准则，还应定性地判断回归模型是否合理，是否符合客观事实。

④最后，回归分析是以历史数据为基础，建立反映变量间相关关系的数学模型，因此随着预测时间的推移，回归模型必须逐渐失真，从而导致回归预测的精度下降。为了克服回归分析方法的这一缺陷，建议在预测过程中采取“自适应”的回归预测方法，即增加一个新的数据时，去掉一个最旧的数据而保证数据规模不变，由于充分利用了新的数据信息，从而可以提高预测精度。

3.6 交通运输案例分析

3.6.1 一元线性回归预测案例分析

已知某公司2000—2009年的汽车货物周转量和汽车需要量如表3-4所示。预计2010年该公司的汽车货物周转量为3000万吨公里，预测该年的汽车需要量。

表3-4 某公司汽车货物周转量和汽车需要量

年份	2000	2001	2002	2003	2004	2005	2006	2007	2008	2009
汽车货物周转量(万吨公里)	920	1000	1150	1200	1270	1350	1450	1600	1800	2100
汽车需要量(辆)	60	66	72	75	77	83	87	95	104	115

1. 方法选择

根据已知条件，可以运用时间序列预测方法对汽车需要量进行预测，也可以通过计算平均每辆汽车完成的货物周转量进行预测。但是，运用移动平均预测法、指数平滑预测法、趋势外推预测法等时间序列预测方法进行汽车需要量预测都不能充分利用信息，预测结果也不够准确；虽然通过计算平均每辆汽车完成的货物周转量 = $\sum$ 货物周转量/$\sum$ 汽车需要量≈16.6(万吨公里/辆)，利用该值除3000万吨公里也可以得出汽车需要量预测值，但这种平均法不能反映每辆汽车完成的货物周转量随时间的变化趋势，因此结果也不够准确。对于该问题，适用于运用一元线性回归预测法进行预测。

设表3-5中汽车货物周转量为x，汽车需要量为y，由表中数据看出，该公司汽车货物周转量和汽车需要量均呈增长趋势。为了更加清楚地反映其发展趋势，将x，y对应的值分别在坐标纸上描点，绘成散点图，根据散点图的走向，可以拟合一条直线，如图3-12所示。

通过图3-12可以看出，x与y呈线性关系，该拟合直线呈上升趋势，其数学方程的一般形式为：

$$y_i = a + bx_i$$

式中：y_i——汽车需要量；

a——系数(截距)；

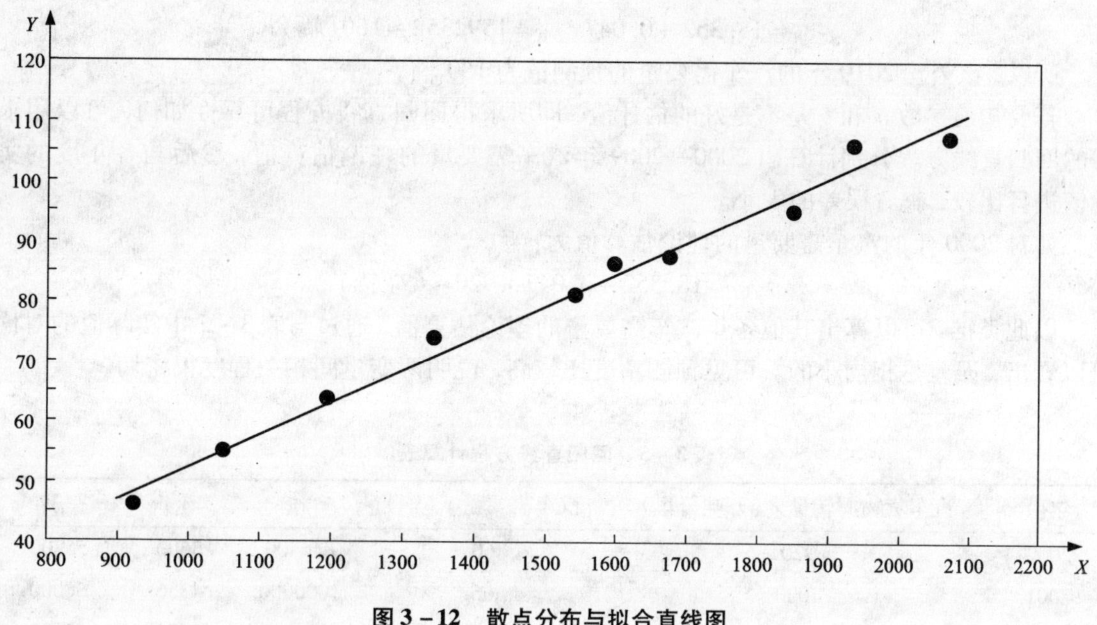

图 3－12　散点分布与拟合直线图

b——回归系数；

x_i——汽车货物周转量。

图 3－12 中，y 的历史观测值没有完全落在拟合直线上，即有些点与直线有所偏离。假定产生这种偏离是由于没有考虑到随机因素造成的，此时可以用下面的一元线性回归分析预测模型表示 y_i 与 x_i 的关系：

$$y_i = a + bx_i + \varepsilon_i$$

式中：ε_i——随机误差项，表示除去 x_i 对 y_i 线性影响之外的其他各因素对 y_i 的影响。设 $\hat{y}_i = a + bx_i$，则 $\varepsilon_i = y_i - \hat{y}_i$。

运用一元线性回归分析预测法通常要满足以下假设条件。

①y_i 与 x_i 的关系是线性关系。

②x_i 是可以精确测定或严格控制的变量，是确定的值，而非随机变量。

③ε_i（即随机误差项）的期望值为零，且每项的方差相同。即

$$E(\varepsilon_i) = 0,\ E(\varepsilon_i^2) = \sigma^2$$

④各随机误差项从统计意义上互不相关，即 $E(\varepsilon_i\varepsilon_j) = 0$，其中 $i \neq j$。

⑤y_i 为一随机变量，而且 ε_i 和 x_i 也互不相关，即 $E(x_i\varepsilon_i) = x_iE(\varepsilon_i) = 0$。

上述假设的核心是误差总体（即 ε_1，ε_2，…，ε_i）服从同一正态分布 $N(0, \sigma^2)$，这样才有误差均值为零，即 $E(\varepsilon_i) = 0$。

2. 预测该年的汽车需要量

根据以上数据，回归直线方程计算见表 3－6 所示。根据参数估计方程，得到回归直线方程为：

$$\hat{y}_i = 18.352 + 0.047x_i$$

此式可以用来预测 2010 年该公司的汽车需要量。已知该公司 2010 年汽车货物周转量的计划数为 3000 万吨公里，则：

$$\hat{y}_{2010}=18.352+0.047x_{2010}=159.352\approx160(\text{辆})$$

所以，该公司2010年的汽车需要量的预测值为160辆。

若要知道参数 a 和 b 是不是好的估计值，即所求得回归直线方程可靠性如何，可以用求得的回归直线方程分别计算出2000—2009年汽车需要量的理论估算值，然后与各年度的实际值进行比较，查看误差的大小。

如对2000年的汽车需要量的理论估算值为：

$$\hat{y}_{2000}=18.352+0.047\times920\approx62(\text{辆})$$

以此类推，可以算出其他各年汽车需要量的理论估算值，通过与表3-5中实际值的对比可以看出，误差是相当小的。可见预测精度比较高，说明两变量间相关程度很密切。

表3-5 回归直线方程计算表

年份	汽车货物周转量 x_i（万吨公里）	汽车需要量 y_i（辆）	x_i^2	y_i^2	x_iy_i
2000	920	60	846400	3600	55200
2001	1000	66	1000000	4356	66000
2002	1150	72	1322500	5184	82800
2003	1200	75	1440000	5625	90000
2004	1270	77	1612900	5929	97790
2005	1350	83	1822500	6889	112050
2006	1450	87	2102500	7569	126150
2007	1600	95	2560000	9025	152000
2008	1800	104	3240000	10816	187200
2009	2100	115	4410000	13225	241500
$\sum$	13840	834	20356800	72218	1210690

3. 对回归方程进行方差分析

根据表3-5中的相关列，根据方差方程，计算

$$S_{\text{回}}=\hat{b}L_{xy}=0.047\times56434=265.398$$

$$S_{\text{剩}}=L_{yy}-\hat{b}L_{xy}=2662.4-0.047\times56434=10.002$$

$$S_{\text{总}}=S_{\text{回}}+S_{\text{剩}}=2652.389+10.002=2662.4$$

方差分析结果见表3-6所示。

表3-6 一元线性回归方程方差分析表

来源	平方和	自由度	均方和
回归	$S_{\text{回}}=2652.389$	$k-1=2-1=1$	2652.398
剩余	$S_{\text{剩}}=10.002$	$n-k=10-2=8$	1.250
总计	$S_{\text{总}}=2662.4$	$n-1=10-1=9$	

表 3 - 6 中，k 为参数个数，此处包括 a 和 b，故 $k=2$；n 是观测点数，该例中，$n=10$。

自由度 $=n-k=$ 无约束（相互独立的）观测数据个数。

4. 计算自变量与因变量的相关系数

$$R=\sqrt{\frac{S_{回}}{S_{剩}}}=\sqrt{\frac{2652.398}{2662.4}}=0.998$$

从计算结果看，R 值非常接近于 1，可见，y_i 与 x_i 之间的相关关系是非常高的，称之为高度线性相关，表明所拟合回归方程用于预测是切实可行的，有实用价值。

5. 计算回归方程的拟合优度

$$R^2=\frac{S_{回}}{S_{剩}}=\frac{2652.398}{2662.4}=0.996$$

表明回归直线减少了 99.6% 的偏差，优度很高。

6. 计算回归标准差

回归标准差 $S=\sqrt{\sigma^2}=\sqrt{\frac{S_{剩}}{n-k}}=\sqrt{\frac{\sum(y_i-\hat{y}_i)^2}{n-k}}$，则回归标准差为：

$$S=\sqrt{\frac{10.002}{10-2}}=1.118$$

拟合的优劣可用 $S/\bar{y}$（即误差偏离均值的程度）的大小测定，$S/\bar{y}$ 大，则劣度大；$S/\bar{y}$ 小，则优度大。$S/\bar{y}<(10\%\sim15\%)$，表示拟合优度高。上例中：

$S/\bar{y}=1.118/83.4=0.0134=1.34\%$，其值很小，表明拟合的回归直线符合要求。

7. 用 F 检验检查回归直线的回归效果

给定 $\alpha=0.05$，即置信度为 95%。根据 F 分布公式可得：

$$F=\frac{(n-2)S_{回}}{S_{剩}}=\frac{8\times2652.398}{10.002}=2121.49$$

查 F 分布表得，$F_{0.05}(1,\ 8)=5.32$

$F>F_\alpha$，说明在置信度为 95% 的情况下，回归效果显著，说明以这条拟合直线对未来进行预测，可靠度很高。

8. 画出一元线性回归预测值的置信区间，并确定当汽车货物周转量为 3000 万吨公里时，预测值的上、下波动范围

置信区间一般有 3 ~ 4 个点，就可以在回归直线上、下画出来。下面根据有关公式和前面已经得到的有关参数值，画出几个点。

2000 年，$x_{2000}=920$，$\hat{y}_{2000}=61.592$

$$y_{2000}=61.592\pm2.306\times1.118\sqrt{1+\frac{1}{10}+\frac{(920-1384)^2}{1202240}}=61.592\pm2.916$$

即上限为 64.508，下限为 58.676

2005 年，$x_{2005}=1350$，$\hat{y}_{2005}=81.802$

$$y_{2005}=81.802\pm2.306\times1.118\sqrt{1+\frac{1}{10}+\frac{(1350-1384)^2}{1202240}}=81.802\pm2.705$$

即上限为 84.507，下限为 79.097。

同理，对2007年和2009年的预测置信区间：

$$y_{2007}=93.552\pm2.751$$

即上限为96.303，下限为90.801。

$$y_{2009}=117.052\pm3.185$$

即上限为120.237，下限为113.867。

由上述所求结果所确定的几个点就可以在回归直线上画出类似喇叭形的置信区间图，如图3-13所示，当样本容量足够大时，利用正态分布原理可以确定置信区间的上、下限值是与回归直线平行的两条直线。置信区间的曲线对称地落在回归直线两侧，对于给定的样本观测值及置信度而言，x_0 越趋近 $\bar{x}$，区间宽度越窄，预测就越精确。当 $x_0=\bar{x}$ 时，预测区间最窄，精度最高；x_0 越远离 $\bar{x}$，预测区间就越宽，精度越差。

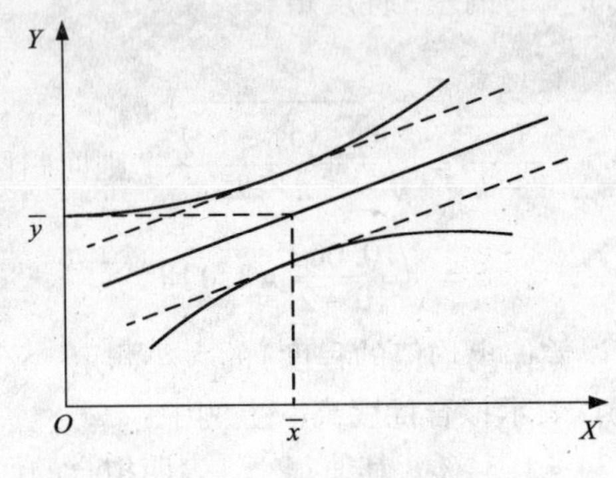

图3-13　置信区间

当汽车货物周转量为3000万吨公里时，预测值为159.352，其上下波动范围为：

$$y_{2010}=159.352\pm2.306\times1.118\sqrt{1+\frac{1}{10}+\frac{(3000-1384)^2}{1202240}}=159.352\pm4.664$$

预测值上限为164.016，下限为154.688，即该年汽车需要量的实际数约有95%的可能性落在154~164之间，预测值在这一范围内波动。

3.6.2　公路客货运输量多元线性回归预测实例

1. 背景

公路客、货运输量的定量预测，近几年来在我国公路运输领域大面积广泛地开展起来，并有效地促进了公路运输经营决策的科学化和现代化。

关于公路客、货运输量的定量预测方法很多，本节主要介绍多元线性回归方法在公路客货运输量预测中的具体操作。

2. 多元线性回归预测

线性回归分析法是以相关性原理为基础的。相关性原理是预测学中的基本原理之一。由于公路客、货运输量受社会经济有关因素的综合影响。所以，多元线性回归预测首先是建立公路客、货运输量与其有关影响因素之间线性关系的数学模型。然后通过对各影响因素未来值的预测推算出公路客货运输量的预测值。

3. 公路客、货运输量多元线性回归预测方法的实施步骤

(1)影响因素的确定

影响公路客货运输量的因素很多，其中客运量影响因素主要包括：人口增长量和汽车保有量、国民生产总值、国民收入工农业总产值、基本建设投资额、城乡居民储蓄额、铁路和水运客运量等。

货运量影响因素主要包括：人口货车保有量(包括拖拉机)、国民生产总值、国民收入、工农业总产值、基本建设投资额、主要工农业产品产量、社会商品购买力、社会商品零售总额、铁路和水运货运量等。

上述影响因素仅是一般而言，在针对具体研究对象时会有所增减。因此，在建立模型时只须列入重要的影响因素，对于非重要因素可不列入模型中。若疏漏了某些重要的影响因素，则会造成预测结果的失真。另外，影响因素太少会造成模型的敏感性太强；反之，若将非重要影响因素列入模型，则会增加计算工作量，使模型的建立复杂化并增大随机误差。

影响因素的选择是建立预测模型首要的关键环节，可采取定性和定量相结合的方法进行。影响因素的确定可以通过专家调查法，其目的是为了充分发挥专家的聪明才智和经验。具体做法就是通过对长期从事该地区公路运输企业和运输管理部门的领导干部、专家、工作人员和行家进行调查。可通过组织召开座谈会，也可以通过采访、填写调查表等方法进行，从中选出主要影响因素。为了避免影响因素确定的随意性，提高回归模型的精度和减少预测工作量，可通过查阅有关统计资料后，再对各影响因素进行相关度(或关联度)和共线性分析，从而再次筛选出最主要的影响因素。

所谓相关度分析就是将各影响因素的时间序列与公路客货运量的时间序列做相关分析，事先确定一个相关系数阈值，对相关系数小于阈值的影响因素进行淘汰；关联度是灰色系统理论中反映事物发展变化过程中各因素之间的关联程度，可通过公路客、货运量与各影响因素之间关联系数矩阵，按一定的标准系数舍去关联度小的影响因素；所谓共线性是指某些影响因素之间存在着线性关系或接近于线性关系，由于公路运输经济自身的特点，影响公路客、货运输量的诸多因素之间总是存在着一定的相关性，特别是与国民经济有关的一些价值型指标。

如果影响因素之间的共线性程度很高，首先会降低参数估计值的精度。其次在回归方程建立后的统计检验中导致舍去重要的影响因素或错误地接受无显著影响的因素，从而使整个预测工作失去实际意义。关于共线性程度的判定，可根据逐步分析估计法的数理统计理论编制计算机程序来实现。或者通过比较 R_{ij} 和 R^2 的大小来判定。在预测学上，一般认为当 $R_{ij} > R^2$ 时，共线性是严重的，其含义是，多元线性回归方程中所含的任意两个自变量 x_i，x_j 之间的相关系数 ri_j 大于或等于该方程的样本可决系数 R^2 时，说明自变量中存在着严重的共线性问题。

(2)建立经验线性回归方程

利用最小二乘法原理寻求使误差平方和达到最小的经验线性回归方程

$$y = a_0 + a_1x_1 + a_2x_2 + \cdots,\ a_nx_n$$

y——预测的客、货运量；

x_i——各主要影响因数。

(3)数据整理

对收集的历年客、货运输量和各主要影响因素的统计资料进行审核和加工整理是为了保证预测工作的质量。资料整理主要包括下列内容：资料的补缺和推算，即对不可靠资料加以核实调整，对查明原因的异常值加以修正；对时间序列中不可比的资料加以调整和规范化；对按当年价格计算的价值指标进行折算。

(4)多元线性回归模型的参数估计

在多元线性回归模型中，a_0，a_1，…，a_n 是要估计的参数，可通过数理统计理论建立模型来确定。在实际预测中，可利用多元线性回归复相关分析的计算机程序来实现。

(5)对模型参数的估计值进行检验

此项工作的目的在于判定估计值是否满意可靠。一般检验工作须从以下几方面来进行：

①经济意义检验。

关于经济预测的数学模型，首先要检验模型是否有经济意义，若参数估计值的符号和大小与公路运输经济发展以及经济判别不符合，这时所估计的模型就不能或很难解释公路运输经济的一般发展规律，就应抛弃这个模型，需要重新构造模型或重新挑选影响因素；

②统计检验。

统计检验是数理统计理论的重要内容，用于检验模型估计值的可靠性。通常，在公路客、货运量预测中应采用的统计检验是：拟合度检验，即建立的模型与观察的实际情况轨迹是否吻合、接近，接近到什么程度。统计学是通过构造统计量 R^2 来量度的，R^2 可由样本数据计算得出。若建立的模型愈接近于实际，则 R^2 愈接近于1；回归方程的显著性检验，即通过方差分析构造统计量 F 来进行的，统计量 F 是通过样本数据计算得出的。当给定某一置信度后，可以通过查阅 F 表来确定回归模型从总体效果来看是否可以采纳。

③参数估计值的标准差检验。

估计值的标准差是衡量估计值与真实参数值的离差的一种量度。参数的标准差越大，估计值的可靠性也就越小；反之，如果标准差越小，那么估计值的可靠性也就越大。参数值标准差的检验，可以通过构造大统计量来进行量度。当给定某一置信度后，可以通过查表来确定模型中某个参数估计值的可靠性。

应当强调指出，统计检验相对于经济意义检验来说是第二位的。如果经济意义检验不合理，那么即使统计检验可以达到很高的置信度，也应当抛弃这种估计结果，因为用这样的结果来进行经济预测是没有意义的。

(6)最优回归方程的确定

经过上述的经济意义和统计检验后，挑选出的线性回归方程往往是好几个，为了从中优选出用于进行实际预测的方程，我们可以采用定性和定量相结合的办法。

从数理统计的原理来讲，应挑选方程的剩余均方和较小为好。但作为经济预测还必须尽量考虑到方程中的影响因素更切合实际和其未来值更易把握的原则来综合考虑。当然，有时也可以从中挑选出好几个较优的回归方程，通过预测后，分别作为不同的高、中、低方案以供决策人员选择。

(7)模型的实际预测检验

在获得模型参数估计值后，又经过了上述一系列检验而选出的最优(或较优)回归方程，还必须对模型的预测能力加以检验。不难理解，最优回归方程对于样本期间来说是正确的，但是用于实际预测是否合适呢？为此，还必须研究参数估计值的稳定性及相对于样本容量变化时的灵敏度，也必须研究确定估计出来的模型是否可以用于样本观察值以外的范围，其具体做法是：采用把增大样本容量以后模型估计的结果与原来的估计结果进行比较，并检验其差异的显著性；把估计出来的模型用于样本以外某一时间的实际预测，并将这个预测值与实际的观察值做一比较，然后检验其差异的显著性。

(8)模型的应用

公路客、货运输量多元线性回归预测模型的研究目的主要有以下几个方面。①进行结构分析，研究影响该地区的公路客、货运输量的主要因素和各影响因素影响程度的大小，进一步探讨该地区公路运输经济理论。②预测该地区今后年份的公路客、货运输量的变化，以便为公路运输市场、公路运输政策及公路运输建设项目投资做出正确决策提供理论依据。另外，还可以通过公路客、货运输量与公路交通量做相关分析来对公路的饱和度发展趋势进行预测，从而为公路的新建、扩建项目的投资提供决策分析。③模拟各种经济政策下的经济效果，以便对有关政策进行评价。

经调查分析，影响某地区旅客运输量的因素为：

x_1——国民收入；

x_2——工农业总产值；

x_3——社会总产值；

x_4——人口；

x_5——客车保有量；

x_6——城乡居民储蓄存款。

经计算得下列相关系数表，如表 3－7 所示。

表 3－7 相关系数表

	x_1	x_2	x_3	x_4	x_5	x_6
Y	0.9439	0.9287	0.9043	0.9914	0.9670	0.7021
Z	0.9736	0.96l4	0.9326	0.8645	0.9321	0.6678

其中：Y——客运量，Z——旅客周转量。

若令 $\alpha=0.85$，则可以舍去 x_6 这个影响因素，也就是认为“城乡居民储蓄存款”不能作为响旅客运输量的主要因素。

经调查分析，影响某地区旅客周转量的因素为：

x_1——国民收入；

x_2——工农业总产值；

x_3——社会总产值；

x_4——人口；

x_5——客车保有量；

x_6——国民生产总值；

x_7——公路通车里程。

经计算得客运量和旅客周转量的经验线性回归方程如下：

$$Y = \alpha_0 + \alpha_1 x_1 + \alpha_2 x_2 + \cdots + \alpha_5 x_5,\ R^2 = 0.9997$$

$$Y = \alpha_0' + \alpha_1' x_1 + \alpha_3' x_3 + \alpha_4' x_4,\ R^2 = 0.9962$$

$$Z = \beta_0 + \beta_4 x_4 + \beta_5 x_5 + \beta_7 x_7,\ R^2 = 0.9983$$

$$Z = \beta_0' + \beta_4' x_4 + \beta_5' x_5 + \beta_7' x_7,\ R^2 = 0.9990$$

其中，Y——客运量；

Z——旅客周转量。

各自变量间的相关系数表如表 3-8 所示。

表 3-8 自变量间的相关系数表

r_{ij}	x_1	x_2	x_3	x_4	x_5	x_6	x_7
x_1		0.9836	0.9621	0.9710	0.9342	0.9036	0.9344
x_2	0.9836		0.9523	0.9607	0.9466	0.9825	0.9823
x_3	0.9621	0.8523		0.8924	0.9205	0.9773	0.9114
x_4	0.9710	0.9607	0.8924	.	0.9348	0.9766	0.8928
x_5	0.9342	0.9466	0.9205	0.9348		0.9817	0.9036
x_6	0.9036	0.9825	0.9773	0.9766	0.9817		0.9715
x_7	0.9344	0.9823	0.9114	0.8928	0.9036	0.9715	

由上述计算可知，四个方程中均未出现 $R_{ij} > R^2$ 的情况，因此可以认为各自方程中的影响因素之间不存在严重共线性问题。

重点与难点

重点：①一元线性回归预测含义及其在交通运输系统中的应用；②交通运输系统中应用多元回归预测；③应用线性回归解决非线性回归问题。

难点：进行回归预测的过程及在分析中的注意事项。

思考与练习

3-1 为什么要对建立的回归模型进行统计检验？

3-2 应用回归模型进行预测时，应注意哪些问题？

3-3 某种商品的需求量与人均月收入的关系数据如表 3-10 所示：

表 3-10

人均月收入(元)	700	800	900	1000	1100	1200	1260	1340
需求量(万元)	9.0	9.6	10.2	11.6	12.4	13.0	13.8	14.6

如果估计下月的人均月收入为1400元，试预测下月该商品的需求量(取置信度$\alpha=0.05$)。

3-4　设某公司的每周广告费支出和每周销售额数据如表3-11所示：

表3-11

每周广告费支出(元)	4100	5400	6300	5400	4800	4600	6200	6100	6400	7100
每周销售额(元)	12.50	13.80	14.25	14.25	14.50	13.00	14.00	15.00	15.75	16.50

要求：

(1)广告费支出与销售额之间是否存在显著的相关关系？

(2)计算回归模型参数。

(3)回归模型能解释销售额变动的比例有多大？

(4)计算$D-W$统计量。

(5)如下周的广告费支出为6700元，试预测下周的销售额(取置信度$\alpha=0.05$)。

第 4 章

时间序列预测方法

4.1 时间序列分解法

4.1.1 时间序列法概述

经济时间序列的变化受许多因素的影响，概括地讲，可以将影响时间序列变化的因素分为四种，即长度趋势因素(T)、季节变动因素(S)、周期变动因素(C)和不规则变动因素(I)。

(1)长期趋势因素(T)

长期趋势因素(T)反映了经济现象在一个较长时间内的发展方向，它可以在一个相当长的时间内表现为一种近似直线的持续向上或持续向下或平稳的趋势。在某种情况下，它也可以表现为某种类似指数趋势或其他曲线趋势的形式。经济现象的长期趋势一旦形成，总能延续一段相当长的时期，即使如股票市场这种变化较快的经济现象，其形成的向上趋势(牛市)或向下趋势(熊市)也总能延续数月乃至数年。因此，分析预测经济现象的长期趋势对于正确预测经济现象的发展，具有十分重要的意义。

(2)季节变动因素(S)

季节变动因素(S)是经济现象受季节变动影响所形成的一种长度和幅度固定的周期波动。季节变动因素既包括受自然季节影响所形成的波动，也包括受工作时间规律如每周 5 天工作制等形成的波动。季节变动和周期变动的区别在于季节变动的波动长度固定，如 12 个月、4 个季节、1 个月或 1 个星期等。而周期变动的长度则一般是不一样的。

(3)周期变动因素(C)

周期变动因素也称循环变动因素，它是受各种经济因素影响形成的上下起伏不定的波动，如国内生产总值、工业产值指数、股票价格、利率和大多数经济指标，均具有明显的周期变动特征。

(4)不规则变动因素(I)

不规则变动又称循环变动因素，它是受各种偶然因素影响所形成的不规则波动，如股票市场受突然出现的利好或利空消息的影响使股票价格产生的波动等。

4.1.2 时间序列分解模型

当将时间序列分解成长期趋势、季节变动、周期变动和不规则变动四个因素后，可以认为时间序列 Y 是这四个因素的函数，即：

$$Y_t = f(T_t, S_t, C_t, I_t) \tag{4-1}$$

时间序列分解的方法有很多，较常用的模型有加法模型和乘法模型。

加法模型为：

$$Y_t = T_t + S_t + C_t + I_t \tag{4-2}$$

乘法模型为：

$$Y_t = T_t \times S_t \times C_t \times I_t \tag{4-3}$$

4.1.3　时间序列的分解方法

①运用移动平均法剔除长期趋势和周期变化，得到序列 TC。然后再用按月（季）平均法求出季节指数 S。

②做散点图，选择适合的曲线模型拟合序列的长期趋势，得到长期趋势 T。

③计算周期因素 C。用序列 TC 除以 T 即可得到周期变动因素 C。

④将时间序列的 T、S、C 分解出来后，剩余的即为不规则变动，即：

$$I = \frac{Y}{TSC} \tag{4-4}$$

【例4－1】　某商品1996—2007年各季度的销售额数据如表4－1所示，试应用时间序列分解法对其进行分析。

表4－1　某商品销售额12年的季度数据

季度 (1)	t (2)	销售额 Y (3)	四项平均 (4)	居中平均 TC (5)	$Y/TC=ST$ (6)(%)	长期趋势 T (7)	周期变动 C (8)(%)
1996 1	1	3017.6	—	—	—	—	—
2	2	3043.54	—	—	—	—	—
3	3	2094.35	2741.333	2773.483	75.51337	2852.964	97.21407
4	4	2809.84	2805.633	2820.6	99.61852	2891.918	97.53387
1997 1	5	3274.8	2835.568	2838.063	115.3886	2930.873	96.83336
2	6	3163.28	2840.558	2867.399	110.3188	2969.827	96.55103
3	7	2114.31	2894.24	2900.825	72.88651	3008.782	96.41195
4	8	3024.57	2907.41	2948.685	102.5735	3047.736	96.75002
1998 1	9	3327.48	2989.96	3030.663	109.7938	3086.69	98.18486
2	10	3493.48	3071.365	3129.643	111.6255	3125.645	100.1279
3	11	2439.93	3187.92	3232.62	75.4784	3164.599	102.1494
4	12	3490.79	3277.32	3298.289	105.8364	3203.553	102.9572
1999 1	13	3685.08	3319.258	3311.57	111.2789	3242.508	102.1299
2	14	3661.23	3303.883	3299.978	110.9471	3281.462	100.5642
3	15	2378.43	3296.073	3316.641	71.71201	3320.416	99.8863
4	16	3459.55	3337.21	3342.204	103.511	3359.371	99.48898

续表 4-1

季度 (1)	t (2)	销售额 Y (3)	四项平均 (4)	居中平均 TC (5)	Y/TC = ST (6)(%)	长期趋势 T (7)	周期变动 C (8)(%)
2000 1	17	3849.63	3347.198	3380.191	113.8879	3398.325	99.46639
2	18	3701.18	3413.185	3428.931	107.9398	3437.279	99.75713
3	19	2642.38	3444.678	3473.306	76.07679	3476.234	99.91578
4	20	3585.52	3501.935	3527.67	101.6399	3515.188	100.3551
2001 1	21	4078.66	3553.405	3576.665	114.0353	3554.143	100.6337
2	22	3907.06	3599.925	3662.923	106.6651	3593.097	101.9433
3	23	2828.46	3725.92	3758.539	75.25425	3632.051	103.4825
4	24	4089.5	3791.158	3821.35	107.0172	3671.006	104.0955
2002 1	25	4339.61	3851.543	3862.541	112.3512	3709.96	104.1127
2	26	4148.6	3873.54	3872.933	107.1178	3748.914	103.3081
3	27	2916.45	3872.325	3860.176	75.55225	3787.869	101.9089
4	28	4084.64	3848.028	3829.15	106.6722	3826.823	100.0608
2003 1	29	4242.42	3810.273	3805.843	111.4712	3865.777	98.4496
2	30	3997.58	3801.413	3795.361	105.3281	3904.732	97.19903
3	31	2881.01	3789.31	3804.049	75.73536	3943.686	96.45922
4	32	4036.23	3818.788	3864.156	104.4531	3982.641	97.02498
2004 1	33	4360.33	3909.525	3945.921	110.5022	4021.595	98.11832
2	34	4360.53	3982.318	4005.759	108.8565	4060.549	98.65066
3	35	3172.18	4029.2	4070.469	77.93157	4099.504	99.29175
4	36	4223.76	4111.738	4153.481	101.692	4138.458	100.363
2005 1	37	4690.48	4195.225	4216.496	111.2412	4177.412	100.9356
2	38	4694.48	4237.768	4282.001	109.6328	4216.367	101.5567
3	39	3342.35	4326.235	4360.608	76.64872	4255.321	102.4742
4	40	4577.63	4394.98	4436.426	103.1828	4294.275	103.3102
2006 1	41	4965.46	4477.873	4493.846	110.4947	4333.23	103.7066
2	42	5026.05	4509.82	4503.359	111.6067	4372.184	103.0002
3	43	3470.14	4496.898	4533.554	76.54348	4411.138	102.7751
4	44	4525.94	4570.21	4590.651	98.59037	4450.093	103.1586
2007 1	45	5258.71	4611.093	4626.92	113.6547	4489.047	103.0713
2	46	5189.58	4642.748	4562.205	113.7516	4528.002	100.7554
3	47	3596.76	4481.663	—	—	4566.956	—
4	48	3881.6	—	—	—	4605.91	—

(1)季节指数 S 的计算

季节指数的计算是先用移动平均法剔除长期趋势和周期变动，然后再用按月(季)平均法求出季节指数。由于一年有四个季度，因此，移动平均项数要取 4，需做两次移动，移动平均结果见表 4－1 的第(5)栏，其中第(5)栏的第一个数据 2773.483 是经过以下两次移动平均求得的：

$$\frac{Y_1+Y_2+Y_3+Y_4}{4}=\frac{3017.6+3043.54+2094.35+2809.84}{4}=2741.333$$

$$\frac{Y_2+Y_3+Y_4+Y_5}{4}=\frac{3043.54+2094.35+2809.84+3274.8}{4}=2805.633$$

$$\frac{2741.333+2805.633}{2}=2773.483$$

余下类推，即得到了不含季节因素和不规则变动因素的序列 TC(四项移动也消除了不规则变动)。

将 Y 除以 TC，即得到了只含周期因素和不规则变动因素的序列 SI，见表 4－1 的第(6)栏。将 SI 重新排列，得表 4－2。根据表 4－2，采用按季平均法，即可求出各年的同季平均数，由于四个季度的平均数之和为 400.1827，不等于 400，因此，需要做出修正，其修正系数为 400/400.1827＝0.999543。经过修正后，即得该商品销售额的季节指数，如表 4－2 的最后一行所示。季节指数一般用百分数表示，如在本例中，第一季度的季节指数为 112.1397%。

表 4－2　运用按季平均法求季节指数

年份	一季度	二季度	三季度	四季度	合计
1996			75.51337	99.61852	
1997	115.3886	110.3188	11.88651	102.5735	
1998	109.7938	111.6255	75.4784	105.8364	
1999	111.2789	110.9471	71.71201	103.511	
2000	113.8879	107.9398	76.07679	101.6399	
2001	114.0353	106.6651	75.25425	107.0172	
2002	112.3512	107.1178	15.55225	106.6722	
2003	111.4712	105.3281	75.73536	104.4531	
2004	110.5022	108.8565	17.93157	101. 692	
2005	111.2412	109.6328	76.64872	103.1828	
2006	110.4947	111.6067	76.54348	98.59037	
2007	113.6547	113.7516			
同季合计	1234.1	1203.79	829.3327	1134.787	
同季平均	112.1909	109.4354	75.39388	103.1625	400.1827
季节指数	112.1397	109.3855	75.35947	103.1154	400

(2)长期趋势 T 的计算

作散点图如图 4-1 所示，可以看出，本例的销售额 Y 具有比较明显的上升趋势，且可以用直线趋势拟合。以时间 t 为自变量，以销售额 Y 为因变量，可求得如下回归方程：

$$T = 2736.101 + 38.95436t$$

根据长期趋势方程，即可求得各个季度的长期趋势值，如 2007 年第二季度 $t = 46$，其长期趋势为：

$$T = 2736.101 + 38.95436 \times 46 = 4528.00156$$

余下类推，即可求得长期趋势因素 T 序列，如表 4-1 中的第(7)栏所示。

(3)周期变动因素 C 的计算

将序列 TC 除以 T，即可得到周期变动因素 C，如表 4-1 中的第(8)栏所示。

(4)不规则变动因素 I 的计算

将时间序列的 T、S、C 分解出来后，剩余的即为不规则变动，即：

$$I = \frac{Y}{TSC} \tag{4-5}$$

由于不规则变动因素是不可预测的，因此，分解出不规则变动因素对于时间序列预测没有多少价值。

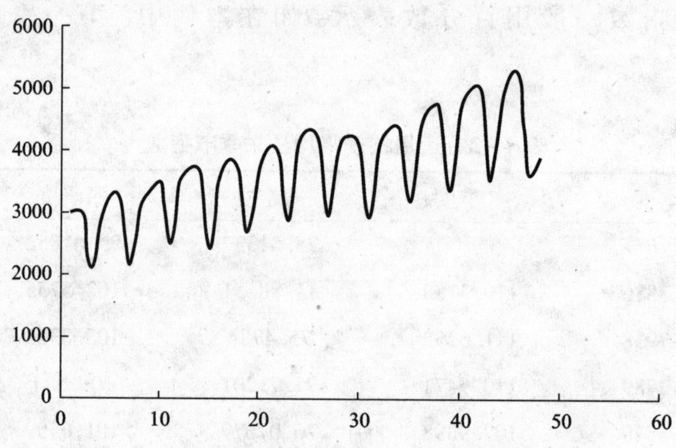

图 4-1 该公司 1996—2007 年各季度的销售额 Y

4.1.4 时间序列分解预测法的应用

在求出时间序列各因素之后，即可根据时间序列分解模型进行预测，仍以上例为例，时间序列分解模型为：

$$Y_t = T_t \times S_t \times C_t \times I_t$$

在进行预测时，一般无法预测不规则变动因素 I，因此，时间序列分解法的预测模型可以表达为：

$$Y_t = T_t \times S_t \times C_t \tag{4-6}$$

在上例中，如果预测 2008 年第一季度的销售额，则可按以下步骤进行：首先求出 2008 年第一季度的长期趋势 T，这可以根据长期趋势方程求得。由于 2008 年第一季度的 $t = 49$，因此，2008 年第一季度的长期趋势 T 为：

$$T = 2736.101 + 38.95436 \times 49 = 4644.865$$

2008 年第一季度的季节指数为 1.121397（或 112.1397%）（见表 4－2），但 2008 年第一季度的周期变动 C 却需要用判断的方法来估计。根据表 4－1 的周期变动 C 和销售额 Y 的历史资料，我们估计 2008 年第一季度的周期变动 C 为 0.98（98%），这样，可求得 2008 年第一季度的销售额的预测值为：

$$Y_{49} = T_{49} \times S_{49} \times C_{49} = 4644.865 \times 1.121397 \times 0.98 = 5104.561$$

同样，可求得 2008 年其他各季度的销售额预测值，如表 4－3 所示。表 4－3 中的周期变动 C 值均是根据历史数据采用主观判断方法确定的。

表 4－3　时间序列分解法预测值

季度	T	S	C	销售额预测值
1	4644.865	1.121397	0.98	5104.561
2	4683.819	1.093855	0.98	5072.184
3	4722.773	0.753595	1	3559.057
4	4671.728	1.03154	1	4910.073

【例 4－2】　以某市 1980—1990 年的年交通事故死亡数为例构造时间序列模型，进行道路交通事故的预测，其基本数据如表 4－4。

表 4－4　某市历年交通事故统计

年度	1 季度	2 季度	3 季度	4 季度	全年
1980	65	48	93	73	278
1981	68	67	86	98	319
1982	88	65	102	117	372
1983	79	72	98	101	350
1984	95	80	107	109	389
1985	135	102	140	144	521
1986	102	87	138	160	487
1987	121	92	117	131	461
1988	132	86	125	102	447
1989	127	107	131	130	495

解：由于不规则变动因素是不可预测的，因此，在实际应用中我们一般令时间序列分解法的预测模型为：

$$Y_t = T_t \times S_t \times C_t$$

(1)季节指数 S 的计算

先用移动平均法计算出不含季节因素 S 和不规则变动因素 I 的序列 TC，进而用 Y 除以 TC，得到序列 SI。移动平均结果见表 4 -5 的第(5)栏和第(6)栏。接着将序列 SI 重新排列，得到表 4 -6，根据表 4 -6，采用按季平均法，进而求出季节指数 S。所求结果见表 4 -6。

(2)长期趋势 T 的计算

做散点图如图 4 -2 所示：

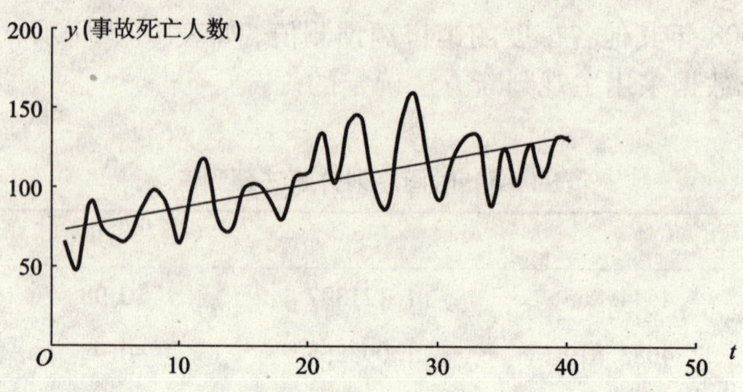

图 4 -2　某市 10 年的交通事故死亡人数散点图

可以看出，该市的交通事故死亡人数具有比较明显的上升趋势，且可以用直线趋势拟合，以时间 t 为自变量，以交通事故死亡数 Y 为因变量，可求得如下回归方程：

$$T = 1.5142t + 71.935$$

根据长期趋势方程可求得各个季度的长期趋势值，结果见表 4 -5 中的第(7)栏。

(3)周期变动因素 C 的计算

将序列 TC 除以 T，即可求得周期变动因素 C，结果见表 4 -5 中的第(8)栏。

(4)对 1990 年的交通事故死亡人数进行预测

预测结果见表 4 -7。

表 4 -5　某市 1980—1990 年各季度交通事故死亡数据

年份(1)	季度(2)	事故死亡人数(3)	四项平均(4)	TC(5)	SI(6)	T(7)	C(8)
1980	1	65				73.45	
	2	48				74.96	
	3	92	69.5	69.875	1.32	76.48	0.91
	4	73	70.25	72.625	1.01	77.99	0.93
1981	1	68	75	74.25	0.92	79.51	0.93
	2	67	73.5	76.625	0.87	81.02	0.95
	3	86	79.75	82.25	1.05	82.53	1.00

续表 **4-5**

年份(1)	季度(2)	事故死亡人数(3)	四项平均(4)	*TC*(5)	*SI*(6)	*T*(7)	*C*(8)
	4	98	84.75	84.5	1.16	84.05	1.01
1982	1	88	84.25	86.25	1.02	85.56	1.01
	2	65	88.25	90.625	0.72	87.08	1.04
	3	102	93	91.875	1.11	88.59	1.04
	4	117	90.75	91.625	1.28	90.11	1.02
1983	1	79	92.5	92	0.86	91.62	1.00
	2	72	91.5	89.5	0.80	93.13	0.96
	3	98	87.5	89.25	1.10	94.65	0.94
	4	101	91	92	1.10	96.16	0.96
1984	1	93	93	94.125	0.99	97.68	0.96
	2	80	95.25	96.25	0.83	99.19	0.97
	3	107	97.25	102.5	1.04	100.70	1.02
	4	109	107.75	110.5	0.99	102.22	1.08
1985	1	135	113.25	117.375	1.15	103.73	1.13
	2	102	121.5	125.875	0.81	105.25	1.20
	3	140	130.25	126.125	1.11	106.76	1.18
	4	144	122	120.125	1.20	108.28	1.11
1986	1	102	118.25	118	0.86	109.79	1.07
	2	87	117.75	119.75	0.73	111.30	1.08
	3	138	121.75	124.125	1.11	112.82	1.10
	4	160	126.5	127.125	1.26	114.33	1.11
1987	1	121	127.75	125.125	0.97	115.85	1.08
	2	92	122.5	118.875	0.77	117.36	1.01
	3	117	115.25	116.625	1.00	118.88	0.98
	4	131	118	117.5	1.11	120.39	0.98
1988	1	132	117	118	1.12	121.90	0.97
	2	88	119	115.375	0.76	123.42	0.93
	3	125	111.75	111.125	1.12	124.93	0.89
	4	102	110.5	112.875	0.90	126.45	0.89
1989	1	127	115.25	116	1.09	127.96	0.91
	2	107	116.75	120.25	0.89	129.47	0.93
	3	131	123.75			130.99	
	4	130				132.50	

表 4-6 运用按季平均法求季节指数

单位：%

年度	一季度	二季度	三季度	四季度	合计
1980	—	—	1.32	1.01	
1981	0.92	0.87	1.05	1.16	
1982	1.02	0.72	1.11	1.28	
1983	0.86	0.80	1.10	1.10	
1984	0.99	0.83	1.04	0.99	
1985	1.15	0.81	1.11	1.20	
1986	0.86	0.73	1.11	1.26	
1987	0.97	0.77	1.00	1.11	
1988	1.12	0.76	1.12	0.90	
1989	1.09	0.89	—	—	
同季合计	8.98	7.18	9.96	10.01	
同季平均	0.997778	0.797778	1.106667	1.112222222	4.014444
季节指数	0.994188	0.794907	1.102685	1.108220316	4

表 4-7 时间序列分解法预测值

季度	T	S	C	预测值
1	134.0172	0.994188	1.08	143.8974
2	135.5314	0.794907	1.01	108.8122
3	137.0456	1.102685	0.98	148.0958
4	138.5598	1.10822	0.98	150.4836

4.2 趋势外推法

4.2.1 趋势外推法的概念和假定条件

统计资料表明，大量社会经济现象的发展主要是渐进型的，其发展相对于时间具有一定的规律性。因此，当预测对象依时间变化呈现某种上升或下降的趋势，并且无明显的季节波动，又能找到一条合适的函数曲线反映这种变化趋势时，就可用时间 t 为自变量，时序数值 y 为因变量，建立趋势模型：

$$y=f(t) \tag{4-7}$$

当有理由相信这种趋势能够延伸到未来时，赋予变量 t 所需要的值，就可以得到相应时刻的时间序列未来值。这就是趋势外推法。

趋势外推法的假设条件是：

①假设事物发展过程没有跳跃式变化，一般属于渐进变化。

②假设事物的发展因素也决定事物未来的发展，其条件是不变或变化不大。也就是说，

假定根据过去资料建立的趋势外推模型能适合未来，能代表未来趋势变化的情况，即未来和过去的规律一样。

由以上两个假设条件可知，趋势外推法是事物发展渐进过程的一种统计预测方法。它的主要优点是可以揭示事物未来的发展，并定量地估计其功能特性。

4.2.2 趋势模型的种类

趋势外推法的实质就是利用某种函数分析描述预测对象某一参数的发展趋势，以下四种趋势预测模型最为常用。

(一)多项式曲线预测模型

很多事物发展的模型可用多项式表示，常用的多项式预测模型有：

(1)一次(线性)预测模型

$$\hat{y}_t = b_0 + b_1 t \tag{4-8}$$

(2)二次(二次抛物线)预测模型

$$\hat{y}_t = b_0 + b_1 t + b_2 t^2 \tag{4-9}$$

(3)三次(三次抛物线)预测模型

$$\hat{y}_t = b_0 + b_1 t + b_2 t^2 + b_3 t^3 \tag{4-10}$$

(4)n次(n次抛物线)预测模型

$$\hat{y}_t = b_0 + b_1 t + b_2 t^2 + \cdots + b_n t^n \tag{4-11}$$

式中，t代表时间自变量。

(二)指数曲线预测模型

常见的指数曲线预测模型：

(1)指数曲线预测模型

$$\hat{y}_t = a\mathrm{e}^{bt} \tag{4-12}$$

(2)修正指数曲线预测模型

$$\hat{y}_t = a + b\,c^t \tag{4-13}$$

(三)对数曲线预测模型

常见的对数曲线预测模型有：

$$\hat{y}_t = a + b\ln t \tag{4-14}$$

(四)生长曲线预测模型

(1)皮尔曲线预测模型

$$\hat{y}_t = \frac{L}{1 + a\mathrm{e}^{-bt}} \tag{4-15}$$

式中，L为变量y_t的极限值，a、b为常数，t为时间。

(2)龚珀兹曲线预测模型

$$\hat{y}_t = k\,a^{b^t} \tag{4-16}$$

4.2.3　趋势模型的选择

趋势外推法主要利用图形识别法和差分法计算，进行模型的基本选择。

(一)图形识别法

这种方法是通过绘制散点图来进行的，即将时间序列的数据绘制成以时间 t 为横轴、时序观察值为纵轴的图形，观察并将其变化曲线与各类函数曲线模型的图形进行比较，以便选择较为适宜的模型。然而，在实际预测过程中，有时由于几种模型接近而无法通过图形直观地确认某种模型，这就必须同时对几种模型进行试算，最后将标准误差最小的模型作为预测模型。

(二)差分法

由于模型种类很多，为了根据历史数据正确选择模型，常常利用差分法把原时间序列转换为平稳序列。即利用差分法把数据修匀，使非平稳序列达到平稳序列。这里最常用的是一阶向后差分法。一阶向后差分的定义为：

$$\hat{y}_t = y_t - y_{t-1} \tag{4-17}$$

或：

$$\Delta y_t = y_t - y_{t-1} \tag{4-18}$$

一阶向后差分实际上是当时间由$\hat{t}$推到 $t-1$ 时y_t的增量。

二阶向后差分的定义为：

$$\hat{y}_t = \hat{y}_t - \hat{y}_{t-1} = y_t - 2y_{t-1} + y_{t-2} \tag{4-19}$$

k 阶向后差分的定义为：

$$y_t^{\ k} = y_t^{\ k-1} - y_{t-1}^{\ k-1} = y_t + \sum_{r=1}^{k} (-1)^r C_k^r y_{t-r} \tag{4-20}$$

计算时间序列的差分，并将其与各类模型的差分特点进行比较，就可以选择适宜的模型。利用差分法识别几种常用模型的例子如表 4-8 ~ 表 4-11 所示。

表 4-8　一次(线性)模型差分计算表

时序(t)	$y_t = a + bt$	一阶差分($y_t - y_{t-1}$)
1	$a+b$	-
2	$a+2b$	b
3	$a+3b$	b
4	$a+4b$	b
⋮	⋮	⋮
$t-1$	$a+(t-1)b$	b
t	$a+tb$	b

由表 4-8 可知，如果时间序列各期数值的一阶差分相等或大致相等，就可以配一次(线性)模型进行预测。

表 4－9　二次(抛物线)模型差分计算表

时序(t)	$y_t = b_0 + b_1 + b_2 t^2$	一阶差分 ($y_t - y_{t-1}$)	二阶差分 $[(y_t - y_{t-1}) - (y_{t-1} - y_{t-2})]$
1	$b_0 + b_1 + b_2$	—	—
2	$b_0 + 2b_1 + 4b_2$	$b_0 + 3b_2$	—
3	$b_0 + 3b_1 + 9b_2$	$b_0 + 5b_2$	$2b_2$
4	$b_0 + 4b_1 + 16b_2$	$b_0 + 7b_2$	$2b_2$
⋮	⋮	⋮	⋮
$t-1$	$b_0 + (t-1)b_1 + (t-1)^2 b_2$	$b_0 + (2t-3)b_2$	$2b_2$
t	$b_0 + b_1 t + b_2 t^2$	$b_0 + (2t-1)b_2$	$2b_2$

由表 4－9 可知，如果时间序列各期数值的二阶差分相等或大致相等，就可以配二次(抛物线)模型进行预测。

表 4－10　指数曲线模型差分计算表

时序(t)	$y_t = ae^{bt}$	一阶差比率
1	ae^{t}	—
2	ae^{2b}	e^b
3	ae^{3b}	e^b
4	ae^{4b}	e^b
⋮	⋮	⋮
$t-1$	$ae^{(t-1)b}$	e^b
t	ae^{tb}	e^b

由表 4－10 可知，如果时间序列各期数值的一阶差比率相等或大致相等，就可以配指数曲线模型进行预测。

表 4－11　修正指数曲线模型差分计算表

时序(t)	$y_t = a + bc^t$	一阶差分($y_t - y_{t-1}$)	一阶差的一阶比率$\left(\frac{y_t - y_{t-1}}{y_{t-1} - y_{t-2}}\right)$
1	$a+bc$	—	—
2	$a+bc^2$	$bc(c-1)$	—
3	$a+bc^3$	$bc^2(c-1)$	c
4	$a+bc^4$	$bc^3(c-1)$	c
⋮	⋮	⋮	⋮
$t-1$	$a+bc^{t-1}$	$bc^{t-2}(c-1)$	c
t	$a+bc^t$	$bc^{t-1}(c-1)$	c

由表 4－11 可知，如果时间序列各期数值一阶差的一阶比率相等或大致相等，就可以配修正指数曲线模型进行预测。

4.2.4　多项式曲线趋势外推法

如前所述，多项式曲线预测模型的一般形式为：

$$\hat{y}_t = b_0 + b_1 t + b_2 t^2 + \cdots + b_k t^k \tag{4-21}$$

当 $k=1$ 时，为直线模型；

当 $k=2$ 时，为二次多项式(抛物线)模型；

当 $k=n$ 时，为 n 次多项式模型。

1. 二次多项式曲线模型及其应用

二次多项式曲线模型为：

$$\hat{y}_t = b_0 + b_1 t + b_2 t^2 \tag{4-22}$$

设有一组统计数据y_1，y_2，…，y_n，令：

$$\begin{aligned} Q(b_0, b_1, b_2) &= \sum_{t=1}^{n} (y_t - \hat{y}_t)^2 \\ &= \sum_{t=1}^{n} (y_t - b_0 - b_1 t - b_2 t^2)^2 \\ &= \text{最小值} \end{aligned}$$

根据微分原理，得：

$$\begin{cases} \dfrac{\partial Q}{\partial b_0} = -2\sum (y - b_0 - b_1 t - b_2 t^2) = 0 \\ \dfrac{\partial Q}{\partial b_1} = -2\sum (y - b_0 - b_1 t - b_2 t^2)t = 0 \\ \dfrac{\partial Q}{\partial b_2} = -2\sum (y - b_0 - b_1 t - b_2 t^2)t^2 = 0 \end{cases}$$

经整理，得：

$$\begin{cases}\sum y = n\,b_0 + b_1 \sum t + b_2 \sum t^2 \\ \sum ty = b_0 \sum t + b_1 \sum t^2 + b_2 \sum t^3 \\ \sum t^2 y = b_0 \sum t^2 + b_1 \sum t^3 + b_2 \sum t^4\end{cases} \tag{4-23}$$

解此三元一次方程，可求得b_0、b_1和b_2三个参数。

【例4-3】　某商店某种产品的销售量如表4-12所示。

表4-12　某产品销售量资料

年份	1999	2000	2001	2002	2003	2004	2005	2006	2007
销售量(万件)	10.0	18.0	25.0	30.5	35.0	38.0	40.0	39.5	38.0

试预测2008年的销售量，并要求在90%的概率保证程度下，给出预测的置信区间。

第一步，确定预测模型。

(1)绘制散点图，初步确定预测模型

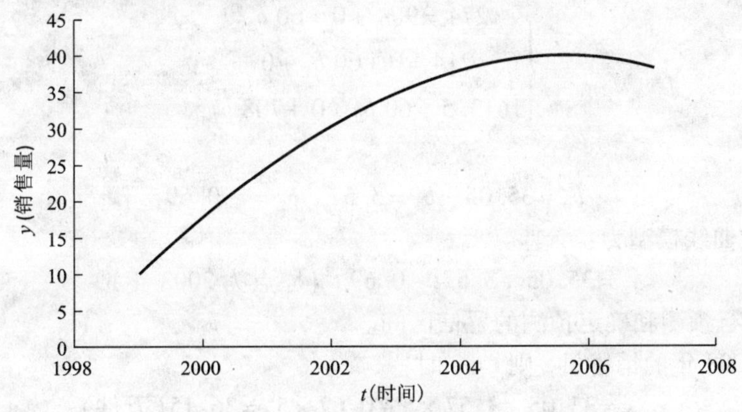

图4-3　某产品销售量9年散点图

由图4-3可知，该产品的销售量基本上符合二次多项式曲线模型。

(2)计算差分，如表4-13所示

表4-13　差分计算表

y_t	10.0	18.0	25.0	30.5	35.0	38.0	40.0	39.5	38.0
一阶差分	—	8.0	7.0	5.5	4.5	3.0	2.0	-0.5	-1.5
二阶差分	—	—	-1.0	-1.5	-1.0	-1.5	-1.0	-2.5	-1.0

由表4-13可知，该时间序列观察值的二阶差分大致相等，其波动范围在-2.5～-1.0之间。综合散点图和差分分析，最后确定选用二次多项式曲线模型进行预测。

第二步，求模型的参数。

模型参数的计算如表4-14所示。

表 4－14 某产品销售量二次多项式曲线模型参数计算表

年份	时序(t)	y_t	t^2	t^4	ty	t^2y
1999	－4	10	16	256	－40	160
2000	－3	18	9	81	－54	162
2001	－2	25	4	16	－50	100
2002	－1	30.5	1	1	－30.5	30.5
2003	0	35	0	0	0	0
2004	1	38	1	1	38	38
2005	2	40	4	16	80	160
2006	3	39.5	9	81	118.5	355
2007	4	38	16	256	152	608
合计	0	274.0	60	708	214.0	1613.5

将表 4－14 的数据代入三元一次方程组，得：

$$\begin{cases} 274 = 9\,b_0 + 0 + 60\,b_2 \\ 214 = 0 + 60\,b_1 + 0 \\ 1613.5 = 60\,b_0 + 0 + 708\,b_2 \end{cases}$$

解得：

$$b_0 = 35.05 \quad b_1 = 3.57 \quad b_2 = -0.69$$

二次多项式曲线模型为：

$$\hat{y}_t = 35.05 + 3.57t - 0.69\,t^2\text{（原点为 2003 年）}$$

第三步，进行预测和确定预测的置信区间。

若要预测 2008 年的销售量，则 $t = 5$ 时：

$$\hat{y}_{2008} = 35.05 + 3.57 \times 5 - 0.67 \times 5^2 = 36.15\text{（万件）}$$

为了确定预测的置信区间，必须计算估计标准误差，其计算过程如表 4－15 所示。

表 4－15 估计标准误差计算表

年份	y_i	$\hat{y}_i$	$(y_i - \hat{y}_i)$	$(y_i - \hat{y}_i)^2$
1999	10.0	9.73	0.27	0.0729
2000	18.0	18.13	－0.13	0.0169
2001	25.0	25.15	－0.15	0.0225
2002	30.5	30.79	－0.29	0.0841
2003	35.0	35.05	－0.05	0.0025
2004	38.0	37.93	0.07	0.0049
2005	40.0	39.43	0.57	0.3249
2006	39.5	39.55	－0.05	0.0025
2007	38.0	38.29	－0.29	0.0841
合计	—	—	—	0.6153

$$SE=\sqrt{\frac{\sum(y-\hat{y}_i)^2}{n-3}}=\sqrt{\frac{0.6154}{6}}=0.32(\text{万件})$$

上述预测 2008 年销售量为 36.15 万件，在给定 90% 的概率保证程度下，其近似的预测置信区间为：

$$\hat{y}\pm t_{0.10}SE=36.15\pm 1.943\times 0.32$$

即在 35.53 万件 ~ 36.77 万件之间。

【例 4-4】 某市 2007—2013 年的公路客运总量如表 4-16 所示。

表 4-16　某市 2007—2013 年的公路客运总量

年份	2007	2008	2009	2010	2011	2012	2013
公路客运量（百万人次）	7.45	11.70	15.87	19.78	22.50	21.98	20.28

试预测 2014 年的公路客运总量。

解： 第一步，确定预测模型。

（1）绘制散点图，初步确定预测模型

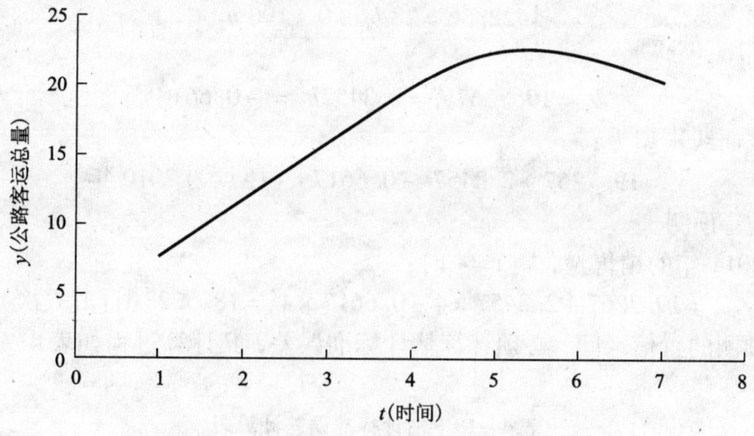

图 4-4　某市 6 年的公路客运总量散点图

由图 4-4 可知，该市的公路客运量基本上符合二次多项式曲线模型。

（2）计算差分，如表 4-17 所示

表 4-17　差分计算表

y_t	7.45	11.70	15.87	19.78	22.50	21.98	20.28
一阶差分法	—	4.25	4.17	3.91	2.72	-0.52	-1.7
二阶差分	—	—	-0.08	-0.26	-1.19	-3.24	-1.18

由表 4-17 可知，该时间序列观察值的二阶差分大致相等，其波动范围在 -3.24 ~

-0.08之间。综合散点图和差分分析，最后确定选用二次多项式曲线模型进行预测。

第二步，求模型的参数。

表 4-18 差分计算表

年份	时序(t)	y_t	t^2	t^4	ty	t^2y
2007	-3	7.45	9	81	-22.35	67.05
2008	-2	11.7	4	16	-23.4	46.8
2009	-1	15.87	1	1	-15.87	15.87
2010	0	19.78	0	0	0	0
2011	1	22.5	1	1	22.5	22.5
2012	2	21.98	4	16	43.96	87.92
2013	3	20.28	9	81	60.84	182.52
合计	0	119.56	28	196	65.68	422.66

将表 4-18 的数据代入三元一次方程组，得：

$$\begin{cases} 119.56 = 7\,b_0 + 0 + 28\,b_2 \\ 65.68 = 0 + 28\,b_1 + 0 \\ 422.66 = 28\,b_0 + 0 + 196\,b_2 \end{cases}$$

解得：

$$b_0 = 19.7267 b_1 = 2.3457 b_2 = -0.6617$$

二次多项式曲线模型为：

$$\hat{y}_t = 19.7267 + 2.3457t - 0.6617\,t^2 \text{（原点为 2010 年）}$$

第三步，进行预测。

若要预测 2014 年的销售量，则 $t=4$ 时：

$$\hat{y}_{2014} = 19.7267 + 2.3457 \times 4 - 0.6617 \times 4^2 = 18.5223 \text{（百万人次）}$$

为了确定预测的置信区间，必须计算估计标准误差，其计算过程如表 4-19 所示。

表 4-19 估计标准误差计算表

年份	y_i	$\hat{y}_i$	$(y_i - \hat{y}_i)$	$(y_i - \hat{y}_i)^2$
2007	7.45	6.73	0.72	0.512
2008	11.7	12.39	-0.69	0.474
2009	15.87	16.72	-0.84	0.721
2010	19.78	19.73	0.05	0.003
2011	22.5	21.41	1.09	1.186
2012	21.98	21.77	0.21	0.044
2013	20.28	20.81	-0.53	0.279
合计	—	—	—	3.220

$$SE = \sqrt{\sum (y - y)} = \sqrt{\frac{3220}{4}} = 0.897 \text{（百万人次）}$$

上述预测2014年公路客运总量为18.5223百万人次，在给定90%的概率保证程度下，其近似的预测置信区间为：

$$\hat{y} \pm t_{0.10} SE = 18.5223 \pm 1.943 \times 0.897$$

即在16.78百万人次～20.27百万人次之间。

2. 三次多项式曲线模型及其应用

三次多项式曲线模型为：

$$\hat{y}_t = b_0 + b_1 t + b_2 t^2 + b_3 t^3 \tag{4-24}$$

设有一组统计数据$y_1, y_2, \cdots, y_n$，令：

$$\begin{aligned} Q(b_0, b_1, b_2, b_3) &= \sum_{t=1}^{n} (y_t - \hat{y}_t)^2 \\ &= \sum_{t=1}^{n} (y_t - b_0 - b_1 t - b_2 t^2 - b_3 t^3)^2 \\ &= \text{最小值} \end{aligned}$$

与二次多项式一样，通过微分可以得到以下方程组：

$$\begin{cases} \sum y = n b_0 + b_1 \sum t + b_2 \sum t^2 + b_3 \sum t^3 \\ \sum ty = b_0 \sum t + b_1 \sum t^2 + b_2 \sum t^3 + b_3 \sum t^4 \\ \sum t^2 y = b_0 \sum t^2 + b_1 \sum t^3 + b_2 \sum t^4 + b_3 \sum t^5 \\ \sum t^3 y = b_0 \sum t^3 + b_1 \sum t^4 + b_2 \sum t^5 + b_3 \sum t^6 \end{cases} \tag{4-25}$$

解此四元一次方程，可求得b_0、b_1、b_2、b_3。

选择三次多项式曲线模型进行预测，必须使时间序列各数值的三阶差分相等或大致相等，这可从表4-20中得到证明。

表4-20　三次多项式曲线模型差分表

时序(t)	$y_t = b_0 + b_1 t + b_2 t^2 + b_3 t^3$
1	$b_0 + b_1 + b_2 + b_3$
2	$b_0 + 2b_1 + 4b_2 + 8b_3$
3	$b_0 + 3b_1 + 9b_2 + 27b_3$
4	$b_0 + 4b_1 + 16b_2 + 64b_3$
⋮	⋮
$t-1$	$b_0 + (t-1)b_1 + (t-1)^2 b_2 + (t-1)^3 b_3$
t	$b_0 + b_1 t + b_2 t^2 + b_3 t^3$

续表 4－20

时序(t)	一阶差分	二阶差分	三阶差分
1	—	—	—
2	$b_1+3b_2+7b_3$	-	-
3	$b_1+5b_2+19b_3$	$2b_2+12b_3$	-
4	$b_1+7b_2+37b_3$	$2b_2+18b_3$	$6b_3$
⋮	⋮	⋮	⋮
$t-1$	$b_1+[2(t-1)-1]b_2+[3(t-1)^2-3(t-1)+1]b_3$	$2b_2+6(t-1)b_3$	$6b_3$
t	$b_1+(2t-1)b_2+(3t^2-3t+1)b_3$	$2b_2+6tb_3$	$6b_3$

【例 4－5】 某市 2004—2007 年棉布产量时间序列资料如表 4－21 所示，试预测 2009 年的棉布产量。

表 4－21 产量历年数据

年份	2001	2002	2003	2004	2005	2006	2007
棉布产量(亿 m)	252	340	374	379	375	385	430
一阶差分	—	88	34	5	－4	10	45
二阶差分	—	—	－54	－29	－9	14	35
三阶差分	—	—	—	25	20	23	21

由表 4－21 可知，棉布产量历史数据的三阶差分基本上接近一个常数，其波动范围在 20～25之间，因此，可以配三次多项式曲线模型进行预测。

三次多项式曲线模型参数的计算如表 4－22 所示。

表 4－22 三次多项式曲线模型参数计算表

年份	时序(t)	y_i	t^2	t^3	t^4	t^6	ty	t^2y	t^3y	$\hat{y}_i$	$(y_i-\hat{y}_i)^2$
2001	－3	252	－27	81	81	729	－756	2268	－6804	252.16	0.0256
2002	－2	340	－8	16	16	64	－680	1360	－2720	339.53	0.2209
2003	－1	374	－1	1	1	1	－374	374	－374	374.45	0.2025
2004	0	379	0	0	0	0	0	0	0	378.95	0.0025
2005	1	375	1	1	1	1	375	375	375	375.05	0.0025
2006	2	385	8	8	16	64	770	1540	3080	384.77	0.0529
2007	3	430	27	27	81	729	1290	3870	11610	430.14	0.0196
合计	0	2535	28	0	196	1588	625	9787	5167	—	0.5265

计算三次多项式曲线模型的参数比较复杂，因此，可将四元一次方程式简化，使 $\sum t = 0$，即$b_0\sum t = 0$，$b_0\sum t^3 = 0$，$b_1\sum t = 0$，$b_1\sum t^3 = 0$，$b_2\sum t^3 = 0$，$b_2\sum t^5 = 0$，$b_3\sum t^3 = 0$，$b_3\sum t^5 = 0$，则四元一次方程式可简化为：

$$\begin{cases}\sum y = nb_0 + b_2\sum t^2 \\ \sum ty = b_1\sum t^2 + b_3\sum t^4 \\ \sum t^2y = b_0\sum t^2 + b_2\sum t^4 \\ \sum t^3y = b_1\sum t^4 + b_3\sum t^6\end{cases}$$

即：

$$\begin{cases}\sum y = nb_0 + b_2\sum t^2 \\ \sum t^2y = b_0\sum t^2 + b_2\sum t^4\end{cases}$$

$$\begin{cases}\sum ty = b_1\sum t^2 + b_3\sum t^4 \\ \sum t^3y = b_1\sum t^4 + b_3\sum t^6\end{cases}$$

将表4-22的数据代入，得：

$$\begin{cases}2535 = 7b_0 + 28b_2 \\ 9787 = 28b_0 + 196b_2\end{cases}$$

求解，得：$b_0 = 378.95$，$b_2 = -4.20$

$$\begin{cases}625 = 28b_1 + 196b_3 \\ 5167 = 196b_1 + 1588b_3\end{cases}$$

求解，得：$b_1 = -3.37$，$b_3 = 3.67$

于是，得到三次多项式曲线模型为：

$$\hat{y} = 378.95 - 3.37t - 4.20t^2 - 3.67t^3$$

预测2009年的棉布产量为：

$$\hat{y}_{2009} = 378.95 - 3.37 \times 5 - 4.20 \times 5^2 + 3.67 \times 5^3 = 715.85\text{（亿 m）}$$

由表4-22可求得估计标准差：

$$SE = \sqrt{\frac{\sum(y-\hat{y})^2}{n-4}} = \sqrt{\frac{0.5265}{3}} = 0.42\text{（亿 m）}$$

在90%的概率保证程度下，其预测的近似置信区间为：

$$\hat{y}_{2009} \pm t_{0.10}SE = 715.85 \pm 2.353 \times 0.42$$

即在714.44亿m～716.84亿m之间。

需要指出的是，在做趋势外推时，最重要的问题是预测的超前时间。很多预测者认为，预测的超前时间应等于占有可靠的统计数据的时间。而有的预测者认为，预测的超前时间不应超过占有数据时间的三分之一。目前，这个问题尚未解决。但是，有一点是肯定的，那就是随着预测超前时间的增加，预测精度下降。

4.2.5 指数曲线趋势外推法

1. 指数曲线模型及其应用

指数曲线预测模型为：

$$\hat{y}_t = a\mathrm{e}^{bt} \quad (a>0) \tag{4-26}$$

对函数模型$y_t = a\mathrm{e}^{bt}$做线性变换，得：

$$\ln y_t = \ln a + bt \tag{4-27}$$

令$Y_t = \ln y_t$，$A = \ln a$，则：

$$Y_t = A + bt \tag{4-28}$$

这样，就把指数曲线模型转化为直线模型了。

$\hat{y}_t = a\mathrm{e}^{bt}$的图形如图 4－5 所示。

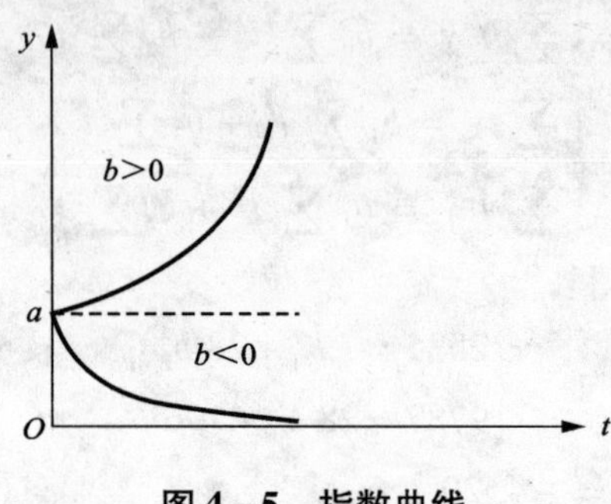

图 4－5 指数曲线

在模型$\hat{y}_t = a\mathrm{e}^{bt}$中，$a$、$b$ 都是待定参数，可以通过最小二乘法求得。同时，由表 4－10 的指数曲线模型差分计算表可知，如果时间序列各期数值的一阶差比率大致相等，就可以配合指数曲线模型进行预测。

【例 4－6】 某商品 1999—2007 年投入市场以来，社会总需求量统计资料如表 4－23 所示，试预测 2008 年的社会总需求量。

表 4－23 某商品社会总需求量资料

年份	1999	2001	2001	2002	2003	2004	2005	2006	2007
总需求量(万件)	165	270	450	740	1220	2010	3120	5460	9000

第一步，选择预测模型。

首先，绘制散点图如图 4－6 所示，根据散点图分布来选用模型。

根据图 4－6，可以初步确定选用指数曲线预测模型$\hat{y}_t = a\mathrm{e}^{bt}$($a>0$，$b>0$)。

其次，计算一阶差比率(如表 4－24 所示)，并结合散点图最后确定选用哪一种模型。

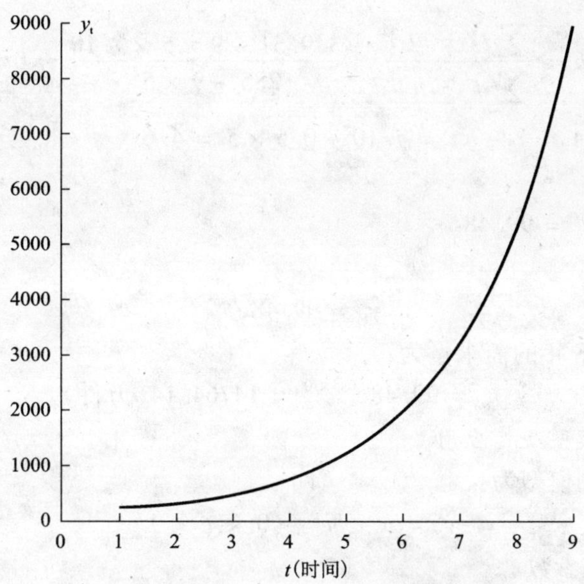

图4-6　某商品1999—2007年需求量散点图

表4-24　指数曲线模型差分计算表

总需求量(万件)	165	270	450	740	1220	2010	3120	5460	9000
一阶差比率	—	1.64	1.67	1.64	1.65	1.65	1.55	1.75	1.65

由表4-24可知，观察值y_t的一阶差比率大致相等，符合指数曲线模型的数字特征。

通过以上分析可知，所给统计数据的图形和数字特征都同指数曲线模型相符，所以，可选用模型$\hat{y}_t = ae^{bt}$。

第二步，求模型参数。

先将观察值y_t的数据进行变换，使其满足 $\ln y_t = \ln a + bt \Leftrightarrow Y_t = A + bt$。其变换数据如表4-25所示。

表4-25　观察值数据转换表

年份	1999	2000	2001	2002	2003	2004	2005	2006	2007
时序(t)	1	2	3	4	5	6	7	8	9
$Y_t = \ln y_t$	5.11	5.60	6.11	6.61	7.11	7.61	8.05	8.61	9.11

经计算，得：

$$n = 9,\ \sum t = 45,\ \sum t^2 = 285,\ \sum Y = 63.92,\ \sum Y^2 = 468.89,$$

$$\sum tY = 349.51,\ \bar{t} = \frac{1}{n}\sum t = 5,\ \bar{Y} = \frac{1}{n}\sum Y = 7.10$$

根据直线模型公式：

$$\begin{cases} b = \dfrac{\sum tY - nt\bar{Y}}{\sum t^2 - n\bar{t}^2} = \dfrac{349.51 - 9 \times 5 \times 7.10}{285 - 9 \times 5^2} \approx 0.5 \\ A = \bar{Y} - b\bar{t} = 7.10 - 0.5 \times 5 = 4.6 \end{cases}$$

因为 $A = \ln a$

所以 $a = e^A = e^{4.6} = 99.48$

所求指数模型为：

$$\hat{y}_t = 99.48e^{0.5t}$$

第三步，预测 2008 年的需求量为：

$$\hat{y}_{2008} = 99.48e^{0.5\times10} = 14764.14(\text{万件})$$

2. 修正指数曲线模型及其应用

修正指数曲线预测模型为：

$$\hat{y}_t = a + bc^t \quad (0 < c < 1) \tag{4-29}$$

式中，a、b 和 c 为待定参数。

为解 a、b 和 c 三个参数，可应用分组法，即把整个时间序列分成相等项数的三个组，以三个组的变量总数联系起来求导。

设各组序列项数为 n 项，第一组变量总和为

$$\sum_{i=0}^{n-1} \text{I}\ y_i$$

第二组变量总和为

$$\sum_{i=2n}^{2n-1} \text{II}\ y_i$$

第三组变量总和为

$$\sum_{i=2n}^{3n-1} \text{III}\ y_i$$

现求 a、b、c 三参数如下：

$$\hat{y}_t = a + bc^t \tag{4-30}$$

$$\begin{aligned} \sum_{i=0}^{n-1} \text{I}\ y_i &= na + b + bc + bc^2 + \cdots + bc^{n-1} \\ &= na + b(1 + c + c^2 + \cdots + c^{n-1}) \\ &= na + b(1 + c + c^2 + \cdots + c^{n-1})\frac{c-1}{c-1} \\ &= na + b\left(\frac{c + c^2 + c^3 + \cdots + c^n - 1 - c - c^2 - \cdots - c^{n-1}}{c-1}\right) \\ &= na + b\left(\frac{c^n - 1}{c - 1}\right) \end{aligned} \tag{4-31}$$

同理：

$$\begin{aligned} \sum_{i=n}^{2n-1} \text{II}\ y_i &= na + bc^n + bc^{n+1} + bc^{n+2} + \cdots + bc^{2n-1} \\ &= na + bc^n(1 + c + c^2 + \cdots + c^{n-1}) \end{aligned}$$

$$= na + bc^n(1 + c + c^2 + \cdots + c^{n-1})\frac{c^n - 1}{c - 1} \tag{4-32}$$

$$= na + bc^n(\frac{c^n - 1}{c - 1})$$

$$\sum_{i=2n}^{3n-1} \text{Ⅲ}y_i = na + bc^{2n} + bc^{2n+1} + bc^{2n+2} + \cdots + bc^{3n-1}$$

$$= na + bc^{2n}(1 + c + c^2 + \cdots + c^{n-1})$$

$$= na + bc^{2n}(\frac{c^n - 1}{c - 1}) \tag{4-33}$$

整理，得：

$$\sum_{i=n}^{2n-1} \text{Ⅱ}y_i - \sum_{i=0}^{n-1} \text{Ⅰ}\ y_i = na + bc^n\left(\frac{c^n - 1}{c - 1}\right) - na - b\left(\frac{c^n - 1}{c - 1}\right) = b\frac{(c^n - 1)^2}{c - 1}$$

所以

$$b = (\sum_{i=n}^{2n-1} \text{Ⅱ}y_i - \sum_{i=0}^{n-1} \text{Ⅰ}\ y_i)\frac{c - 1}{(c^n - 1)^2} \tag{4-34}$$

又：

$$\sum_{i=2n}^{3n-1} \text{Ⅲ}y_i - \sum_{i=n}^{2n-1} \text{Ⅱ}\ y_i = na + bc^{2n}\left(\frac{c^n - 1}{c - 1}\right) - na - bc^n\left(\frac{c^n - 1}{c - 1}\right) = bc^n\frac{(c^n - 1)^2}{c - 1}$$

$$\frac{\sum_{i=2n}^{3n-1} \text{Ⅲ}y_i - \sum_{i=n}^{2n-1} \text{Ⅱ}\ y_i}{\sum_{i=n}^{2n-1} \text{Ⅱ}y_i - \sum_{i=0}^{n-1} \text{Ⅰ}\ y_i} = \frac{bc^n\frac{(c^n - 1)^2}{c - 1}}{b\frac{(c^n - 1)^2}{c - 1}} = c^n$$

所以

$$c = \left(\frac{\sum_{i=2n}^{3n-1} \text{Ⅲ}y_i - \sum_{i=n}^{2n-1} \text{Ⅱ}\ y_i}{\sum_{i=n}^{2n-1} \text{Ⅱ}y_i - \sum_{i=0}^{n-1} \text{Ⅰ}\ y_i}\right)^{\frac{1}{n}} \tag{4-35}$$

又据：

$$\sum_{i=0}^{n-1} \text{Ⅰ}\ y_i = na + b(\frac{c^n - 1}{c - 1})$$

所以

$$a = \frac{1}{n}\left[\sum_{i=0}^{n-1} \text{Ⅰ}\ y_i - b(\frac{c^n - 1}{c - 1})\right]$$

最后，综合以上各式，有：

$$\begin{cases} c = \left\{\frac{\sum \text{Ⅲ}y - \sum \text{Ⅱ}y}{\sum \text{Ⅱ}y - \sum \text{Ⅰ}y}\right\}^{\frac{1}{n}} \\ b = (\sum \text{Ⅱ}y - \sum \text{Ⅰ}y) \cdot \frac{c - 1}{(c^n - 1)^2} \\ a = \frac{1}{n}\left\{\sum \text{Ⅰ}y - b \cdot \frac{c^n - 1}{c - 1}\right\} \end{cases} \tag{4-36}$$

修正指数曲线预测模型 $\hat{y}_t = a + bc^t$ 的图形如图 4－7 所示。

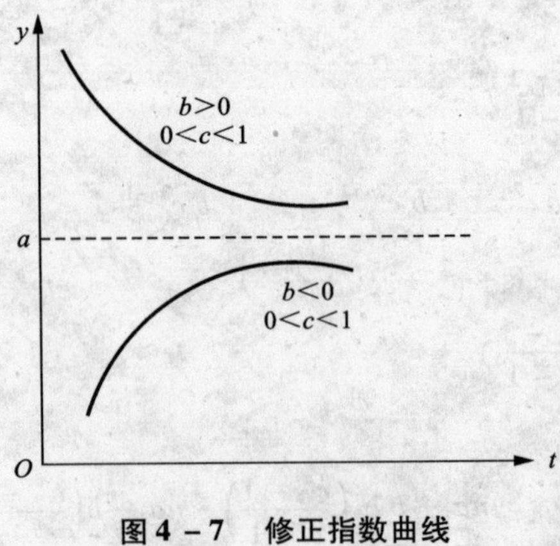

图 4－7　修正指数曲线

【例 4－7】　某商品 1999—2007 年的销售量资料如表 4－26 所示，试预测 2008 年的销售量。

表 4－26　某商品销售量统计数据表

年份	1999	2000	2001	2002	2003	2004	2005	2006	2007
销售量(万 t)	50.0	60.0	68.0	69.6	71.1	71.7	72.3	72.8	73.2

第一步，选择模型。

首先，绘制散点图，初步确定模型。

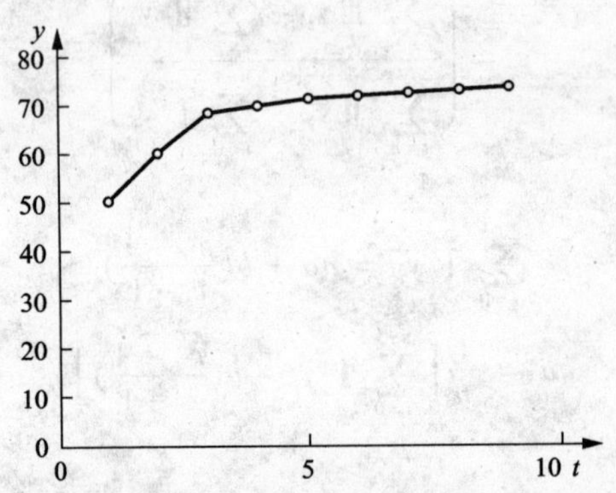

图 4－8　某商品 1999—2007 年销售量散点图

由散点图 4－8 可以初步确定选用修正指数曲线预测模型 $\hat{y}_t = a + bc^t(b < 0, 0 < c < 1)$ 来进行预测。其次，计算一阶差的一阶比率(如表 4－27 所示)。

表 4－27　某商品销售量一阶差的一阶比率计算表

y_t	50.0	60.0	68.0	69.6	71.1	71.7	72.3	72.8	73.2
一阶差分	—	10	8	1.6	1.5	0.6	0.6	0.5	0.4
一阶差的一阶比率	—	—	0.8	0.2	0.94	0.4	1.0	0.83	0.8

由表 4－27 可知，y_i 的一阶差的一阶比率大致相等。所以，结合散点图分析，最后确定选用修正指数曲线模型进行预测比较适宜。

第二步，求模型参数（计算表如表 4－28 所示）。

表 4－28　修正指数曲线模型参数计算表

年份	时序(t)	销售量(y_i)
1999	0	50.0
2000	1	60.0
2001	2	68.0
$\sum \mathrm{I}y$	—	178.0
2002	3	69.6
2003	4	71.1
2004	5	71.7
$\sum \mathrm{II}y$	—	212.4
2005	6	72.3
2006	7	72.8
2007	8	73.2
$\sum \mathrm{III}y$	—	218.3

$$\begin{cases} c=\left\{\dfrac{\sum \mathrm{III}y-\sum \mathrm{II}y}{\sum \mathrm{II}y-\sum \mathrm{I}y}\right\}^{\frac{1}{n}}=\left(\dfrac{218.3-212.4}{212.4-178.0}\right)^{\frac{1}{3}}=0.5556 \\ b=\left(\sum \mathrm{II}y-\sum \mathrm{I}y\right)\cdot\dfrac{c-1}{(c^n-1)^2}=(212.4-178)\times\dfrac{0.5556-1}{(0.5556^2-1)^2}=-22.272 \\ a=\dfrac{1}{n}\left\{\sum \mathrm{I}y-b\cdot\dfrac{c^n-1}{c-1}\right\}=\dfrac{1}{3}\left(178+22.272\times\dfrac{0.5556^3-1}{0.5556-1}\right)=73.174 \end{cases}$$

所求模型为：

$$\hat{y}_t=73.174-22.272\times 0.5556^t$$

第三步，进行预测。

$$\hat{y}_{2008}=73.174-22.272\times 0.5556^9=73.06(\text{万 t})$$

需要指出的是，很多新产品投入市场后，需求量常常呈现为初期迅速增加，一段时期后逐渐降低增加的速度，而增长量的环比速度又大体上各期相等，最后发展水平趋向于某一个正的常数极限。修正指数曲线模型正是用来描述这种发展趋势的理想工具。

4.2.6　生长曲线趋势外推法

指数曲线预测不能预测接近极限值时的特性值，因为当趋近极限值时，特性值已不按指数规律增长。如果考虑极限值的影响，就会发现事物经历发生、发展到成熟的过程，因为这条曲线现状近似于 S 曲线，所以又称 S 曲线。下面讨论两种最有使用价值的 S 曲线即龚珀兹曲线和皮尔曲线及其应用。

1. 龚珀兹曲线模型及其应用

龚珀兹曲线和皮尔曲线均属于生长曲线回归预测方法。龚珀兹曲线多用于新产品的研制、发展、成熟和衰退分析。工业产品寿命一般分为四个时期：一是萌发期，二是畅销期，三是饱和期，四是衰退期。龚珀兹曲线特别适用于对处在成熟期的商品进行预测，以掌握市场需求和销售的饱和量。

龚珀兹曲线预测模型的形式为：

$$\hat{y} = k\,a^{b^t} \tag{4-37}$$

龚珀兹曲线的形式取决于参数 k，a 和 b 的值，k，a，b 是待定参数，用于描述产品生命周期的具体规律。

对函数模型 $y = k\,a^{b^t}$ 做线性变换，得：

$$\lg y = \lg k + b^t \lg a \tag{4-38}$$

龚珀兹曲线对应于 $\lg a$ 和 b 的不同取值范围而具有间断点，曲线的一般形状如图 4-9 所示。

图 4-9 中的(1)，渐近线(k)意味这市场对某类产品的需求已逐渐接近饱和状态；图 4-9中的(2)，渐近线(k)意味着市场对某类产品的需求已由饱和状态开始下降；图 4-9 中的(3)，渐近线(k)意味着市场需求下降迅速，已接近最低水平 k；图 4-9 中的(4)，渐近线(k)意味着市场需求量开始从最低水平迅速上升。

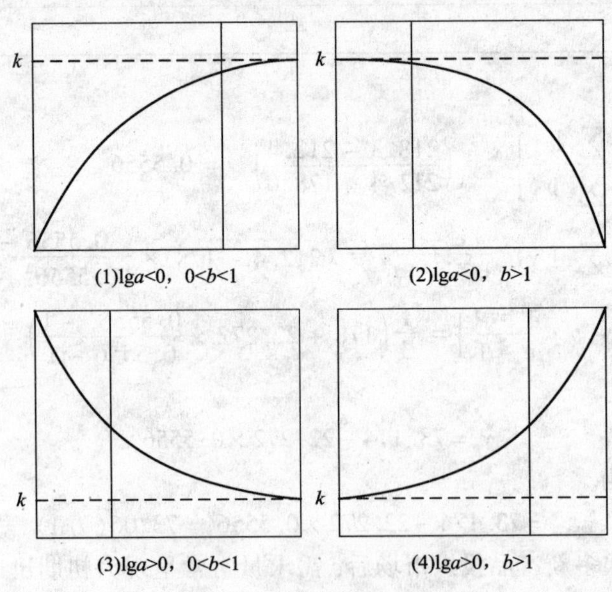

图 4-9　龚珀兹曲线一般形状

用分组法求解龚珀兹曲线中参数 k，a，b 的步骤为：

①所收集的历史统计数据，要能够被3整除，即是以 $3n$ 为时序的数，n 为每一组的数据点个数。

②式中的 y 值用来代表预测对象所对应于各时序的数值，并将各 y 值变换为对数。

③将第一组 n 个数据点的各 $\lg y$ 相加，求得 $\sum \text{I} \lg y$；第二组 n 个数据点的各 $\lg y$ 相加，求得 $\sum \text{II} \lg y$；最后一组 n 个数据点的各 $\lg y$ 相加，求得 $\sum \text{III} \lg y$。

④式中的 t 代表时序的顺序，取 $t_1 = 0$。

⑤将有关数据代入下列公式：

$$\begin{cases} b^n = \dfrac{\sum \text{III} \lg y - \sum \text{II} \lg y}{\sum \text{II} \lg y - \sum \text{I} \lg y} \\ \lg a = \left(\sum \text{II} \lg y - \sum \text{I} \lg y\right) \cdot \dfrac{b-1}{(b^n-1)^2} \\ \lg k = \dfrac{1}{n}\left(\sum \text{I} \lg y - \dfrac{b^n-1}{b-1} \cdot \lg a\right) \\ \text{或} \lg k = \dfrac{1}{n}\left[\dfrac{\sum \text{I} \lg y \cdot \sum \text{III} \lg y - \left(\sum \text{II} \lg y\right)^2}{\sum \text{I} \lg y + \sum \text{III} \lg y - 2\sum \text{II} \lg y}\right] \end{cases} \tag{4-39}$$

⑥查反对数表，求出参数 k，a，b，并将 k，a，b 代入公式 $\hat{y} = k a^{b^t}$，即得龚珀兹预测模型。

【例4-8】　某公司1999—2007年的实际销售额资料如表4-29所示。试利用龚珀兹曲线预测2008年的销售额。

表4-29　某公司1999—2007年的实际销售额情况

年份	时序(t)	销售额(万元)(y)	$\lg y$
1999	0	4.94	0.6937
2000	1	6.21	0.7931
2001	2	7.18	0.8561
$\sum \text{I} \lg y$	—	—	2.3429
2002	3	7.74	0.8887
2003	4	8.38	0.9232
2004	5	8.45	0.9269
$\sum \text{II} \lg y$	—	—	2.7388
2005	6	8.73	0.9410
2006	7	9.42	0.9741
2007	8	10.24	1.0103
$\sum \text{III} \lg y$	—	—	2.9254

计算参数 k, a 和 b。

$$b^3 = \frac{\sum \mathrm{III}\lg y - \sum \mathrm{II}\lg y}{\sum \mathrm{II}\lg y - \sum \mathrm{I}\lg y} = \frac{2.9254 - 2.7388}{2.7388 - 2.3429} = 0.4713$$

所以 $b = 0.7782$

$$\lg a = \left(\sum \mathrm{II}\lg y - \sum \mathrm{I}\lg y\right)\cdot \frac{b-1}{(b^n-1)^2}$$

$$= (2.7388 - 2.3429)\times\frac{0.7728-1}{(0.4713-1)^2}$$

$$= -0.3141$$

所以 $a = 0.4852$

$$\lg k = \frac{1}{n}\left(\sum \mathrm{I}\lg y - \frac{b^n-1}{b-1}\cdot \lg a\right)$$

$$= \frac{1}{3}\left[2.3429 - \frac{0.4713-1}{0.7782-1}\times(-0.3141)\right]$$

$$= 1.0306$$

所以 $k = 10.73$。

①把 k, a 和 b 代入公式 $\hat{y} = k\,a^{b^t}$，即可得到预测模型：

$$\hat{y} = 10.73\times 0.4852^{0.7782^t}$$

②进行预测。

$$\hat{y} = 10.73\times 0.4852^{0.7782^9} = 9.948(\text{万元})$$

由上述计算可知，市场饱和点的需求量是 $k = 10.73$ 万元，2007 年的销售量已达到 10.24 万元，2008 年预测销售量可达 9.948 万元。产品处于生命周期的成熟阶段最高峰，销售量已无增长前景，并可能在某一时刻转入下降趋势。

就整个社会或某个地区来讲，市场总容量是不断扩大的。但是，就具体商品来讲，总要经过进入市场、销售量快速增长、市场饱和、销售量下降这几个阶段。特别是轻工产品的销售额，大部分都遵循“增长缓慢→迅速增加→维持一定水平→逐步减少”的规律发展变化。龚珀兹曲线是预测各种商品市场容量的最佳拟合线。

在选择应用龚珀兹曲线时，应考察历史数据 y_t 对数一阶差的比率是否大致相等。如果一组统计数据对数一阶差的比率大致相等，就可选用龚珀兹曲线进行预测，表 4－30 已给出了证明。

2. 皮尔曲线模型及其应用

皮尔曲线预测模型的形式为：

$$y_t = \frac{L}{1 + a\mathrm{e}^{-bt}} \tag{4-40}$$

式中，L 为变量 y_t 的极限值，a、b 为常数，t 为时间。

皮尔曲线多用于生物繁殖、人口发展统计，也适用于对产品生命周期做出分析，尤其适用于对处在成熟期的商品的市场需求饱和量（或称市场最大潜力）进行分析和预测。

【例 4－9】 某公司某商品的销售量资料如表 4－31 所示。试预测该公司第 22 期的销售量。

表 4－30　龚珀兹曲线模型一阶差比率计算表

时序(t)	$\hat{y}=k\,a^{b^t}$	$\lg y=\lg k+b^t\lg a$	$\lg y_t-\lg y_{t-1}$	$\frac{\lg y_t-\lg y_{t-1}}{\lg y_{t-1}-\lg y_{t-2}}$
1	$k\,a^{b}$	$\lg k+b\cdot\lg a$	—	—
2	$k\,a^{b^2}$	$\lg k+b^2\cdot\lg a$	$b(b-1)\lg a$	—
3	$k\,a^{b^3}$	$\lg k+b^3\cdot\lg a$	$b^2(b-1)\lg a$	b
4	$k\,a^{b^4}$	$\lg k+b^4\cdot\lg a$	$b^3(b-1)\lg a$	b
⋮	⋮	⋮	⋮	⋮
$t-1$	$k\,a^{b^{t-1}}$	$\lg k+b^{t-1}\lg a$	$b^{t-1}(b-1)\lg a$	b
t	$k\,a^{b^t}$	$\lg k+b^t\lg a$	$b^t(b-1)\lg a$	b

表 4－31　某公司某商品的销售量

时序(t)	销售量(万件)(y_t)	$\frac{1}{y_t}$	$\frac{1}{y_{t+1}}$	$\frac{1}{y_t}\cdot\frac{1}{y_{t+1}}$	$(\frac{1}{y_t})^2$
1	50.87	0.020	0.019	0.000380	0.000400
2	52.03	0.019	0.019	0.000361	0.000361
3	53.33	0.019	0.019	0.000361	0.000361
4	53.35	0.019	0.018	0.000342	0.000361
5	55.09	0.018	0.018	0.000324	0.000324
6	56.76	0.018	0.017	0.000306	0.000324
7	58.42	0.017	0.017	0.000289	0.000289
8	59.61	0.017	0.017	0.000289	0.000289
9	60.58	0.017	0.016	0.000272	0.000289
10	61.15	0.016	0.016	0.000256	0.000256
11	61.57	0.016	0.016	0.000256	0.000256
12	62.17	0.016	0.016	0.000256	0.000256
13	62.55	0.016	0.016	0.000256	0.000256
14	62.85	0.016	0.016	0.000256	0.000256
15	63.10	0.016	0.016	0.000256	0.000256
16	63.52	0.016	0.016	0.000256	0.000256
17	64.25	0.016	0.015	0.000240	0.000256
18	65.32	0.015	0.015	0.000255	0.000255
19	66.26	0.015	0.015	0.000255	0.000255
20	66.87	0.015	0.015	0.000255	0.000255
21	67.16	0.015	0.000	0.000255	0.000255
Σ *		0.337	0.332	0.005588	0.005673

第一步，根据实际销售量资料画出散点图，发现此散点图趋近于皮尔曲线，所以选皮尔曲线作为预测模型：

$$\hat{y}_t = \frac{L}{1 + a\mathrm{e}^{-bt}} \tag{4-41}$$

第二步，估计模型的参数 b，L 和 a。

利用时间序列相邻两项的倒数之差建立方程式：

$$\frac{1}{y_{t+1}} - \frac{1}{y_t} = \frac{\mathrm{e}^b - 1}{\mathrm{e}^b + 1} - \left[\frac{2}{L} - \left(\frac{1}{y_t} + \frac{1}{y_{t+1}}\right)\right] \tag{4-42}$$

经变换，得：

$$\frac{1}{y_{t+1}} = \frac{1 - \mathrm{e}^{-b}}{L} + \mathrm{e}^{-b}\frac{1}{y_t} \tag{4-43}$$

利用系数 e^{-b} 和 $\frac{1 - \mathrm{e}^{-b}}{L}$ 建立 $\frac{1}{y_{t+1}}$ 对 $\frac{1}{y_t}$ 的回归方程，则得标准方程组：

$$\begin{cases} \sum \frac{1}{y_{t+1}} = \left(\frac{1 - \mathrm{e}^{-b}}{L}\right)(n-1) + \mathrm{e}^{-b}\sum \frac{1}{y_t} \\ \sum \left(\frac{1}{y_{t+1}} \cdot \frac{1}{y_t}\right) = \left(\frac{1 - \mathrm{e}^{-b}}{L}\right)\sum \frac{1}{y_t} + \mathrm{e}^{-b}\sum \left(\frac{1}{y_t}\right)^2 \end{cases} \tag{4-44}$$

从 $t = 1$ 到 $t = n - 1$ 对上式求和。相对于 e^{-b} 和 $\frac{1 - \mathrm{e}^{-b}}{L}$，解标准方程组，得：

$$\mathrm{e}^{-b} = \frac{(n-1)\sum\left(\frac{1}{y_{t+1}} \cdot \frac{1}{y_t}\right) - \sum \frac{1}{y_{t+1}} \cdot \sum \frac{1}{y_t}}{(n-1)\sum\left(\frac{1}{y_t}\right)^2 - \left(\sum \frac{1}{y_t}\right)^2} \tag{4-45}$$

$$\frac{1 - \mathrm{e}^{-b}}{L} = \frac{\sum \frac{1}{y_{t+1}} \cdot \sum\left(\frac{1}{y_t}\right)^2 - \sum \frac{1}{y_t} \cdot \sum\left(\frac{1}{y_{t+1}} \cdot \frac{1}{y_t}\right)}{(n-1)\sum\left(\frac{1}{y_t}\right)^2 - \left(\sum \frac{1}{y_t}\right)^2} \tag{4-46}$$

利用 b、L 的值估算 a 值：

$$\ln a = \frac{b(n+1)}{2} + \frac{1}{n}\sum \ln\left(\frac{L}{y_t} - 1\right) \tag{4-47}$$

式中，n 为时间序列的项数，本例为 $n = 21$。

其计算过程如表 4－32 所示，其中：

$$\sum_{t=1}^{20} \frac{1}{y_t} = 0.337 \quad \sum_{t=1}^{20} \frac{1}{y_{t+1}} = 0.332 \quad \sum_{t=1}^{20}\left(\frac{1}{y_t} \cdot \frac{1}{y_{t+1}}\right) = 0.005588$$

$$\sum_{t=1}^{20}\left(\frac{1}{y_t}\right)^2 = 0.005673$$

将上述数据代入 e^{-b}，$\frac{1 - \mathrm{e}^{-b}}{L}$ 的公式，则得：

$$\mathrm{e}^{-b} = 0.9171189,\ b = 0.08651822,\ L = 71.9194$$

再将 b，L 值代入求 $\ln a$，求得：

$$a = 0.4558579$$

所以，皮尔曲线预测方程为：

$$\hat{y}_t = \frac{71.91994}{1+(0.4558579)\mathrm{e}^{-0.08651822t}}$$

第三步，利用所求的曲线方程对第22期销售量进行预测，得：

$$\hat{y}_{22} = 67.34(万件)$$

4.3　曲线拟合优度分析

4.3.1　曲线的拟合优度分析

如前所述，实际的预测对象往往无法通过图形直观确认某种模型，而是与几种模型接近。这时，一般先初选几个模型，待对模型的拟合优度分析后再确定究竟选用哪种模型进行预测。

为了通过回归分析估计 a，b 值，首先必须将公式变换为线性形式，以下几种模型的线性形式如表4－32所示。

表4－32　曲线线性变换表

曲线类型	原始函数形式	线性变换
线性	$y=a+bx$	$y=a+bx$
逆线性	$y=a+b/x$	$y=a+b(1/x)$
复比增长	$y=k+a\cdot b^x$	$\lg(y-k)=\lg a+\lg b\cdot x$
修正指数	$y=k+a\cdot x^b$	$\lg(y-k)=\lg a+b\lg x$
逻辑斯谛	$y=1/(1/k+a\,b^x)$	$\lg(1/y-1/k)=\lg a+\lg b\cdot x$

我们可利用计算机自动地对上述线性形式进行计算，找出它们各自的系数 a、b，并给出拟合优度的测量。

【例4－10】　表4－33给出了用计算机确定复比增长曲线的计算实例。复比增长曲线函数方程为：

$$y=k+a\,b^x$$

其线性形式为：

$$\lg(y-k)=\lg a+x\lg b$$

表4－33给出的例子中，时间是自变量，用 x 表示之，它有12个观察值，x 取1～12。此例中，取 k 为零，于是 $y=y-k$。第(3)栏中的 $\hat{y}$ 是 y 值经过对数变换后得到的新值，x 作为自变量，于是简单回归的运算如同一元线性回归一样。

表 4－33 复比增长曲线的最小二乘法拟合计算表

销售量(件)(y)	时间(x)	$\hat{y}$	$(x-\bar{x})^2$	$(x-\bar{x})(y-\bar{\bar{y}})$	$\hat{y}$	$(y-\hat{y})^2$
(1)	(2)	(3)	(4)	(5)	(6)	(7)
7479	1	8.91986	30.25	1.26923	7455.38	558
8007	2	8.98807	20.25	0.73149	7779.24	51874
8135	3	9.00393	12.25	0.51343	8117.17	318
8077	4	8.99678	6.25	0.38462	8469.79	154281
8946	5	9.09896	2.25	0.07749	8837.71	11722
9364	6	9.14463	0.25	0.00300	9221.63	20271
9493	7	9.15831	0.25	0.00384	9622.22	16697
10057	8	9.21902	2.25	0.09810	10040.20	282
10434	9	9.25283	6.25	0.25550	10476.40	1794
10494	10	9.25856	12.25	0.37777	10931.40	191319
11610	11	9.35962	20.25	0.94049	11406.30	41489
12209	12	9.40993	30.25	1.42618	11901.80	94371
总和	78	109.80750	143.00	6.08114		585426
总和/12	6.5	9.15063	11.91667	0.50676		48785

$$\hat{b}=0.50676/11.91667=0.042525$$

$$\hat{a}=9.150629-0.04253\times 6.5=8.874184$$

＊计算表中有四舍五入误差。

完成回归以后，还必须进一步调整。线性方程式中的回归系数$\hat{a}$、$\hat{b}$并非原始方程式中的系数 a、b，它们是原始方程系数的对数。原始方程的系数 a(或 b)等于 2.71828(即自然对数的底 e≈2.71828)的$\hat{a}$(或$\hat{b}$)次幂，$\hat{a}$、$\hat{b}$是线性方程式的系数。

$$a=2.71828^{\hat{a}}=2.71828^{8.874184}=7145$$

$$b=2.71828^{\hat{b}}=2.71828^{0.042525}=1.04344$$

因此，适合此观察值集合的复比增长曲线预测方程是：

$$\hat{y}=7145\times 1.04344^{x}$$

利用该曲线，可得第 13 期的预测值：

$$\hat{y}=7145\times 1.04344^{13}=12419(件)$$

计算机程序可以计算各种曲线的系数，然后对各曲线进行拟合优度检验。最常用的处理方法是像线性回归一样计算标准误差。例如，通过表 4－33 计算复比增长曲线的标准误差为：

$$SE=\sqrt{\frac{\sum(y-\hat{y})^2}{n}}=\sqrt{\frac{585426}{12}}=\sqrt{48785}=221$$

4.3.2 各种曲线拟合优度的比较

上述标准误差要与其他曲线的标准误差进行比较。表 4－34 包含了使用四种曲线对表 4

-33 中的数据进行最小二乘拟合的结果。我们可以用不同的 k 值进行检验继续分析，看看不同的 k 值是否可降低标准误差。根据表 4-34 中标准误差的度量可以看出，复比增长曲线给出了最优拟合。

表 4-34　曲线拟合的计算机处理结果（$k=0$）

CURVE（曲线）	a	b	STD ERROR（标准误差）
$Y=A+BX$	6884.12	406.353	268.980
$Y=A+B/X$	10577.2	-4067.26	994.456
$Y=K+AB\uparrow X$	7145.29	1.04344	220.776
$Y=K+AX\uparrow B$	6874.75	189.129	560.949

曲线拟合是一种简便易行的预测方法，要求观察值来自一个自变量和它的一个因变量。它之所以有实用价值，是因为实际中的许多关系是非线性的。当自变量是时间时，曲线拟合尤其有用，因为这时所需的数据仅是因变量的观测值。

与其他回归方法一样，曲线拟合也以一个假定为基础，即假定过去的形态将延续到将来。拟合优度检验仅仅给出了曲线对以往数据进行拟合的效果，而未回答该形态是否将延续到将来这一问题。为了从曲线拟合转向预测，预测者必须利用已获得的有关数据序列的全部信息，以确定过去的变动形态延续到将来的可能性，同时也必须考虑环境和经济中出现干扰的可能性以及这些干扰对序列的影响。预测期越长，这些考虑越显得重要。

4.4　时间序列平滑预测法

4.4.1　一次移动平均法

对于时间序列来说，数据是按照时间排列的，每个数据都是在相同的时间间隔里产生的。例如，从 1985 年到 2006 年每年的工业总产值，共 22 个数据，构成了一个时间序列。如果要预测 2007 年的工业总产值受 2006 年工业总产值的影响较大，而受 1985 年工业总产值的影响较小，同样 2005 年的数据对 2007 年的影响也比较大，而且与 2006 年的相差也不会太大，但相比 1986 年的影响则要大很多。因此，只用简单的算术平均值来预测是不理想的，采用移动算术平均值来预测却是一种可行的办法。虽然预测的精度不太高，但是，随着时间的推移，能够反映出该时间序列的变化情况，并且计算方法较简单。

之所以用“移动平均”这个词，就是因为每当得到一个最近时期的数据，就立即把它当作有效数据，而把最老的那个时间的数据剔除掉，重新计算出一个新的平均值，用它来预测下一时期的数据。依此法则，就可以计算出一串平均数，因此，移动平均从数列中所取数据点数一直不变，只是包括最新的观察值。例如，已有 1 月份到 3 月份的观测值，计算这 3 个月的平均数，用它来预测 4 月份的数据。当 4 月份过去后，得到了实际观测值，就把 1 月份的数据剔除，重新计算 2 月份到 4 月份这 3 个月的平均数，用它作为 5 月份的预测值，按此方法，总是计算新的平均数来预测下一期。

设当前时期为 t，已知时间序列观测值为 $x_1, x_2, \cdots, x_t$，假设按连续 n 个时期的观测值计算一个平均数，作为对下一时期即$(t+1)$时期的预测值，用F_{t+1}表示：

$$F_{t+1}=\frac{1}{n}(x_t+x_{t-1}+\cdots+x_{t-n+1}) = \frac{1}{n}\sum_{i=t-n+1}^{t} x_i \quad (4-48)$$

式中，x_t为最新观察值，F_{t+1}为下一期的预测值。当$n=1$时，表示直接用本期观测值x_t作为对下一期的预测值F_{t+1}。

【例4-11】 我们有某产品1—11月的销售额数据，用移动平均法来预测该产品12月的销售额，分别使用三种平均值：$n=1$，用本月实际销售额做预测；$n=3$，用3个月的平均值做预测；$n=5$，用5个月的平均值做预测。计算结果如表4-35所示。

表4-35 某产品销售额及移动平均预测表

月份	销售额(万元)	预测值($n=1$)	预测值($n=3$)	预测值($n=5$)
1	46.0	—	—	—
2	50.0	46.0	—	—
3	59.0	50.0	—	—
4	57.0	59.0	51.7	—
5	55.0	57.0	55.3	—
6	64.0	55.0	57.0	—
7	55.0	64.0	58.7	55.2
8	61.0	55.0	58.0	56.7
9	45.0	61.0	60.0	58.5
10	49.0	45.0	53.7	56.2
11	46.0	49.0	51.7	54.8
12	—	46.0	46.7	53.3

一次移动平均法的优点是计算简单，缺点之一是要保存的历史数据较多。另外，n的大小不容易确定，即究竟隔多少时期算一次平均值是最恰当的。一般认为，当数据的随机因素比较大时，宜选用大的n，这样有利于较大限度地平滑由随机性所带来的严重偏差；反之，当数据的随机性较小时，宜选用较小的n，这有利于反映数据的变化，并且预测值滞后的期数也少。如果数据是纯随机的，则全部历史数据的均值是最好的预测值。第三个缺点是它只能用于平稳时间序列，当时间序列的基本特性发生变化时，一次移动平均法不能很快地适应这种变化。因此，一次移动平均法只能用于短期预测，因为在短期情况下，假设时间序列具有平稳特征，它所做出的预测结果，其准确度不会受到较大的影响。

4.4.2 一次指数平滑法

指数平滑法实际上是从移动数平均法演变而来的，它的优点是不需要保留较多的历史数据，只要有最近一期的实际观测值x_t和这期的预测误差$e_t=(x_t-F_t)$，就可以对未来时期进行预测。

由移动算数平均法计算公式(4-1)知：

$$F_{t+1}=\frac{1}{n}(x_t+x_{t-1}+\cdots+x_{t-n+1})=\frac{1}{n}(x_t+x_{t-1}+\cdots+x_{t-n+1}+x_{t-n}-x_{t-n})$$

因为：

$$F_t = \frac{1}{n}(x_{t-1} + x_{t-2} + \cdots + x_{t-n})$$

所以：

$$\begin{aligned} F_{t+1} &= \frac{1}{n}x_t + \frac{1}{n}(x_{t-1} + x_{t-2} + \cdots + x_{t-n}) - \frac{1}{n}x_{t-n} \\ &= \frac{1}{n}x_t + F_t - \frac{1}{n}x_{t-n} \end{aligned} \tag{4-49}$$

假设是平稳时间序列，那么可以用F_t代替x_{t-n}，将它代入等式(4－2)：

$$F_{t+1} = \frac{1}{n}x_t + F_t - \frac{1}{n}F_t = \left(\frac{1}{n}\right)x_t + \left(1 - \frac{1}{n}\right)F_t \tag{4-50}$$

当$n=1$时，则有$\frac{1}{n}=1$；当n非常大时，则$\frac{1}{n}$接近于零。又因为n是正数，如果用α来代替$\frac{1}{n}$，那么，α必定在0和1之间，式(4－3)变为：

$$F_{t+1} = \alpha x_t + (1-\alpha)F_t \tag{4-51}$$

这就是一次指数平滑法的一般表达式。显然，它不再需要保留许多历史数据，只需要保留本期观测值x_t和上期对本期的预测值F_t，就可以对下一期进行预测，另外还要保留的数据就是平滑常数α的数值。

为了更好地理解指数平滑法的意义，我们把式(4－50)展开，并按该公式递推。

$$\begin{aligned} F_{t+1} &= \alpha x_t + (1-\alpha)F_t \\ &= \alpha x_t + (1-\alpha)[\alpha x_{t-1} + (1-\alpha)F_{t-1}] \\ &= \alpha x_t + \alpha(1-\alpha)x_{t-1} + (1-\alpha)^2F_{t-1} \\ &= \cdots \\ &= \alpha x_t + \alpha(1-\alpha)x_{t-1} + \alpha(1-\alpha)^2x_{t-2} + \cdots + \alpha(1-\alpha)^n x_{t-n} \end{aligned} \tag{4-52}$$

由式(4－52)可知，每一递推观察值的权数按指数规律递减，这就是指数平滑名称的由来。指数平滑法的目标是使均方差(MSE)最小，指数平滑法的估计是非线性的。可以证明，当n无穷大时，所有权数之和等于1，即：

$$\sum_{n=1}^{\infty} \alpha(1-\alpha)^{n-1} = 1$$

对式(4－51)进行重新排列，得：

$$F_{t+1} = F_t + \alpha(x_t - F_t) \tag{4-53}$$

上式简化为：

$$F_{t+1} = F_t + \alpha e_t \tag{4-54}$$

t时间的误差e_t恰恰是实际值减去预测值。

接下来，分别取$\alpha=0$，$\alpha=0.1$，$\alpha=0.9$，$\alpha=1$，来分析随着指数的增加，权数的变化情况(见表4－36)。

表 4-36　指数平滑法权重变化表

时期	权重	$\alpha=0$	$\alpha=0.1$	$\alpha=0.9$	$\alpha=1$
t	α	0	0.100	0.900	1.00
$t-1$	$\alpha(1-\alpha)$	0	0.090	0.090	0
$t-2$	$\alpha(1-\alpha)^2$	0	0.081	0.009	0
$t-3$	$\alpha(1-\alpha)^3$	0	0.073	0.001	0
$t-4$	$\alpha(1-\alpha)^4$	0	0.066	0.000	0

由式(4-53)和表4-36可以看出，指数平滑法提供的预测值是前一期预测值加上前期预测值中产生的误差修正值。当α接近1时，这一情况尤为明显。这时，新的预测值将包括对前一期预测误差的全部修正值。相反，当α接近于0时，新的预测值只包括很小一部分修正值。一般地，当平滑常数α取得比较大时，预测值F_{t+1}能够比较快地反映出时间序列实际的变化情况；当平滑常数α取得比较小时，预测值F_{t+1}对时间序列的变化反映比较慢，但比较平滑。

一般来说，一次指数平滑法适用于平稳时间序列。平滑常数值的确定可采用最小均方差的原则，即先取一组适当的α值，分别计算其均方差，从中找出使均方差最小的α值。单指数平滑法适用于变化不大的平稳时间序列。当时间序列发生变化，尤其发生突然变化时，预测模型就不理想了，而且在比较长的时间内一直跟不上实际的数据，反映缓慢。

【例4-12】 表4-37中数据为某公司每月的营业额，第三、四、五列分别为$\alpha=0.1$、$\alpha=0.3$和$\alpha=0.9$时，对该公司销售额进行预测。

表 4-37　一次指数平滑法计算表

时期	销售额(万元)	指数平滑预测值		
		$\alpha=0.1$	$\alpha=0.3$	$\alpha=0.9$
1	97.0	—	—	—
2	95.0	97.00	97.00	97.00
3	95.0	96.80	96.40	95.20
4	92.0	96.62	95.98	95.02
5	95.0	96.16	94.79	92.30
6	95.0	96.04	94.85	94.73
7	98.0	95.94	94.90	94.97
8	97.0	96.14	95.83	97.70
9	99.0	96.23	96.18	97.07
10	95.0	96.51	97.03	98.81
11	95.0	96.36	96.42	95.38
12	96.0	96.22	95.99	95.04
13	97.0	96.20	95.99	95.90
14	98.0	96.28	96.30	96.89
15	94.0	96.45	96.81	97.89
16	95.0	96.21	95.97	94.39
17	—	96.09	95.68	94.94

一次指数平滑法只需要较少的数据量和较小的计算量。一次指数平滑的初值的确定有两

种方法：方法一是取第一期的实际值为初值，方法二是取最初几期的平均值为初值。

分别计算三种预测结果的均方差 MSE，也就是平均误差平方。

$$MSE = \frac{1}{n-k+1}\sum_{i=k}^{n}(x_t - F_t)^2 = \frac{1}{n-k+1}\sum_{i=k}^{n} e_i^{\ 2} \tag{4-55}$$

① 平滑常数 $\alpha = 0.1$

$$MSE = \frac{1}{15}\sum_{i=k}^{n} e_i^{\ 2} = 3.926$$

②平滑常数 $\alpha = 0.3$

$$MSE = 3.980$$

③平滑常数 $\alpha = 0.9$

$$MSE = 4.507$$

显然，平滑常数 $a = 0.1$ 所对应的均方差最小，所以选定 0.1 作为平滑常数。利用(4-53)式，当 $a = 1$ 时，表 4-37 中第 17 期的预测值为：

$$F_{17} = a\,x_{16} + (1+a)F_{16} = 0.1\times 95 + 0.9\times 96.21 = 96.09(\text{万元})$$

4.4.3　线性二次移动平均法

如果时间序列具有明显的线性变化趋势，则不宜采用一次移动平均法及一次指数平滑法来预测。当序列具有随机性时，存在预测值滞后于实际值的情况。为了避免利用移动平均法预测有趋势的数据时产生的误差，发展了线性二次移动平均法。它不是用二次移动平均数直接进行预测，而是二次移动平均的基础上建立线性预测模型，然后再用模型预测。

二次移动平均数是在一次移动平均数的基础上计算得到的。其计算公式为：

$$S_t^{(2)} = \frac{S_t^{(1)} + S_{t-1}^{(1)} + \cdots + S_{t-N+1}^{(1)}}{N} \tag{4-56}$$

式中，$S_t^{(1)}$ 是第 t 周期的一次移动平均数，$S_t^{(2)}$ 是第 t 周期的二次移动平均数，N 是计算移动平均数所选定的数据个数。

当序列具有趋势时，一次平均数序列总是落后与实际数据序列，出现了滞后偏差；二次移动平均数序列也与一次平均数序列形成了滞后偏差。二次移动平均正是利用这种滞后偏差的演变规律建立线性预测模型的。线性预测模型为：

$$F_{t+T} = a_t + b_t T \tag{4-57}$$

式中，t 为目前的周期序列号；T 为由目前周期 t 到预测周期的周期间隔个数，即预测超前周期数；F_{t+T}为第 $t+T$ 周期的预测值；a 为线性模型的截距；b_t为线性模型的斜率，即单位周期的变化量。

其中，a_t、b_t的计算公式为：

$$a_t = 2S_t^{(1)} - S_t^{(2)} \tag{4-58}$$

$$b_t = \frac{2}{N-1}(S_t^{(1)} - S_t^{(2)}) \tag{4-59}$$

【例 4-13】　表 4-38 中的数据为某公司每月的销售额，通过图 4-10 可以看出实际观测值存在明显的线性增长趋势，于是本例采用二次移动平均法进行预测。若取 $N=3$，其二次移动平均数的计算过程与计算结果见表 4-38。

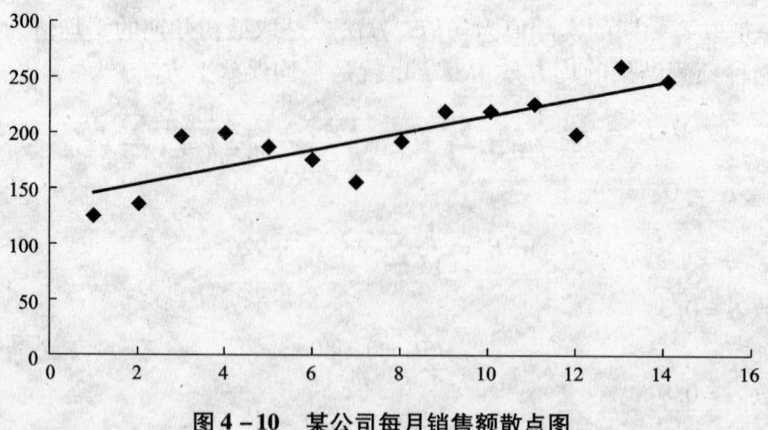

图 4-10 某公司每月销售额散点图

表 4-38 线性二次移动平均法计算表

期数	销售额(万元)	$S_t^{(1)}(N=3)$	$S_t^{(2)}(N=3)$	a_t	b_t	$F_{t+T}(T=1$ 时)
1	125.0	—	—	—	—	—
2	135.0	—	—	—	—	—
3	195.0	151.7	—	—	—	—
4	197.5	175.8	—	—	—	—
5	186.0	192.8	173.4	212.2	19.4	—
6	175.0	186.2	184.9	187.4	1.2	231.6
7	155.0	172.0	183.7	160.3	-11.7	188.6
8	190.0	173.3	177.2	169.5	-3.8	148.7
9	220.0	188.3	177.9	198.8	10.4	165.7
10	219.0	209.7	190.4	228.9	19.2	209.2
11	226.0	221.7	206.6	236.8	15.1	248.1
12	198.0	214.3	215.2	213.4	-0.9	251.9
13	260.0	228.0	221.3	234.7	6.7	212.6
14	245.0	234.3	225.6	243.1	8.8	241.3
15	—	—	—	—	—	251.9

该预测模型的求解过程如下：

已经目前周期序号 $t=14$，将第 14 周期的一次、二次移动平均数代入式(4-8)、式(4-9)中，得：

$$a_{14}=2S_{14}^{(1)}-S_{14}^{(2)}=2\times234.3-225.6=243.1$$

$$b_{14}=\frac{2}{N-1}(S_{14}^{(1)}-S_{14}^{(2)})=\frac{2}{2}(234.3-225.6)=8.8$$

得线性预测模型为：

$$F_{14+T}=a_t+b_tT=243.1+8.8T$$

求第 15 期销售量的预测值。下一个月的周期序号 $t=15$，即周期间隔数

$$T=15-14=1$$

$$F_{14+T}=F_{15}=a_{14}+b_{14}\times 1=251.9(\text{万元})$$

再来求第 16 期销售量的预测值。此时，周期间隔数

$$T=16-14=2$$

$$F_{14+2}=F_{16}=a_{14}+b_{14}\times 2=260.7(\text{万元})$$

【例 4-14】 某公交企业 2005—2013 年的公交客运量如表 4-39 所示。

表 4-39　某公交企业 2005—2013 年的公交客运量

年份	2005	2006	2007	2008	2009	2010	2011	2012	2013
公交客运量(万人次)	1658	1689	1728	1785	1821	1802	1885	1917	1963

试预测 2014、2015 年该企业的公交客运量。

解: 第一步，画出散点图。

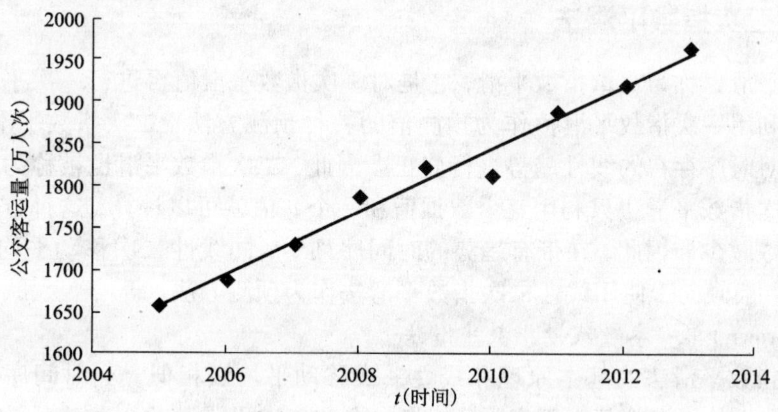

图 4-11　该企业 9 年的公交客运量散点图

通过图 4-11 可以看出该企业的公交客运量存在明显的线性增长趋势，于是采用二次移动平均法进行预测，取 $N=3$，其二次移动平均法的计算过程见表 4-40 所示。

表 4-40　线性二次移动平均法计算表

t	公交客运量(万人次)	$S_t^{(1)}(N=3)$	$S_t^{(2)}(N=3)$	a_t	b_t	F_{t+T}($T=1$ 时)
1	1658	—	—	—	—	—
2	1689	—	—	—	—	—
3	1728	1691.67	—	—	—	—
4	1785	1734.00	—	—	—	—
5	1821	1778.00	1734.56	1821.44	43.44	—
6	1812	1806.00	1772.67	1839.33	33.33	1864.89
7	1885	1839.33	1807.78	1870.89	31.56	1872.67
8	1917	1871.33	1838.89	1903.78	32.44	1902.22
9	1963	1921.67	1877.44	1965.89	44.22	1936.22
10	—	—	—	—	—	2010.11

求解过程如下：

已经目前周期序号 $t=9$，将第9周期的一次、二次移动平均数代入公式得：

$a_9=2S_9^{(1)}-S_9^{(2)}=2\times1921.67-1877.44=1965.89$

$b_9=\frac{2}{N-1}(S_9^{(1)}-S_9^{(2)})=\frac{2}{2}(1921.67-1877.44)=44.22$

得线性预测模型为：

$$F_{9+T}=a_t+b_tT=1965.89+44.22T$$

求2014年公交客运量的预测值。下一年的周期序号 $t=10$，即周期间隔数

$$T=10-9=1$$

$$F_{9+T}=F_{10}=a_9+b_9\times1=2010.11(\text{万人次})$$

同理可求2015年公交客运量预测值，此时，周期间隔数

$$T=11-9=2$$

$$F_{9+2}=F_{11}=a_9+b_9\times2=2054.33(\text{万人次})$$

4.4.4 线性二次指数平滑法

二次指数平滑也称为双重指数平滑，它是对一次指数平滑值再进行一次平滑。一次指数平滑法是直接利用一次指数平滑值作为预测值的一种预测方法，二次指数平滑法与其不同，它是用平滑值对时序存在的线性趋势进行修正。因此，二次指数平滑也被称为线性二次指数平滑。线性二次指数平滑法只利用三个数据值和一个 a 值就可以计算，这种方法还可以使过去观察值的权数减少。因此，在带有趋势的时间序列中，同线性二次移动平均法相比，在大多数情况下，一般倾向于使用线性二次指数平滑法作为预测方法。

1. 布朗(Brown)单一参数线性指数平滑法

布朗线性指数平滑法的基本原理和线性二次移动平均法相似。当时间序列有趋势存在时，一次和二次指数平滑都落后于实际值，将一次和二次平滑值之差加在一次平滑值上，则可对趋势进行修正。其平滑公式为：

$$S_t^{(1)}=a\,x_t+(1-a)S_{t-1}^{(1)} \tag{4-60}$$

$$S_t^{(2)}=a\,x_t+(1-a)S_{t-1}^{(2)} \tag{4-61}$$

式中，$S_t^{(1)}$ 为一次指数平滑值，$S_t^{(2)}$ 为二次指数平滑值，x_t 为本期观测值。

由两个平滑值可以计算线性平滑模型的两个参数：

$$a_t=S_t^{(1)}+(S_t^{(1)}-S_t^{(2)})=2\,S_t^{(1)}-S_t^{(2)} \tag{4-62}$$

$$b_t=\frac{a}{1-a}(S_t^{(1)}-S_t^{(2)}) \tag{4-63}$$

得到线性平滑模型：

$$F_{t+m}=a_t+b_tm \tag{4-64}$$

在这里，m 为预测的超前期数。式(4-62)就是布朗单一参数线性指数平滑的预测模型，通常称为线性平滑模型。

【例4-15】 我们依然以本节中第三小节表4-38的数据为例，用布朗单一参数线性指数平滑法来预测第15期的销售额，见表4-41。

在式(4-60)和式(4-61)中，当 $t=1$ 时，$S_{t-1}^{(1)}$ 和 $S_{t-1}^{(2)}$ 是没有数值的，与一次指数平滑一

样，需要事先给定，它们是二次指数平滑的平滑初始值，分别记作$S_0^{(1)}$和$S_0^{(2)}$。$S_0^{(1)}$可以和$S_0^{(2)}$相同，也可以不同。通常采用$S_0^{(1)}=S_0^{(2)}=Y_0$或序列最初几期数据的平均值。

表 4-41　布朗单一参数线性指数平滑法计算表　$a=0.2$

期数	销售额(万元)	$S_t^{(1)}$	$S_t^{(2)}$	a_t	b_t	$F_{t+T}(m=1)$
1	125.0	125.0	125.0	—	—	—
2	135.0	127.0	125.4	128.6	0.4	—
3	195.0	140.6	128.4	152.8	3.0	129.0
4	197.5	152.0	133.1	170.8	4.7	155.8
5	186.0	158.8	138.3	179.3	5.1	175.5
6	175.0	162.0	143.0	181.0	4.8	184.4
7	155.0	160.6	146.5	174.7	3.5	185.8
8	190.0	166.5	150.5	182.5	4.0	178.2
9	220.0	177.2	155.9	198.5	5.3	186.4
10	219.0	185.6	161.8	209.3	5.9	203.9
11	226.0	193.6	168.2	219.1	6.4	215.2
12	198.0	194.5	173.4	215.6	5.3	225.5
13	260.0	207.6	180.3	235.0	6.8	220.9
14	245.0	215.1	187.2	242.9	7.0	241.8
15	—	—	—	—	—	249.9

预测模型的求解过程如下：

已知目前周期序号 $t=14$，$a=0.2$，将第 14 周期的一次、二次指数平滑值代入(4-62)式、(4-63)式，得：

$$a_{14}=2S_{14}^{(1)}-S_{14}^{(2)}=2\times215.1-187.2=242.9$$

$$b_{14}=\frac{a}{1-a}(S_{14}^{(1)}-S_{14}^{(2)})=\frac{0.2}{1-0.2}(215.1-187.2)=7.0$$

得线性预测模型为：

$$F_{14+m}=a_t+b_tm=242.9+7.0m$$

求下一期销售量的预测值。下一个月的周期序号 $t=15$，即周期间隔数

$$m=15-14=1$$

$$F_{14+1}=F_{15}=a_{14}+b_{14}\times1=249.9(万元)$$

再来求第 16 期的销售量预测值。此时，周期间隔数

$$m=16-14=2$$

$$F_{14+2}=F_{16}=a_{14}+b_{14}\times2=256.9(万元)$$

【例 4-16】　仍以表 4-40 中的数据为例，用布朗单一参数线性指数平滑法来预测 2014 年的公交客运量。

先令其平滑初始值$S_0^{(1)}=S_0^{(2)}=Y_0$，具体计算结果见表 4-42。

表 4-42 布朗单一参数线性指数平滑法计算表 $a=0.3$

t	公交客运量（万人次）	$S_t^{(1)}$	$S_t^{(2)}$	a_t	b_t	$F_{t+T}(m=1)$
1	1658	1658.00	1658.00	—	—	—
2	1689	1667.30	1660.79	1673.81	2.79	—
3	1728	1685.51	1668.21	1702.81	7.42	1676.60
4	1785	1715.36	1682.35	1748.36	14.15	1710.23
5	1821	1747.05	1701.76	1792.34	19.41	1762.51
6	1812	1766.54	1721.19	1811.88	19.43	1811.75
7	1885	1802.07	1745.46	1858.69	24.26	1831.31
8	1917	1836.55	1772.79	1900.32	27.33	1882.96
9	1963	1874.49	1803.30	1945.68	30.51	1927.65
10	—	—	—	—	—	1976.19

预测模型的求解过程如下：

已知目前周期序号 $t=9$，$a=0.3$，将第 9 周期的一次、二次指数平滑值代入公式，得：

$a_9=2S_9^{(1)}-S_9^{(2)}=2\times1874.49-1803.30=1945.68$

$b_9=\dfrac{a}{1-a}(S_9^{(1)}-S_9^{(2)})=\dfrac{0.3}{1-0.3}(1874.49-1803.30)=30.51$

得线性预测模型为：

$$F_{9+m}=a_t+b_tm=1945.68+30.51m$$

求下一年公交客运量的预测值。下一个月的周期序号 $t=10$，即周期间隔数

$$m=10-9=1$$

$$F_{9+1}=F_{10}=a_9+b_9\times1=1976.19（万人次）$$

若要求 2015 年的公交客运量预测值，此时，周期间隔数

$$m=11-9=2$$

$$F_{9+2}=F_{11}=a_9+b_9\times2=2006.70（万人次）$$

布朗单一参数线性指数平滑法就是平常所说的二次指数平滑法，它适用于对具有线性变化趋势的时序进行短期预测。

4.4.5 霍尔特(Holt)双参数线性指数平滑法

在原理上，霍尔特线性指数平滑法与布朗线性指数平滑法相似，只是它不用二次指数平滑，而是对趋势直接进行平滑。由于它可以用不同的参数对原序列的趋势进行平滑，因此具有很大的灵活性。用霍尔特线性指数平滑法预测，需要两个参数和三个方程式：

$$S_t=a\,x_t+(1-a)(S_{t-1}+b_{t-1}) \quad (4-65)$$

$$b_t=\gamma(S_t-S_{t-1})+(1+\gamma)b_{t-1} \quad (4-66)$$

$$F_{t+m}=S_t+b_tm \quad (4-67)$$

式(4-65)是利用前一期的趋势值b_{t-1}直接修正S_t，即将b_{t-1}加在前一平滑值S_{t-1}上，这就消除了滞后，并使S_t值近似达到最小数据值x_t。式(4-66)用来修正趋势值b_t，趋势值用相邻

两次平滑值之差来表示。由于随机性，可以利用 γ 对相邻两次平滑值之差($S_t - S_{t-1}$)进行修正，并将修正值加上前期趋势估计值乘以($4-\gamma$)，因此，式(4－16)与一次平滑的式(4－4)和式(4－6)的基本形式相似，只是对趋势值进行了修正。最后用式(4－17)进行预测，预测值为基础值加上趋势值乘以预测超前期数。

【例 4－17】　表 4－43 就是利用表 4－41 的数据对趋势序列进行霍尔特线性指数平滑的应用实例。

表 4－43　霍尔特双参数线性指数平滑法计算表

期数	销售额(万元)	S_t	b_t	预测值 $m=1$
1	125.0	125.0	10.0	
2	135.0	135.0	10.0	135.0
3	195.0	170.0	30.0	145.0
4	197.5	198.8	29.0	200.0
5	186.0	206.9	12.4	227.8
6	175.0	197.1	－5.4	219.2
7	155.0	173.4	－20.1	191.7
8	190.0	171.7	－5.4	153.3
9	220.0	193.1	16.1	166.3
10	219.0	214.1	20.0	209.2
11	226.0	230.1	16.8	234.1
12	198.0	222.4	－2.8	246.8
13	260.0	239.8	13.4	219.6
14	245.0	249.1	10.1	253.2
15	—	—	—	259.2

在预测模型中，取 $\alpha=0.5$，$\gamma=0.8$，预测第 15 期的销售量。取第 1 期和第 2 期的 S_t 均为当期的 x_t，b_t 均为 S_2-S_1。根据式(4－65)及式(4－66)：

$$S_{14}=0.5\times x_{14}+(1-0.5)\times(S_{13}+b_{13})=0.5\times245.0+0.5\times(239.8+13.4)=249.1$$

$$b_{14}=0.8\times(S_{14}-S_{13})+(1-0.8)\times b_{13}=0.8\times(249.1-239.8)+0.2\times13.4=10.1$$

得第 15 期的线性预测模型为：

$$F_{14+1}=S_{14}+b_{14}\times1=249.1+10.4\times1=259.2\text{(万元)}$$

再来求第 16 期的销售量预测值。此时，周期间隔数

$$m=16-14=2$$

$$F_{14+2}=F_{16}=a_{14}+b_{14}\times2=249.1+10.1\times2=269.3\text{(万元)}$$

4.4.6　二次曲线指数平滑法

有的时间序列虽然有增加或减少的趋势，但不一定是线性的，可能按二次曲线的形状增加而减少。某地区 24 年的消费品销售总额的变化如图 4－12 所示。

对于这种非线性增长的时间序列，采用二次曲线指数平滑法可能要比线性指数平滑法更

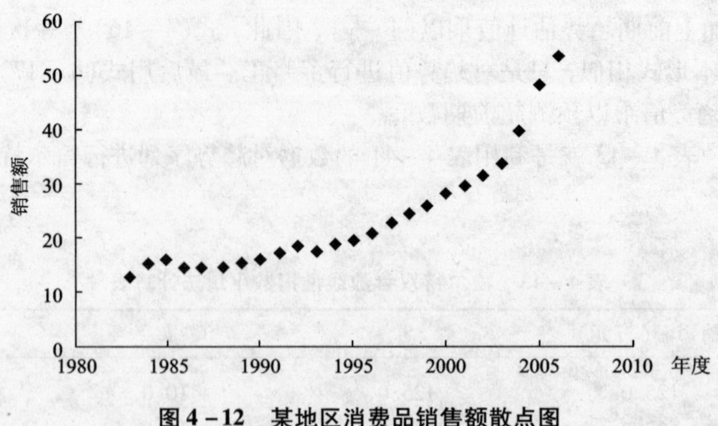

图 4-12 某地区消费品销售额散点图

为有效。它的特点是不但考虑了线性增长的因素，而且也考虑了二次抛物线的增长因素。二次曲线指数平滑法的计算过程共分以下七个步骤：

①计算 t 时期的单指数平滑值$S_t^{(1)}$：

$$S_t^{(1)} = \alpha x_t + (1-\alpha) S_{t-1}^{(1)}$$

②计算 t 时期的双指数平滑值$S_t^{(2)}$：

$$S_t^{(2)} = \alpha S_t^{(1)} + (1-\alpha) S_{t-1}^{(2)}$$

③计算 t 时期的三重指数平滑值$S_t^{(3)}$：

$$S_t^{(3)} = \alpha S_t^{(2)} + (1-\alpha) S_{t-1}^{(3)}$$

④计算 t 时期的水平值A_t：

$$A_t = 3S_t^{(1)} - 3\ S_t^{(2)} + S_t^{(3)}$$

⑤计算 t 时期的线性增量B_t：

$$B_t = \frac{a^2}{(1-a)^2}[(6-5\alpha)S_t^{(2)} - (10-8\alpha)S_t^{(2)} + (4-3\alpha)S_t^{(3)}]$$

⑥计算 t 时期的抛物线增量C_t：

$$C_t = \frac{a^2}{(1-a)^2}(S_t^{(1)} - 2\ S_t^{(2)} + S_t^{(3)})$$

⑦预测 m 时期以后，即$(t+m)$时期的数值F_{t+m}：

$$F_{t+m} = A_t + B_t m + \frac{1}{2} C_t m^2$$

其中，m 是正整数，$m \geqslant 1$。

虽然二次曲线指数平滑法的计算方法比前几种指数平滑法略微复杂，但对非平稳时间序列的预测相当有效，它能随着时间序列呈抛物线增长而调整预测值。二次曲线指数平滑法的初始值依赖于两个时期的观测值x_1和x_2。

已知x_1和x_2，假设：

$$S_1^{(1)} = S_1^{(2)} = S_1^{(3)} = x_1$$

那么：

$$S_2^{(1)}=\alpha x_2+(1-\alpha)x_1,\ S_2^{(2)}=\alpha S_2^{(1)}+(1-\alpha)x_1,\ S_2^{(3)}=\alpha S_2^{(2)}+(1-\alpha)x_1$$

【例 4－18】 某地区统计了从 1983 年到 2006 年每年的消费品销售总额，数据列在表 4－44中，其散点图如图 4－12 所示。通过计算机求解，可得平滑常数最佳值为 $\alpha=0.5$，此时它所对应的均方差最小，逐年预测，$m=1$，计算结果列在表 4－44 中。

表 4－44　二次曲线指数平滑法预测某地区消费品销售总额　$\alpha=0.5$

年度	观测值销售额(亿元)	$S_t^{(1)}$	$S_t^{(2)}$	$S_t^{(3)}$	A_t	B_t	C_t	$F_{t+m}(m=1)$
1983	12.90	12.90	12.90	12.90	—	—	—	—
1984	14.91	13.91	13.40	13.15	14.66	1.13	0.25	—
1985	15.96	14.93	14.17	13.66	15.95	1.41	0.26	15.92
1986	14.41	14.67	14.42	14.04	14.80	−0.07	−0.13	17.49
1987	14.57	14.62	14.52	14.28	14.58	−0.25	−0.14	14.66
1988	14.60	14.61	14.57	14.42	14.56	−0.20	−0.10	14.26
1989	15.35	14.98	14.77	14.60	15.22	0.29	0.03	14.31
1990	15.84	15.41	15.09	14.84	15.80	0.50	0.07	15.52
1991	16.90	16.16	15.62	15.23	16.83	0.89	0.14	16.33
1992	18.26	17.21	16.42	15.82	18.20	1.30	0.20	17.79
1993	17.40	17.30	16.86	16.34	17.67	0.26	−0.07	19.60
1994	18.71	18.01	17.43	16.89	18.61	0.64	0.03	17.90
1995	19.53	18.77	18.10	17.49	19.50	0.82	0.06	19.27
1996	20.82	19.79	18.95	18.22	20.76	1.15	0.12	20.35
1997	22.87	21.33	20.14	19.18	22.76	1.77	0.23	21.97
1998	24.59	22.96	21.55	20.37	24.60	1.97	0.23	24.65
1999	25.93	24.45	23.00	21.68	26.02	1.78	0.13	26.68
2000	28.04	26.24	24.62	23.15	28.02	2.01	0.15	27.87
2001	29.45	27.85	26.23	24.69	29.53	1.79	0.07	30.10
2002	31.47	29.66	27.95	26.32	31.46	1.93	0.09	31.36
2003	33.99	31.82	29.88	28.10	33.92	2.33	0.16	33.43
2004	39.56	35.69	32.79	30.45	39.16	4.30	0.56	36.33
2005	48.08	41.89	37.34	33.89	47.54	7.31	1.10	43.74
2006	53.67	47.78	42.56	38.22	53.89	7.44	0.89	55.39
2007	—	—	—	—	—	—	—	61.77

预测模型的具体步骤及表达式如下：

$$S_t^{(1)}=0.5\,x_t+0.5\,S_{t-1}^{(1)}$$

$$S_t^{(2)}=0.5\,S_t^{(1)}+0.5\,S_{t-1}^{(2)}$$

$$S_t^{(3)}=0.5\,S_t^{(2)}+0.5\,S_{t-1}^{(3)}$$

$$A_t=3\,S_t^{(1)}-6\,S_t^{(2)}+S_t^{(3)}$$

$$B_t=0.5\,S_t^{(1)}-6\,S_t^{(2)}+2.5S_t^{(3)}$$

$$C_t=S_t^{(1)}-2\,S_t^{(2)}+S_t^{(3)}$$

$$F_{t+m}=A_t+B_t m+\frac{1}{2}C_t m^2$$

最终可得 2007 年该地区消费品销售总额的预测值为 61.77 亿元。

4.4.7 温特线性与季节性指数平滑法

温特于 20 世纪 60 年代初创立的线性与季节性指数平滑法与二次指数平滑法相类似。由于这种方法可以同时修正时间序列数据的季节性和倾向性，因此，它能用于对既有倾向性变动趋势又有季节性变动的时间序列进行预测。

温特线性与季节性指数平滑法以三个方程式为基础，每个方程式所平滑的参数都与时间序列总模式的三个组成部分(随机性、倾向性、季节性)之一有关系。这种方法不但与二次指数平滑法相似，可以平滑随机性和修正倾向性，而且还包括一个处理季节性的附加参数。温特方法的三个基本方程是：

$$S_t=\alpha\frac{x_t}{I_{t-L}}+(1-\alpha)(S_{t-1}+b_{t-1}) \tag{4-68}$$

$$b_t=\gamma(S_t-S_{t-1})+(1-\gamma)b_{t-1} \tag{4-69}$$

$$I_t=\beta\frac{x_t}{S_t}+(1-\beta)I_{t-L} \tag{4-70}$$

式中，L 是季节性的长度，如 1 年的月数、季度数、1 周的天数。I 是季节性的修正系数，即季节性系数，这个指数等于时间序列的原始数据x_t与时间序列的一次指数平滑数S_t的比值，即$I_t=\frac{x_t}{S_t}$。显然，当$x_t>S_t$时，$I_t>1$；反之，若$x_t<S_t$，则$I_t<1$。由于时间序列的原始数据x_t里包含了季节性、倾向性和随机性，而一次指数平滑数S_t仅包含随机性和倾向性，不包含季节性。为了使x_t中的随机性得到平滑，在季节指数 I 的方程中，给新算出的季节性系数x_t/S_t加权β；给相当于同一季节，距I_t最近的季节指数I_{t-L}加权$(1-\beta)$。

在 b_t 的方程中，通过给增量(S_t-S_{t-1})加权 γ，给以前的倾向性趋势数值 b_{t-1}加权$(1-\gamma)$，达到使时间序列的倾向性平滑的目的。在平滑后的 S_t 的方程中，第一项被季节指数 I_{t-1}除，其目的是消除原始数据 x_t 的季节性。式中之所以用 I_{t-L}而不用I_L，是因为I_t要在已知S_t时才能计算。

温特线性与季节性指数平滑法的预测基本公式是：

$$F_{t+m}=(S_t+b_t m)I_{t+m-L} \tag{4-71}$$

式中，m 相当于移动平均法中的 T，是从当前周期到所要预测周期的周期数目。其计算初始值的公式如下：

$$S_{L+1}=x_{L+1}$$

L 为季节长度，I 为季节指数初始值，其计算公式如下：

$$I_1=\frac{\bar{x}_1}{\bar{x}},\ I_2=\frac{\bar{x}_2}{\bar{x}},\ \cdots,\ I_L=\frac{\bar{x}_L}{\bar{x}}$$

$\bar{x}_L$为不同年度同一季节的平均值，$\bar{x}$为总体平均值。

b_{L+1}的初始值公式如下：

$$b_{L+1}=\frac{(x_{L+1}-x_1)+(x_{L+2}-x_2)+(x_{L+3}-x_3)}{3\times L}$$

下面通过实例说明温特线性与季节性指数平滑法的应用。

【例4－19】 某企业2000—2005年各季度的销售额数据见表4－45。用温特线性与季节性指数平滑法来预测2006年该企业各季度的销售额。在这里，我们取 $\alpha=0.2$，$\beta=0.05$，$\gamma=0.1$。

表4－45　温特线性与季节性指数平滑法计算结果

序号	年份	季度	销售额(万元)	S_t	I_t	b_t	预测值 $m=1$
1	2000	1	362.00	—	0.92	—	—
2	2000	2	385.00	—	1.01	—	—
3	2000	3	432.00	—	1.16	—	—
4	2000	4	341.00	—	0.91	—	—
5	2001	1	382.00	382.00	0.92	9.17	—
6	2001	2	409.00	393.92	1.01	9.44	395.08
7	2001	3	498.00	408.55	1.16	9.96	467.90
8	2001	4	387.00	419.87	0.91	10.10	380.85
9	2002	1	473.00	446.35	0.93	11.74	397.29
10	2002	2	513.00	467.91	1.02	12.72	463.32
11	2002	3	582.00	484.59	1.16	13.11	558.95
12	2002	4	474.00	502.28	0.91	13.57	453.21
13	2003	1	544.00	529.57	0.94	14.94	480.14
14	2003	2	582.00	550.21	1.02	15.51	553.04
15	2003	3	681.00	569.51	1.17	15.89	658.99
16	2003	4	557.00	590.44	0.91	16.39	534.02
17	2004	1	628.00	619.71	0.94	17.68	567.76
18	2004	2	707.00	648.84	1.02	18.83	648.72
19	2004	3	773.00	666.68	1.17	18.73	778.77
20	2004	4	592.00	677.90	0.91	17.98	626.33
21	2005	1	627.00	690.18	0.94	17.41	653.77
22	2005	2	725.00	708.04	1.02	17.45	722.70
23	2005	3	854.00	726.87	1.17	17.59	845.96
24	2005	4	661.00	740.56	0.91	17.20	678.78

计算步骤如下：

1. 指数平滑数初始值的计算

$$S_{4+1}=x_{4+1}=382$$

2. 季节指数 I_t 初始值的计算

首先把不同年度同一季度的平均销售额求出，再求出全体年份的平均额，两者相除，可得该季节的季节性指数。具体做法如下：

第一季度的平均销售额为：

$$\bar{x}_1=\frac{x_1+x_5+x_9+x_{13}+x_{17}+x_{21}}{6}$$

$$=\frac{362+382+473+544+628+627}{6}$$

$$=502.67$$

同理，第二季度的平均销售额为：

$$\bar{x}_2=\frac{x_2+x_6+x_{10}+x_{14}+x_{18}+x_{22}}{6}=553.5$$

同样可求出第三季度及第四季度的平均销售额分别为636.67和502。

四个季度的平均销售额相加，再求平均，可得总体平均销售额为：

$$\bar{x}=\frac{502.67+553.5+636.67+502}{4}$$

$$=548.71$$

四个季度的平均销售额分别除以总体平均销售额，可得各季度的季节性指数。

$$I_1=\frac{\bar{x}_1}{\bar{x}}=0.92,\ I_2=\frac{\bar{x}_2}{\bar{x}}=1.01,\ I_3=\frac{\bar{x}_3}{\bar{x}}=1.16,\ I_4=\frac{\bar{x}_4}{\bar{x}}=0.91$$

3. 平滑系数b_t初始值的计算

$$b_5=\frac{(x_{4+1}-x_1)+(x_{4+2}-x_1)+(x_{4+3}-x_1)}{3\times L}$$

$$=\frac{(382+362)+(409-385)+(498-432)}{3\times 4}$$

$$=9.1667$$

4. 由式(4-71)，可以求出F_6

$$F_6=(S_5+b_5\times 1)I_{5+1-4}$$

$$=(382+9.17\times 1)\times 1.01$$

$$=395.08$$

同理，依次可以求出：

$$S_{24}=740.56,\ b_{24}=17.20,\ I_{24}=0.91$$

5. 预测2006年四个季度的销售额

$$F_{25}=(S_{24}+b_{24}\times 1)I_{24-4+1}$$

$$=(740.56+17.20\times 1)\times 0.94$$

$$=710.74$$

$$F_{26}=(S_{24}+b_{24}\times 2)I_{24-4+2}$$

$$=(740.56+17.20\times 2)\times 1.02$$

$$=791.62$$

$$F_{27}=(S_{24}+b_{24}\times 3)I_{24-4+3}$$

$$=(740.56+17.20\times 3)\times 1.17$$

$$=924.05$$

$$F_{28}=(S_{24}+b_{24}\times 4)I_{24-4+4}$$

$$=(740.56+17.20\times 4)\times 0.91$$

$$=737.18$$

重点与难点

重点：①时间序列的含义；②了解时间序列预测中采用的各种方法；③各种方法的适用特点。
难点：运用趋势外推法的假设条件及模型选择的方法。

思考与练习

4-1　影响经济时间序列变化有哪四个因素？试分别说明之。
4-2　试述趋势外推法的基本原理。
4-3　一次指数平滑法与一次移动平滑法相比，其优点是什么？
4-4　在何种情况下，宜采用线性二次移动平均法或线性二次指数平滑法？
4-5　线性二次指数平滑法优于线性二次移动平均法之处在哪里？
4-6　在何种情况下，宜采用二次曲线指数平滑法？
4-7　温特线性与季节性指数平滑法有什么特点？
4-8　某养鱼场为了提高经营管理水平，需对养鱼场的年捕捞量进行预测。现有以下数据，试建立多项式曲线模型，预测2014年的捕捞量。

年份	2007	2008	2009	2010	2011	2012	2013
捕捞量(kg)	2790	2950	3140	3350	3588	3862	4168

4-9　某市近6年灯具商品销售量资料如下表所示，试预测2014年的销售量。

年份	2008	2009	2010	2011	2012	2013
销售量(万架)	8.7	10.6	13.3	16.5	20.6	26

4-10　某产品的销售额如下表所示。

月份	1	2	3	4	5	6	7	8	9	10	11	12
销售额(万元)	430	380	330	410	440	390	380	400	450	420	390	—

试用一次移动平均法($N=4$)对12月的销售额进行预测。

4-11　某产品的库存量如下表所示。

期数	1	2	3	4	5	6	7	8	9
库存量(万件)	140	159	136	157	173	131	177	188	154

试用线性二次移动平均法($N=5$)对第10期、第11期和第12期的库存量做出预测。

4-12　用霍尔特双参数线性指数平滑法($\alpha=0.2$, $\gamma=0.4$)预测某产品在第15期、第16期的销售量。已知$x_{14}=280$, $s_{13}=240$, $b_{13}=8.2$。

第 5 章

平稳时间序列预测法

5.1 概述

本章将重点讨论平稳时间序列问题。首先，我们需要介绍一下平稳时间序列的概念。设时间序列$\{y_t\}$取自某一个随机过程，如果此随机过程的随机特征不随时间变化，则我们称过程是平稳的；假如该随机过程的随机特征随时间变化，则称过程是非平稳的。进一步地，我们可以给出平稳时间序列比较严格的定义。一般来说，关于平稳随机过程有两种定义方法，由于本章是在宽平稳范畴下讨论的，因此，我们只给出宽平稳时间序列的概念。设时间序列$\{y_t\}$对于任意的 t, k 和 m，满足：

$$E(y_t) = E(y_{t+m}) \tag{5-1}$$

$$\operatorname{cov}(y_t,\ y_{t+k}) = \operatorname{cov}(y_{t+m},\ y_{t+m+k}) \tag{5-2}$$

则称$\{y_t\}$是满足宽平稳的。如果时间序列$\{y_t\}$是平稳的，我们就可以使用具有确定参数的方程将时间序列模型化，并且方程的系数可以利用序列的过去数据估计得到。ARMA 模型是描述平稳随机序列的最常用的一种模型，博克斯和詹金斯(Box and Jenkins)创立了著名的 B－J 方法，他们的工作为实际工作者提供了对时间序列进行分析、预测，以及对 ARMA 模型识别、估计和诊断的系统方法，使 ARMA 模型的建立有了一套完整、正规、结构化的建模方法，并且具有统计上的完善性和牢固的理论基础。

时间序列分析早期的研究分为时域方法和频域方法。时域方法是分析时间序列的样本自相关函数，并建立参数模型(如 ARMA 模型)，以此去描述序列的动态依赖关系；频域方法则着重研究时间序列的功率谱密度函数，对序列的频率分量进行统计分析和建模。对于平稳序列来说，自相关函数是功率谱密度函数的傅立叶(Fourier)变换。随着研究的深入和计算技术的发展，时域方法和频域方法之间的鸿沟已趋消失。同样，时间序列的贝叶斯和非贝叶斯研究方法也相互交融，出现了许多两者兼容的分析方法。本章主要使用时域方法对时间序列进行讨论。

计算技术的飞速进步极大地推动了时间序列分析的发展。线性正态假定下的参数模型得到充分的解决，计算量较大的离群值分析和结构变化的识别成为时间序列模型诊断的重要部分。在金融时间序列分析发展的进程中，一些新的技术得到长足的发展，产生了许多有意义的研究主题。

在时间序列分析方法的发展历程中，商业、经济、金融等领域的应用始终起着重要的推动作用，时间序列分析的每一步发展都与应用密不可分。在计量经济学中，特别是金融经济计量学中，时间序列分析已成为其重要的组成部分。

ARMA 模型有三种基本形式，即自回归模型（Auto - regressive，AR）、移动平均模型（Moving Average，MA）和混合模型（Auto - regressive Moving Average，ARMA）。

5.1.1 自回归模型 AR(p)

如果时间序列$\{y_t\}$满足：

$$y_t = \phi_1 y_{t-1} + \cdots + \phi_p y_{t-p} + \varepsilon_t \tag{5-3}$$

其中：$\{\varepsilon_t\}$是独立同分布的随机变量序列，并且对于任意的 t，$E(\varepsilon_t) = 0$，$\mathrm{Var}(\varepsilon_t) = \sigma_E^2 > 0$，则称时间序列$\{y_t\}$服从 p 阶自回归模型，记为 AR(p)。ϕ_1，ϕ_2，…，ϕ_p称为自回归系数。

记B^k为 k 步滞后算子，即$B^k y_t = y_{t-k}$则模型式（5 - 3）可以表示为：

$$y_t = (\phi_1 B + \cdots + \phi_p B^p) y_t + \varepsilon_t$$

令 $\phi(B) = 1 - \phi_1 B - \cdots - \phi_p B^p$，则模型式（5 - 3）可以表示为：

$$\phi(B) y_t = \varepsilon_t \tag{5-4}$$

AR(p)平稳的条件是滞后算子多项式 $\phi(B) = 1 - \phi_1 B - \cdots - \phi_p B^p$ 的根均在单位圆外，即 $\phi(B) = 0$ 的根大于 1。

5.1.2 移动平均模型 *MA*(q)

如果时间序列$\{y_t\}$满足：

$$y_t = \varepsilon_t - \theta_1 \varepsilon_{t-1} - \cdots - \theta_q \varepsilon_{t-q} \tag{5-5}$$

则称时间序列$\{y_t\}$服从 q 阶移动平均模型，记为 MA(q)。ϕ_1，ϕ_2，…，ϕ_p称为移动平均系数。

若用滞后算子B^k表示，令 $\theta(B) = 1 - \theta_1 B - \cdots - \theta_q B^p$，则模型式（5 - 5）可写为：

$$y_t = \theta(B) \varepsilon_t \tag{5-6}$$

任何条件下，MA(q)模型都是平稳的。

5.1.3 *ARMA*(p，q)模型

如果时间序列$\{y_t\}$满足：

$$y_t = \phi_1 y_{t-1} + \cdots + \phi_p y_{t-p} + \varepsilon_t - \theta_1 \varepsilon_{t-1} - \cdots - \theta_q \varepsilon_{t-q} \tag{5-7}$$

则称时间序列$\{y_t\}$服从(p，q)阶自回归移动平均模型，记 ARMA(p，q)。ϕ_1，…，ϕ_p为自回归系数，θ_1，…，θ_q为移动平均系数。

对于 ARMA(p，q)模型 ，当 $q = 0$ 时，模型即为 AR(p)模型；当 $p = 0$ 时，模型即为 MA(q)模型。

如果用滞后算子B^k表示，则 ARMA(p，q)模型可写为：

$$\phi(B) y_t = \theta(B) \varepsilon_t \tag{5-8}$$

5.2 时间序列的自相关分析

5.2.1 自相关分析

B - J 方法是以时间序列的自相关分析为基础的，通过自相关分析，可以对时间序列进行

模式识别、建模，以利完成预测。自相关分析就是对时间序列求其当前期与不同滞后期的一系列自相关系数，它可以通过建立模型来刻画时间序列轨迹，据此我们可以知道在序列y_t的邻近数据点之间存在多大程度的相关，由此可以用来识别模型的特性，我们定义滞后期为K的自协方差函数为：

$$r_k = \text{cov}(y_{t-k}, y_t) \tag{5-9}$$

$$\rho_k = r_k / (\sigma_{y_{t-k}} \sigma_{y_t}) \tag{5-10}$$

其中，$\sigma_{y_t}^2 = E[y_t - E(y_t)]^2$，则称$\rho_k$为$\{y_t\}$的自相关函数。如果序列是平稳的，其自相关函数可写为：

$$\rho_k = r_k / r_0 \tag{5-11}$$

在此，式(5-10)~式(5-11)给出序列的自相关函数是理论的。但是，实际应用中是无法得到理论值的，我们通常只有有限个观测值，一般地我们称之为样本观测值，利用样本观测值$y_1, y_2, \cdots, y_n$，我们可以给出自相关函数的估计值，即样本自相关函数：

$$\hat{\rho}_k = \frac{\sum_{t=1}^{n-k}(y_t - \bar{y})(y_{t+k} - \bar{y})}{\sum_{t=1}^{n}(y_t - \bar{y})^2} \tag{5-12}$$

其中，$\bar{y} = \sum_{t=1}^{n} y_t / n$。与相关分析中的相关系数一样，自相关函数可以说明不同时期的数据之间的相关程度。同样，自相关函数的取值范围在-1到1之间，即$-1 \leqslant \hat{\rho}_k \leqslant 1$。$|\hat{\rho}_k|$越接近于1，说明时间序列的自相关程度越高。

【例5-1】 表5-1中列出了2006年1月至2011年10月移动电话用户数，我们计算序列的自相关函数。

表5-1 2006年1月至2011年10月移动电话用户数 单位：万人

月 \ 年	2006	2007	2008	2009	2010	2011
1	89.2	177.7	450	509.8	575.3	810.7
2	144.4	270.3	514.7	594.2	396	553
3	110.5	242.7	540.7	564.8	509	798
4	121.5	280.8	488.4	514.8	422.7	544
5	154.1	310.6	588.2	473.2	433.9	480.9
6	359.4	322.8	568.1	478.9	441.6	472.4
7	151.4	188.3	384.4	414.9	498.7	493.5
8	130	202.2	516.9	453.7	465.9	488.2
9	140.1	186.5	513.6	553.6	585.6	491.7
10	232.7	217.3	510.9	544.2	696.4	496.3
11	206.2	216.4	390.3	448	654	
12	125.4	1586.6	489	637.4	521.5	

图 5 - 1 显示了 2006 年 1 月至 2011 年 10 月移动电话用户数时间序列，利用式(5 - 12)，我们可以算出该序列所有的样本自相关函数$\{\hat{\rho}_k\}$，具体结果见表 5 - 2。图 5 - 2 显示的是样本自相关函数。

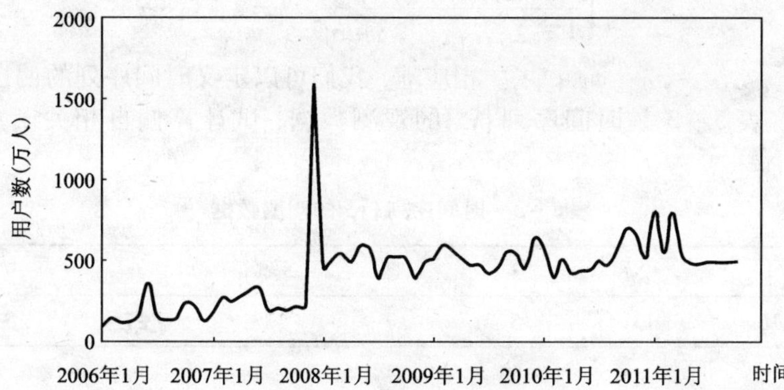

图 5 - 1　移动电话用户数

表 5 - 2　自相关函数

K	1	2	3	4	5	6	7	8	9	10
$\hat{\rho}_k$	0.417	0.416	0.367	0.313	0.285	0.315	0.218	0.244	0.209	0.217
K	11	12	13	14	15	16	17	18	19	20
$\hat{\rho}_k$	0.110	0.125	0.113	0.121	0.071	0.021	-0.018	0.063	-0.036	-0.066
K	21	22	23	24	25	26	27	28		
$\hat{\rho}_k$	-0.056	-0.074	-0.154	0.013	-0.033	-0.112	-0.056	-0.084		

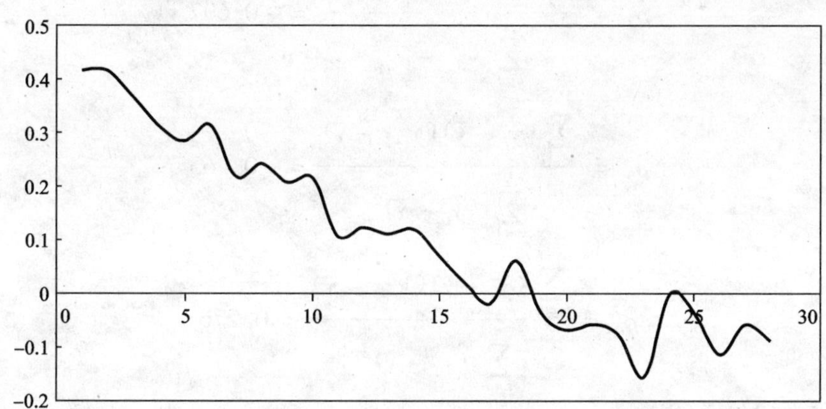

图 5 - 2　样本自相关函数

在多元回归中，我们通过计算偏自相关系数来了解在多个因素时两个变量之间的本质关系。在时间序列中，我们定义其偏自相关函数是给定了y_{t-1}，y_{t-2}，…，y_{t-k+1}的条件下，y_t与滞后 k 期时间序列之间的条件相关。它用来度量当其他滞后 1，2，3，…，$k-1$ 期时间序列的作已知的条件下，y_t与y_{t-k}的相关程度。设$\{y_t\}$是一个时间序列，y_1，y_2，…，y_n 是其一个样本观测值，我们定义其样本的偏自相关函数为：

$$\hat{\varphi}_{kk}=\begin{cases}\hat{\rho}_1 & k=1\\ \dfrac{\hat{\rho}_k-\sum_{j=1}^{k-1}\hat{\varphi}_{k-1,j}\cdot\hat{\rho}_{k-j}}{1-\sum_{j=1}^{k-1}\hat{\varphi}_{k-1,j}\cdot\hat{\rho}_{k-j}} & k=2,3,\cdots\end{cases} \tag{5-13}$$

其中，$\hat{\varphi}_{k,j}=\hat{\varphi}_{k-1,j}-\hat{\varphi}_{kk}\cdot\hat{\varphi}_{k-1,k-j}$。相应地，我们可以定义时间序列的偏自相关函数。

【例5-2】 表5-3是时间序列$\{y_t\}$的观测数据，试计算偏自相关函数$\hat{\varphi}_{11}$，$\hat{\varphi}_{22}$，$\hat{\varphi}_{33}$和$\hat{\varphi}_{44}$。

表5-3 时间序列$\{y_t\}$的观测数据

t	1	2	3	4	5	6	7	8
y_t	16	13	5	7	23	27	3	5

首先，我们需要计算样本的自相关函数，根据式(5-12)，我们可以算得：

$$\bar{y}=\frac{1}{8}\sum_{t=1}^{n}y_t=12.375$$

$$\sum_{t=1}^{n}(y_t-\bar{y})^2=565.84$$

因此：

$$\hat{\rho}_1=\frac{\sum_{t=1}^{n-1}(y_t-\bar{y})(y_{t+1}-\bar{y})}{\sum_{t=1}^{n}(y_t-\bar{y})^2}=0.119$$

$$\hat{\rho}_2=\frac{\sum_{t=1}^{n-2}(y_t-\bar{y})(y_{t+2}-\bar{y})}{\sum_{t=1}^{n}(y_t-\bar{y})^2}=-0.697$$

$$\hat{\rho}_3=\frac{\sum_{t=1}^{n-3}(y_t-\bar{y})(y_{t+3}-\bar{y})}{\sum_{t=1}^{n}(y_t-\bar{y})^2}=-0.263$$

$$\hat{\rho}_4=\frac{\sum_{t=1}^{n-4}(y_t-\bar{y})(y_{t+4}-\bar{y})}{\sum_{t=1}^{n}(y_t-\bar{y})^2}=0.276$$

根据式(5-13)，可得：

$$\hat{\varphi}_{11}=\hat{\rho}_1=0.119$$

$$\hat{\varphi}_{21}=\hat{\varphi}_{11}-\hat{\varphi}_{22}\cdot\hat{\varphi}_{11}=0.2066$$

$$\hat{\varphi}_{22}=\frac{\hat{\rho}_2-(\hat{\varphi}_{11}\cdot\hat{\rho}_1)}{1-(\hat{\varphi}_{11}\cdot\hat{\rho}_1)}=-0.722$$

$$\hat{\varphi}_{33}=\frac{\hat{\rho}_3-(\hat{\varphi}_{21}\cdot\hat{\rho}_2+\hat{\varphi}_{22}\cdot\hat{\rho}_1)}{1-(\hat{\varphi}_{21}\cdot\hat{\rho}_1+\hat{\varphi}_{22}\cdot\hat{\rho}_2)}=-0.07$$

$$\hat{\varphi}_{31}=\hat{\varphi}_{21}-\hat{\varphi}_{33}\cdot\hat{\varphi}_{22}=0.156$$

$$\hat{\varphi}_{32}=\hat{\varphi}_{22}-\hat{\varphi}_{33}\cdot\hat{\varphi}_{21}=-0.708$$

$$\hat{\varphi}_{44}=\frac{\hat{\rho}_4-(\hat{\varphi}_{31}\cdot\hat{\rho}_3+\hat{\varphi}_{32}\cdot\hat{\rho}_2+\hat{\varphi}_{33}\cdot\hat{\rho}_1)}{1-(\hat{\varphi}_{31}\cdot\hat{\rho}_1+\hat{\varphi}_{32}\cdot\hat{\rho}_2+\hat{\varphi}_{33}\cdot\hat{\rho}_3)}=-0.357$$

在 ARMA 模型的建模中，自相关函数$\{\hat{\rho}_k\}$和偏自相关函数$\{\hat{\varphi}_{kk}\}$一样都起着很重要的作用。我们可以运用自相关函数和偏自相关函数的性质来共同识别适当的 ARMA 型，即用偏自相关函数可以初步判定自回归模型的阶数，用自相关函数可以初步确定移动平均模型的阶数。

自相关函数$\{\hat{p}_k\}$和偏自相关函数$\{\hat{\varphi}_{kk}\}$可以提供时间序列及其模型构成的重要信息。下面我们引入一个自相关分析图概念。将时间序列的自相关函数和偏自相关函数绘制成图，并标出一定的置信区间，这种图称为自相关分析图。如图 5－3 就是某时间序列的自相关分析图。利用自相关分析图，我们可以分析时间序列的随机性、平稳性和季节性。

Autocorrelation	Partial Correlation		AC	PAC	Q-Stat	Prob
		1	-0.263	-0.263	4.3673	0.037
		2	0.239	0.182	8.0201	0.018
		3	-0.052	0.052	8.1993	0.042
		4	0.094	0.056	8.7919	0.067
		5	0.129	0.179	9.9258	0.077
		6	0.157	0.228	11.632	0.071
		7	-0.078	-0.059	12.057	0.099
		8	0.081	-0.034	12.530	0.129
		9	-0.123	-0.130	13.638	0.136
		10	0.013	-0.145	13.652	0.189
		11	-0.050	-0.121	13.844	0.242
		12	0.052	0.030	14.057	0.297
		13	-0.160	-0.101	16.071	0.245
		14	-0.175	-0.270	18.555	0.183
		15	-0.016	-0.012	18.576	0.234
		16	-0.160	-0.085	20.747	0.188
		17	0.090	0.062	21.450	0.207
		18	-0.218	-0.086	25.654	0.108
		19	-0.147	-0.161	27.618	0.091
		20	-0.009	0.035	27.625	0.119

图 5－3　某时间序列自相关分析

在自相关分析图中，自相关函数与偏自相关函数的置信区间都取为$\left(-\frac{2}{\sqrt{n}},\frac{2}{\sqrt{n}}\right)$。在这里，$n$ 是时间序列中所含数据的项数。

所谓时间序列的随机性，是指时间序列各项之间没有相关关系的特性。使用自相关分析图判断时间序列的随机性，我们一般给出以下准则：①若时间序列的自相关函数基本上都落入置信区间，则该时间序列具有随机性；②若较多自相关函数落在置信区间之外，则认为该时间序列不具有随机性。在 B－J 方法中，我们首先要对原始序列与预测模型之间误差序列的随机性进行测定，以判定所建立的模型是否适合预测。

在实际应用中，我们遇到的时间序列可能只有极少数满足平稳条件，大多数是非平稳的时间序列(如一系列经济指标的时间序列数据)。所以，判断时间序列是否平稳，是一项很重要的工作。运用自相关分析图判定时间序列平稳性的准则是：①若时间序列的自相关函数$\hat{\rho}_k$在 $k>3$ 时都落入置信区间，并且逐渐趋向于零，则该时间序列具有平稳性；②若时间序列的自相关函数更多地落在置信区间外面，则该时间序列就不具备平稳性。

自相关函数除了能够揭示时间序列平稳性的有关信息外，也可以考察时间序列的季节性规律。季节性的高峰和低谷通常可以通过直接观察时间序列而得到。但是，如果时间序列波动得厉害，季节性的高峰和低谷就不一定能从其他波动中区分开来。但是，对于季节性的识别是很重要的，因为它提供了时间序列规律性的信息，这个规律可以帮助我们对序列进行预测。利用自相关函数，我们可以解决这个问题。例如，我们假设月度时间序列y_t有年度的季节周期性，则序列的数据将显示每一期与它的前 12 期或后 12 期的一定程度的相关性。也就是说，y_t与y_{t-12}具有某种程度的相关性，y_{t-12}与y_{t-24}也相关，所以y_t与y_{t-24}也相关，以此类推，y_t与y_{t-36}也相关 ，y_t与y_{t-48}等都相关。所以，对于自相关函数$\{\hat{p}_k\}$，将在 $k=12, 24, 36, 48$ 处等明显地反映出这些相关性，这样我们可以通过观察自相关函数的有规律的峰值来识别序列的季节性，甚至可以识别那些由时间序列本身无法辨别的季节性峰值。

5.2.2 ARMA 模型的自相关分析

我们首先讨论 p 阶自回归模型的自相关分析问题。P 阶自回归 AR(p)模型为：

$$y_t = \phi_1 y_{t-1} + \cdots + \phi_p y_{t-p} + \varepsilon_t$$

经过计算，可以得到其自相关函数满足：

$$\begin{cases} \rho_1 = \phi_1 + \phi_2\rho_2 + \cdots + \phi_p\rho_{p-1} \\ \rho_2 = \phi_1\rho_1 + \phi_2 + \cdots + \phi_{p1}\rho_{p-2} \\ \rho_p = \phi_1\rho_{p-1} + \phi_2\rho_{p-2} + \cdots + \phi_p \end{cases} \tag{5-14}$$

当 $k>p$ 时，有：

$$\rho_k = \phi_1\rho_{k-1} + \phi_2\rho_{k-2} + \cdots + \phi_p\rho_{k-p} \tag{5-15}$$

偏自相关函数满足：

$$\varphi_{kk} = \begin{cases} \phi_k, & 1 \leqslant k \leqslant p \\ 0, & k>p \end{cases} \tag{5-16}$$

因此，AR(p)模型的偏自相关函数φ_{kk}是以 p 步截尾的。偏自相关函数φ_{kk}的这条性质对于 AR(p)模型的模型识别具有十分重要的意义。

我们再讨论 q 阶移动平均模型的自相关分析问题。q 阶移动平均 MA(q)模型为：

$$y_t = \varepsilon_t - \theta_1\varepsilon_{t-1} - \cdots - \theta_q\varepsilon_{t-q}$$

则其自相关函数满足：

$$\rho_k = \begin{cases} \dfrac{-\theta_k + \theta_1\theta_{k+1} + \cdots + \theta_{q-k}\theta_q}{1 + \theta_1^2 + \cdots + \theta_q^2}, & 1 \leqslant k \leqslant q \\ 0, & k>q \end{cases} \tag{5-17}$$

因此，q 阶移动平均模型的自相关函数具有 q 步截尾性，同理，自相关函数的这一性质可以用来识别移动平均模型的阶数及模型识别。

q 阶移动平均模型的偏自相关函数随着 k 的增加，呈指数衰减或正弦波衰减并趋于零。所以，对于 q 阶移动平均 MA(q)模型来说，偏自相关函数具有拖尾性。

对于 ARMA (p, q) 模型来说，自相关函数和偏自相关函数均具有拖尾性。由于 ARMA(p, q)模型由 p 阶自回归 AR(p)模型和 q 阶移动平均 MA(q)模型混合而成，因此，其自相关函数和偏自相关函数的计算比起单纯的自回归模型与移动平均模型要复杂得多。

上述所讨论的 ARMA(p, q)模型的自相关函数和偏自相关函数的性质，都是在理论值下展开讨论的。在实际问题中，我们无法得到确切的自相关函数和偏自相关函数的理论值，我们所能得到的是样本自相关函数和偏自相关函数。这样，在此基础上，需要对样本自相关函数和偏自相关函数展开进一步讨论，我们在后面的内容里将具体讨论。下面我们讨论两个例子，来说明 ARMA 模型的识别过程。

（一）AR 模型实例

【例 5－3】 表 5－4 是一个时间序列的样本观测值，我们将通过讨论其样本自相关函数和偏自相关函数来识别模型。

表 5－4　27 个数据的样本观测值

t	y_t	t	y_t	t	y_t
1	748	10	1000	19	2136
2	788	11	1166	20	2338
3	882	12	1387	21	2348
4	908	13	1586	22	2503
5	1118	14	1487	23	2427
6	1222	15	1415	24	2644
7	1220	16	1617	25	3010
8	996	17	1926	26	3350
9	924	18	2077	27	3688

图 5－4 是时间序列的样本观测值的折线图。从图 5－4 中我们可以看到，序列有明显上升的趋势，所以我们判定此时间序列是非平稳的。对时间序列y_t做一阶差分，得到一阶差序列Δy_t。

图 5－5 是一阶差分序列Δy_t的折线图，我们看到，图形已经没有明显的上升或下降趋势了。

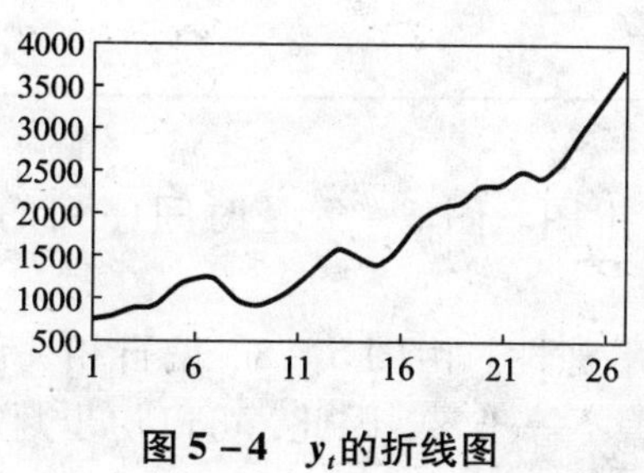

图 5－4　y_t的折线图

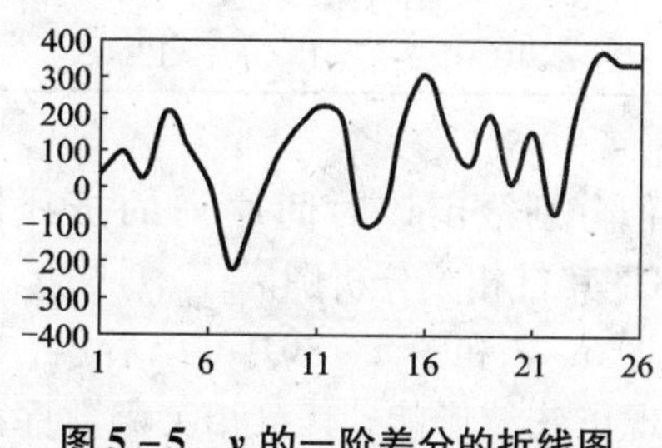

图 5－5　y_t的一阶差分的折线图

对一阶差分序列Δy_t进行自相关分析，图 5－6 是某相应的自相关分析图。从图 5－6 中可以看到，自相关函数序列呈现正弦波形状，这是 AR(2)模型的特征，因此，对于时间序列的一阶差分序列Δy_t，我们可以初步判定序列属于二阶自回归模型。实际上，我们还可以引入其他的分析技术交叉运用，有关内容将在下节介绍。

Autocorrelation	Partial Correlation		AC	PAC	Q-Stat	Prob
		1	0.407	0.407	4.8288	0.028
		2	-0.018	-0.220	4.8386	0.089
		3	-0.293	-0.244	7.5488	0.056
		4	-0.119	0.146	8.0147	0.091
		5	0.089	0.076	8.2871	0.141
		6	0.162	-0.007	9.2373	0.161
		7	0.213	0.196	10.969	0.140
		8	0.062	-0.045	11.125	0.195
		9	-0.035	-0.014	11.178	0.264
		10	-0.106	0.007	11.686	0.307
		11	-0.110	-0.103	12.278	0.343
		12	-0.076	-0.069	12.576	0.401

图 5－6　y_t的一阶差分的自相关分析图

(二) MA 模型实例

【例 5－4】 表 5－5 是一个时间序列的样本观测值，样本容量为 45。我们将通过讨论其样本自相关函数和偏自相关函数来识别模型。

表 5－5　45 个数据的样本观测值

t	y_t	t	y_t	t	y_t	t	y_t	t	y_t
1	8.89	10	9.98	19	10.06	28	9.76	37	8.82
2	9.93	11	10.10	20	11.07	29	10.15	38	10.07
3	9.68	12	9.97	21	10.25	30	10.25	39	9.47
4	9.85	13	9.70	22	10.02	31	9.5	40	9.62
5	10.68	14	9.86	23	10.03	32	10.55	41	10.67
6	9.94	15	10.11	24	9.92	33	10.19	42	9.92
7	9.89	16	13.27	25	10.01	34	10.37	43	11.69
8	10.07	17	7.32	26	10.26	35	10.45	44	11.94
9	10.02	18	13.03	27	10.06	36	10.2	45	9.54

我们分别给出该时间序列的折线图和自相关分析图。图 5－7 是时间序列的折线，图 5－8是其自相关分析图。

从图 5－7 和图 5－8 中可以看出，时间序列具有平稳性。由图 5－8，偏自相关函数序列，呈现正弦波形状，其自相关函数序列只有两个显著不等于零，因此，可以初步判定时间序列适用于二阶移动平均模型。

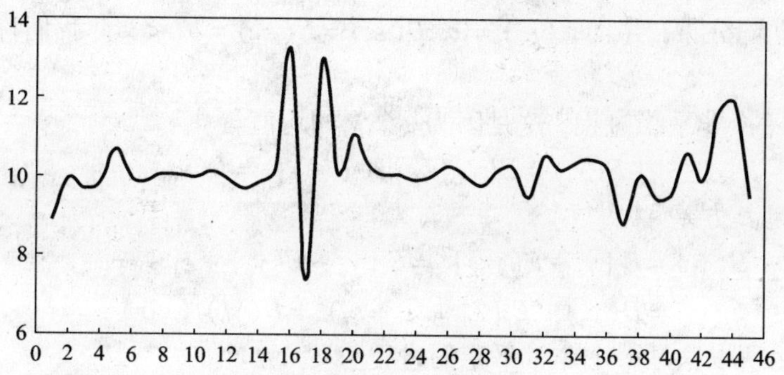

图 5－7　时间序列的折线图

Autocorrelation	Partial Correlation		AC	PAC	Q-Stat	Prob
		1	-0.395	-0.395	7.4828	0.006
		2	0.287	0.156	11.539	0.003
		3	-0.045	0.136	11.643	0.009
		4	-0.049	-0.086	11.767	0.019
		5	-0.048	-0.148	11.887	0.036
		6	-0.051	-0.088	12.028	0.061
		7	-0.078	-0.087	12.370	0.089
		8	0.018	-0.008	12.388	0.135
		9	0.007	0.054	12.391	0.192
		10	-0.013	-0.010	12.401	0.259
		11	0.077	0.031	12.766	0.309
		12	-0.072	-0.063	13.097	0.362

图 5－8　时间序列的自相关分析图

5.3　单位根检验和协整检验

一般来说，以时间序列数据为依据的实证研究工作都必须假定有关的时间序列是平稳的，否则会导致谬误回归问题的出现，这样，据此所做出的预测是无效的。

我们将给出两种非平稳序列现象，即 d 阶单整和协整，这两类非平稳序列经过变换可以达到平稳。所谓 d 阶单整序列，是指非平稳序列经过 d 次差分达到平稳，则称其为 d 阶单整序列。关于协整，一般地，若两个或多个非平稳的变量序列，其线性组合后的序列呈平稳性，则可称这些变量序列间有协整关系存在。本节主要介绍两类检验问题，即单位根检验和协整检验。

（一）单位根检验

经济时间序列数据，特别是宏观经济数据，常常呈现出明显的时间趋势，也就是在每一次经济振荡后都能回到它们的长期趋势上去，但有时又可能具有随机游动的特征，对此问题需要注意加以区分。在这里，我们先给出随机游动的概念，以及更一般的单位根过程的概念。如果在一个随机过程中，y_t 的每一次变化均来自于一个均值为零的独立同分布，即 $\{y_t\}$ 随机过程满足：

$$y_t = y_{t-1} + \varepsilon_t,\ t = 1,\ 2,\ \cdots \tag{5-18}$$

其中，$\{\varepsilon_t\}$为独立同分布，并且$E(\varepsilon_t)=0$，$D(\varepsilon_t)=E(\varepsilon_t^2)=\sigma^2<\infty$。我们称上述随机过程是随机游动。

随机游动是一个非平稳过程，这是因为尽管y_t的均值

$$E(y_t)=E(y_{t0}+\varepsilon_1+\cdots+\varepsilon_t)=E(y_0)$$

是一个常数，但是其方差

$$D(y_t)=E\,[y_t-E(y_0)]^2=E\,[y_0-E(y_0)+\varepsilon_1+\cdots+\varepsilon_t]^2$$
$$=D(y_0)+E\,(\varepsilon_1+\cdots+\varepsilon_t)^2=D(y_0)+t\,\sigma^2$$

是时间 t 的函数，所以这是一个非常平稳的过程。

下面我们给出单位根过程的概念，设随机过程$\{y_t\}$满足：

$$y_t=\rho\,y_{t-1}+u_t,\ t=1,\ 2,\ \cdots \tag{5-19}$$

其中，$\rho=1$，$\{u_t\}$为一个平稳过程，并且$E(u_t)=0$，$\mathrm{cov}(u_t,\ u_{t-s})=u_s<\infty$。在这里$s=0,\ 1,\ 2,\ \cdots$显然，随机游动是单位根过程的一个特例，这主要体现在随机干扰$\{\varepsilon_t\}$和$\{u_t\}$的差异上，这种差异使它们在经济学和金融学上有不同的应用。

对非平稳序列采用传统的估计方法（如普通最小二乘估计），以及估计变量间的关系时，会得出错误推断。正确的方法是在检验时间趋势之前，要先确定时间序列中是否存在单位根。如果变量不能拒绝有单位根，则认为是非平稳的。

目前使用比较广泛的是迪基—福勒检验（Dickey-Fuller Test，DF 检验）和菲利普斯—配荣检验（Phillhps-Perron Test，PP 检验）。迪基—福勒检验是迪基和福勒在 20 世纪 70 年代到 20 世纪 80 年代的一系列文章中建立起来的。它是基于参数的最小二乘估计，在单位根过程（带常数项或不带常数项）中，有给定的样本构造统计量，这种检验方法容易操作，并且可以应用于多种不同的形式。菲利普斯—配荣检验是菲利普斯（1987）和配荣（1988）提出的，PP 检验处理的是具有一般形式的单位根过程，与 DF 检验不同的是，主要应用于一阶自回归模型的残差不是白噪声，并且存在自相关的情况。恩格尔和柳（Engle & Yoo，1987）提出了 ADF（Augmented Dickey – Fuller Test）检验，以修正 DF 检验中的自相关问题，并且指出，具有高价自相关问题的时间序列需要使用 ADF 检验。ADF 检验方法加入了漂浮项（drift）与时间趋势项（trend），更具有科学性。本章主要介绍 DF 单位根检验。

关于 DF 单位根检验问题，有多种假设检验问题，我们仅讨论两种简单的情形，对于更一般的问题，请参见相关的文献。

问题一：假设样本观测值来自模型$y_t=\rho\,y_{t-1}+\varepsilon_t$，考虑假设检验问题：

$$H_0:\rho=1;\ H_0:\rho<1$$

因此，在原假设成立时，$\{y_t\}$服从一个随机游动过程；在备样假设成立时，$\{y_t\}$服从一个平稳一阶自回归模型。

在原假设成立的条件下，参数ρ 的最小二乘估计为：

$$\hat{\rho}_T=\frac{\sum_{t=1}^{T}y_{t-1}\,y_t}{\sum_{t=1}^{T}y_{t-1}^2}$$

其中，T 为样本容量。由此，我们可以构造问题一的检验统计量：

$$T(\hat{\rho}_T-1) \tag{5-20}$$

和

$$t_T = \frac{T(\hat{\rho}_T - 1)}{\hat{\sigma}_T^2}\left(\frac{1}{T^2}\sum_{t=1}^{T} y_{t-1}^2\right)^{1/2} \tag{5-21}$$

其中：

$$\hat{\sigma}_T^2 = \frac{1}{T-1}\sum_{t=1}^{T}(y_t - \hat{\rho}_T y_{t-1})^2$$

对于上述两种检验，迪基和福勒分别给出了检验临界值对于给定的样本容量 T 和显著性水平 $0<\alpha<1$，将样本观测值代入式(5－20)和式(5－21)计算，如果 $T(\hat{\rho}_T-1)$ 和 t_T 的值大于相应的临界值，则拒绝原假设 $H_0: \rho=1$，即认为 $\{y_t\}$ 服从一个平稳的一阶自回归模型。

问题二：假设样本观测值来自模型 $y_t=\alpha+\rho y_{t-1}+\varepsilon_t$，在模型 $y_t=\alpha+\rho y_{t-1}+\delta t+\varepsilon_t$ 中考虑假设检验问题：

$$H_0: \rho=1;\ H_0: \rho<1,\ \delta\neq 0 \tag{5-22}$$

我们需要先对模型做以下变换：

$$\begin{aligned} y_t &= \alpha+\rho y_{t-1}+\delta t+\varepsilon_t \\ &= (1-\rho)\alpha+\rho[y_{t-1}-\alpha(t-1)]+(\delta+\rho\alpha)t+\varepsilon_t \\ &= \alpha^*+\rho^*\zeta_{t-1}+\delta^* t+\varepsilon_t \end{aligned} \tag{5-23}$$

在这里，$\alpha^*=(1-\rho)\alpha$，$\rho^*=\rho$，$\delta^*=\delta+\rho\alpha$，$\zeta_{t-1}=y_{t-1}-\alpha(t-1)$ 因此，原假设：

$$H_0: \alpha=\alpha_0,\ \rho=1,\ \delta=0$$

等价于

$$H_0: \alpha^*=0;\ \rho^*=1,\ \delta^*=\alpha_0 \tag{5-24}$$

当假设(5－24)式为真时，参数 α^*，ρ^* 和 δ^* 的最小二乘估计满足：

$$\begin{bmatrix} \hat{\alpha}_T^* \\ \hat{\rho}_T^*-1 \\ \hat{\delta}_T^*-\alpha_0 \end{bmatrix} = \begin{bmatrix} T & \sum\zeta_{t-1} & \sum t \\ \sum\zeta_{t-1} & \sum\zeta_{t-1}^2 & \sum\zeta_{t-1}\cdot t \\ \sum t & \sum\zeta_{t-1}\cdot t & \sum t^2 \end{bmatrix} \begin{bmatrix} \sum\varepsilon_t \\ \sum\zeta_{t-1}\cdot\varepsilon_t \\ \sum t\cdot\varepsilon_t \end{bmatrix}$$

由此，我们可以构造假设检验问题式(5－22)的统计量：

$$F_T = \frac{(\tilde{R}^2-\hat{R}^2)/2}{\hat{R}^2/(T-3)} \tag{5-25}$$

其中：

$$\tilde{R}^2 = \sum_{t=1}^{T}(y_t-\rho_0 y_{t-1})^2$$

$$\hat{R}^2 = \sum_{t=1}^{T}(y_t-\hat{\alpha}_t-\hat{\rho}_T y_{t-1})^2$$

迪基和福勒给出了检验临界值。对于给定的样本容量 T 和显著性水平 $0<\alpha<1$，将样本观测值代入式(5－25)计算，如果 F_T 的值大于相应的临界值，则拒绝检验问题式(5－22)的原假设 H_0，即认为 $\{y_t\}$ 服从一个平稳的模型。

(二) 协整检验

在宏观经济里有一个十分有趣的现象，许多经济指标都遵循随机游动过程。所以，突发性的经济振荡所产生的影响在几年后仍然不会消失，它是永久性的。例如，消费和可支配性收入都服从随机游动，从长远来看，家庭将按照一定的比例消费其可支配收入，所以我们说，消费和可支配性收入应该是相互联系的。也就是说，两个随机变量都遵循随机游动过程，即它们是非平稳的，但是，它们的某个线性组合是平稳的。我们把这种关系称为协整关系，一般来说，若两个或多个非平稳的变量序列，其线性组合后的序列呈平稳性，则可称这些变量序列间有协整关系存在。为了给出协整关系的精确定义，我们需要先给出单整的概念。如果一个时间序列$\{y_t\}$在成为稳定序列之前必须经过 d 次差分，则称该时间序列是 d 阶单整，记为$y_t \sim I(d)$。下面我们给出协整关系的精确定义。

设随机向量X_t中所含分量均为 d 阶单整，记为$X_t \sim I(d)$。如果存在一个非零向量β，使得随机向量$Y_t = \beta X_t \sim I(d-b)$，$b>0$，则称随机向量$X_t$具有 d，b 阶协整关系，记为$X_t \sim CI(d,b)$，向量β称为协整向量。

特别地，y_t和x_t为随机变量，并且y_t，$X_t \sim I(1)$，当$y_t = k_0 + k_1 x_t \sim I(0)$，则称$y_t$和$x_t$是协整的，$(k_0, k_1)$称为协整系数。

关于协整的概念，我们给出以下说明：首先，协整回归的所有变量必须是同阶单整的，协整关系的这个前提并非意味着所有同阶单整的变量都是协整的，比如假定y_t，$x_t \sim I(1)$，y_t和x_t的线性组合仍为$I(1)$，则此时y_t和x_t虽然满足同阶单整，但不是协整的；其次，在两变量的协整方程中，协整向量(k_0, k_1)是唯一的，然而，若系统中含有 k 个变量，则可能有 $k-1$ 个协整关系。

协整理论是恩格尔(Engle)和格兰杰(Granger)在1978年首先提出来的。在此之前，人们为了避免出现谬误回归，往往只采用平稳时间序列来建立回归模型，或者先将非平稳时间序列转化为平稳时间序列，然后再做回归。有了协整理论，几个同阶单整的时间序列之间可能存在一种长期的稳定关系，其线性组合可能降低单整阶数。在经济领域中，许多情况下，通过经济理论我们可以知道某两个变量应该是协整的，如前面给出的例子，有了协整理论，我们可以给出一个确切的判断，通过协整检验就是对经济理论正确性的检验。协整检验和估计协整线性系统参数的统计理论构成了协整理论的重要组成部分。如果没有它们，协整在实践中便会失去其应有的重要作用。目前，常用的协整检验有两种，即恩格尔－格兰杰两步协整检验法和约翰森(Johansen)协整检验法。这两种方法的主要差别在于恩格尔－格兰杰两步协整检验法采用的是一元方程技术，而约翰森协整检验法采用的是多元方程技术。因此，约翰森协整检验法在假设和应用上所受的限制较少。

1. 恩格尔－格兰杰两步协整检验法

恩格尔－格兰杰两步协整检验法考虑了如何检验零假设为一组Ⅰ(1)变量的无协整关系问题。用普通最小二乘法估计这些变量之间的平稳关系系数，然后用单位根检验来检验残差。拒绝存在单位根的零假设是协整关系存在的证据。我们从最简单的情况开始讨论。设两个变量y_t和x_t都是Ⅰ(1)序列，考虑下列长期静态回归模型：

$$y_t = \beta_0 + \beta_1 x_t + \varepsilon_t$$

对于上述模型的参数，我们用最小二乘法给出其参数估计。利用麦金农(MacKimon)给出的协整 ADF 检验统计量，检验在上述估计下得到的回归方程的残差e_t是否平稳(如果y_t和x_t不是协整的，则它们的任意组合都是非平稳的，因此，残差e_t将是非平稳的)。也就是说，我们检验残差e_t的非平稳的假设，就是检验y_t和x_t不是协整的假设。更一般地，我们有以下具体方法：

(1)使用 ADF 检验长期静态模型中所有变量的单整阶数。协整回归要求所有的解释变量都是一阶单整的，因此，高阶单整变量需要进行差分，以获得 $I(1)$序列。

(2)用最小二乘法估计长期静态回归方程，然后用 ADF 统计量检验残差估计值的平稳性。

2. 约翰森协整检验法

当长期静态模型中有两个以上变量时，协整关系就可能不止一种。此时若采用恩格尔—格兰杰协整检验，就无法找到两个以上的协整向量。约翰森和尤塞柳斯(Juselius)提出了一种在 VAR 系统下用极大似然估计来检验多变量之间协整关系的方法，通常称为约翰森协整检。具体方法如下：

设一个 VAR 模型如下：

$$Y_t = B_1 Y_{t-1} + B_2 Y_{t-2} + \cdots + B_p Y_{t-p} + U_t \tag{5-26}$$

其中，Y_t为 m 维随机向量，$B_t(i=1, 2, \cdots, p)$是 $m \times m$ 阶参数矩阵，$U_t \sim \text{II}D(0, \sum)$。我们将(5－26)式转换为：

$$\Delta Y_t = \sum_{i=1}^{p} \Phi_i \Delta Y_{t-i} + \Phi Y_{t-p} + U_t \tag{5-27}$$

式(5－27)为向量误差修正模型(VECM)，即一次差分的 VAR 模型加上误差修正项 ΦY_{t-p}，设置误差修正项的主要目的是将系统中因差分而丧失的长期信息引导回来。在这里，$\Phi_i = -(I - B_t - \cdots - B_i)$，$\Phi = -(I - B_1 - \cdots - B_p)$。参数矩阵$\Phi_i$和 Φ 分别是对Y_t变化的短期和长期调整。$m \times m$ 阶矩阵 Φ 的秩记为 r，则存在以下三种情况：

(1)$r=m$，即 Φ 是满秩的，表示Y_t向量中各变量皆为平稳序列。

(2)$r=0$，表示 Φ 为空矩阵，Y_t向量中各变量无协整关系。

(3)$0 < r \leqslant m-1$，在这种情况下，Φ 阵可以分解为两个 $m \times r$ 阶(满列秩)矩阵 α 和 β 的积，即 $\Phi = \alpha\beta'$。在这里，α 表示对非均衡调整的速度，β 为长期系数矩阵(或称协整向量矩阵)，即β'的每一行β_i'是一个协整向量，秩 r 是系统中协整向量的个数。尽管 α 和 β 本身不是唯一的，但 β 唯一地定义一个协整空间。因此，可以对 α 和 β 进行适当的正规化。

这样，协整向量的个数可以通过考察 Φ 的特征根的显著性求得。若矩阵 Φ 的秩为 r，说明矩阵有 r 个非零特征根，按大小排列为λ_1，λ_2，$\cdots$，λ_r。特征根的个数可以通过以下两个统计量来计算：

$$\lambda_{\text{trace}} = -T \sum_{i=r+1}^{m} \ln(1 - \lambda_i) \tag{5-28}$$

$$\lambda_{\max} = -T \ln(1 - \lambda_{r+1}) \tag{5-29}$$

其中，λ_i是(5－27)式中 Φ 矩阵特征根的估计值，T 为样本容量。

式(5－28)称为迹检验：

$$H_0: r < m \leftrightarrow H_1: r = m$$

式(5－29)称为最大特征根检验：

$$H_0: r = q, \ q = 1, 2 \cdots, m \leftrightarrow H_1: r \leqslant q + 1$$

原假设隐含着$\lambda_{r+1} = \lambda_{r+2} = \cdots = \lambda_m = 0$，表示此系统中存在 $m-r$ 个单位根，最初先设原假设有 m 个单位根，即 $r=0$，若拒绝原假设H_0，表示$\lambda_1 > 0$，有一个协整关系；再继续检验有$(m-1)$个单位根，若拒绝原假设H_0，表示有两个协整关系；依次检验，直至无法拒绝H_0为止。约翰森和尤塞柳斯在蒙特卡罗模拟方法的基础上，给出了两个统计量的临界值，目前大多数计量经济软件都直接报告出检验结果。关于这一节的具体计算，借助于统计分析软件包，我们可以很方便地得到计算结果，这里略去。

5.4 ARMA 模型的建模

5.4.1 模型阶数的确定

在 ARMA(p, q)的建模过程中，对于阶数(p, q)的确定，是建模中比较重要的步骤，也是比较困难的。下面我们分别给出几种定阶方法，在实际应用中，往往是几种方法交叉使用，然后选择最合适的阶数(p, q)作为待建模型的阶数。

1. 基于自相关函数和偏相关函数的定阶方法

其样本的自相关函数$\{\hat{\rho}_k\}$和样本的偏自相关函数$\{\hat{\varphi}_{kk}\}$的截尾性判定模型的阶数。

博克斯和詹金斯提出，对于 ARMA(p, q)模型，可以利用样本的自相关函数$\{\hat{\rho}_k\}$和样本的偏自相关函数$\{\hat{\varphi}_{kk}\}$的截尾性确定模型的阶数。对于平稳时间序列$\{y_t\}$，根据前面的讨论，当$\rho=0$时，即模型为 MA(q)，则模型的自相关函数$\{\hat{\rho}_k\}$在 q 步截尾；当 $q=0$ 时，模型即为 AR(p)模型。此时模型的偏自相关函数$\{\varphi_{kk}\}$在 p 步截尾。因此，对于自相关函数$\{\rho_k\}$和偏自相关函数$\{\varphi_{kk}\}$有三种可能情况：①如果样本的自相关函数$\{\rho_k\}$在 q 步截尾，则可以判定 $p=0$，模型为 MA(q)；②如果样本的偏自相关函数$\{\varphi_{kk}\}$在 p 步截尾，则可以判定 $q=0$，模型为 AR(p)；③如果样本的自相关函数$\{\rho_k\}$和样本的偏自相关函数$\{\varphi_{kk}\}$均拖尾，则判断模型为 ARMA(p, q)模型。可是，这时模型的阶数(p, q)不能直接得到，需要结合其他方法进行定阶，通常通过多种定阶方法对(p, q)进行试探性的识别，再通过检验来确定。

但是，上面的叙述只是理论上的结果，在具体的数据计算中，我们得到的是模型理论值的估计值，即样本的自相关函数$\{\hat{\rho}_k\}$(SACF)和样本的偏自相关函数$\{\hat{\varphi}_{kk}\}$(SPACF)，它们与真值的误差肯定是存在的，所以，直接观察序列$\{\hat{\rho}_k\}$和$\{\hat{\varphi}_{kk}\}$的取值情况是不能用来进行模型定阶的。我们可以利用序列$\{\hat{\rho}_k\}$和$\{\hat{\varphi}_{kk}\}$的大样本性质来完成上述情况(1)和情况(2)的定阶，具体方法如下：

第一，对于每一个 q，计算$\hat{\rho}_{q+1}, \hat{\rho}_{q+2}, \cdots, \hat{\rho}_{q+M}$（$M$ 取为$\sqrt{n}$或者 $n/10$），考察其中满足 $|\hat{\rho}_k| \leqslant \frac{1}{\sqrt{n}}\sqrt{1+2\sum_{i=1}^{q}\hat{\rho}_i^2}$ 或者 $|\hat{\rho}_k| \leqslant \frac{2}{\sqrt{n}}\sqrt{1+2\sum_{i=1}^{q}\hat{\rho}_i^2}$ 的个数是否占 M 个的 68.3% 或者 95.5%。如果$1 \leqslant k \leqslant q_0$，$\hat{\rho}_k$ 都明显地异于$\hat{\rho}_{q_0+1}, \hat{\rho}_{q_0+2}, \cdots, \hat{\rho}_{q_0+M}$ 均近似于零，并且满足上述不等式之一$\hat{\rho}_k$ 的个数达到其相应的比例，则可以近似地判定$\{\hat{\rho}_k\}$和q_0步截尾，平稳时间序列$\{y_t\}$为 MA(q_0)。

第二，类似地，我们可以通过计算序列$\{\hat{\varphi}_{kk}\}$考察其中满足$|\hat{\varphi}_k| \leqslant \frac{1}{\sqrt{n}}$或者$|\hat{\varphi}_{kk}| \leqslant \frac{2}{\sqrt{n}}$的个数是否占 M 个的 68.3%或者 95.5%。如果是，就可以近似地判定$\{\hat{\varphi}_{kk}\}$是p_0步截尾，平稳时间序列$\{y_t\}$为 AR(p_0)。

第三，如果对于序列$\{\hat{\varphi}_{kk}\}$和$\hat{\rho}_k$来说，均不截尾，即不存在上述p_0和q_0，此时属于情况

(3), 则可以判定平稳时间序列$\{y_t\}$为 ARMA 模型。

关于 ARMA 模型的阶数(p, q)的确定，可以通过下列方法进行。设自回归系数ϕ_1, …, ϕ_p和移动平均系数θ_1, …, θ_q的估计值分别为$\hat{\phi}_1$, …, $\hat{\phi}_p$和$\hat{\theta}_1$, …, $\hat{\theta}_q$, 将其代入模型，则关于残差估计量，可得:

$$\hat{\varepsilon}_t = y_t - \hat{\phi}_1 y_{t-1} - \cdots - \hat{\phi}_p y_{t-p} + \hat{\theta}_1 \varepsilon_{t-1} + \cdots + \hat{\theta}_q \varepsilon_{t-q} \tag{5-30}$$

这种方法是通过尝试来进行的，选定(p, q)先取初值ε_0, ε_{-1}, …, ε_{1-q}和y_0, y_{-1}, …, y_{1-q}, 则由式(5-30)可以计算残差估计量$\hat{\varepsilon}_1$, $\hat{\varepsilon}_2$, …, $\hat{\varepsilon}_n$。考虑下列假设检验:

$$H_0: \hat{\varepsilon}_1, \hat{\varepsilon}_2, \cdots, \hat{\varepsilon}_n \text{是白噪声}$$

令$\hat{\gamma}_j(\varepsilon) = \dfrac{1}{n}\sum\limits_{t=1}^{n-j} \hat{\varepsilon}_{t+j}\, \varepsilon_t$, $\hat{\rho}_j(\varepsilon) = \hat{\gamma}_j(\varepsilon)/\hat{\gamma}_0(\varepsilon)$, 在原假设$H_0$成立的条件下，构造检验统计量:

$$Q_n = n\sum_{j=1}^{n} \hat{\rho}_j^2(\varepsilon) \tag{5-31}$$

我们可以证明，统计量Q_n有渐近分布$\chi^2(n-p-q)$。因此，对于给定的$0<\alpha<1$, 当$Q_n < \chi^2(n-p-q)$时接受原假设H_0, 即$\hat{\varepsilon}_1$, $\hat{\varepsilon}_2$, …, $\hat{\varepsilon}_n$是白噪声，此时，所选定(p, q)即是所求ARMA模型的阶数。否则，将继续尝试选定新的(p, q), 重复上述计算，再判断。

泰西和刁(Tasy & Tiao, 1984)提出了另外一种确定 ARMA 模型的阶数(p, q)的方法，具体是: 若序列$\{\hat{\varphi}_{kk}\}$和$\{\hat{\rho}_k\}$属于情况(3)则用 AR(1)拟合序列$\{y_t\}$, 再考察其残差序列的样本自相关函数是否截尾，若q_1步截尾，则模型为 ARMA$(1, q_1)$, 否则，再用 AR(2)拟合序列$\{y_t\}$, 考察其残差序的样本自相关函数是否截尾，若q_2步截尾，则模型为 ARMA$(2, q_2)$。否则，再继续增大p, 重复上述做法，直至残差序列的样本自相关函数截尾为止。

2. 基于 F 检验确定阶数

设平稳时间序列$\{y_t\}$为 ARMA(p, q)过程，对于其样本y_1, y_2, …, y_n, 先用 ARMA$(p+1, q+1)$进行拟合。A_0和A_1分别表示 ARMA(p, q), ARMA$(p+1, q+1)$相应的残差平方和，考虑假设检验问题:

$$H_0: \phi_{p+1} = 0, \ \theta_{q+1} = 0$$

上述的假设检验问题，可以引入检验统计量:

$$F = \left(\frac{A_1 - A_0}{2}\right) \Big/ \left(\frac{A_0}{n-(p+q-2)}\right)$$

对此，当n充分大时，检验统计量F近似地服从$F(2, n-(p+q-2))$。因此，对给定$0<\alpha<1$, 当$F<F_\alpha(2, n-(p+q-2))$时，接受原假设H_0, 就可以确定模型的阶数; 否则，关于ARMA$(p+1, q+1)$和 ARMA$(p+2, q+2)$, 需要进一步重复上述检验，直至接受原假设为止。

3. 利用信息准则法定阶

信息准则法在模型选择中起着很重要的作用，关于 ARMA(p, q)的定阶问题，实际上也是模型选择问题，在这里主要给出两种准则。

(1) AIC 准则

AIC 准则是赤池弘次(Akaika)在 1973 年提出的，该准则既考虑拟合模型对数据的接近程度，也考虑模型中所含待定参数的个数。关于 ARMA(p, q)模型，对其定义 AIC 函数如下:

$$\mathrm{AIC}(p, q) = n\ln \hat{\sigma}_t^2(p, q) + 2(p+q) \tag{5-32}$$

其中，$\hat{\sigma}_t^2(p, q)$是拟合 ARMA(p, q)模型时的残差的方差，它是阶数(p, q)的函数。容易得到，对于固定的 n，当(p, q)增加时，$\hat{\sigma}_t^2(p, q)$减小。因此，$\ln \hat{\sigma}_t^2(p, q)$关于$(p, q)$是单调减的，所以，AIC 准则定阶方法可写为：

$$\text{AIC}(p, q)=\min_{k, l}\text{AIC}(k, l) \qquad 0 \leqslant k \leqslant M, 0 \leqslant l \leqslant N \tag{5-33}$$

其中，M，N 为 ARMA 模型阶数的上限值，一般取为$\sqrt{n}$或 $n/10$。

(2) BIC 准则

赤池弘次在 1976 年改进了 AIC 准则，提出了 BIC 准则。这避免了在大样本情况下，AIC 准则在选择阶数时收敛性不好的缺点。关于 ARMA(p, q)模型，定义 BIC 函数如下：

$$BIC(p, q)=n\ln \hat{\sigma}_t^2(p, q)+(p+q)\ln n \tag{5-34}$$

BIC 准则定阶方法可写为：

$$BIC(p, q)=\min_{k, l}BIC(k, l) \quad 0 \leqslant k \leqslant M, 0 \leqslant l \leqslant N \tag{5-35}$$

5.4.2 模型阶数的估计

设平稳时间序列$\{y_t\}$是一个 ARMA(p, q)过程，满足式(5-7)，即：

$$y_t=\phi_1 q\, y_{t-1}+\cdots+\phi_p y_{t-p}+\varepsilon_t-\theta_1\varepsilon_{t-1}-\cdots-\theta_q\varepsilon_{t-q}$$

其中，ϕ_1，…，ϕ_p为自回归系数，θ_1，…，θ_q为移动平均系数。在 ARMA(p, q)的建模过程中，关键的一步就是模型的参数估计问题。根据 ARMA(p, q)模型的特点，参数估计一般分以下两步进行：

1. 初估计(粗估计)

利用初估计思想给出 ARMA(p, q)模型的参数估计，由于这样得到的估计的精度较差，比较粗糙，一般无法直接作为模型参数的估计值，而下一步估计往往都是通过迭代完成的，所以一般用于作为下一步估计的初值。

(1) AR(p)模型参数的尤尔－沃克(Yule－Walker)估计

根据(5-14)式，AR(p)模型的自相关函数$\{\rho_t\}$存在下列关系，即满足尤尔－沃克方程：

$$\begin{cases}\phi_1+\phi_2\rho_1+\cdots+\phi_p\rho_{p-1}=\rho_1\\ \phi_1\rho_1+\phi_2+\cdots+\phi_p\rho_{p-2}=\rho_2\\ \qquad\vdots\\ \phi_1\rho_{p-1}+\phi_2\rho_{p-2}+\cdots+\phi_p=\rho_p\end{cases} \tag{5-36}$$

写成矩阵形式为：

$$\begin{bmatrix}1 & \rho_1 & \cdots & \rho_{p-1}\\ \rho_1 & 1 & \cdots & \rho_{p-2}\\ \cdots & \cdots & \cdots & \cdots\\ \rho_{p-1} & \rho_{p-2} & \cdots & 1\end{bmatrix}\cdot\begin{bmatrix}\phi_1\\ \phi_2\\ \vdots\\ \phi_p\end{bmatrix}=\begin{bmatrix}\rho_1\\ \rho_2\\ \vdots\\ \rho_p\end{bmatrix} \tag{5-37}$$

在实际应用中，设样本观测值为y_1，y_2，…，y_n，我们得到的是样本自相关函数$\hat{\rho}_k$，将其代入式(5-37)中，如果上述式(5-37)的系数阵可逆，我们可以解此方程：

$$\begin{bmatrix}\hat{\phi}_1\\ \hat{\phi}_2\\ \vdots\\ \hat{\phi}_p\end{bmatrix}=\begin{bmatrix}1 & \hat{\rho}_1 & \cdots\hat{\rho}_{p-1}\\ \hat{\rho}_1 & 1 & \cdots\hat{\rho}_{p-2}\\ \cdots & \cdots & \cdots\cdots\\ \hat{\rho}_{p-1} & \hat{\rho}_{p-2} & \cdots\ 1\end{bmatrix}^{-1}\begin{bmatrix}\hat{\rho}_1\\ \hat{\rho}_2\\ \vdots\\ \hat{\rho}_p\end{bmatrix} \tag{5-38}$$

其解$\hat{\phi}_1$, $\hat{\phi}_2$, …, $\hat{\phi}_p$, 即为所求 AR(p)模型的参数估计。

对于一阶自回归模型 AR(1), 根据式(5－38)可知:

$$\hat{\phi}_1=\hat{\rho}_1$$

对于一阶自回归模型 AR(1), 根据式(5－38)可知:

对于一阶自回归模型 AR(2), 根据式(5－38)可得:

$$\begin{cases}\hat{\phi}_1=\dfrac{\hat{\rho}_1(1-\hat{\rho}_2)}{1-\hat{\rho}_1^2}\\ \hat{\phi}_2=\dfrac{\hat{\rho}_2-\hat{\rho}_1^2}{1-\hat{\rho}_1^2}\end{cases}$$

【例 5－5】 根据例题 5－3 的分析, 我们可以初步判定时间序列$\{y_t\}$适用 AR(2)模型, 由自相关分析图, 我们知道$\hat{\rho}_1=0.407$, $\hat{\rho}_2=-0.018$, 由此, 我们可以得到 AR(2)模型中参数$\hat{\phi}_1$, $\hat{\phi}_2$的初步估计为:

$$\begin{cases}\hat{\phi}_1=\dfrac{0.407\times(1+0.018)}{1-0.407^2}=0.4966\\ \hat{\phi}_2=\dfrac{-0.018-0.407}{1-0.407^2}=-0.2201\end{cases}$$

(2) MA(q)模型参数估计

对于 MA(q)模型, 类似于 AR(p)模型, 我们可以利用(5－17)式, 得到:

$$\rho_k=\frac{-\theta_k+\theta_1\theta_{k+1}+\cdots+\theta_{q-k}\theta_q}{1+\theta_1^2+\cdots+\theta_q^2},\ k=1,\ 2,\ \cdots,\ q \tag{5-39}$$

由此, 可以解出参数的矩估计。但是, 此方程是非线性的, 所以一般无法直接给出其解, 往往需要利用迭代法得到此方程的解。下面我们给出低阶 MA 模型的参数估计情况。

对于一阶移动平均模型 MA(1), 根据式(5－39), 我们有:

$$\rho_1=\frac{-\theta_1}{1+\theta_1^2}$$

解得:

$$\theta_1=\frac{-1\pm\sqrt{1-4\rho_1^2}}{2\rho_1}$$

对于二阶移动平均模型 MA(2), 根据式(5－39), 我们有:

$$\begin{cases}\rho_1=\dfrac{-\theta_1+\theta_1\theta_2}{1+\theta_1^2+\theta_2^2}\\ \rho_2=\dfrac{-\theta_2}{1+\theta_1^2+\theta_2^2}\end{cases}$$

由此我们看到, 对二阶以上的 MA 模型直接求解都十分困难。

(3) ARMA(p, q)模型参数估计

对于 ARMA(p, q)模型参数的初步估计，由于其模型结构的复杂性，因此比较困难，有几种方法可以进行。一般情况下，我们都是利用统计分析软件包来完成的。

2. 精估计

ARMA(p, q)模型参数的精估计一般采用极大似然估计，由于模型结构的复杂性，无法直接给出参数的极大似然估计，只能通过迭代方法来完成，这时，迭代初值常常利用初估计得到的值。

设平稳时间序列$\{y_t\}$是一个 ARMA(p, q)过程：

$$y_t = \phi_1 y_{t-1} + \cdots + \phi_p y_{t-p} + \varepsilon_t - \theta_1 \varepsilon_{t-1} - \cdots - \theta_q \varepsilon_{t-q}$$

在这里，白噪声$\{\varepsilon_t\}$服从正态分布，其均值是 0。在一定条件下，$X_n = (y_1, \cdots, y_n)'$的似然函数可以写为：

$$L(\phi, \theta, \sigma_\varepsilon^2) = (2\pi)^{-n/2} (\det \Gamma_n)^{-1/2} \exp\left(-\frac{1}{2} X_n' \Gamma_n^{-1} X_n\right) \tag{5-40}$$

其中，$\Gamma_n = E(X_n X_n')$。经过推导，我们可以得到 φ，θ 和σ_ε^2的极大似然估计$\hat{\phi}_L$，$\hat{\theta}_L$和$\hat{\sigma}_L^2$满足：

$$\hat{\sigma}_L^2 = n^{-1} S(\hat{\phi}_L, \hat{\theta}_L) \tag{5-41}$$

其中：

$$S(\hat{\phi}_L, \hat{\theta}_L) = \sum_{j=1}^{n} (y_j - \hat{y}_j)^2 / r_{j-1} \tag{5-42}$$

在这里，r_j 满足一个递推公式，我们略去。

并且，$\hat{\phi}_L$，$\hat{\theta}_L$ 使得

$$l(\hat{\phi}_L, \hat{\theta}_L) = \ln(n^{-1} S(\hat{\phi}_L, \hat{\theta}_L)) + n^{-1} \sum_{j=1}^{n} \ln r_{j-1}$$

达到极小值。由此，我们得到极大似然估计方法，就是利用迭代法求$\hat{\phi}_L$和$\hat{\theta}_L$，使得$l(\hat{\phi}_L, \hat{\theta}_L)$达到最小值，即求出参数 ϕ 和 θ 的极大似然估计$\hat{\phi}_L$和$\hat{\theta}_L$。最后，利用(5-42)式得到σ_ε^2的极大似然估计$\hat{\sigma}_L^2$。在上述计算过程中，初值的选择非常重要，一般我们选择前面得到的参数的粗估计作为迭代的初值。一般情况下，上述过程也是利用统计分析软件包来完成的。

5.4.3 *ARMA*(p, q)序列预报

设平稳时间序列$\{y_t\}$是一个 ARMA(p, q)过程，即：

$$y_t = \phi_1 y_{t-1} + \cdots + \phi_p y_{t-p} + \varepsilon_t - \theta_1 \varepsilon_{t-1} - \cdots - \theta_q \varepsilon_{t-q}$$

本节将讨论其预测问题。设当前时刻为 t，我们已经知道时刻 t 和以前时刻的观测值y_t，y_{t-1}，y_{t-2}，…我们将用已知的观测值对时刻 t 后的观察值y_{t+l}($l>0$)进行预测，对此我们记为$\hat{y}_t(l)$。

利用线性预测的方法，我们给出预测公式。为此，引入最小二乘预测概念。设y_1，…，y_T是平稳时间序列$\{y_t\}$的一个观测值，对于 $l>-T$，$\hat{y}_t(l)$是关于y_1，…，y_T的一个可测函数，它满足：

$$\hat{y}_t(l) = \text{agr}\inf_f E\ (y_{T+l} - f)^2 \tag{5-43}$$

我们称$\hat{y}_t(l)$为基于观测值y_1，…，y_T关于y_{T+l}的最小二乘预测。在上述定义下，经过简单的证明，我们可以得到：

$$\hat{y}_t(l) = E(y_{T+l} \mid y_T, \cdots, y_1)$$

在此基础上，可以得到 ARMA(p, q)模型的预测值$\hat{y}_t(l)$。我们将分别进行讨论。

1. AR(p)模型预测

设时间序列$\{y_t\}$满足：

$$y_t = \phi_1 y_{t-1} + \cdots + \phi_p y_{t-p} + \varepsilon_t$$

在这里，$\{\varepsilon_t\}$是白噪声，并且所有的 t，满足：

$$E(\varepsilon_t | y_{t-1}, y_{t-2}, \cdots) = 0$$

则对于观测值y_1，…，y_T，当 $T \geqslant p$ 时，经过计算，我们容易得到：

$$\hat{y}_T(l) = \phi_1 y_{t-1}(l-1) + \cdots + \phi_p \hat{y}_T(l-p),\ l = 1, 2, \cdots \tag{5-44}$$

进一步地，可以得到：

$$\hat{y}_T(l) = \varphi_1^{(l)} y_T + \cdots + \varphi_T^{(l)} y_1,\ l = 1, 2, \cdots \tag{5-45}$$

在这里，$\{\varphi_j^{(l)}\}$是一组常数。

2. ARMA(p, q)模型预测

设平稳时间序列$\{y_t\}$是一个 ARMA(p, q)过程，即：

$$y_t = \phi_1 y_{t-1} + \cdots + \phi_p y_{t-p} + \varepsilon_t - \theta_1 \varepsilon_{t-1} - \cdots - \theta_q \varepsilon_{t-q}$$

在这里，$\{\varepsilon_t\}$是白噪声，并且所有的 t 满足：

$$E(\varepsilon_t | y_{t-1}, y_{t-2}, \cdots) = 0$$

类似地，对于 $T \geqslant \max(p, q)$，我们可以得到$\{y_{T+l}\}$的最小二乘预测：

$$\hat{y}_T(l) = \sum_{j=1}^{n} \phi_j \hat{y}_t(l-j) + \sum_{j=1}^{n} \phi_j \hat{\varepsilon}_T(l-j) \tag{5-46}$$

在这里，$\hat{\varepsilon}_T(i) = E(\varepsilon_t | y_T, \cdots, y_1)$，显然，对于所有的 $i \geqslant 1$，$\hat{\varepsilon}_T(i) = 0$。

下面，我们考虑几个特例。

(1) AR(1)模型

设时间序列$\{y_t\}$满足：

$y_t = \phi_1 y_{t-1} + \varepsilon_t$

则：

$$\begin{aligned}
\hat{y}_t(1) &= E(y_{t+1} | y_t, y_{t-1}, \cdots) \\
&= E(\phi_1 y_t + \varepsilon_{t+1} | y_t, y_{t-1}, \cdots) \\
&= \phi_1 y_t \\
\hat{y}_t(2) &= E(y_{t+2} | y_t, y_{t-1}, \cdots) \\
&= E(\phi_1 y_{t+1} + \varepsilon_{t+2} | y_t, y_{t-1}, \cdots) \\
&= \phi_1 \hat{y}_t(1) \\
&= \phi_1^2 y_t
\end{aligned}$$

一般地，有：

$$\begin{aligned}
\hat{y}_t(l) &= E(y_{t+l} | y_t, y_{t-1}, \cdots) \\
&= E(\phi_1 y_{t+l-1} + \varepsilon_{t+l} | y_t, y_{t-1}, \cdots) \\
&= \phi_1 \hat{y}_t(l-1) \\
&= \phi_1^l y_t
\end{aligned}$$

(2) MA(1)模型

MA(1)模型为：

$$y_t = \varepsilon_t - \theta_1 \varepsilon_{t-1}$$

则：

$$\begin{aligned}\hat{y}_t(1) &= E(y_{t+l} | y_t, y_{t-1}, \cdots) \\ &= E(\varepsilon_{t+1} - \theta_1 \varepsilon_t | y_t, y_{t-1}, \cdots) \\ &= -\theta_1 \varepsilon_t\end{aligned}$$

在这里，$\varepsilon_t = y_t - \hat{y}_{t-1}(1) = y_t + \theta_1 \varepsilon_{t-1}$。由此可以看出，关于 ε_t 需要进行递推计算，但是由于数据是有限的，过于靠前的 ε_{t-j}是未知的，我们常常给定初值，取以前某个时刻$\varepsilon_{t-j} = 0$，现假定$y_{t-j} = \hat{y}_{t-j-1}(1)$，由此就可以利用递推计算出$\varepsilon_t$：

$$\begin{aligned}\hat{y}_t(2) &= E(y_{t+2} | y_t, y_{t-1}, \cdots) \\ &= E(\varepsilon_{t+2} - \theta_1 \varepsilon_{t+1} | y_t, y_{t-1}, \cdots) \\ &= 0\end{aligned}$$

一般地，有：

$$\hat{y}(l) = 0,\ l \geqslant 2$$

这与 MA 序列的短记忆性是相吻合的。

(3) ARMA(1, 1)模型

此时，模型可以写为：

$$y_t = \phi_1 y_{t-1} + \varepsilon_t - \theta_1 \varepsilon_{t-1}$$

$$\begin{aligned}\hat{y}_t(1) &= E(y_{t+1} | y_t, y_{t-1}, \cdots) \\ &= E(\phi_1 y_t + \varepsilon_{t+1} - \theta_1 \varepsilon_t | y_t, y_{t-1}, \cdots) \\ &= \phi_1 y_t - \theta_1 \varepsilon_t\end{aligned}$$

在这里，$\varepsilon_t = y_t - \hat{y}_{t-1}(1) = y_t - \phi_1 y_t + \theta_1 \varepsilon_{t-1}$。同理，关于 ε_t 需要递推计算，得：

$$\begin{aligned}\hat{y}_t(2) &= E(y_{t+2} | y_t, y_{t-1}, \cdots) \\ &= E(\phi_1 y_{t+1} + \varepsilon_{t+2} - \theta_1 \varepsilon_{t+1} | y_t, y_{t-1}, \cdots) \\ &= \phi_1 \hat{y}_t(1)\end{aligned}$$

一般地：

$$\begin{aligned}\hat{y}_t(l) &= E(y_{t+l} | y_t, y_{t-1}, \cdots) \\ &= E(\phi_1 y_{t+l-1} + \varepsilon_{t+l} - \theta_1 \varepsilon_{t+l-1} | y_t, y_{t-1}, \cdots) \\ &= \phi_1 \hat{y}_t(l-1)\end{aligned}$$

所以，当 $l \geqslant 2$ 时，预测值满足模型差分方程形式的自回归部分，即：

$$\hat{y}_t(l) - \phi_1 \hat{y}_t(l-1) = 0$$

故可以解得：

$$\hat{y}_t(l) = b_0^{(t)} \phi_1^l,\ l > 0$$

由于：

$$\hat{y}_t(1) = \phi_1 y_t - \theta_1 \varepsilon_t$$

则：

$$\begin{aligned}b_0^{(t)} \phi_1 &= \phi_1 y_t - \theta_1 \varepsilon_t \\ &= \phi_1 \left[y_t - \frac{\theta_1}{\phi_1} \varepsilon_t \right]\end{aligned}$$

所以：

$$b_0^{(t)} = y_t - \frac{\theta_1}{\phi_1}\varepsilon_t$$

因此，当 $l>0$ 时，预测值为：

$$\hat{y}_t(l) = \left(y_t - \frac{\theta_1}{\phi_1}\varepsilon_t\right)\phi_1^l$$

由上面的例子可以看出，如果把预测值$\hat{y}_t$看作步长 l 的函数，则预测函数的形式是由模型的自回归部分决定的，移动平均部分用于确定预测函数中的待定系数。

3. 预测误差

根据式(5-8)，如果 $\phi^{-1}(B)$存在，则式(5-8)可以写为：

$$y_t = \psi(B)\varepsilon_t \tag{5-47}$$

这里，$\psi(B)=\phi^{-1}(B)\theta(B)$则当模型参数 ϕ_1，ϕ_2，…，ϕ_P和θ_1，θ_2，…，θ_q被估计确定后，我们可以获得权数ψ_0，ψ_1，ψ_2，…。这样，经过简单的推导，我们可以得到预测误差为：

$$e_t(l) = y_{t+l} - \hat{y}_t(l) = \psi_0\varepsilon_{t+1} + \psi_1\varepsilon_{t+l-1} + \cdots + \psi_{l-1}\varepsilon_{l+1} \tag{5-48}$$

则其方差为：

$$D(e_t(l)) = \sigma^2(\psi_0^2 + \psi_1^2 + \cdots + \psi_{l-1}^2) \tag{5-49}$$

它是在时刻 t 用y_t，y_{t-1}，…对y_{t+l}的所有线性预测中方差最小的。从式(5-49)可以看出，l 步线性最小方差预测的方差和预测步长 l 有关，而与预测的时间原点 t 无关。预测步长 l 越大，预测误差的方差也越大，因而预测的准确度就会降低。所以，一般不能用 ARMA(p，q)作为长期预测模型。进一步地，我们还要注意到，对于 ARMA(p，q)模型，根据式(5-48)，其 $t+1$ 期的预测误差是白噪声ε_{t+1}(实际上$\psi_0=1$)，因此，$t+1$ 期预测误差的方差就是误差项的方差。另外，由于预测误差的估算是基于模型参数 ϕ_1，ϕ_2，…，ϕ_P和θ_1，θ_2，…，θ_q已知的前提，而模型参数是通过估计得到的，估计量是随机变量，具有均值和方差，因此，实际预测误差的方差将大于上述计算的方差。

(四)预测的置信区间

对于 ARMA(p，q)模型，预测误差和方差如(5-48)式和(5-49)式所示，假设预测误差具有如下分布：

$$e_t(l) \sim N(0,\ D(e_t(l)))$$

由于$y_{t+l}=\hat{y}(l)+e_t(l)$，因此，在$y_t$，$y_{t-1}$，…给定的条件下，$y_{t+1}$的分布完全由$e_t(l)$的分布所决定，即：

$$(y_{t+l}|y_t,\ y_{t-1},\ \cdots) \sim N(\hat{y}_t(l),\ D(e_t(l))) \sim N(\hat{y}_t(l),\ \sigma^2(\psi_0^2 + \psi_1^2 + \cdots + \psi_{t-1}^2)) \tag{5-50}$$

由此，我们可以得到 y_{t+l}预测的 95% 的置信区间：

$$\hat{y}_t(l) \pm 1.96\sigma\,(\psi_0^2 + \psi_1^2 + \cdots + \psi_{t-1}^2)^{1/2} \tag{5-51}$$

5.5　时间序列的案例分析

5.5.1　ARMA 模型的建模过程

我们首先对 ARMA 模型的建立、评价和应用过程进行简单的回顾，具体步骤如下：

第一步，关于时间序列进行特性分析。一般来说，从时间序列的随机性、平稳性和季节性三个方面进行考虑，其中平稳性和季节性更为重要。对于一个非平稳时间序列，若要建模，首先要将其平稳化，其方法通常有三种：①差分。一些序列通过差分，可以使其平稳化。②季节差分。如果序列具有周期波动特点，为了消除周期波动的影响，通常引入季节差分。③函数变换与差分的结合运用。某些序列如果具有某类函数趋势，我们可以先引入某种函数变换，将序列转化为线性趋势，然后再进行差分，以消除线性趋势。

第二步，模型的识别与建立，这是建立 ARMA 模型的重要一步。首先需要计算时间序列样本的自相关函数和偏自相关函数，利用自相关函数分析图进行模型识别和定阶。一般来说，使用一种方法往往无法完成模型识别和定阶，并且需要估计几个不同的确认模型。在确定了模型阶数后，就要对模型的参数进行估计。得到模型之后，应该对模型的适应性进行检验。

第三步，模型的预测与模型的评价。B－J 方法通常采用线性最小方差预测法。一般来说，评价和分析模型的方法是对时间序列进行历史模拟。此外，还可以做事后预测，通过比较预测值和实际值来评价预测的精确程度。

5.5.2 案例分析

【例 5－6】 某市 2002—2011 年各月的工业生产总值见表 5－6，其数据记为$\{x_t\}$。我们对 2002—2010 年的数据建模，2011 年的数据留做检验模型的预测效果。

表 5－6 某市 2002—2011 年各月的工业生产总值 （单位：万元）

时期	工业生产总值					
2002 年 1—6 月	10.93	9.34	11.00	10.98	11.29	11.84
2002 年 7—12 月	10.62	10.90	12.77	12.15	12.24	12.30
2003 年 1—6 月	9.91	10.24	10.41	10.47	11.51	12.45
2003 年 7—12 月	11.32	11.73	12.61	13.04	13.14	14.15
2004 年 1—6 月	10.85	10.30	12.74	12.73	13.08	14.27
2004 年 7—12 月	13.18	13.75	14.42	14.57	14.25	15.86
2005 年 1—6 月	12.94	11.43	14.36	14.57	14.25	15.86
2005 年 7—12 月	15.18	15.94	16.54	16.90	16.88	18.10
2006 年 1—6 月	13.70	10.88	15.79	16.36	17.22	17.75
2006 年 7—12 月	16.62	16.96	17.69	16.40	17.51	19.73
2007 年 1—6 月	13.73	12.85	15.68	16.79	17.59	18.51
2007 年 7—12 月	16.80	17.27	20.83	19.18	21.40	23.67
2008 年 1—6 月	15.73	13.14	17.24	17.93	18.82	19.12
2008 年 7—12 月	17.70	19.87	21.17	21.44	22.14	22.45
2009 年 1—6 月	17.88	16.00	20.29	21.03	21.78	22.51
2009 年 7—12 月	21.55	22.01	22.68	23.02	24.55	24.67
2010 年 1—6 月	19.61	17.15	22.46	23.19	23.40	26.26
2010 年 7—12 月	22.91	24.03	23.94	24.12	25.87	28.25

表5－6的数据见图5－9，由图5－9可以看出数据具有明显的周期性，做一次季节差分，$y_t = x_t - x_{t-12}$，差分后的结果如图5－10所示，由此我们可以看到数据趋于平稳，平稳化后得到的序列记为$\{y_t\}$，共有96个数据。

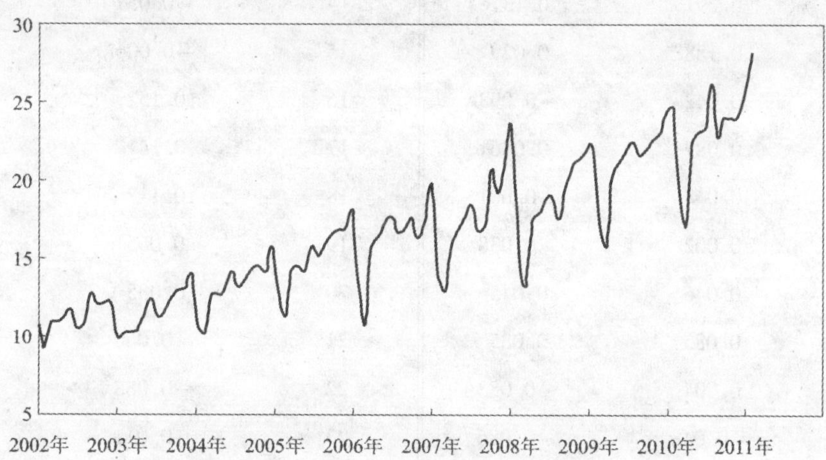

图5－9　某市2002—2011年各月的工业生产总值

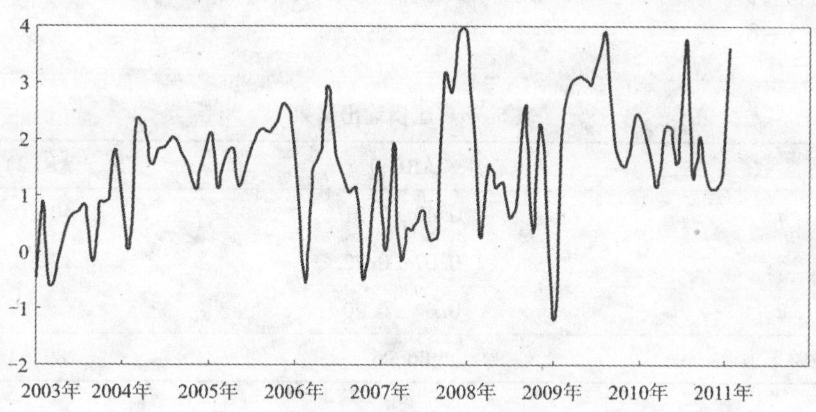

图5－10　季节差分后的工业生产总值

我们求得时间序列$\{y_t\}$的均值$\bar{y} = 1.509$，对其零均值化$(y_t - \bar{y})$得到的时间序列仍记为$\{y_t\}$。对于新的时间序列，计算其自相关函数和偏自相关函数，具体结果见表5－7。从表5－7中可以看出，当$k>2$时，有$|\hat{\varphi}_{kk}| < \frac{2}{\sqrt{96}} \approx 0.204$，并且$\{\hat{\rho}_t\}$呈拖尾现象，故可以初步判定此时间序列$\{y_t\}$适合AR(2)模型。

表 5－7　自相关函数和偏子相关函数

k	$\hat{\rho}_k$	$\hat{\varphi}_{kk}$	k	$\hat{\rho}_k$	$\hat{\varphi}_{kk}$
1	0.428	0.428	13	－0.070	0.135
2	0.291	0.131	14	－0.057	－0.002
3	0.188	0.029	15	－0.006	0.048
4	0.042	－0.093	16	0.152	0.170
5	0.087	0.086	17	0.141	0.071
6	0.048	－0.001	18	0.117	－0.046
7	0.002	－0.038	19	0.065	－0.066
8	0.046	0.045	20	0.085	0.113
9	0.085	0.085	21	－0.060	－0.136
10	0.004	－0.083	22	－0.088	－0.120
11	－0.048	－0.086	23	－0.011	0.097
12	－0.197	－0.188	24	－0.064	－0.072

我们对$\{y_t\}$再拟合 AR(p)，发现也可以考虑 AR(3)。我们对 AR(2)和 AR(3)进行建模，具体结果见表 5－8。

表 5－8　建模输出结果

参数	AR(3)	AR(2)
φ_1	0.40 ±0.21	0.40 ±0.21
φ_2	0.07 ±0.22	0.12 ±0.20
φ_3	0.04 ±0.20	
残差平方和	86.96	89.64

从表 5－8 中可以看出，关于 AR(3)模型，发现参数$\varphi_3=0.04$。t 检验值仅为 0.39，考虑 F 检验值：

$$F=\frac{89.64-86.96}{1}\Big/\left(\frac{86.96}{96-6}\right)=2.77$$

查 F 分布表可得：$F_{0.05}(1,90)=3.92>F=2.77$。这说明 AR(3)与 AR(2)没有显著性差异，故我们选用 AR(2)模型，即：

$$y_t=0.41\,y_{t-1}+0.12\,y_{t-2}+\varepsilon_t$$

我们利用上述模型对 2011 年的工业生产总值做一预测，以 2010 年 12 月份为原点向前做 1～12 期的预测。首先根据模型$y_t=0.41\,y_{t-1}+0.12\,y_{t-2}+\varepsilon_t$进行预测，然后再转化到平怎化前最初的数据结果，详见表 5－9 和图 5－11。由此我们看到，除了 2011 年 2 月的预测误差较大之外，其余的预测相对误差均在 5% 内，可以说 AR(2)模型的预测效果较好。

表 5-9　预测结果

向前步数	时间 t	y_t	$y_t+1.509$	转化为平稳化前的数据	实际值	相对误差（%）
1	2011 年 1 月	0.799	2.308	21.92	20.99	4.4
2	2011 年 2 月	0.574	2.083	19.23	17.04	12.9
3	2011 年 3 月	0.326	1.836	24.30	23.16	4.9
4	2011 年 4 月	0.201	1.710	24.90	24.96	−0.2
5	2011 年 5 月	0.120	1.629	25.03	26.20	−4.5
6	2011 年 6 月	0.073	1.581	27.84	27.89	−0.2
7	2011 年 7 月	0.043	1.552	24.46	24.77	−1.2
8	2011 年 8 月	0.026	1.535	25.57	26.32	−2.7
9	2011 年 9 月	0.015	1.524	25.46	26.75	−4.8
10	2011 年 10 月	0.010	1.518	25.64	26.51	−3.3
11	2011 年 11 月	0.005	1.514	27.38	28.57	−4.1
12	2011 年 12 月	0.003	1.512	29.76	31.14	−4.4

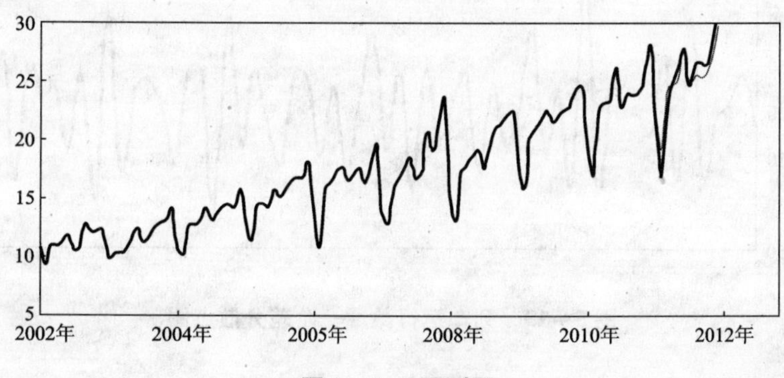

图 5-11　预测图

【例 5-7】 某车站 2007—2011 年各月列车运行数量见表 5-10，根据数据进行建模。

表 5-10　某车站 2007—2011 年各月列车运行数量

时期	列车运行数量				
1—5 月	1196.8	1181.3	1222.6	1229.3	1221.5
6—10 月	1148.4	1250.2	1174.4	1234.5	1209.7
11—15 月	1206.5	1204.0	1234.1	1146.0	1304.9
16—20 月	1221.9	1244.1	1194.4	1281.5	1277.3
21—25 月	1238.9	1267.5	1200.9	1245.5	1249.9
26—30 月	1220.1	1267.4	1182.3	1221.7	1178.1
31—35 月	1261.6	1274.5	1196.4	1222.6	1174.7
36—40 月	1212.6	1251.0	1191.0	1179.0	1224.0
41—45 月	1183.0	1288.0	1174.0	1218.0	1263.0
46—50 月	1205.0	1210.0	1243.0	1266.0	1200.0
51—55 月	1306.0	1209.0	1248.0	1208.0	1231.0
56—60 月	1244.0	1296.0	1221.0	1287.0	1191.0

表5－9的散点图见图5－12，从中可以看出有分段线性趋势。我们对数据做一阶差分，其结果见图5－13，由此我们看到，时间序列趋于平稳。

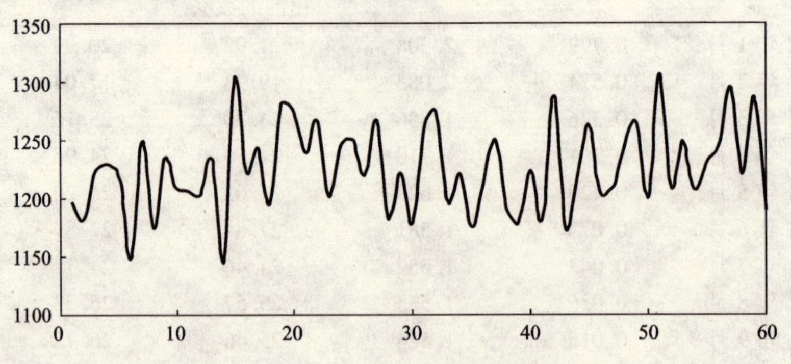

图5－12 列车运行数量散点图

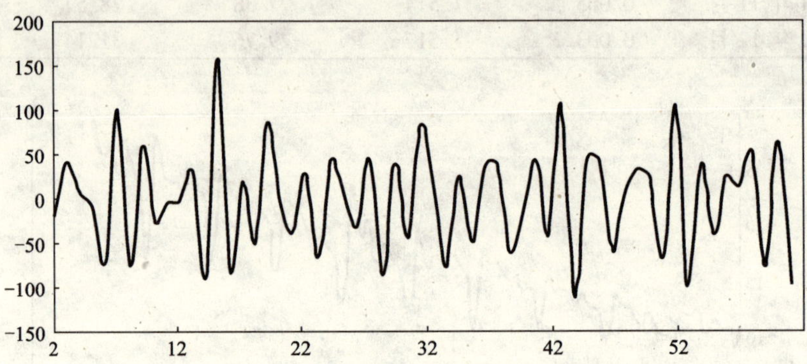

图5－13 列车运行数量一阶差分散点图

表5－11 自相关函数和偏自相关函数

k	$\hat{\rho}_k$	$\hat{\varphi}_{kk}$	k	$\hat{\rho}_k$	$\hat{\varphi}_{kk}$
1	-0.685	-0.685	11	-0.036	-0.130
2	0.341	-0.243	12	0.156	0.139
3	-0.193	-0.139	13	-0.165	0.136
4	0.042	-0.208	14	0.038	-0.184
5	-0.068	-0.313	15	0.001	-0.120
6	0.199	0.046	16	-0.027	-0.012
7	-0.221	-0.030	17	0.143	0.196
8	0.185	-0.037	18	-0.132	0.025
9	-0.132	-0.002	19	0.004	-0.143
10	0.037	-0.042	20	0.021	-0.073

利用B－J建模思想，经过计算得到平稳时间序列$\{y_t\}$的样本均值$\bar{y}=-0.098$，方差$r_0=3319.906$，$\{y_t\}$的自相关函数和偏自相关函数的具体情况如表5－11和图5－14所示，从中可以看出，偏自相关函数$\{\varphi_{kk}\}$呈现拖尾现象。

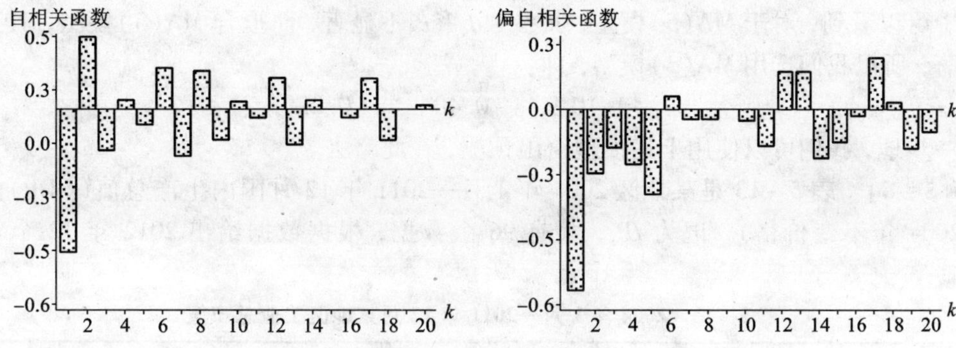

图 5-14　序列的自相关函数分析

我们利用公式 $|\hat{\rho}_k| \leqslant \frac{1}{\sqrt{n}}\sqrt{1+2\sum_{i=1}^{q}\hat{\rho}_i^2}$ 判断 $\{\hat{\rho}_k\}$ 的截尾性，取 $M=[\sqrt{59}]=7$。

当 $q=1$ 时，有：

$$\frac{1}{\sqrt{n}}\sqrt{1+2\hat{\rho}_1^2}=\frac{1}{\sqrt{59}}\sqrt{1+2\times 0.685^2}=0.181$$

在 $\{\hat{\rho}_k\}(k=2, 3, 4, 5, 6, 7, 8)$ 中，满足 $|\hat{\rho}_k|<0.181$ 的仅占 2/7 = 28.6%。

当 $q=2$ 时，有：

$$\frac{1}{\sqrt{n}}\sqrt{1+2(\hat{\rho}_1^2+\hat{\rho}_2^2)}=\frac{1}{59}\sqrt{1+2(0.685^2+0.341^2)}=0.192$$

在 $\{\hat{\rho}_k\}(k=2, 3, 4, 5, 6, 7, 8, 9)$ 中，满足 $|\hat{\rho}_k|<0.192$ 的仅占 4/7 = 57.1%。

当 $q=3$ 时，有：

$$\frac{1}{\sqrt{n}}\sqrt{1+2(\hat{\rho}_1^2+\hat{\rho}_2^2+\hat{\rho}_3^2)}=\frac{1}{59}\sqrt{1+2(0.685^2+0.341^2+0.193^2)}=0.195$$

在 $\{\hat{\rho}_k\}(k=4, 5, 6, 7, 8, 9, 10)$ 中，满足 $|\hat{\rho}_k|<0.195$ 的比例达到 5/7 = 71.4% > 68.3%，所以，根据上述方法判断，$\{\hat{\rho}_k\}$ 为 3 步截尾。由此，可以初步判断时间序列适合 MA(3) 模型。

我们对时间序列 $\{y_t\}$ 拟合 MA(3) 模型，为了检查 MA(3) 模型的适应性，继续增加阶数 q，发现序列 $\{y_t\}$ 也可以拟合 MA(5) 模型，具体计算结果见表 5-12。

表 5-12　建模输出结果

参数	MA(5)	MA(3)
θ_1	-1.10 ± 0.27	-1.10 ± 0.26
θ_2	0.46 ± 0.27	0.40 ± 0.27
θ_3	-0.33 ± 0.27	-0.22 ± 0.26
θ_4	0.07 ± 0.27	
θ_5	0.12 ± 0.27	
残差平方和	75916.34	79231.24
残差方差	1405.86	1414.84

从中可以看到，对于 MA(5)模型，其参数θ_4和θ_5不显著，而拟合 MA(3)模型，其系统都比较显著，所以我们选用 MA(3)模型，即：

$$y_t = \varepsilon_t - 1.10\,\varepsilon_{t-1} - 0.40\,\varepsilon_{t-2} + 0.22\,\varepsilon_{t-3}$$

进一步地，我们可以使用上述模型给出预测，在此略去。

【例 5-8】 表 5-13 是某地区 2004 年 1 月—2011 年 12 月国内生产总值(GDP)的月度资料（2004 年不变价格），记为 IP_t，共有 96 个数据，根据数据给出 2012 年 12 个月的预测值。

表 5-13　2004 年 1 月—2011 年 12 月某地区工业总产值

月 / 年	2004	2005	2006	2007	2008	2009	2010	2011
1	1421.4	1757.8	1984.2	2179.1	2903.3	2996.7	3476.6	3843.84
2	1367.4	1485.7	1812.4	2408.7	2513.8	2740.3	2970.3	3181.26
3	1717.9	1893.9	2274.7	2869.4	3409	3580.9	3942.6	4404.49
4	1759.6	1969.8	2328.9	2916.7	3499.5	3746.3	4067.6	4520.18
5	1795.7	2033.7	2373.1	3022.1	3642.6	3817.9	4746.899	4638.99
6	1848.1	2103	2515.8	3274.5	3871.4	4046.6	4417.299	4969.93
7	1637.3	1836.3	2288	2862.9	3373	3483.9	3806.8	4146.899
8	1670.9	1914.7	2321	2864.2	3463.4	3510.6	3746.3	4198.7
9	1760.1	2022.2	2441.1	2908	3663.74	3703.1	4011.1	4536.839
10	1789.5	2045.1	2502.6	2911.8	3753.38	3810.7	4129.6	4718.91
11	1888.6	2069.2	2608.8	3101.3	3973.17	4091	4372.899	5034.939
12	1981.1	2136	2823.8	3664.3	4469.02	1650.799	4991.5	5545.74

根据表 5-13 中的数据绘制折线图，如图 5-15 所示，我们看到时间序列具有明显的增长趋势，并且含有周期为 12 个月的季节波动，即序列是非平稳的，我们将利用差分和变换使其平稳。

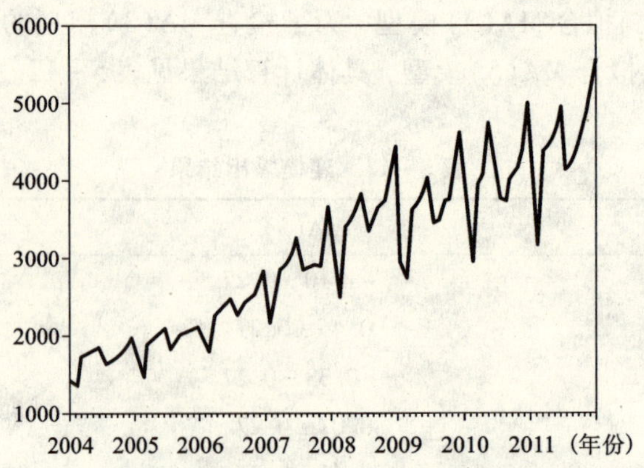

图 5-15　某地区工业总产值散点图

为了消除趋势同时减少序列的波动，我们对时间序列 t 做一阶自然对数逐期差分，即：

$$ILIP_t = \ln(IP_t) - \ln(IP_{t-1})$$

我们计算新的序列 $ILIP_t$ 的自相关函数和偏自相关函数，具体结果见图了 5 - 16，从中可以看到序列的趋势基本消除了，但是当 $k = 12$ 时，样本的自相关函数和偏自相关函数显著不为零，这表明存在季节性。

为了消除季节波动，我们对序列 $ILIP_t$ 做自然对数的季节差分，即：

$$SILIP_t = \ln(ILIP_t) - \ln(ILIP_{t-12})$$

我们得到新的序列 $SILIP_t$，对其做相关分析，具体结果见图 5 - 17。

自相关函数　偏自相关函数　ρ_k　φ_{kk}
1-0.121-0.121
2-0.410-0.431
3 0.062-0.077
4-0.273-0.566
5 0.013-0.296
6 0.493 0.038
7 0.006 0.077
8-0.239 0.019
9 0.063 0.230
10-0.378-0.352
11-0.107-0.390
12 0.767 0.361
13-0.035 0.081
14-0.365-0.036
15 0.062 0.012

图 5 - 16　序列 $ILIP_t$ 自相关函数分析图

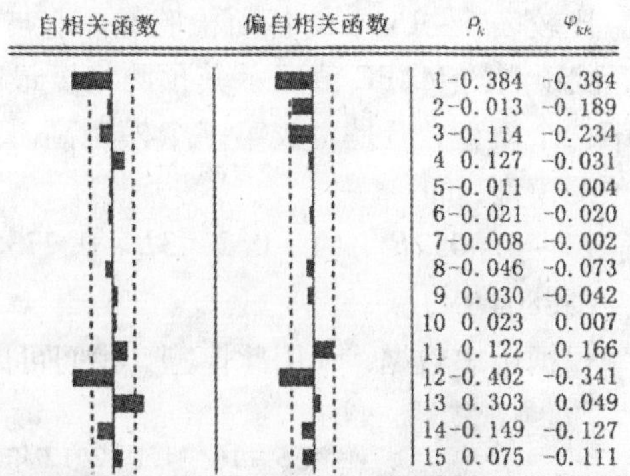

图 5 - 17　序列 $SILIP_t$ 自相关函数分析图

由图 5 - 17 我们可以看到，序列 $SILIP_t$ 的样本自相关函数和偏自相关函数很快地落入随机区间，所以，时间序列的趋势基本消除，但是在 $k = 12$ 时取值仍然很大，季节性依然比较明显。我们对序列 $SILIP_t$ 进一步做季节差分，发现效果不佳，因而略去。因此，我们对时间序列只做了一阶季节差分。为了弥补这一缺陷，我们将采用以下模型：

$$\phi(B)(1 - \Phi_1 B^{12}) SILIP_t = \theta(B)(1 - \Theta_1 B^{12}) \varepsilon_t$$

关于序列 $SILIP_t$，我们计算其样本均值为 -0.002，均值的标准误差为 0.0037，序列的均值与 0 无明显差异，由于序列 $SILIP_t$ 的自相关函数和偏自相关函数均呈拖尾现象，因此，我们可以对序列建立 ARMA 模型。根据图 5 - 17 观察序列，我们认为 $p = 2$ 或 $p = 3$ 较为合适。而且可以看到 $q = 1$，由于 AR 模型的参数估计较 MA 和 ARMA 模型的参数估计容易，并且参数意义也便于解释，因此，在实际建模时常常希望利用高阶的 AR 模型替换相应的 MA 和 ARMA 模型。综上所述，我们选取以下 (P, q) 组合：(3, 1)，(4, 0)，(2, 1) 和 (3, 0)。经过计算：

我们认为关于序列 $SILIP_t$ 拟合 ARMA(2, 1) 模型的效果明显不如其他三个模型，因而舍去。我们将三个模型的参数估计结果和相关检验结果分别列入表 5 - 14 和表 5 - 15 中。

表 5 - 14　三个模型的参数估计结果

(p, q)	ϕ_1	ϕ_2	ϕ_3	ϕ_4	θ_1	Φ_1	Θ_1
(3, 1)	-0.2585	-0.2543	-0.3413	-	-0.0994	-0.0486	-0.8775
(4, 0)	-0.3792	-0.2918	-0.3625	-0.0079	-	-0.0131	-0.8847
(3, 0)	-0.3743	-0.2736	-0.3513	-	-	0.0052	-0.8804

表 5－15 三个模型的相关检验结果

(p, q)	Adjusted R^2	AIC	SC	P－Q	MAPE
(3, 1)	0.5320	－3.17	－2.95	0.952	3.08
(4, 0)	0.5374	－3.16	－2.94	0.989	2.66
(3, 0)	0.5321	－3.18	－3.00	0.980	2.41

经过计算，三个模型都满足 ARMA 模型的平稳条件和可逆条件，模型设定合理。另外，残差序列白噪声检验的伴随概率显示，各个模型残差都满足独立性假设，模型拟合效果较好。比较表 5－15 中的各项检验结果，与前两个模型相比，第三个模型的 AIC 值和 SC 值较小，试预测的 MAPE 值显示其预测精度最高，只有调整后的样本决定系数(Adjusted R^2)略差于第二个模型，但是也较第一个模型高。综上所述，我们决定选择第三个模型作为时间序列的预测模型，即：

$$(1-0.0052B^{12})(1+0.3743B+0.2736B^2+0.3513B^3)\times(1-B)(1-B)^{12}\ln(IP_t)=(1-0.8804B^{12})\varepsilon_t$$

根据历史数据，利用此模型，我们可以给出其预测值，具体结果见表 5－16。

表 5－16 我国 2012 年工业总产值预测结果 单位：万元

2012 年 1—6 月	4277.955	3801.483	5062.936	5193.718	5408.571	5647.650
2012 年 7—12 月	4879.016	4939.830	5237.009	5371.510	5679.616	6320.593

5.5.3 ARMA 模型在一般交通事故预测中的应用

道路交通极大地推动了人类文明的发展，但也带来了很多负面效应，其中最主要的就是道路交通事故。鉴于交通事故给我们带来的经济负担和社会负担日益加剧，建立灵活、准确、适用性广泛的交通事故预测模型已在世界范围内成为相关研究关注的焦点。

道路交通是个动态的系统，交通事故作为其特征变量之一，受多种因素的影响，预测准确度不易把握。而且，交通事故种类的不同，其发生频数(频率)的分布特征也明显不同，必须应用不同的数学模型进行描述和表达。如重特大交通事故的发生频率表现为显著的离散数据特征，各数值相互独立，适合应用 Poisson 回归模型或负二项分布(NB)回归模型进行预测。而一般交通事之间具有系统的整体性和内在联系，时间序列具有平稳和非随机性的特点，更适合采用时间序列模型进行预测。时间序列模型能够通过对历史数据进行加权平均等方法消除随机波动的影响，同时兼顾事物发展的延续性，对适宜数据能建立更为稳定的预测模型。

本实例分析所涉及的发展新区紧邻重庆主城，区内大部分地段属于城乡结合部，直辖后社会经济各项指标发展势头迅猛，尤其道路建设成绩斐然，已逐步成为重要的公路交通枢纽。截至 2007 年 7 月的统计数据，该区公路密度已超过 100 公里/百平方公里，基本实现了村村通公路，且高速公路里程增长速度也在全市各区中名列前茅，在道路交通方面已成为最具代表性的城市发展新区。近年来，该地区重大交通事故的发生频率逐年下降，但一般交通事故的发生却不断上升，开展该地区的一般车祸预测模型研究，有利于从宏观、长远的角度对城市发展新区的交通管理进行规划、对交通事故进行预防，促进社会稳定、快速发展。

1. 资料来源及查询

资料来源于2000—2006年重庆市道路交通管理局的一般交通事故(一般交通事故系指重伤1~2人，或轻伤3人以上；或直接财产损失<3万元的事故)档案资料。由于资料收集时间跨越了新交通法颁布时间，为保持前后纳入标准一致，事故的判断、分类标准仍按照公安部1991年的统一规定。查询2000—2006年重庆年鉴和重庆市统计局公众信息网获得该区人口、机动车保有量、道路里程数，了解该地区相关指标的变化趋势。

2. 分布特征分析

通过对7年中一般交通事故月发生频数的描述，观察所研究计数数据是否具有周期性特征，判定模型建立的基本条件。

3. 自回归滑动平均(ARMA)模型的构建

(1)时序的特征分析

截取2000—2005年各月的交通事故发生例数的数据，使用统计分析软件SPSS软件绘制2000—2005年月车祸发生数的时序图以及自相关(autocorrelation, AC)和偏自相关(partial autocorrelation, PAC)图。结合自相关图和偏自相关图，采用SAS软件对序列进行平稳性(ADF检验)和随机性(随机性检验)判定，P值<0.05代表有显著性差异。

(2)模型筛选

分析AC和PAC图，并根据最小准则(Bayesian Information Criterion, BIC)，对不同模型参数(AR 0~5, MA 0~5)进行取舍，最终选定合理的模型并进行序列拟合残差检验，确定拟合模型的有效。

ARMA模型是最常用的拟合平稳时间序列的模型，要求分析数据具有平稳和非随机的特点。其有三种类型可供选择，即AR模型(Auto Regression model，自回归模型)、MA模型(Moving Average model，移动平均模型)和ARMA模型。

(3)验证模型的预测效果

对选定模型进行回顾和前瞻性时序预测。验证数据包括2000年1月至2005年12月的交通事故(回顾性预测)和2000年1月至2006年12月的交通事故(前瞻性预测)。

(4)结果

①交通状况及一般交通事故的分布特征。

通过相关资料和现场调查分析，该地区在2000—2006年间属于城市交通发展阶段，道路、车辆数平稳上升，交通管理不断完善，人流量基本稳定。

一般交通事故的月分析数据显示，在2000—2006年的7年期间，一般交通事故月平均发生1098例，其中1月、7月和11月为车祸的高发期(图5-18)。这些数据提示，城市发展新区的一般交通事故发生频数具有一定的季节周期性。

②数据的平稳性和随机性检验。

从2000—2005年各月的交通事故发生例数的数据(表5-17)及时序图(见图5-19)观察可见，该时间序列和具有一定连续震荡和逐渐向上的趋势。从自相关图和偏自相关图(见图5-20)可以发现，自相关系数具有较为明显的拖尾性，逐渐趋近于0，但又始终有非零取值；偏自相关系数在最初的1阶延迟时，明显大于2倍标准误，尔后所有的偏自相关系数都落在2倍标准误范围以内，而且由非零自相关系数衰减为小值波动的过程非常频繁。这些定性特征均显示时间序列的平稳性和规律性。

表 5-17 2000—2005 年各月份的车祸发生数

	2000 年	2001 年	2002 年	2003 年	2004 年	2005 年
1	116	160	167	204	152	206
2	79	98	211	149	177	148
3	126	120	135	183	203	131
4	127	104	116	157	189	128
5	103	131	161	198	136	119
6	133	121	138	193	170	139
7	135	116	181	199	217	164
8	131	126	163	182	194	125
9	118	135	143	184	202	108
10	146	116	163	182	184	150
11	135	121	176	186	214	165
12	121	130	200	172	217	186

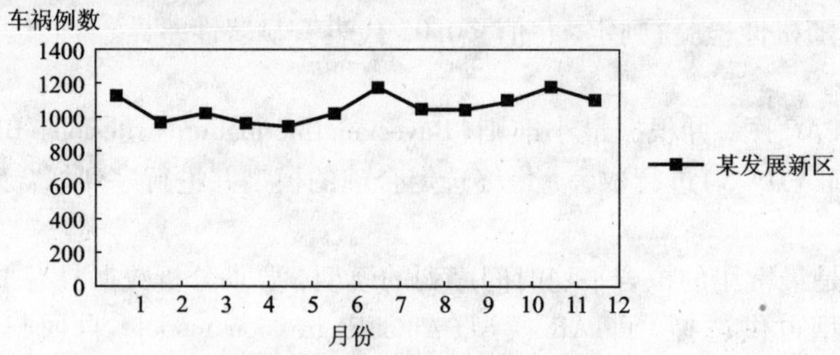

图 5-18 2000—2006 年各月一般交通事故发生分布图

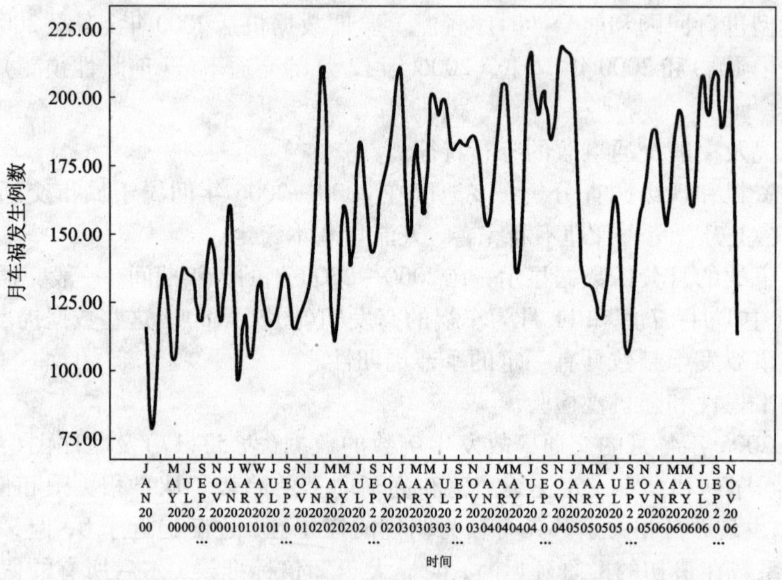

图 5-19 2000—2005 年各月份的一般交通事故发生的时序图

Autocorrelation	Partial Correlation		AC	PAC	Q-Stat	Prob
		1	0.644	0.644	31.164	0.000
		2	0.465	0.084	47.587	0.000
		3	0.430	0.175	61.873	0.000
		4	0.451	0.177	77.806	0.000
		5	0.467	0.148	95.170	0.000
		6	0.365	-0.071	105.90	0.000
		7	0.255	-0.086	111.23	0.000
		8	0.219	-0.022	115.22	0.000
		9	0.234	0.029	119.84	0.000
		10	0.289	0.127	127.03	0.000
		11	0.271	0.046	133.46	0.000
		12	0.231	0.039	138.21	0.000
		13	0.243	0.077	143.56	0.000
		14	0.205	-0.083	147.41	0.000
		15	0.234	0.043	152.52	0.000
		16	0.240	0.011	158.01	0.000
		17	0.093	-0.233	158.85	0.000
		18	0.080	0.032	159.49	0.000
		19	0.057	-0.059	159.82	0.000
		20	0.038	-0.044	159.96	0.000
		21	-0.043	-0.140	160.16	0.000
		22	-0.100	-0.022	161.22	0.000
		23	-0.147	-0.116	163.56	0.000
		24	-0.131	0.014	165.46	0.000
		25	-0.100	0.028	166.60	0.000
		26	-0.099	0.003	167.75	0.000
		27	-0.274	-0.295	176.64	0.000
		28	-0.241	0.094	183.68	0.000
		29	-0.193	-0.055	188.32	0.000
		30	-0.172	0.036	192.08	0.000
		31	-0.194	-0.057	196.98	0.000
		32	-0.286	-0.045	207.91	0.000

图5－20　序列的自相关图和偏自相关图

进一步结合自相关图和偏自相关图对序列进行平稳性（ADF检验）和随机性（随机性检验）判定，选择具有常数项和趋势项模型对原始序列进行平稳性检验，结果表明，ADF检验计算的统计量为－4.50，小于5%显著水平的临界值－3.47，定量分析数据也认为交通事故序列是平稳的，满足时序分析（预测）的条件之一。随机性检验结果表明，在较短的序列值之间（在延迟6阶、12阶、18阶以后）随机性检验的P值均<0.001，因此认为时间后列属于非随机序列，满足了时序分析（预测）的另一条件。

③模型确定及检验。

根据BIC准则对各个参数进行最优化选择，结果表明（表5－18），以AR(1)为最优，其BIC值为6.42（最小值）。

表5－18　不同模型的BIC标准比较

Lags	MA 0	MA 1	MA 2	MA 3	MA 4	MA 5
AR 0	6.888359	6.812633	6.817199	6.843504	6.846	6.797259
AR 1	6.421106	6.447705	6.486527	6.544021	6.59426	6.599309
AR 2	6.471641	6.477559	6.536494	6.590038	6.627209	6.648632
AR 3	6.50978	6.530647	6.558042	6.617389	6.654025	6.685423
AR 4	6.519139	6.571467	6.604096	6.65679	6.688138	6.735075
AR 5	6.528625	6.578424	6.618578	6.677844	6.73497	6.77777

对拟合的模型进行残差序列检验，结果表明（表5－19），在一定时间序列内（在延迟6

阶、12 阶、18 阶、24 阶以后）不同阶数所对应的 P 值均远远大于 0.05，因此可以认为该模型的残差序列属于随机序列。残差呈随机表明信息已经全部被模型提取，显示拟合的模型显著有效。

表 5－19　残差相关性检验

延迟阶数	卡方值	自由度	P 值
6	5.47	5	0.3356
12	7.79	11	0.7317
18	16.84	17	0.4655
24	18.50	23	0.7301

④模型预测结果。

根据选用的 AR(1)模型对 2000—2006 年每个月一般交通事故发生数量进行回顾性和前瞻性预测，结果显示（见表 5－20、图 5－21）模型对 2000—2005 年数据的回顾性预测效果比较理想，预测效率维持在 75.1% ~99.9%（受闰年影响的 2 月未计入）；对 2006 年的车祸数进行前瞻性预测时，1 月至 10 月的预测效果较好，预测效率维持在 81.0% ~99.6%（受闰年影响的 2 月未计入），但 11 月和 12 月的预测效率明显下降，分别为 78.3% 和 53.8%。

表 5－20　2000—2006 年某城市发展新区月车祸发生例数实际值与预测值

月份	2000 年		2001 年		2002 年		2003 年		2004 年		2005 年		2006 年	
	实际值/预测值	预测效率(%)	实际值/预测值	预测效率(%)	实际值/预测值	预测效率(%)	实际值/预测值	预测效率(%)	实际值/预测值	预测效率(%)	实际值/预测值	预测效率(%)	实际值/预测值	预测效率(%)
1	116/109.51	94.4	160/130.44	81.5	167/126.74	75.8	204/179.21	87.8	152/181.89	80.3	206/207.42	99.3	179/184.17	97.1
2	79/112.61	57.4	98/142.12	54.9	211/142.37	67.4	149/189.09	73	177/171.38	96.8	148/207.51	59.7	153/182.36	80.8
3	126/100.77	79.9	120/126.36	94.6	135/168.58	75.1	183/174.82	95.5	203/174.08	85.7	131/185.96	58	180/180.57	99.6
4	127/110.82	87.2	104/124.65	80.1	116/156.74	64.8	157/178.51	86.2	189/185.46	98.1	128/166.08	70.2	195/178.79	91.6
5	103/117.52	85.8	131/117.61	89.7	161/142.22	88.3	198/171.14	86.4	136/187.4	62.2	119/152.46	71.8	171/177.01	96.4
6	133/112.79	84.8	121/123.24	98.1	138/149.89	91.4	193/181.78	94.1	170/168.87	99.3	139/140.55	98.8	165/175.29	93.7
7	135/120.99	89.6	116/123.05	93.9	181/146.08	80.7	199/186.60	93.7	217/169.89	78.2	164/140.51	85.6	208/173.57	83.4
8	131/126.88	96.8	126/121.07	96	163/159.72	97.9	182/191.86	94.5	194/188.03	96.9	125/149.80	80.1	193/171.86	89
9	118/129.09	90.6	135/123.54	91.5	143/161.59	87	184/188.83	97.3	202/190.87	94.4	108/141.11	69.3	210/170.17	81
10	146/125.63	86	116/128.45	89.2	163/155.31	95.2	182/187.67	96.8	184/195.63	93.6	150/129.31	86.2	189/168.5	89.1
11	135/133.89	99.1	121/124.45	97.1	176/158.81	90.2	186/186.19	99.9	214/191.91	89.6	165/137.54	83.3	213/166.84	78.3
12	121/134.98	88.4	130/123.80	95.2	200/165.85	82.9	172/186.76	91.4	217/200.75	92.5	186/148.29	79.7	113/165.2	53.8

（5）讨论

①交通事故的数据特征需要选用适宜的数学模型进行分析研究。

交通事故具有相对独立的时空分布特点，根据交通事故的种类和性质不同，在时序的周期性、平稳性和趋势方向上有其独特的表现特征。交通事故也受到多种环境因素的影响，在实际数据分析中还展现出多方向趋势特征。传统的趋势模型外推预测方法（如普通线性回归模型）只适合于具有某一种典型趋势性变化现象的预测，因此并不适合于交通事故的数据预

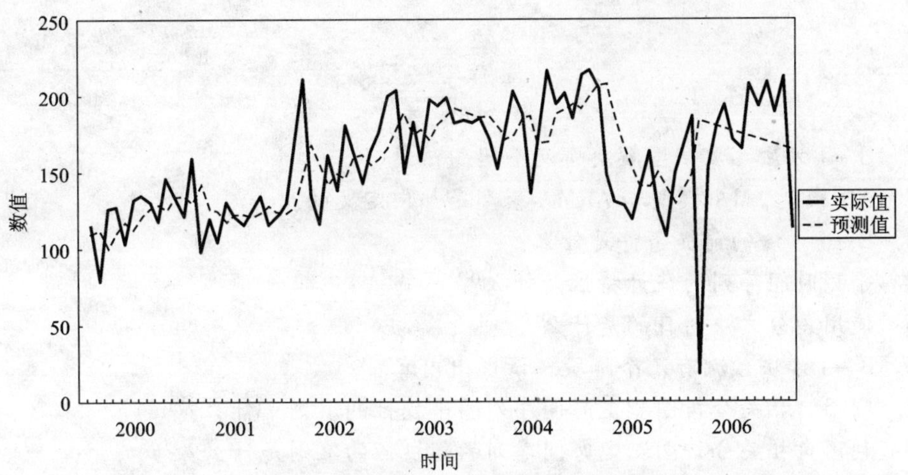

图 5－21　AR(1)模型对 2000—2006 年某地区车祸的预测结果描述图

测分析。ARMA 可通过差分进行数据转换，将非平稳序列转变为零均值的平稳随机序列，用于捕捉存在于时间序列中线性与非线性数据，以满足预测的前提。由于兼顾了序列相关性和非平稳性，适合对时间序列数据进行计量模拟。ARMA 将残差纳入模型，相对传统的时间序列分析法更加成熟灵活，在国内外都被广泛应用于交通运输、经济以及公共事业领域的时间序列模型计算。

运用 ARMA 模型的前提是，建立模型的时间序列是一个趋向于零均值、非完全随机的平稳数据。在图形上表现为所有的样本点皆在某一水平线上下有一定规律地波动。因此在模型构建中对建模数据进行平稳性和非随机性检验和分析是非常必要的。这些分析步骤和方法在研究工作中具有一定的工作难度，需要加强工作质量控制，并利用一些计算机分析软件以提高效率。

②本研究模型有明显的实际应用价值。

本研究所选用的一般交通事故建模数据具有较好的平稳性和非随机性特征，所建立的 ARMA 经验模型，在回顾和前瞻性预测中均显示出良好的预测效率，预测数据的准确度基本维持在 80% 以上。这一研究为进一步扩大地区开展车祸预测模型分析奠定了良好的基础，在现有的环境条件下(研究地区的人口、道路、机动车保有量、道路里程的数据趋势不变)，有明显的实际应用价值。

从本次研究的数据发现，ARMA 模型针对平稳背景的地域性交通事故数据的短期预测效果较好，而长期预测误差则逐渐增大，表明该模型最好用于短期预测，长期预测则应在此基础上引入更为敏感的参数或者辅助变量，用于进一步控制序列相关性的干扰，以保持模型的稳定性，同时提高模型的精确度。也有研究表明，此类数据也适合应用复合型的计数模型预测方法以提高预测效果，这方面的工作仍有待进一步探索。

重点与难点

重点：①Box-Jenkins 方法；②时间序列的自相关分析；③ARMA 模型阶数的确定和估计。

难点：①ARMA 模型阶数的估计；②两个或多个非平稳的时间序列协整关系的检验。

思考与练习

5-1 B-J方法主要试图解决哪两个问题?

5-2 AR模型、MA模型和ARMA模型是如何定义的?

5-3 B-J方法的前提条件是什么?

5-4 平稳时间序列的统计特性是什么?

5-5 使用差分方法的目的是什么?

5-6 B-J方法预测有几个阶段?请说出内容。

5-7 利用自相关分析图测定时间序列的平稳性的准则是什么?

5-8 利用自相关分析图测定时间序列的随机性的准则是什么?

5-9 进行单位根检验的意义是什么?

5-10 协整检验的目的是什么?

5-11 如何根据样本的自相关函数和偏自相关函数识别模型?

5-12 考虑时间序列1, 2, 3, 4, 5, 6, …, 20。这个序列平稳吗?对$k=1, 2, 3, 4, \dots$,计算样本的自相关函数$\hat{\rho}_k$,并解释该序列的形状。

5-13 400个“随机数”的头10个样本的自相关函数如表5-21所示:

表5-21

k	1	2	3	4	5	6	7	8	9	10
$\hat{\rho}_k$	0.02	0.05	-0.09	0.08	-0.02	0.01	0.12	0.06	0.02	-0.08

试问有无明显的非随机迹象?

5-14 设从100个观测值求出时间序列自相关分析图,数据如下表5-22所示:

表5-22

k	1	2	3	4	5	6	7	8	9	10
$\hat{\rho}_k$	0.31	0.37	-0.05	0.06	-0.21	0.11	0.08	0.05	0.12	-0.01

试提出一种可能适用的ARMA模型。

5-15 时间序列$\{y_t\}$的样本观测数据如下表5-23所示,试计算其自相关函数$\hat{\rho}_1$, $\hat{\rho}_2$, $\hat{\rho}_3$, $\hat{\rho}_4$, $\hat{\rho}_5$。

表5-23

T	1	2	3	4	5	6	7	8	9	10	11
y_t	17	20	13	8	19	27	21	15	18	21	28

5-16 根据第15题资料,计算偏自相关函数$\hat{\varphi}_{11}$, $\hat{\varphi}_{22}$, $\hat{\varphi}_{33}$, $\hat{\varphi}_{44}$。

第 6 章

灰色预测理论与方法

6.1　灰色预测理论

6.1.1　灰色系统

1982 年由我国学者华中工学院邓聚龙教授首次在荷兰的国际性杂志上发表了灰色系统理论，三十余年来，这一理论不仅得到众多学者专家的重视，而且在我国国民经济很多领域中，例如经济、农业、环境、工业、军事、交通、气象等部门都取得了显著的应用成果。如在全国及地方局部范围的长期粮食预测中，其结果与真实数据比较相当接近。又如有人把这一理论应用于机床控制系统及造纸机控制系统，都得到了满意的结果。

随着现代科技的发展，很多问题的研究都必须把研究的对象与其周围的联系统一起来考虑，也就是从整个系统来研究。我们称信息完全明确的系统为白色系统，信息完全不明确的系统为黑色系统，信息部分明确、部分不明确的系统为灰色系统。我们的世界中，很多问题都属于灰色系统，而且同一个系统，在高层次时可能是“白色”的，到了低层次时却可能是“灰色”的。以人体为例，身高、体重、年龄等已知，血压、脉搏、体温已知，这些属于明确的信息；但人体大脑思维机理、温度场、意识流等，这些属于不明确的信息。因此运用灰色控制系统理论来认识世界，来解决白色系统理论无法解决的问题具有现实意义。可以想象，不久的将来灰色控制系统理论将会在各个领域得到广泛的应用，发挥更大的作用。

6.1.2　灰色预测

灰色系统理论，简称灰色理论或灰理论，其主要内容包括以灰色代数系统、灰色方程、灰色矩阵等为基础的理论体系，以灰色序列生成为基础的方法体系，以灰色关联空间未依托的分析体系，以灰色模型(GM)为核心的模型体系，以系统分析、评估、建模、预测、决策、控制、优化为主体的技术体系。

灰色模型是一种因素模型，主要考虑因素之间的相互关联，因此，灰色理论主要利用灰色模型进行预测。灰色预测分为五类：灰色数列预测、灾变预测、季节灾变预测、波形预测和系统预测。

(1)灰色数列预测

灰色数列预测是利用 GM 对系统行为特征值的发展变化进行的预测。比如交通量的预测、粮食产量的预测、商品销售量发展变化的预测、银行存款的预测及货运量的预测等。

数列预测的特点是通过对行为特征量(如交通量、销售量、降雨量、人口、发案率及存款等)数据的观测，推断这些行为特征量在未来时期的水平。

(2)灾变预测

灾变预测是指对行为特征值奇异点的发生时刻进行估计。比如能见度小于某个阈值会大大提高交通事故率，因此需要关闭高速公路和发布预警；年平均降雨量大于某个阈值便是涝灾；年平均降雨量小于某个阈值是旱灾；年产量大于某个指定值，是丰年；年产量小于某个指定值，是歉年；环境中某种物质含量超出某个阈值，是污染；人体中某个参数如体温、血压等超出一定范围，就发生病变。

灾变预测的特点是对异常值出现的时间进行预测。该类预测的任务不是确定异常值的大小(因为异常值的大小是指定的灰数)，而是确定异常值出现的时间。灾变预测建模所用数据已不是行为特征量本身，而是异常行为特征值发生的时间，且时间间隔是不相等的。

(3)季节灾变预测

季节灾变预测是根据特定时间发生的事件，预测未来时间分布。比如冬季雪天容易导致交通事故；山西早霜，是在秋末冬初的9月、10月、11月出现；河南棉铃虫是在6月下旬出现；洪水是在汛期出现。

季节灾变预测是一种特定时区内的灾变预测。其特点是灾变一般仅仅发生在一年的某个特定时段。为了提高数据的分辨率，提高建模精度，需要将灾变的发生日期序列作适当的处理，以剔除其多余部分。比如预测河南棉铃虫出现的日期，应将日期的初始参考点定为6月1日，而剔除1月1日—5月31日这段多余部分。

(4)波形预测

波形预测是指对杂乱波形的未来态势与波形做出整体预测。在数列预测中，人们预测的仅仅是变化波形的一个拟似值(趋向性的值)，并不是波形本身，而波形预测则是预测波形本身。

波形预测在不同场合具有以下不同含义：

①在水利方面，对年径流量曲线来讲，波形预测意味着对未来某段时间内总径流量的预测。

②在气象方面，对年平均降雨量曲线来讲，波形预测是对某几年总降雨量的预测。

③对生产系统来讲，波形预测可以是对几年内生产的总产值、总产量的预测。

从本质上来看，波形预测是对一个变化不规则的行为数据列的整体发展进行预测。波形预测的模型不是一个，而是许多个，每一个模型对应一个阈值。建模时，通过找出曲线上出现阈值的时刻，然后根据阈值出现的时间数列进行预测，阈值时间数列按序号排列。

(5)系统预测

系统预测是对系统各个因子的动态关联进行预测。进行系统预测需要找出系统中各种因素的动态关系，并建立系统动态框图。总系统的行为特征量是系统的输出，系统中各环节的行为特征量，是系统的中间输出。

系统预测的预测模型与数列预测、灾变预测不同。它不是基于一个孤立的GM(1，1)模型，而是h个序列n阶微分方程所表达的灰色模型GM(n，h)，即控制理论中的状态模型(或称传递函数模型)，是一种输入输出关系；它不但可以了解整个系统的变化，还可以了解系统中各个环节的发展变化，是对系统的综合预测，因此称为系统预测。

6.1.3　五步法灰色模型建模思想

研究系统的第一步需要建立系统的数学模型，进而对系统的整体功能、协调功能及系统各因素之间的关联关系、因果关系及动态关系进行具体的量化研究。这种研究必须以定性分析为先导，定量分析与定性分析紧密结合。系统模型的建立，一般要经历思想开发、因素分析、量化、动态化及优化五个步骤，故称为五步建模思想。

第一步，开发思想，形成概念。通过定性分析和研究，明确研究的方向、目标、途径、措施，并将结果用准确简练的语言加以表达，这便是语言模型。

第二步，对语言模型中的因素及各因素之间的关系进行剖析，找出影响事物发展的前因和后果，并将这种因果关系用框图表示出来(图6-1)。

一对前因后果(或一组前因与一个后果)构成一个环节。一个系统包含许多这样的环节。有时，同一个量既是一个环节的前因，又是另一个环节的后果，将所有这些关系连接起来，便得到一个相互关联的、由多个环节构成的框图，即网络模型。

第三步，对各环节的因果关系进行量化研究，初步得出低层次的概略量化关系，即为量化模型。

第四步，进一步搜集各环节输入数据，利用所得数据序列，建立动态GM模型。

动态模型是高层次的量化模型，它更为深刻地揭示出系统输入与输出之间的数量关系或转换规律，是系统分析、优化的基础。

第五步，对动态模型进行系统研究和分析，通过结构、机理及参数的调整，进行系统重组，达到优化配置、改善系统动态品质的目的。这样得到的模型，称为优化模型。

五步模型的全过程，是在五个不同阶段建立五种模型的过程，即：

语言模型→网络模型→量化模型→动态模型→优化模型

在建模过程中，要不断将下一阶段的结果反馈，经过多次往复循环，使整个模型逐步趋于完善。

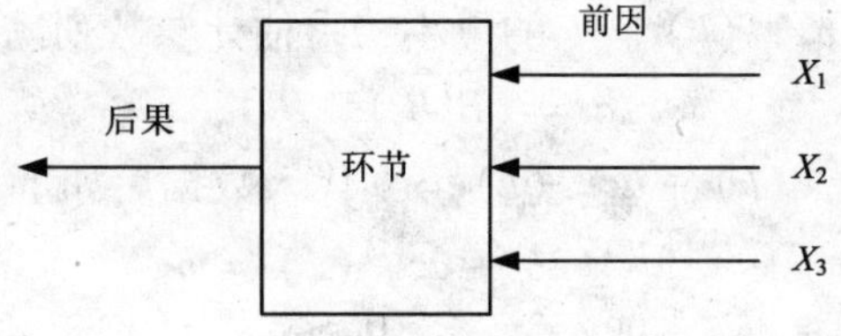

图6-1　因果关系框图

6.2　GM(1, 1)模型

定义6.2.1　设

$$X^{(0)} = (x^{(0)}(1),\ x^{(0)}(2),\ \cdots,\ x^{(0)}(n))$$
$$X^{(1)} = (x^{(1)}(1),\ x^{(1)}(2),\ \cdots,\ x^{(1)}(n))$$

称

$$x^{(0)}(k) + ax^{(1)}(k) = b \tag{6-1}$$

为GM(1, 1)模型的原始形式。

定义 6.2.2 设$X^{(0)}$和$X^{(1)}$满足定义 6.2.1。

序列

$$Z^{(1)}=(z^{(1)}(2),z^{(1)}(3),\cdots,z^{(1)}(n))$$

其中

$$z^{(1)}(k)=\frac{1}{2}(x^{(1)}(k)+x^{(1)}(k-1))$$

称

$$x^{(0)}(k)+az^{(1)}(k)=b \tag{6-2}$$

为 GM(1, 1)模型的基本形式。

定理 6.2.1 设$X^{(0)}$为非负序列

$$X^{(0)}=(x^{(0)}(1),x^{(0)}(2),\cdots,x^{(0)}(n))$$

其中 $x^{(0)}(k)\geqslant 0$, $k=1, 2, \cdots, n$; $X^{(1)}$为$X^{(0)}$的 1 次累加生成序列，即

$$X^{(1)}=(x^{(0)}(1),x^{(0)}(2),\cdots,x^{(0)}(n))$$

其中 $x^{(1)}(k)=\sum_{i=1}^{k}x^{(0)}(i)$, $k=1, 2, \cdots, n$; $Z^{(1)}$ 为$X^{(1)}$ 紧邻均值生成序列，即

$$Z^{(1)}=(z^{(1)}(2),z^{(1)}(3),\cdots,z^{(1)}(n))$$

其中

$$z^{(1)}(k)=\frac{1}{2}(x^{(1)}(k)+x^{(1)}(k-1)),\ k=2,\cdots,n。$$

若 $\hat{a}=(a,b)^T$ 为参数列，且

$$Y=\begin{bmatrix}x^{(0)}(2)\\x^{(0)}(3)\\\vdots\\x^{(0)}(n)\end{bmatrix},B=\begin{bmatrix}-z^{(1)}(2)&1\\-z^{(1)}(3)&1\\\vdots&\vdots\\-z^{(1)}(n)&1\end{bmatrix} \tag{6-3}$$

则灰色微分方程 $x^{(0)}(k)+az^{(1)}(k)=b$ 的最小二乘估计参数列满足

$$\hat{a}=(B^TB)^{-1}B^TY$$

证明：灰色微分方程 $x^{(0)}(k)+az^{(1)}(k)=b$ 代入数据后如下：

$$x^{(0)}(2)+az^{(1)}(2)=b$$
$$x^{(0)}(3)+az^{(1)}(3)=b$$
$$\cdots$$
$$x^{(0)}(n)+az^{(1)}(n)=b$$

即

$$Y=B\hat{a}$$

对于 a, b 的一对估计值，以 $-az^{(1)}(k)+b$ 代替 $x^{(0)}(k)$, $k=2, 3, \cdots, n$，得到误差序列

$$\varepsilon=Y-B\hat{a}$$

设

$$S=\varepsilon^{\mathrm{T}}\varepsilon=(Y-B\hat{a})^{\mathrm{T}}(Y-B\hat{a})=\sum_{k=2}^{n}[x^{(0)}(k)+az^{(1)}(k)-b]^2$$

若使 S 最小，a, b 应满足

$$\begin{cases}\dfrac{\partial S}{\partial a}=2\sum\limits_{k=2}^{n}[x^{(0)}(k)+az^{(1)}(k)-b]\cdot z^{(1)}(k)=0\\ \dfrac{\partial S}{\partial b}=-2\sum\limits_{k=2}^{n}[x^{(0)}(k)+az^{(1)}(k)-b]=0\end{cases}$$

解得

$$a=\frac{\dfrac{1}{n-1}\sum\limits_{k=2}^{n}x^{(0)}(k)\sum\limits_{k=2}^{n}z^{(1)}(k)-\sum\limits_{k=2}^{n}x^{(0)}(k)z^{(1)}(k)}{\sum\limits_{k=2}^{n}[z^{(1)}(k)]^2-\dfrac{1}{n-1}\left(\sum\limits_{k=2}^{n}z^{(1)}(k)\right)^2}$$

$$b=\frac{1}{n-1}\left[\sum_{k=2}^{n}x^{(0)}(k)+a\sum_{k=2}^{n}z^{(1)}(k)\right]$$

由 $Y=B\hat{a}$ 得

$$B^TB\hat{a}=B^TY,\ \hat{a}=(B^TB)^{-1}B^TY$$

计算过程如下：

$$B^TB=\begin{bmatrix}-z^{(1)}(2) & 1\\ -z^{(1)}(3) & 1\\ \vdots & \vdots\\ -z^{(n)}(n) & 1\end{bmatrix}^{\mathrm{T}}\begin{bmatrix}-z^{(1)}(2) & 1\\ -z^{(1)}(3) & 1\\ \vdots & \vdots\\ -z^{(n)}(n) & 1\end{bmatrix}=\begin{bmatrix}\sum\limits_{k=2}^{n}[z^{(1)}(k)]^2 & -\sum\limits_{k=2}^{n}z^{(1)}(k)\\ -\sum\limits_{k=2}^{n}z^{(1)}(k) & n-1\end{bmatrix}$$

$$(B^{\mathrm{T}}B)^{-1}=\frac{1}{(n-1)\sum\limits_{k=2}^{n}[z^{(1)}(k)]^2-\left[\sum\limits_{k=2}^{n}z^{(1)}(k)\right]^2}\cdot\begin{bmatrix}n-1 & \sum\limits_{k=2}^{n}z^{(1)}(k)\\ \sum\limits_{k=2}^{n}z^{(1)}(k) & \sum\limits_{k=2}^{n}[z^{(1)}(k)]^2\end{bmatrix}$$

$$B^TY=\begin{bmatrix}-z^{(1)}(2) & 1\\ -z^{(1)}(3) & 1\\ \vdots & \vdots\\ -z^{(n)}(n) & 1\end{bmatrix}^{\mathrm{T}}\begin{bmatrix}x^{(0)}(2)\\ x^{(0)}(3)\\ \vdots\\ x^{(0)}(n)\end{bmatrix}=\begin{bmatrix}-\sum\limits_{k=2}^{n}x^{(0)}(k)z^{(1)}(k)\\ \sum\limits_{k=2}^{n}x^{(0)}(k)\end{bmatrix}$$

所以，

$$\hat{a}=(B^{\mathrm{T}}B)^{-1}B^{\mathrm{T}}Y=\frac{1}{(n-1)\sum\limits_{k=2}^{n}[z^{(1)}(k)]^2-\left[\sum\limits_{k=2}^{n}z^{(1)}(k)\right]^2}$$

$$\times\begin{bmatrix}-(n-1)\sum\limits_{k=2}^{n}x^{(0)}(k)z^{(1)}(k)+\sum\limits_{k=2}^{n}x^{(0)}(k)\sum\limits_{k=2}^{n}z^{(1)}(k)\\ -\sum\limits_{k=2}^{n}z^{(1)}(k)\sum\limits_{k=2}^{n}x^{(0)}(k)z^{(1)}(k)+\sum\limits_{k=2}^{n}x^{(0)}(k)\sum\limits_{k=2}^{n}[z^{(1)}(k)]^2\end{bmatrix}$$

$$
= \begin{bmatrix} \dfrac{\dfrac{1}{n-1}\sum_{k=2}^{n} x^{(0)}(k)\sum_{k=2}^{n} z^{(1)}(k) - \sum_{k=2}^{n} x^{(0)}(k) z^{(1)}(k)}{\sum_{k=2}^{n}[z^{(1)}(k)]^2 - \dfrac{1}{n-1}\left[\sum_{k=2}^{n} z^{(1)}(k)\right]^2} \\ \dfrac{1}{n-1}\left[\sum_{k=2}^{n} x^{(0)}(k) + a\sum_{k=2}^{n} z^{(1)}(k)\right] \end{bmatrix} = \begin{bmatrix} a \\ b \end{bmatrix}
$$

得证。

定义 6.2.3 设$X^{(0)}$为非负序列，$X^{(1)}$为$X^{(0)}$的 1 次累加生成序列，$Z^{(1)}$为$X^{(1)}$紧邻均值生成序列，$[a, b]^{\mathrm{T}} = (B^{\mathrm{T}}B)^{-1}B^{\mathrm{T}}Y$，则称

$$\frac{\mathrm{d}x^{(1)}}{\mathrm{d}t} + ax^{(1)} = b$$

为灰色微分方程

$$x^{(0)}(k) + az^{(1)}(k) = b$$

的白化方程，也叫影子方程。

定理 6.2.2 设 B, Y, $\hat{a}$ 满足定理 6.2.1，$\hat{a} = [a, b]^{\mathrm{T}} = (B^{\mathrm{T}}B)^{-1}B^{\mathrm{T}}Y$，则

(1) 白化方程$\dfrac{\mathrm{d}x^{(1)}}{\mathrm{d}t} + ax^{(1)} = b$ 的解（也称时间响应函数），即

$$x^{(1)}(t) = \left[x^{(1)}(1) - \frac{b}{a}\right]\mathrm{e}^{-at} + \frac{b}{a} \tag{6-4}$$

(2) GM(1, 1)灰色微分方程 $x^{(0)}(k) + az^{(1)}(k) = b$ 的时间响应序列为

$$\hat{x}^{(1)}(k+1) = \left[x^{(0)}(1) - \frac{b}{a}\right]e^{-ak} + \frac{b}{a},\ k = 1, 2, \cdots, n \tag{6-5}$$

(3) 还原值

$$\hat{x}^{(0)}(k+1) = \alpha^{(1)}\hat{x}^{(1)}(k+1) = \hat{x}^{(1)}(k+1) - \hat{x}^{(1)}(k),\ k = 1, 2, \cdots, n \tag{6-6}$$

定义 6.2.4 称 GM(1, 1)模型中的参数 $-a$ 为发展系数，b 为灰色作用量。$-a$ 反映了$\hat{x}^{(1)}$ 及 $\hat{x}^{(0)}$ 的发展态势。一般情况下，系统作用量应该是外生的，而 GM(1, 1)是单序列建模，只用到系统的行为数列（或称输出序列）。GM(1, 1)中的灰色作用量是从背景值挖掘出来的数据，它反映了数据变化的关系，其确切内涵是灰的。灰色作用量是内涵外延化的具体体现，它的存在，是区别灰色建模与黑箱模型的关键，也是区别灰色系统观点和灰箱观点的重要标志。

定理 6.2.3 GM(1, 1)模型 $x^{(0)}(k) + az^{(1)}(k) = b$ 可以转化为

$$x^{(0)}(k) = \beta - \alpha x^{(1)}(k-1) \tag{6-7}$$

其中

$$\beta = \frac{b}{1+0.5a},\ \alpha = \frac{a}{1+0.5a} \tag{6-8}$$

定理 6.2.4 设$\beta = \dfrac{b}{1+0.5a}$，$\alpha = \dfrac{a}{1+0.5a}$，且

$$X^{(1)} = (x^{(1)}(1), x^{(1)}(2), \cdots, x^{(1)}(n))$$

为 GM(1, 1)模型时间响应序列，其中

$$\hat{x}^{(1)}(k) = \left[x^{(0)}(1) - \frac{b}{a}\right]e^{-ak(k-1)} + \frac{b}{a},\ k = 1, 2, \cdots, n \tag{6-9}$$

则

$$x^{(0)}(k)=[\beta-\alpha x^{(0)}(1)]e^{-a(k-2)} \tag{6-10}$$

证明略

【例 6-1】　设原始序列

$$X^{(0)}=(x^{(0)}(1),x^{(0)}(2),x^{(0)}(3),x^{(0)}(4),x^{(0)}(5))$$
$$=(2.874,3.278,3.337,3.390,3.679)$$

试用以下三种 GM(1，1)模型对$X^{(0)}$进行模拟，并比较其模拟精度：

$$\begin{cases}(1)\quad x^{(0)}(k)+az^{(1)}(k)=b\\(2)\quad x^{(0)}(k)=\beta-\alpha x^{(1)}(k-1)\\(3)\quad x^{(0)}(k)=(\beta-\alpha x^{(0)}(1))e^{-a(k-2)}\end{cases}$$

解：(1)第一步，对$X^{(0)}$做 1 次累加生成，得

$$X^{(1)}=(x^{(1)}(1),x^{(1)}(2),x^{(1)}(3),x^{(1)}(4),x^{(1)}(5))$$
$$=(2.874,6.152,9.489,12.897,16.558)$$

第二步，对$X^{(0)}$做准光滑性检验。由

$$\rho(k)=\frac{x^{(0)}(k)}{x^{(1)}(k-1)}$$

得$\rho(3)\approx0.54$，$\rho(4)\approx0.36<0.5$，$\rho(5)\approx0.29<0.5$。

当$k>3$时准光滑条件满足。

第三步，检验$X^{(1)}$是否具有准指数规律。由

$$\sigma^{(1)}(k)=\frac{x^{(1)}(k)}{x^{(1)}(k-1)}$$

得$\sigma^{(1)}(3)\approx1.54$，$\sigma^{(1)}(4)\approx1.36$，$\sigma^{(1)}(5)\approx1.29$。

当$k>3$时，$\sigma^{(1)}(k)\in[1,1.5]$，$\delta=0.5$，准指数规律满足，故可对$X^{(1)}$建立 GM(1，1)模型。

第四步，对$X^{(1)}$作紧邻均值生成。令

$$z^{(1)}(k)=0.5x^{(1)}(k)+0.5x^{(1)}(k-1)$$

得

$$Z^{(1)}=(z^{(1)}(2),z^{(1)}(3),z^{(1)}(4),z^{(1)}(5))=(4.513,7.820,11.184,14.718)$$

于是

$$B=\begin{bmatrix}-z^{(1)}(2)&1\\-z^{(1)}(3)&1\\-z^{(1)}(4)&1\\-z^{(1)}(5)&1\end{bmatrix}=\begin{bmatrix}-4.153&1\\-7.820&1\\-11.184&1\\-14.718&1\end{bmatrix},\ Y=\begin{bmatrix}x^{(0)}(2)\\x^{(0)}(3)\\x^{(0)}(4)\\x^{(0)}(5)\end{bmatrix}=\begin{bmatrix}3.278\\3.337\\3.390\\3.679\end{bmatrix}$$

第五步，对参数列$\hat{a}=[a,b]^{\mathrm{T}}$进行最小二乘估计。得

$$\hat{a}=(B^{\mathrm{T}}B)^{-1}B^{\mathrm{T}}Y=\begin{bmatrix}-0.037\,20\\3.065\,36\end{bmatrix}$$

第六步，确定模型

$$\frac{\mathrm{d}x^{(1)}}{\mathrm{d}t}-0.0372x^{(1)}=3.06536$$

及时间响应式

$$\hat{x}^{(1)}(k)=\left(x^{(0)}(1)-\frac{b}{a}\right)e^{-a(k-1)}+\frac{b}{a}=85.276151e^{0.0372(k-1)}-82.402151$$

第七步，求 $X^{(1)}$ 的模拟值。

$$\begin{aligned}\hat{X}^{(1)}&=(\hat{x}^{(1)}(1),\hat{x}^{(1)}(2),\hat{x}^{(1)}(3),\hat{x}^{(1)}(4),\hat{x}^{(1)}(5))\\&=(2.8704,6.1060,9.4605,12.9422,16.5558)\end{aligned}$$

第八步，还原求出$X^{(0)}$的模拟值。由

$$\hat{x}^{(0)}(k)=\alpha^{(1)}\hat{x}^{(1)}(k)=\hat{x}^{(1)}(k)-\hat{x}^{(1)}(k-1)$$

得

$$\begin{aligned}\hat{X}^{(0)}&=(\hat{x}^{(0)}(1),\hat{x}^{(0)}(2),\hat{x}^{(0)}(3),\hat{x}^{(0)}(4),\hat{x}^{(0)}(5))\\&=(2.8740,3.2320,3.3545,3.4817,3.6136)\end{aligned}$$

第九步，检验误差。由表6－1可以算出残差平方和

$$S=\varepsilon^T\varepsilon=[\varepsilon(2)\ \varepsilon(3)\ \varepsilon(4)\ \varepsilon(5)]\begin{bmatrix}\varepsilon(2)\\\varepsilon(3)\\\varepsilon(4)\\\varepsilon(5)\end{bmatrix}=0.01511$$

平均相对误差

$$\Delta=\frac{1}{4}\sum_{k=2}^{5}\Delta_k=1.6025\%$$

表6－1 误差检验表

序号	实际数据 $x^{(0)}(k)$	模拟数据 $\hat{x}^{(0)}(k)$	残差 $\varepsilon(k)=x^{(0)}(k)-\hat{x}^{(0)}(k)$	相对误差 $\Delta(k)=\frac{\lvert\varepsilon(k)\rvert}{x^{(0)}(k)}$
2	3.278	3.230	0.0460	1.40%
3	3.337	3.3545	－0.0175	0.52%
4	3.390	3.4817	－0.0917	2.71%
5	3.679	3.6136	0.0654	1.78%

（2）由（1）知 $a=-0.03720$，$b=3.06536$，所以

$$\alpha=\frac{a}{1+0.5a}=\frac{-0.03720}{1+0.5\cdot(-0.03720)}=-0.0379$$

$$\beta=\frac{b}{1+0.5a}=\frac{3.06536}{1+0.5\cdot(-0.03720)}=3.1235$$

于是得

$$x^{(0)}(k)=\beta-\alpha x^{(1)}(k-1)=3.1235+0.0379x^{(1)}(k-1)$$

所以

$$\begin{aligned}\hat{X}^{(0)}&=(\hat{x}^{(0)}(1),\hat{x}^{(0)}(2),\hat{x}^{(0)}(3),\hat{x}^{(0)}(4),\hat{x}^{(0)}(5))\\&=(3.2324,3.2324,3.3567,3.4831,3.6116)\end{aligned}$$

作误差检验：

由表 6－2 可得残差平方和

$$S=\varepsilon^{\mathrm{T}}\varepsilon=0.0156$$

表 6－2　误差检验表

序号	实际数据 $x^{(0)}(k)$	模拟数据 $\hat{x}^{(0)}(k)$	残差 $\varepsilon(k)=x^{(0)}(k)-\hat{x}^{(0)}(k)$	相对误差 $\Delta(k)=\frac{\lvert\varepsilon(k)\rvert}{x^{(0)}(k)}$
2	3.278	3.2324	0.0456	1.39%
3	3.337	3.3567	－0.0197	0.59%
4	3.390	3.4831	－0.0931	2.75%
5	3.679	3.6116	0.0674	1.83%

平均相对误差

$$\Delta=\frac{1}{4}\sum_{k=2}^{5}\Delta_k=1.6396\%$$

(3)由(1)和(2)知 $a=-0.0372$，$\alpha=0.0379$，$\beta=3.1235$，所以

$$\begin{aligned}x^{(0)}(k)&=(\beta-\alpha x^{(0)}(1))\mathrm{e}^{-a(k-2)}\\&=(3.1235+0.0379\times 2.874)\mathrm{e}^{0.0372(k-2)}\\&=3.2324246\mathrm{e}^{0.0372(k-2)}\end{aligned}$$

故

$$\hat{X}^{(0)}=(3.1144,3.2324,3.3549,3.4821,3.6141)$$

由表 6－3 可算出残差平方和

$$S=\varepsilon^{\mathrm{T}}\varepsilon=0.01509$$

表 6－3　误差检验表

序号	实际数据 $x^{(0)}(k)$	模拟数据 $\hat{x}^{(0)}(k)$	残差 $\varepsilon(k)=x^{(0)}(k)-\hat{x}^{(0)}(k)$	相对误差 $\Delta(k)=\frac{\lvert\varepsilon(k)\rvert}{x^{(0)}(k)}$
2	3.278	3.2324	0.0456	1.39%
3	3.337	3.3549	－0.0179	0.54%
4	3.390	3.4821	－0.0921	2.72%
5	3.679	3.6141	0.0649	1.76%

平均相对误差

$$\Delta=\frac{1}{4}\sum_{k=2}^{5}\Delta_k=1.6021\%$$

(4)由三种模型的残差平方和与平均相对误差可以看出
指数模型

$$\begin{cases}\hat{x}^{(1)}(k)=\left(x^{(0)}(1)-\dfrac{b}{a}\right)e^{-a(k-1)}+\dfrac{b}{a}\\ \hat{x}^{(0)}(k)=\hat{x}^{(1)}(k)-\hat{x}^{(1)}(k-1)\end{cases}$$

和

$$\hat{x}^{(0)}(k)=(\beta-\alpha x^{(0)}(1))e^{-a(k-2)}$$

精度较高，而差分模型

$$\hat{x}^{(0)}(k)=\beta-\alpha x^{(1)}(k-1)$$

精度稍低。

6.3 GM(1, 1)残差模型及 GM (n, h)模型

6.3.1 残差 GM(1, 1)模型

GM(1, 1)模型的精度很多时候不能满足我们的要求，残差 GM(1, 1)模型对原来的模型进行修正，可以提高精度。

定义 6.3.1 设$X^{(0)}$为原始序列，$X^{(1)}$是$X^{(0)}$的 1 次累加生成序列，GM(1, 1)模型的时间响应式为

$$\hat{x}^{(1)}(k+1)=[x^{(0)}(1)-\frac{b}{a}]e^{-ak}+\frac{b}{a}$$

则称

$$d\hat{x}^{(1)}(k+1)=(-a)[x^{(0)}(1)-\frac{b}{a}]e^{-ak}$$

为导数还原值。

下面命题的论证过程可以检验 GM(1, 1)模型与微分方程和差分方程间的关系。

命题 6.3.1 设 $d\hat{x}^{(1)}(k+1)=(-a)[x^{(0)}(1)-\frac{b}{a}]e^{-ak}$为导数的还原值，$\hat{x}^{(0)}(k+1)=\hat{x}^{(1)}(k+1)-\hat{x}^{(1)}(k)$为累减还原值。那么

$$d\hat{x}^{(1)}(k+1)\neq\hat{x}^{(0)}(k+1)$$

证明：

$$\begin{aligned}\hat{x}^{(0)}(k+1)&=\hat{x}^{(1)}(k+1)-\hat{x}^{(1)}(k)\\&=[x^{(0)}(1)-\frac{b}{a}]e^{-ak}+\frac{b}{a}-[x^{(0)}(1)-\frac{b}{a}]e^{-a(k-1)}-\frac{b}{a}\\&=(1-e^{a})[x^{(0)}(1)-\frac{b}{a}]e^{-ak}\end{aligned}$$

$$\text{因为 } e^{a}=1+a+\frac{a^2}{2!}+\frac{a^3}{3!}+\cdots+\frac{a^m}{m!}+\cdots+\cdots$$

$$\text{所以 } 1-e^{a}=-a-\frac{a^2}{2!}-\frac{a^3}{3!}-\cdots-\frac{a^m}{m!}-\cdots\neq-a$$

故

$$d\hat{x}^{(1)}(k+1)\neq\hat{x}^{(0)}(k+1)$$

证毕。

命题 6.3.1　可以证明 GM(1, 1)模型既不是微分方程也不是差分方程，而当$|a|$充分小，$1-e^{a}\approx -a$，则 $d\hat{x}^{(1)}(k+1)\approx\hat{x}^{(0)}(k+1)$。这说明微分和差分的结果类似。因此在这种情况下 GM(1, 1)模型既可以看成微分方程也可以看成差分方程。

由于导数还原值与累减还原值之间存在差异，为减少往复运算造成的误差，往往采用$X^{(1)}$的残差去修正$X^{(1)}$的模拟值$\hat{x}^{(1)}(k+1)$。

定义 6.3.2　设

$$\varepsilon^{(0)}=(\varepsilon^{(0)}(1),\ \varepsilon^{(0)}(2),\ \cdots,\ \varepsilon^{(0)}(n))$$

其中$\varepsilon^{(0)}(k)=x^{(1)}(k)-\hat{x}^{(1)}(k)$为$X^{(1)}$残差序列。如果存在$k_0$且满足：

(1) $\forall k\geqslant k_0$，$\varepsilon^{(0)}(k)$的符号一致。

(2) $n-k_0\geqslant 4$，则称

$$(|\varepsilon^{(0)}(k_0)|,\ |\varepsilon^{(0)}(k_0+1)|,\ \cdots,\ |\varepsilon^{(0)}(n)|)$$

为可建模残差尾段，记作

$$\varepsilon^{(0)}=(\varepsilon^{(0)}(k_0),\ \varepsilon^{(0)}(k_0+1),\ \cdots,\ \varepsilon^{(0)}(n))$$

命题 6.3.2　设

$$\varepsilon^{(0)}=(\varepsilon^{(0)}(k_0),\ \varepsilon^{(0)}(k_0+1),\ \cdots,\ \varepsilon^{(0)}(n))$$

为可建模残差尾段，其1次累加生成序列为

$$\varepsilon^{(1)}=(\varepsilon^{(1)}(k_0),\ \varepsilon^{(1)}(k_0+1),\ \cdots,\ \varepsilon^{(1)}(n))$$

其 GM(1, 1)的时间响应为

$$\hat{\varepsilon}^{(1)}(k+1)=\left[\varepsilon^{(0)}(k_0)-\frac{b_\varepsilon}{a_\varepsilon}\right]\exp[-a_\varepsilon(k-k_0)]+\frac{b_\varepsilon}{a_\varepsilon},\ k\geqslant k_0$$

则残差尾段$\varepsilon^{(0)}$的模拟序列为

$$\hat{\varepsilon}^{(0)}=(\hat{\varepsilon}^{(0)}(k_0),\ \hat{\varepsilon}^{(0)}(k_0+1),\ \cdots,\ \hat{\varepsilon}^{(0)}(n))$$

其中

$$\hat{\varepsilon}^{(0)}(k+1)=(-a_\varepsilon)\left[\varepsilon^{(0)}(k_0)-\frac{b_\varepsilon}{a_\varepsilon}\right]\exp[-a_\varepsilon(k-k_0)],\ k\geqslant k_0$$

而用$\hat{\varepsilon}^{(0)}$修正$\hat{X}^{(1)}$，称修正后的时间响应式

$$\hat{x}^{(1)}(k+1)=\begin{cases}\left[x^{(0)}(1)-\dfrac{b}{a}\right]e^{-ak}+\dfrac{b}{a},\ k<k_0\\[2ex]\left[x^{(0)}(1)-\dfrac{b}{a}\right]e^{-ak}+\dfrac{b}{a}\pm a_\varepsilon\left[\varepsilon^{(0)}(k_0)-\dfrac{b_\varepsilon}{a_\varepsilon}\right]e^{-a_\varepsilon(k-k_0)},\ k\geqslant k_0\end{cases}\tag{6-11}$$

为残差修正 GM(1, 1)模型，简称残差 GM(1, 1)模型。残差修正值

$$\hat{\varepsilon}^{(0)}(k+1)=a_\varepsilon\times\left[\varepsilon^{(0)}(k_0)-\frac{b_\varepsilon}{a_\varepsilon}\right]\exp[-a_\varepsilon(k-k_0)]$$

的符号应与残差尾段$\varepsilon^{(0)}$的符号保持一致。

定义 6.3.3　如果

$$\hat{x}^{(0)}(k)=\hat{x}^{(1)}(k)-\hat{x}^{(1)}(k-1)=(1-e^{a})\left[x^{(0)}(1)-\frac{b}{a}\right]e^{-a(k-1)}$$

相应的残差修正时间响应式为

$$\hat{x}^{(0)}(k+1)=\begin{cases}(1-e^{a})\left[x^{(0)}(1)-\dfrac{b}{a}\right]e^{-ak},\ k<k_0\\(1-e^{a})\left[x^{(0)}(1)-\dfrac{b}{a}\right]e^{-ak}\pm a_{\varepsilon}\left[\varepsilon^{(0)}(k_0)-\dfrac{b_{\varepsilon}}{a_{\varepsilon}}\right]e^{-a_{\varepsilon}(k-k_0)},\ k\geqslant k_0\end{cases}\tag{6-12}$$

称为累减还原式的残差修正模型。

定义 6.3.4 如果

$$\hat{x}^{(0)}(k+1)=(-a)\left[x^{(0)}(1)-\frac{b}{a}\right]e^{-ak}$$

相应的残差修正时间响应式

$$\hat{x}^{(0)}(k+1)=\begin{cases}(-a)\left[x^{(0)}(1)-\dfrac{b}{a}\right]e^{-ak},\ k<k_0\\(-a)\left[x^{(0)}(1)-\dfrac{b}{a}\right]e^{-ak}\pm a_{\varepsilon}\left[\varepsilon^{(0)}(k_0)-\dfrac{b_{\varepsilon}}{a_{\varepsilon}}\right]e^{-a_{\varepsilon}(k-k_0)},\ k\geqslant k_0\end{cases}\tag{6-13}$$

称为导数还原式的残差修正模型。

以上各残差 GM(1, 1)中的残差模拟项取得都是导数还原式，也可以取成累减还原式，即

$$\hat{\varepsilon}^{(0)}(k+1)=(1-e^{a_{\varepsilon}})\left[\varepsilon^{(0)}(k_0)-\frac{b_{\varepsilon}}{a_{\varepsilon}}\right]e^{-a_{\varepsilon}(k-k_0)},\ k\geqslant k_0$$

当$|a_{\varepsilon}|$足够小时，不同的残差还原式对修正值 $\hat{x}^{(0)}(k+1)$的影响不大。

6.3.2 GM(n, h)模型

下面以微分方程拟合建模方法解释 GM(n, h)模型。

由已知的白色模块求解未知的灰色模块，叫做灰色模块的求解。微分方程拟合法比五步建模思想更具体，更直接。

给定时间序列

$$X_i^{(0)}(t)=\{x_i^{(0)}(t)\}(i=1,2\cdots,h;\ t=1,2,\cdots,n)$$

对应的一阶累加序列

$$X_i^{(1)}(t)=\{x_i^{(1)}(t)\}(i=1,2\cdots,h;\ t=1,2,\cdots,n)$$

其中$\{x_i^{(1)}(t)\}=\sum\limits_{k=1}^{t}x_i^{(0)}(k)$，并有相应的多次累加序列

$$\{\alpha^{(j)}(x_i^{(1)},t)\}(i=1,2\cdots,h;\ t=1,2,\cdots,n;\ j=1,2,\cdots,m)$$

其中，当$j=1$时

$$\{\alpha^{(1)}(x_i^{(1)},t)\}=\alpha^{(0)}(x_i^{(1)},t)-\alpha^{(0)}(x_i^{(1)},t-1)$$

$$\alpha^{(0)}(x_i^{(t)},t)=X_i^{(t)}(t)$$

当$j=2$时

$$\{\alpha^{(2)}(x_i^{(1)},t)\}=\alpha^{(1)}(x_i^{(1)},t)-\alpha^{(1)}(x_i^{(1)},t-1)$$

当$j=n$时

$$\{\alpha^{(n)}(x_i^{(1)},t)\}=\alpha^{(n-1)}(x_i^{(1)},t)-\alpha^{(n-1)}(x_i^{(1)},t-1)$$

累差矩阵 A，累加矩阵 B 及常数向量 y_N，分别如下

$$A=\begin{bmatrix} -\alpha^{(n-1)}(x_1^{(1)},2) & -\alpha^{(n-2)}(x_1^{(1)},2) & \cdots & -\alpha^{(1)}(x_1^{(1)},2) \\ -\alpha^{(n-1)}(x_1^{(1)},3) & -\alpha^{(n-2)}(x_1^{(1)},3) & \cdots & -\alpha^{(1)}(x_1^{(1)},3) \\ \vdots & \vdots & & \vdots \\ -\alpha^{(n-1)}(x_1^{(1)},n) & -\alpha^{(n-2)}(x_1^{(1)},n) & \cdots & -\alpha^{(1)}(x_1^{(1)},n) \end{bmatrix}$$

$$B=\begin{bmatrix} -\frac{1}{2}[x_1^{(1)}(2)+x_1^{(1)}(1)] & x_2^{(1)}(2) & \cdots & x_n^{(1)}(2) \\ -\frac{1}{2}[x_1^{(1)}(3)+x_1^{(1)}(2)] & x_2^{(1)}(3) & \cdots & x_n^{(1)}(3) \\ \vdots & \vdots & & \vdots \\ -\frac{1}{2}[x_1^{(1)}(n)+x_1^{(1)}(n-1)] & x_2^{(1)}(n) & \cdots & x_n^{(1)}(n) \end{bmatrix}$$

$$y_N=[\alpha^{(n)}(x_1^{(1)},2),\ \alpha^{(n)}(x_1^{(1)},3)\cdots\alpha^{(n)}(x_1^{(1)},n)]$$

记 h 个序列 n 阶微分方程所表达的动态模型为 GM(n,h)模型，即

$$\frac{d^n(x_1^{(1)})}{dt^n}+\frac{d^{n-1}(x_1^{(1)})}{dt^{n-1}}+\cdots+a_n x_1^{(1)}=b_1x_2^{(1)}+b_2x_3^{(1)}+\cdots+b_{n-1}x_n^{(1)}$$

则微分方程的系数向量为

$$\hat{a}=(a_1,a_2,\cdots a_n|b_1,b_2,\cdots,b_{n-1})^{\mathrm{T}}$$

通过最小二乘法求解，得

$$\hat{a}=[(A|B)^T(A|B)]^{-1}(A|B)^T y_N$$

式中$(A|B)$表示由 A、B 组成的分块矩阵。

6.4　交通运输案例分析——以客运量预测为例

【例6-2】　某地区1985—2005年公路货运量发展序列 $x^{(0)}$ 见下表6-4，试建立该地区公路货运量的GM(1，1)模型，并对该地区2010年和2015年公路货运量进行预测。

表6-4

年份	1985	1990	1995	2000	2005
序号	1	2	3	4	5
$x^{(0)}$(万吨)	32	37	41	46	50

解：

(1)累加数据生成

累加生成序列计算：

$$x^{(1)}(k)=\sum_{i=1}^{k}x^{(0)}(i)$$

得到一次累加生成数列如表6-5所示：

表6-5

序号	1	2	3	4	5
$x^{(1)}$(万吨)	32	69	110	156	206

(2)构造数据阵 B、y_N

$$B=\begin{bmatrix} -\frac{1}{2}[x^{(1)}(1)+x^{(1)}(2)] & 1 \\ -\frac{1}{2}[x^{(1)}(2)+x^{(1)}(3)] & 1 \\ -\frac{1}{2}[x^{(1)}(3)+x^{(1)}(4)] & 1 \\ -\frac{1}{2}[x^{(1)}(4)+x^{(1)}(5)] & 1 \end{bmatrix}=\begin{bmatrix} -50.5 & 1 \\ -89.5 & 1 \\ -133 & 1 \\ -181 & 1 \end{bmatrix}$$

$$y_N=[x^{(0)}(2),\ x^{(0)}(3),\ x^{(0)}(4),\ x^{(0)}(5)]^{\mathrm{T}}$$
$$=[37,\ 41,\ 46,\ 50]^{\mathrm{T}}$$

(3)求参数列 $\hat{a}$

$$\hat{a}=(B^{\mathrm{T}}B)^{-1}B^{\mathrm{T}}y_N=\begin{bmatrix} -0.1009 \\ 32.0441 \end{bmatrix}$$
$$a=-0.1009,\ b=32.0441$$

(4)GM(1, 1)模型建立

$$\hat{x}^{(1)}(k+1)=349.477217\mathrm{e}^{0.1009k}-317.47727$$

(5)残差检验

$$\hat{x}^{(1)}(2)=69.1138,\qquad x^{(1)}(2)=69$$
$$\hat{x}^{(1)}(3)=110.1678,\qquad x^{(1)}(3)=110$$
$$\hat{x}^{(1)}(4)=155.5804,\qquad x^{(1)}(4)=156$$
$$\hat{x}^{(1)}(5)=205.8142,\qquad x^{(1)}(5)=206$$
$$\hat{x}^{(0)}(k+1)=\hat{x}^{(1)}(k+1)-\hat{x}^{(1)}(k),\ k=1,2,\cdots,n$$
$$\hat{x}^{(0)}(2)=37.103,\ x^{(0)}(2)=37,\ q(2)=-0.1138,\ \mathrm{e}(2)=-0.3076\%$$
$$\hat{x}^{(0)}(3)=41.042,\ x^{(0)}(3)=41,\ q(3)=-0.0540,\ \mathrm{e}(3)=-0.1318\%$$
$$\hat{x}^{(0)}(4)=45.399,\ x^{(0)}(4)=46,\ q(4)=0.5874,\ \mathrm{e}(4)=1.2770\%$$
$$\hat{x}^{(0)}(5)=50.219,\ x^{(0)}(5)=50,\ q(5)=-0.2339,\ \mathrm{e}(5)=-0.4677\%$$

说明误差较小，模型用于预测的精度较高。

(6)预测

由模型知

$$\hat{x}^{(1)}(k+1)=349.477217\mathrm{e}^{0.1009k}-317.47727$$

能够计算出 $\hat{x}^{(1)}(6)$、$\hat{x}^{(1)}(7)$，还原后可得 2010 年和 2015 年该地区货运量的预测值：

2010 年 $\hat{x}^{(1)}(6)=55.5670$ 万吨

2015 年 $\hat{x}^{(1)}(7)=61.4663$ 万吨

【例 6－3】 某省管道运输 2000 年—2007 年的运输量(万 t)如下表 6－6 所示

表 6－6

年	2000	2001	2002	2003	2004	2005	2006	2007
运量(万吨)	2192.94	2102.84	2182.43	2381.45	2470.76	3464.11	3954.21	4320.4

试采用 GM(1, 1) 方法建模，比较模型还原值和实际值的差异。

解: GM(1, 1) 方法建模，可得

$$a = -0.140554, \ b = 1433.353$$

离散化还原模型为

$$\hat{x}^{(0)}(k+1) = 1624.723348e^{0.140554k} + 259.4105707e^{0.09087109(k-1)} - 379.9099 (k \geq 2)$$

模型还原值和实际值的差异参考表 6 - 7 所示。

表 6 - 7

模型还原值	实际值	误差	相对误差/%
2192.94	2192.94	0	0
2102.84	2102.84	0	0
2056.28	2182.43	126.15	5.78
2408.08	2381.45	-26.63	-1.12
2811.42	2470.76	-340.70	-13.79
3274.07	3463.11	189.04	5.46
3804.69	3594.21	149.52	3.78
4413.40	4320.42	-92.98	-2.15

由上表可见，平均相对误差为 4.01%，关联度为 0.6768，方差比 $c = 0.2215$，小误差概率 $P = 1$。可见精度较高。

【例 6 - 4】 某大型运输公司，第 1 年到第 4 年的实际运输产值如表 6 - 8 所示。

表 6 - 8

	第一年	第二年	第三年	第四年
产值(亿元)	18.6	17.0	23.8	28.9

请预测第五年和第六年的年运输产值。

解: $a = -0.2516, \ b = 10.7811$

GM(1, 1) 模型为 $\hat{x}^{(1)}(k+1) = 61.4429e^{0.2516k} - 42.8429$

计算数据如表 6 - 9 所示。

表 6 - 9

年	模型还原值	实际值	误差	相对误差/%
1	18.6	18.6	0	0
2	17.58	17.0	-0.58	3.42
3	22.61	23.8	1.19	4.99
4	29.08	28.9	-0.18	0.63
5	37.40		第五年预测值	
6	48.11		第六年预测值	

平均相对误差为 2.26%，方差比 $c = 0.1405$，小误差概率 $P = 1$，关联度为 0.6497，其结果是令人满意的。

【例6-5】 上例中，如果采用残差识别，建立残差模型，预测第五年和第六年的产值。

解：残差模型为

$$\hat{x}^{(1)}(k+1)=61.4429e^{0.2516}-2.2850e^{-1.2635(k-1)}-40.5579(k\geqslant 2)$$

计算所得数据如表6-10。

表6-10

年	模型还原值	实际值	误差	相对误差/%
1	18.6	18.6	0	0
2	17.0	17.0	0	0
3	23.67	23.8	0.13	0.55
4	28.96	28.9	-0.06	-0.22
5	36.95		第五年预测值	
6	47.65		第六年预测值	

模型所得的平均相对误差为0.19%，最高相对误差为0.55%，分别比残差修正前缩小将近10倍，其关联度为0.97，方差比$c=0.015$，均比残差修正前好。

重点与难点

重点：①什么是灰色预测；②灰色预测的分类；③GM(1，1)模型的一般形式。

难点：①残差GM(1，1)模型；②GM(n，h)模型。

思考与练习

6-1 什么叫灰色预测？灰色预测分为哪几种类型？

6-2 进行灰色预测要经过哪些步骤？为什么要先对数据进行处理？

6-3 设有时间序列数据，如表6-11所示：

表6-11

时间	2009	2010	2011	2012	2013
K	1	2	3	4	5
$X^{(0)}(k)$	2.874	3.278	3.337	3.39	3.679

试建立GM(1，1)模型。

第 7 章

状态空间模型和卡尔曼滤波

7.1　状态空间模型

7.1.1　状态空间模型简述

20 世纪 60 年代，卡尔曼滤波算法诞生，并运用于工程控制领域。进入 70 年代，状态空间模型的标准形式被学者明确提出，并在经济领域有所贡献。80 年代，状态空间模型得到了空前发展，解决的问题也不仅局限于经济领域，在交通、光电、环境领域也都有应用。

状态空间模型，也称动态系统理论，理论假设系统随时间的演化由一个不可观测向量序列来控制，与此同时，存在一个可观测序列与该序列相伴，并通过状态空间模型确定两者的关系。因此，状态空间模型求解的过程本质上是“从观测序列提供的信息来推断不可观测变量的有关性质”。状态空间模型为充分描述动态系统的运动特征提供了一致的模型框架，一些相当复杂的问题也可能得以用简单的形式表示。状态空间模型包括两个模型：一是状态方程模型，表示系统由当前时刻状态向下一时刻状态转变的方法；二是观测方程模型，表示系统在某时刻的输出和系统的状态及输入变量的相互关系。

状态空间模型的分类方法很多。按所受影响因素的不同，可分为确定性状态空间模型和随机性状态空间模型。在实际预测工作中随机性状态空间模型应用较多。

按数值形式的不同，又可分为离散状态空间模型和连续状态空间模型。由于两者可以相互转换，并且实际测量都是在离散时点上采样，因此在实际工作中经常采用离散状态空间模型。

按所描述的动态系统的区别，又可分为线性的与非线性的、时变的与时不变的。设 X_{1t} 和 X_{2t} 表示系统的输入，Y_{1t} 和 Y_{2t} 表示系统相应的输出，对任何常数 a 和 b，若一个线性组合输入 $aX_{1t}+bX_{2t}$ 产生相应的线性组合输出 $aY_{1t}+bY_{2t}$，则称该系统为线性的；否则为非线性的。若输入 X_t 产生输出 Y_t，当输入 X_{t-t_0} 将对应地产生输出 Y_{t-t_0}，则称该系统为时不变系统，即这一系统的特性不随时间变化。其中，应用广泛且较常见的是线性时不变模型。

以上状态空间模型的几种分类方式可以进行任意组合，形成多种模式，使得状态空间模型的复杂性与多样性大为增加。

7.1.2　系统的状态空间

离散时间随机性系统的状态，是指系统内部的可能运动状态和可能储能状态。一般认为，系统在 $t=t_0$ 时刻的状态，是在 $t<t_0$ 时系统内部储能的积累结果，并在 $t=t_0$ 时以系统要素储能的方式表现出来，并影响系统在 $t>t_0$ 时的外部行为，所以，系统在 t_0 时刻的状态为 t_0 时的总信息，它包括系统的过去，并足以用它来研究系统的未来。作为系统理论中最基本的概念之一，离散时间随机性动态系统概念以纯数学形式描述系统状态，是使系统理论进入定量科学的关键性概念。

状态空间模型的特点是提出了“状态”这一概念。在实际中，不论是工程控制问题中出现的某些状态还是经济领域中的某些经济状态都是一种无法观测的变量，这些变量反映了系统所处的真实状态，因此被称为状态向量。表示为：

$$S(t)=\begin{bmatrix} s_1(t) \\ s_2(t) \\ \vdots \\ s_n(t) \end{bmatrix}$$

其中，$s_i(t)(i=1,2,\cdots,n)$ 是第 i 个状态向量。

状态向量所能取的一切值的集合称为状态空间。状态向量值是状态空间的一点，在初始时刻 t_0，状态向量 $S(t_0)$ 称为初始状态向量，简称初态，表示状态空间中的一个初始点，有时记为 $S(0)$。

7.1.3 系统的输入输出

引入状态向量是为了对系统内部结构进行数学描述，在大多数情况下，对于直接测量系统的状态是很困难的，往往在实际工作中，能测量记录的量只是系统的输入与输出。

因此，将系统的输入也看成是随时间而变的一组变量，表示为：

$$X(t)=\begin{bmatrix} x_1(t) \\ x_2(t) \\ \vdots \\ x_r(t) \end{bmatrix}$$

称为输入向量，其分量 $x_i(t)(i=1,2,\cdots,r)$ 称为输入变量，输入向量一般为确定性变量。

系统所受到的随机干扰也是随时间而变的一组变量，表示为：

$$A(t)=\begin{bmatrix} a_1(t) \\ a_2(t) \\ \vdots \\ a_p(t) \end{bmatrix}$$

称为系统的动态模型噪声，它是系统的一种特殊输入向量。

系统的输出也是随时间而变的一组变量，表示为：

$$Y(t)=\begin{bmatrix} y_1(t) \\ y_2(t) \\ \vdots \\ y_m(t) \end{bmatrix}$$

称为输出向量，其分量 $y_i(t)(i=1,2,\cdots,m)$ 称为输出变量，通常也称为测量向量与测量变量。

测量系统也会受到随机噪声的干扰，表示为：

$$V(t)=\begin{bmatrix} v_1(t) \\ v_2(t) \\ \vdots \\ v_m(t) \end{bmatrix}$$

称为测量噪声。

7.1.4　状态空间模型

状态空间模型表示动态系统从输入 $X(t)$ 到输出 $Y(t)$ 的变换，它包括状态方程模型和输出方程模型。

$$\text{状态方程}\begin{cases} s_1(t+1)=f_1[s_1(t),\ s_2(t),\ \cdots,\ s_n(t); \\ \qquad x_1(t),\ x_2(t),\ \cdots,\ x_r(t);\ a_1(t),\ a_2(t),\ \cdots,\ a_p(t),\ t] \\ s_2(t+1)=f_2[s_1(t),\ s_2(t),\ \cdots,\ s_n(t); \\ \qquad x_1(t),\ x_2(t),\ \cdots,\ x_r(t);\ a_1(t),\ a_2(t),\ \cdots,\ a_p(t),\ t] \\ \vdots \\ s_n(t+1)=f_n[s_1(t),\ s_2(t),\ \cdots,\ s_n(t); \\ \qquad x_1(t),\ x_2(t),\ \cdots,\ x_r(t);\ a_1(t),\ a_2(t),\ \cdots,\ a_p(t),\ t] \end{cases} \tag{7-1}$$

$$\text{观测方程}\begin{cases} y_1(t)=h_1[s_1(t),\ s_2(t),\ \cdots,\ s_n(t); \\ \qquad x_1(t),\ x_2(t),\ \cdots,\ x_r(t);\ b_1(t),\ b_2(t),\ \cdots,\ b_m(t),\ t] \\ y_2(t)=h_2[s_1(t),\ s_2(t),\ \cdots,\ s_n(t); \\ \qquad x_1(t),\ x_2(t),\ \cdots,\ x_r(t);\ b_1(t),\ b_2(t),\ \cdots,\ b_m(t),\ t] \\ \vdots \\ y_m(t)=h_m[s_1(t),\ s_2(t),\ \cdots,\ s_n(t); \\ \qquad x_1(t),\ x_2(t),\ \cdots,\ x_r(t);\ b_1(t),\ b_2(t),\ \cdots,\ b_m(t),\ t] \end{cases} \tag{7-2}$$

其中：$s_1(t)$，$s_2(t)$，…，$s_n(t)$为系统的状态变量；$x_1(t)$，$x_2(t)$，…，$x_r(t)$为系统的 r 个输入变量；$a_1(t)$，$a_2(t)$，…，$a_p(t)$为系统的 p 个动态模型噪声；$y_1(t)$，$y_2(t)$，…，$y_m(t)$为系统的 m 个输出变量；$b_1(t)$，$b_2(t)$，…，$b_m(t)$为系统的 m 个测量噪声。

用向量函数可表示为：

$$S(t+1)=f[S(t),\ X(t),\ A(t),\ t] \tag{7-3}$$

$$Y(t)=h[S(t),\ X(t),\ B(t),\ t] \tag{7-4}$$

如果系统是线性时不变系统，则状态方程和输出方程是状态变量和输入变量的线性组合，

即：

$$
\text{状态方程}\begin{cases}
s_1(t+1)=u_{11}s_1(t)+u_{12}s_2(t)+\cdots+u_{1n}s_n(t)+\\
\qquad v_{11}x_1(t)+v_{12}x_2(t)+\cdots+v_{1r}x_r(t)+\\
\qquad \lambda_{11}a_1(t)+\lambda_{12}a_2(t)+\cdots+\lambda_{1p}a_p(t)\\
s_2(t+1)=u_{21}s_1(t)+u_{22}s_2(t)+\cdots+u_{2n}s_n(t)+\\
\qquad v_{21}x_1(t)+v_{22}x_2(t)+\cdots+v_{2r}x_r(t)+\\
\qquad \lambda_{21}a_1(t)+\lambda_{22}a_2(t)+\cdots+\lambda_{2p}a_p(t)\\
\qquad \vdots\\
s_n(t+1)=u_{n1}s_1(t)+u_{n2}s_2(t)+\cdots+u_{nn}s_n(t)+\\
\qquad v_{n1}x_1(t)+v_{n2}x_2(t)+\cdots+v_{nr}x_r(t)+\\
\qquad \lambda_{n1}a_1(t)+\lambda_{n2}a_2(t)+\cdots+\lambda_{np}a_p(t)
\end{cases}\tag{7-5}
$$

$$
\text{观测方程}\begin{cases}
y_1(t)=w_{11}s_1(t)+w_{12}s_2(t)+\cdots+w_{1n}s_n(t)+\\
\qquad z_{11}x_1(t)+z_{12}x_2(t)+\cdots+z_{1r}x_r(t)+b_1(t)\\
y_2(t)=w_{21}s_1(t)+w_{22}s_2(t)+\cdots+w_{2n}s_n(t)+\\
\qquad z_{21}x_1(t)+z_{22}x_2(t)+\cdots+z_{2r}x_r(t)+b_2(t)\\
\qquad \vdots\\
y_m(t)=w_{m1}s_1(t)+w_{m2}s_2(t)+\cdots+w_{mn}s_n(t)+\\
\qquad z_{n1}x_1(t)+z_{n2}x_2(t)+\cdots+z_{nr}x_r(t)+b_m(t)
\end{cases}\tag{7-6}
$$

或表示为：

$$S(t+1)=US(t)+VX(t)+\Pi A(t)\tag{7-7}$$

$$Y(t)=WS(t)+ZX(t)+B(t)\tag{7-8}$$

式中，U 是 $n\times n$ 阶方阵，是状态转移矩阵，表示系统内部状态彼此间的联系，称为系统矩阵；V 是 $n\times r$ 阶矩阵，表示输入对状态的作用，称为输入矩阵；Π 是 $n\times p$ 阶矩阵，有时以单位阵表示，表示噪声对状态的影响，称为噪声矩阵；W 是 $m\times n$ 阶矩阵，表示系统内部状态与输出的联系，称为输出矩阵；Z 是 $m\times r$ 阶矩阵，称为直接传递矩阵，通常为零矩阵。

状态空间模型可以完整描述动态系统，反映系统受到输入而内部状态发生变化，并导致输出发生变化的过程，即"输入—状态变化—输出"过程。当系统在 $t=t_0$ 时刻，已知系统的状态以及测量值：

①初始状态 $S(t_0)$ 及测量值 $Y(t_0)$，$Y(t_0+1)$，…，$Y(t+1)$。

随着时间的推移：

②陆续输入 $X(t_0)$，$X(t_0+1)$，…，$X(t)$。

可唯一地陆续导出：

①状态 $\hat{S}(t_0+1)$，$\hat{S}(t_0+2)$，…，$\hat{S}(t+1)$。

②输出 $\hat{Y}(t_0)$，$\hat{Y}(t_0+1)$，…，$\hat{Y}(t+1)$。

依动态系统不同，状态空间的形式也各有不同。如线性时不变模型的状态方程可表示为：

$$S_{t+1}=US_t+VX_{t+1}$$

输出方程为：

$$Y_{t+1}=WS_t$$

式中，S_t 是 n 维状态向量，U 是 $n\times n$ 阶转移矩阵，V 是 $n\times r$ 阶输入矩阵，X_t 是系统输入的 $r\times 1$ 向量，Y_t 是系统输出的 $m\times 1$ 向量，W 是 $m\times n$ 阶输出或预测矩阵，

若输入 X_t 和输出 Y_t 均是随机过程，则状态空间表示为：

$$S_{t+1}=US_t+V\alpha_{t+1}$$

$$Y_{t+1}=WS_t+\beta_t$$

式中，向量 α_t，β_t 是白噪声，且相互独立。

7.1.5　状态空间模型的建立

为进一步说明状态空间模型，将利用以下 4 个简单的例子说明状态空间模型的建立过程。

1. 反映草原各动物种群数量变化的状态空间模型

取状态向量 $S(t)$ 为 t 时刻各动物种群数量向量：

$$\begin{aligned}S(t)&=[s_1(t),\ s_2(t),\ s_3(t)]'\\&=[t\text{ 时刻野牛数量},\ t\text{ 时刻斑马数量},\ t\text{ 时刻羚羊数量}]\end{aligned}$$

输入向量为：

$$\begin{aligned}X(t)&=[x_1(t),\ x_2(t),\ x_3(t),\ x_4(t)]\\&=\begin{bmatrix}t\text{ 时刻迁入野牛数量},\ t\text{ 时刻迁入斑马数量},\\t\text{ 时刻迁入羚羊数量},\ t\text{ 时刻某种群消亡数量}\end{bmatrix}\end{aligned}$$

状态转移矩阵为：

$$U=\begin{pmatrix}1+P_1 & 0 & 0\\0 & 1+P_2 & 0\\0 & 0 & 1+P_3\end{pmatrix}$$

式中，P_1，P_2，P_3 分别是野牛、斑马和羚羊的出生率，这里可设为 $P_1=0.02$，$P_2=0.03$，$P_3=0.05$。

输入矩阵仍定为常阵：

$$V=\begin{pmatrix}1 & 0 & 0 & 0.1\\0 & 1 & 0 & 0.2\\0 & 0 & 1 & 0.2\end{pmatrix}$$

输出矩阵或预测矩阵 W 为 3×3 维单位阵，这样，输出向量或测量向量就等同于状态向量，状态空间模型为：

$$S(t+1)=US(t)+VX(t+1)$$

即
$$\begin{pmatrix}s_1(t+1)\\s_2(t+1)\\s_3(t+1)\end{pmatrix}=\begin{pmatrix}1+P_1 & 0 & 0\\0 & 1+P_2 & 0\\0 & 0 & 1+P_3\end{pmatrix}\begin{pmatrix}s_1(t)\\s_2(t)\\s_3(t)\end{pmatrix}+\begin{pmatrix}1 & 0 & 0 & 0.1\\0 & 1 & 0 & 0.2\\0 & 0 & 1 & 0.2\end{pmatrix}\begin{pmatrix}x_1(t+1)\\x_2(t+1)\\x_3(t+1)\\x_4(t+1)\end{pmatrix}$$

$$Y(t+1)=WS(t)$$

$$\begin{pmatrix} y_1(t+1) \\ y_2(t+1) \\ y_3(t+1) \end{pmatrix} = I \begin{pmatrix} s_1(t) \\ s_2(t) \\ s_3(t) \end{pmatrix}$$

2. 反映及预测 IBM 股价变化的状态空间模型

选取 369 天的 IBM 股票收盘价，首先进行差分处理，形成零均值的平稳序列。应用分块汉克尔(Hankel)矩阵方法[在青木正直(Masanao Aoki)于 1987 年出版的《时间序列状态空间模型》中已有详细论述]，对状态空间模型进行识别与拟合，从而建立二维状态空间模型如下：

$$S_{t+1} = US_t + \alpha_t$$
$$Y_{t+1} = WS_t + \beta_t$$

式中，状态向量 S_t 为经差分处理后的某时刻 IBM 股票收盘价向量；Y_t 为输出向量或测量向量；向量以 α_t，β_t 为白噪声。转移矩阵 U 为 $\begin{pmatrix} 0.40 & -0.82 \\ 0.82 & 0.42 \end{pmatrix}$，输出矩阵或预测矩阵 W 为 $\begin{pmatrix} 0.05 \\ 1.57 \end{pmatrix}$。状态向量协方差矩阵为 $\begin{pmatrix} 0.09 & -0.05 \\ -0.005 & 0.11 \end{pmatrix}$，输出向量协方差为 52.54，系统的方差为 52.27。

3. 经济时间序列的状态空间模型

设 $y(t)$ 表示经济时间序列，$y(t)$ 由长期趋势、循环变动、季节变动与不规则变动相加或者相乘得出，即有

$$\text{加法模型：} y(t) = A(t) + B(t) + C(t) + D(t)$$

或

$$\text{乘法模型：} y(t) = A(t) \cdot B(t) \cdot C(t) \cdot D(t)$$

由于乘法模型可以通过等式两边取对数变换而转换成加法模型，因此，这里只讨论加法模型。

对于长期趋势项，采用随机增长模型可表示为：

$$A(t) = A(t-1) + X(t-1) + \xi(t)$$
$$X(t) = X(t-1) + \eta(t)$$

式中，$\xi(t)$ 和 $\eta(t)$ 为相互独立、具有零均值及有限方差的白噪声。则长期趋势的状态方程为：

$$\begin{pmatrix} A(t) \\ X(t) \end{pmatrix} = \begin{pmatrix} 1 & 1 \\ 0 & 1 \end{pmatrix} \begin{pmatrix} A(t-1) \\ X(t-1) \end{pmatrix} + \begin{pmatrix} \xi(t) \\ \eta(t) \end{pmatrix}$$

循环变动 $B(t)$ 是以数年为周期的波动变化，一般可用 AR2 模型拟合：

$$B(t) = a_1 B(t-1) + a_2 B(t-2) + \mathrm{e}(t)$$

式中，a_1，a_2 为待估计参数；$e(t)$ 为零均值、方差未知的白噪声。$B(t)$ 的状态空间表示为：

$$\begin{pmatrix} B(t) \\ B(t-1) \end{pmatrix} = \begin{pmatrix} a_1 & a_2 \\ 1 & 0 \end{pmatrix} \begin{pmatrix} B(t-1) \\ B(t-2) \end{pmatrix} + \begin{pmatrix} \mathrm{e}(t) \\ 0 \end{pmatrix}$$

季节变动是以年为周期的季节变化，可用随机季节模型进行拟合：

$$C(t) + C(t-1) + \cdots + C(t-m+1) = \omega(t)$$

其中，$m=4$ 或 12 分别对应于季度或月度资料，$\omega(t)$ 为零均值、方差未知的白噪声。$C(t)$ 的状态方程为：

$$\begin{pmatrix} C(t) \\ C(t-1) \\ \vdots \\ C(t-m+1) \end{pmatrix} = \begin{pmatrix} -1 & -1 & \cdots & -1 \\ 1 & 0 & 0 & 0 \\ \vdots & 0 & \vdots & \vdots \\ 0 & 0 & \cdots & 0 \end{pmatrix} \begin{pmatrix} C(t-1) \\ C(t-2) \\ \vdots \\ C(t-m) \end{pmatrix} + \begin{pmatrix} \omega(t) \\ 0 \\ \vdots \\ 0 \end{pmatrix}$$

综合长期趋势、周期和季节分量，得到经济时间序列状态空间的状态方程为：

$$S(t) = \begin{pmatrix} A(t) \\ X(t) \\ B(t) \\ B(t-1) \\ C(t) \\ C(t-1) \\ \vdots \\ C(t-m+1) \end{pmatrix} = \begin{pmatrix} 1 & 1 & & & & & & \\ 0 & 1 & & & 0 & & & \\ 0 & 0 & \alpha_1 & \alpha_2 & & & & \\ & & & & & & & \\ & & & & -1 & -1 & \cdots & -1 \\ & & & & 1 & 0 & \cdots & 0 \\ & & 0 & & & & \vdots & \vdots \\ & & & & & 0 & 1 & 0 \end{pmatrix} \times S(t-1) + \begin{pmatrix} \xi(t) \\ \eta(t) \\ \mathrm{e}(t) \\ 0 \\ \omega(t) \\ 0 \\ \vdots \\ 0 \end{pmatrix}$$

输出方程为：

$$Y(t) = (1\ 0\ 1\ 0\ 1\ 0\ \cdots\ 0)S(t) + D(t)$$

上述方程中，噪声 $\xi(t)$，$\eta(t)$，$e(t)$，$\omega(t)$，$D(t)$ 都是相互独立的白噪声，相应的方差都是待估计的，自回归系数 α_1，α_2 也是待估计的。

4. 根据离散系统的方框图建立状态方程模型

如给定系统方框图（如图 7－1 所示），其中“$\sum$”表示加法器，$\frac{1}{E}$表示延时单元，即从“$\frac{1}{E}$”左边输入 $S(t+1)$，则其输出为 $S(t)$，则可以据此列出系统状态方程。

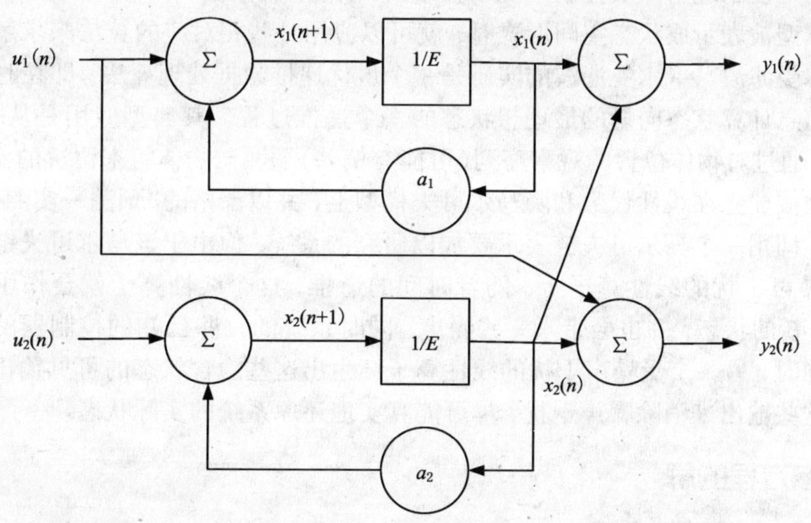

图 7－1　某系统方框图

由方框图 7－1，其中有两个延时单元，因而可以设置两个状态变量，分别为 $s_1(n)$，$s_2(n)$，这样即可写出状态方程与输出方程为：

$$\begin{cases} s_1(n+1)=u_1s_1(n)+x_1(n) \\ s_2(n+1)=u_2s_2(n)+x_2(n) \end{cases}$$

$$\begin{cases} y_1(n)=s_1(n)+s_2(n) \\ y_2(n)=s_2(n)+x_1(n) \end{cases}$$

写成矢量方程形式为：

$$\begin{pmatrix} s_1(n+1) \\ s_2(n+1) \end{pmatrix}=\begin{pmatrix} u_1 & 0 \\ 0 & u_2 \end{pmatrix}\begin{pmatrix} s_1(n) \\ s_2(n) \end{pmatrix}+\begin{pmatrix} 1 & 0 \\ 0 & 1 \end{pmatrix}\begin{pmatrix} x_1(n) \\ x_2(n) \end{pmatrix}$$

$$\begin{pmatrix} y_1(n) \\ y_2(n) \end{pmatrix}=\begin{pmatrix} 1 & 1 \\ 0 & 1 \end{pmatrix}\begin{pmatrix} s_1(n) \\ s_2(n) \end{pmatrix}+\begin{pmatrix} 0 & 0 \\ 1 & 0 \end{pmatrix}\begin{pmatrix} x_1(n) \\ x_2(n) \end{pmatrix}$$

7.2 卡尔曼滤波

7.2.1 卡尔曼滤波简述

滤波，即从带有干扰的信号中得到有用信号的准确估计值。滤波理论就是在对系统可观测信号进行测量的基础上，遵循特定的滤波准则，基于某种统计检验最优的方法，对系统的状态进行估计的理论和方法。卡尔曼和布西（Kalman & Bucy）于1960 年首次提出卡尔曼滤波理论，这标志着现代滤波理论的建立。卡尔曼滤波首次将现代控制理论中的状态空间思想引入最优滤波理论，用状态方程描述系统动态模型，用观测方程描述系统观测模型，并可处理时变系统、非平稳信号和多维信号。由于卡尔曼滤波采用递推计算，因此非常适宜于用计算机来实现，很快在工程应用，例如航空、航天、计算机视觉等诸多领域得到广泛应用。同时，卡尔曼滤波也是控制理论以及控制系统工程中的一个重要课题。

当一个模型被表示成状态空间形式时，就可以应用一些相对应的算法来求解。这些算法的核心是卡尔曼滤波。卡尔曼滤波的实质是一个最优递推数据处理算法，即在时刻 t_0 基于所有可得到的信息计算状态向量的最理想状态的一个递推过程。其典型应用是从一组有限的，包含噪声的，通过对物体位置的观察序列（可能有偏差）预测出物体将来位置的坐标及速度。

卡尔曼滤波建立在线性代数和隐马尔可夫模型上，并以严格的“预测—实测—修正”的顺序向前递推。即用一个马尔可夫链表示要加以研究的系统，但由于该马尔可夫链建立在一个被正态分布噪声干扰的线性算子上，随着时间的递推，这个线性算子就会作用在当前状态上，产生一个新的状态，并也会带入一些噪声，同时系统的一些已知的控制器的控制信息也会被加入。同时，另一个受噪声干扰的线性算子产生出这些隐含状态的可见输出。卡尔曼滤波就是根据这些输出来消除噪声干扰，尽可能真实地还原系统的实际状态。

7.2.2 状态方程的解

设状态方程和输出方程分别为：

$$S(t+1)=US(t)+VX(t)+\varPi A(t) \tag{7-9}$$

$$Y(t)=WS(t)+ZX(t)+B(t) \tag{7-10}$$

可以用迭代法求解状态方程。

设给定系统的初始状态为 $S(0)$, $X(0)$, $A(0)$，则有：

$$\begin{aligned}
S(1) &= US(0)+VX(0)+\Pi A(0)\\
S(2) &= US(1)+VX(1)+\Pi A(1)\\
&= U^2S(0)+UVX(0)+VX(1)+U\Pi A(0)+\Pi A(1)\\
S(3) &= US(2)+VX(2)+\Pi A(2)\\
&= U^3S(0)+U^2VX(0)+UVX(1)+VX(2)\\
&\quad +U^2\Pi A(0)+U\Pi A(1)+\Pi A(2)\\
&\vdots
\end{aligned}$$

$$S(t+1) = U^{t+1}S(0)+\sum_{i=0}^{t}U^{t-i}VX(i)+\sum_{i=0}^{t}U^{t-i}\Pi A(i) \tag{7-11}$$

这一解式表明，系统在 $t+1$ 时的状态由三部分组成：第一部分表示系统初态 $X(0)$ 的贡献，是零输入分量，也是状态方程式(7-11)相应的各次状态方程的解。第二部分表示时间区间 $[0, t]$ 内输入对系统做出的总贡献，是零状态分量。第三部分是时间区间 $[0, t]$ 内随机干扰对系统的总影响。

同理，对系统的输出方程，也可以求得：

$$\begin{aligned}
Y(t) &= WS(t)+ZX(t)+B(t)\\
&= WU^tS(0)+\sum_{i=0}^{t-1}WU^{t-1-i}VX(i)+\sum_{i=0}^{t-1}WU^{t-1-i}\Pi A(i)+ZX(t)+B(t)
\end{aligned} \tag{7-12}$$

7.2.3　卡尔曼滤波的形式

卡尔曼滤波要求模型已知。即要求模型的结构与参数、随机向量的统计特征都是已知的。

考虑带确定性输入项的离散时间随机线性时变动态系统的状态方程为：

$$S(t+1)=US(t)+VX(t)+\Pi A(t) \quad t\geqslant 0 \tag{7-13}$$

测量方程为：

$$Y(t)=WS(t)+B(t) \tag{7-14}$$

式中，$S(t)$ 是 n 维系统状态向量；$Y(t)$ 是 m 维系统测量向量；$X(t)$ 是 r 维输入向量；$A(t)$ 是 $P\times 1$ 维输入噪声，通常为白噪声；$B(t)$ 是测量噪声；U 是 $n\times n$ 阶状态转移矩阵；V 是 $n\times r$ 阶输入矩阵；W 是输出或预测矩阵；Π 是 $n\times p$ 阶矩阵，这里设为单位阵。

在状态空间模型式(7-13)和式(7-14)下，随着时间的推移，假设陆续获得直到 j 时刻的 $j+1$ 期观测值向量：

$$Y^j=[Y(0), Y(1), \cdots Y(j)]'$$

它是我们对系统在 t 时刻的未知状态 $S(t)$ 进行估计的依据。

记 Y^j 的向量函数：

$$\hat{S}(t/j)=E[S(t)/Y^j]$$

为状态 $S(t)$ 的估计量，根据 Y^j 信息的多少分为以下三种情况：

当 $t>j$ 时，超出样本的观测区间，是对未来状态的估计问题，称为预测；

当 $t=j$ 时，估计观测区间的最终时点，即对现在状态的估计问题，称为滤波；

当 $t<j$ 时，是基于利用现在为止的观测值对过去状态的估计问题，称为平滑。

以上统称为卡尔曼滤波。

在状态空间模型式(7-13)和式(7-14)下，卡尔曼滤波公式为：

$$\hat{S}(t+1/t)=U\hat{S}(t/t)+VX(t) \tag{7-15}$$

$$P(t+1/t)=UP(t/t)U^T+\Pi R_1(t)\Pi^T \tag{7-16}$$

$$\hat{S}(t+1/t+1)=\hat{S}(t+1/t)+L(t+1)[Y(t+1)-W\hat{S}(t+1/t)] \tag{7-17}$$

$$L(t+1)=P(t+1/t)W^T[WP(t+1/t)W^T+R_2(t+1)]^{-1} \tag{7-18}$$

$$P(t+1/t+1)=[1-L(t+1)W]P(t+1/t) \tag{7-19}$$

式中，$(t+1/t)$表示 t 时刻对 $t+1$ 时刻的估计或预估计，例如，$\hat{S}(t+1/t)$是 t 时刻对 $t+1$ 时刻状态的估计；$P(t+1/t)$是 t 时刻预测 $t+1$ 时刻的误差协方差阵；$X(t/t)$，$P(t/t)$为相应的滤波阵；$L(t+1)$为 $t+1$ 时刻的增益矩阵(向量)，也称为卡尔曼增益；$R_1(t)$是 t 时刻模型误差协方差阵；$R_2(t)$是 t 时刻测量误差协方差阵。

式(7-17)和式(7-19)是用来更新均值和协方差矩阵的基本递推公式，从而在得到新的观测值 $Y(t+1)$时，可得到状态向量 $S(t+1)$的分布。从式(7-15)和式(7-17)中可以看出状态的更新估计 $\hat{S}(t+1/t+1)$是状态到时刻的估计值的投影，再加上向前一步预测误差 $Y(t+1)-W\hat{S}(t+1/t)=Y(t+1)-\hat{Y}(t+1)$，卡尔曼增益的矩阵 $L(t+1)$确定了预测误差所占的权重。因此，卡尔曼滤波是从状态预估计开始，再加上预估计正确值的修正估计的适时修正过程。当卡尔曼增益接近一个固定值时，卡尔曼滤波趋向于稳定状态。

卡尔曼滤波的实质是由测量值重构系统的状态向量。基于测量值对系统状态加以修正，最终达到估计与预测的目的。

7.3 方法评价

通过上述对状态空间模型的有关介绍，总结其特点有如下几方面：

①状态空间模型能将复杂的多变量时间序列问题转变为向量时间序列问题，适合解决多输入输出变量情况下的建模问题，尤其是对一元或者多元的时间序列建模问题有很好的适应性。

②状态空间模型能直观反映系统内部状态，并能全面揭示内部状态与外部输入与输出变量的联系，这是一般时域领域内的其他输入输出模型所不具备的。

③区别于传统的时间序列模型，状态空间模型具有能以极少的信息描述系统的状态，无须提供大量资料数据的优越性，使得在应用此模型进行估计与预测时能够起到省时省力的效果。

除此之外，状态空间模型作为一种结构模型，便于分析者利用已有的统计理论对计算结果进行统计检验；而当扰动项和初始状态向量服从正态分布时，卡尔曼滤波能够通过预测误差分解计算似然函数，对模型中的所有未知参数进行估计，一旦产生新的观测值，就可以对状态向量的估计进行连续修正。

不可否认，状态空间模型也存在局限性。由于状态空间模型的求解过程遵循马尔科夫特性，即在已知目前状态(现在)的条件下，它未来的演变(将来)不依赖于它以往的演变(过去)。这就意味着系统的现在状态已知，则系统的将来与过去将会被看成两个独立的过程。因此，如果一个系统不满足马尔科夫特性，就不适合利用状态空间模型求解。

7.4　交通运输案例分析

本部分主要通过一个具体的交通运输案例说明卡尔曼滤波在公共交通流量预测中的应用。

卡尔曼滤波是一种对于所需研究的系统的状态进行估计的方法，它通常被用来研究这样的系统：其状态变量不能被精确地测量，或者是精确地进行测量很困难(如须采用高精度昂贵的仪器，或是花费十分巨大等)，或者是只能测量出其部分的状态变量。

如果我们能够对所研究的系统的状态进行部分或全部的测量(即使测量是有相当误差的)，并将所测量的结果与描述系统状态的状态变量联系起来，我们就有了运用卡尔曼滤波方法的一个条件，这种联系关系被称为观测方程。观测方程的一般形式为：

$$Y = CX + V \tag{7-20}$$

其中：Y 是观测向量，X 是状态变量向量，C 是描述联系的观测矩阵，V 是观测误差向量。

我们再来研究系统的动态行为。系统的状态随着时间的推移将发生变化，对于很多系统，我们可以根据经验得到其状态随时间变化的规律，描述这种变化规律的数学模型就被称为系统的状态方程。如果我们对所研究的系统建立起了状态方程，我们就有了运用卡尔曼滤波方法的第二个条件，从本质上说，运用卡尔曼滤波方法进行预测只要有了这两个条件就可以了。

描述系统的状态方程通常有离散型和连续型两种形式。在公共交通流量的预测问题中，以采用离散型方程较为适宜，我们取如下离散型定常系统：

$$X_t = AX_{t-1} + BU_t + W_{t-1} \tag{7-21}$$

其中：X_t，X_{t-1} 依次是第 t 期，第 $t-1$ 期的状态变量向量，$t=1, 2, \cdots, T$；

A 是状态转移矩阵；

U_t 是第 t 期控制变量向量，$t=1, 2, \cdots, T$；

B 是控制分配矩阵；

W_{t-1} 是第 t 期模型误差向量，$t=1, 2, \cdots, T$；

与状态方程的各期相对应，观测方程也取为下述形式：

$$Y_t = CX_t + V_t \tag{7-22}$$

其中：Y_t 是第 t 期观测向量，$t=1, 2, \cdots, T$；

C 是观测矩阵；

V_t 是第 t 期观测误差向量，$t=1, 2, \cdots, T$；

为了进行滤波，还要对观测误差和模型误差作一些要求，首先要求 V_t 与 W_t，是所谓高斯白噪声序列，即要求 $EV_t = EW_{t-1} = EV_tV_s^T = EW_{t-1}W_{s-1}^T = 0$，$s, t=1, 2, \cdots, T$，$s \neq t$；其次要求 V_t 与 W_t 是不相关的，即 $EV_tW_t^T = 0$，$t=1, 2, \cdots, T$；最后要求估算出矩阵 $Q_{t-1} = EW_{t-1}W_{t-1}^{\mathrm{T}}$，$R_t = EV_tV_t^{\mathrm{T}}$，$t=1, 2, \cdots, T$ 和 $P_0 = E(\overline{X}_0 - X_0)(\overline{X}_0 - X_0)^{\mathrm{T}}$。

卡尔曼滤波过程是一个从基期开始，逐期用状态方程(7-21)递推估计，再同期用观测方程(7-20)进行校正的过程，行期经过校正后的估计是递推估计与观测估计的精度加权和，它的精度比单用递推估计或单用观测值估计精度更高。而且随着一期一期的递推加校正估计，我们的估计值将越来越接近状态的实际值，证明过程较长，故略。滤波过程的算法如下：

$$\begin{cases} \hat{X}_t = A\hat{X}_{t-1} + BU_t + K_t[Y_t - C(A\hat{X}_{t-1} + BU_t)]\hat{X}_0 = \overline{X}_0 \\ P_t = AP_{t-1}A^{\mathrm{T}} + Q_{t-1} \\ P_t = ({}^{+}C^{\mathrm{T}}C) - 1,\ P_0 = E(\overline{X}_0 - X_0)(\overset{\bar{X}}{_0} - X_0)^{\mathrm{T}} \\ K_t = P_t C^{\mathrm{T}} R_t^{-1},\ t = 1, 2, \cdots, T \end{cases} \tag{7-23}$$

总结起来，运用卡尔曼滤波方法进行预测分为四个步骤：

①建立状态方程；

②建立观测方程；

③对两个方程的误差进行处理，做出统计性质的估算；

④用滤波公式(7－23)进行预测。

在实际预测中，由于预测期的真实状态尚未表现出来，我们无法观测，这时我们可以先用状态方程递推预测若干期，随着时间的推移，再利用观测值进行修正，使我们的预测精度不断地提高。在下面的实例中就是采取的这种方法。

接下来，我们对某市的公共交通流量做逐年的预测(截至2010年)，为此，用 $X_t^{(1)}$ 表示第 t 年公共汽车客流总量(万人次)，$X_t^{(2)}$ 表示第 t 年自行车出行总出次数(万车次)，$X_t^{(3)}$ 表示第 t 年行人总出行次数(万人数)，则向量 $X_t = (X_t^{(1)}, X_t^{(2)}, X_t^{(3)})^T$ 就是第 t 年交通系统客流量状态变量向量。我们要得到形如的状态方程。先选取控制变量，并对矩阵 A，B 和 W_{t-1} 进行估计。

所谓控制变量是一些逐年可以得到的与交通流量有关的数据，如就业人数，工、农业产值，商业零售总额和公共汽车营运里程等，经过筛选，确定取用下述控制变量：

$U_t^{(1)}$——第 t 年就业人数(单位：人)；

$U_t^{(2)}$——第 t 年商业零售总额(单位：万元)；

$U_t^{(3)}$——第 t 年公汽公司营运总里程(单位：百公里)；

$U_t^{(4)}$——第 t 年工业产值(单位：万元)；

$U_t^{(5)}$——第 t 年农业产值(单位：万元)；

再加上 $U_t^{(6)} \equiv 1$，一起构成控制向量 $U_t = (U_t^{(1)}, U_t^{(2)}, U_t^{(3)}, U_t^{(4)}, U_t^{(5)}, 1)^{\mathrm{T}}$。

利用某市公共交通系统工程资料集所载数据，采用经济计量模型的物理方法，便可以得出：

$$\begin{pmatrix} X_t^{(1)} \\ X_t^{(2)} \end{pmatrix} = \begin{pmatrix} 0.0054 & -0.3967 \\ 0.1345 & 0.9158 \end{pmatrix} \begin{pmatrix} X_{t-1}^{(1)} \\ X_{t-1}^{(2)} \end{pmatrix} +$$

$$\begin{pmatrix} 0.0211 & 0.1297 & 0.0809 & 0.0236 & 0.0514 & -9586.5 \\ -0.0135 & -0.0325 & 0.0635 & -0.0205 & 0.0738 & 21.3 \end{pmatrix} U_t$$

对于行人流量 $X_t^{(3)}$，由于缺乏历年资料，暂且只能根据对某市人口发展速度和经济发展速度所作的假设进行估计，与 $X_t^{(1)}$，$X_t^{(2)}$ 合并，交通流量的状态方程就成为：

$$X_t = AX_{t-1} + BU_t + W_{t-1}$$

其中：$A=\begin{pmatrix}0.0054 & -0.3967 & 0\\ 0.1345 & 0.9158 & 0\\ 0 & 0 & 0.9728\end{pmatrix}$，

$$B=\begin{pmatrix}0.0211 & 0.1297 & 0.0809 & 0.0236 & 0.0514 & -9586.5\\ -0.0135 & -0.0325 & 0.0635 & -0.0205 & 0.0738 & 21.3\\ 0 & 0 & 0 & 0 & 0 & \end{pmatrix},$$

$$EW_{t-1}=\begin{pmatrix}0\\ 0\\ \times\end{pmatrix},\ EW_{t-1}W_{t-1}^T=\begin{pmatrix}144126 & 36114 & \times\\ 36114 & 73902 & \times\\ \times & \times & \times\end{pmatrix}。$$

我们可以通过两种方法得到交通系统状态，一是可从公汽公司得到的每年公共汽车客流量估计值和交通大队提供的自行车保有量推出的自行车流量，二是交通状况抽样调查。以它们作为观测，就得到观测方程：

$$Y_t=CX_t+V_t$$

其中：$C=\begin{pmatrix}100\\ 010\\ 001\end{pmatrix}$，$EV_t=\begin{pmatrix}0\\ 0\\ \times\end{pmatrix}$，$EV_tV_t^T=\begin{pmatrix}290628 & 0 & \times\\ 0 & 486960 & \times\\ \times & \times & \times\end{pmatrix}$。

最后，利用建立起的状态方程和观测方程对交通流量进行逐年预测，将数据和模型参数输入计算机，计算结果如表7－1。

表7－1　1990—2003年交通流量状态预测结果

变量 / 年份	就业人数（人）	商业零售额（万元）	营运里程（百km）	工业产值（万元）	农业产值（万元）	公共汽车客流量观测值（万人次）	公共汽车客流量滤波值（万人次）	自行车流量观测值（万车次）	自行车流量滤波值（万车次）
1990						6019.46		3408	
1991	181985	39000	63731	123554	26241	7671.21	7513.42	3931	3751.29
1992	189420	43676	73365	143605	26460	9241.36	9292.82	4039	4348.02
1993	192216	47584	81482	150802	29024	10700.00	10651.56	5350	5351.11
1994	203083	49183	73077	115074	28310	8876.87	9027.85	6144	6334.17
1995	216815	52762	78674	145803	28065	9824.85	10373.03	6210	6477.17
1996	231431	54045	77205	128103	31595	11241.15	10899.80	6864	7018.58
1997	238116	55589	92464	116296	33726	13687.72	13296.62	8095	7916.51
1998	250065	64548	113879	196516	40660	16448.17	16770.59	9801	9818.78
1999	271819	78090	118098	225661	45265	19634.66	19682.62	10834	11171.72
2000	283656	91973	137437	249300	44243	23701.23	23449.95	12737	12911.75
2001	297296	97899	147634	253137	55060	24898.00	25015.33	16157	16120.54
2002	300580	103842	160121	262799	59546	26321.70	26246.30	20065	19958.35
2003	304085	118437	172128	278821	64568	28269.49	28266.04	23870	23912.08

对2004至2010年的交通状态，可利用状态方程进行递推预测，这些预测值还有待于以后的观测值来逐步滤波修正。递推预测值的精度取决于控制变量预测值的精度，这里假设要求截至2020年国民生产总值翻两番，由此推算出控制变量到2010年的变化情况，进一步换算为：市区工业产值每年递增7.8%；农业产值每年递增6%；商业零售额每年递增8%；就业人数每年递增1.3%，再加上公共汽公司计划到2010年营运里程达每年2500万km。将它们换算为各年的数值，代入状态方程计算，就得到交通流量各年的预测，列表如下：

表7-2　2004—2010年交通流量状态预测结果

年份＼变量	控制变量					状态递推预测值		
	就业人数（人）	商业零售额（万元）	营运里程（百km）	工业产值（万元）	农业产值（万元）	公共汽车客流量（万人次）	自行车流量（万车次）	步行流量（万人次）
2003	304085	118436.5	172128	278821	64568	28224	23993	23621
2004	307918	124358	171288	305476	66505	29049	24887	22979
2005	311801	130576	182422	334679	68500	30595	25937	22354
2006	315734	137105	194280	366675	70555	32103	27015	21746
2007	319719	143960	206910	401729	72672	33746	28119	21154
2008	323756	151153	220356	440135	74852	35526	29250	20579
2009	327845	158716	234680	482212	77098	37456	30410	20019
2010	331987	166652	250000	528336	79410	39549	31285	19475

重点与难点

重点：①状态空间模型的分类及其特点；②状态空间模型的求解过程；③卡尔曼滤波的实质。

难点：状态空间模型的求解过程。

思考与练习

7-1　状态空间模型的定义？如何分类？

7-2　卡尔曼滤波与状态空间模型的关系？

7-3　状态空间模型的优缺点有哪些？

第 8 章

交通运输综合预测方法

8.1　概述

交通运输是国民经济正常运行的重要保障条件，是解决物质资料、信息和相关人员在空间与时间需求差异的交通运输活动，对其进行科学合理的预测是交通运输系统投资、规划、评价、优化和管理的首要条件。本章着重介绍关于交通运输综合预测的各种方法及模型，通过对交通运输的预测，为交通规划与管理提供重要的决策依据。主要内容如下：

1. 四阶段法

本节介绍传统“四阶段”预测方法的主要内容以及各阶段预测采用的方法与模型：第一阶段是交通发生与吸引预测，包括交通生成总量的预测和发生与吸引交通量的预测，主要介绍了原单位法、交叉分类法、调整系数法、增长率法及函数法等相关方法与模型。第二阶段是交通分布预测，其预测方法主要有两类，一类是增长系数法，包括常增长系数法、平均增长系数法、底特律法、福莱特法和佛尼斯法；另一类是综合法，包括无约束重力模型、单约束重力模型、双约束重力模型。第三阶段是交通方式划分，其主要的交通定量方式划分预测方法包括固定份额法、交叉分类法，回归分析法、Logit 模型法。第四阶段是交通分配预测，主要采用用户平衡分配模型、系统最优分配模型以及包含最短路分配、容量限制分配、多路径分配、容量限制—多路径分配在内的非平衡分配方法来对交通分配进行预测。

2. 非集计预测方法

本节介绍了非集计模型的概念、特点及基本理论，由此提出非集计模型的数学表述和效用最大值的数学期望值，进而详细地介绍了几种常用的非集计行为模型，如多项 Logit(分对数)模型、NL 模型，最后通过实例分析说明非集计模型在交通领域中应用的优越性，这些实例包括对短期交通政策进行评价，以及对地区及都市区范围内不同交通方式的分担交通量进行预测。

3. 交通运输综合预测方法

本节将交通运输综合预测划分为车辆保有量预测、城市客运需求发展预测、城市货物运需求发展预测、轨道交通预测以及大型活动地面公共交通运营组织与调度系统交通需求预测五种类型，其中对车辆保有量预测、城市客运需求发展预测、城市货运需求发展预测三个方面主要是介绍了各自采用的相关方法及模型。在轨道交通预测方面，首先说明了轨道交通客流的形成，其次介绍了城市群轨道交通客流的特点，然后分析了轨道交通客流量预测方法的现状，进而从定性和定量两个方面分别提出轨道交通客流预测的方法，最后通过案例分析对尖沙咀车站的进出客流数量在未来五年内的增长态势进行预测。在大型活动地面公共交通运营组织与调度系统交通需求预测方面，将大型活动期间的城市公共交通需求分为城市背景公共交通需求和大型活动公共交通需求两部分。对于城市背景公共的交通需求预测采用传统的“四阶段”交通需求预测方法和基于活动的交通需求预测方法；对于大型活动的交通需求预测，由于它是建立在大型活动的全方式交通需求预测的基础上的，通过分析大型活动对日常交通需求的影响机理，只关注由于活动举办而诱增的交通需求，进而分别对大型活动的交通生成总量、交通吸引量、交通发生量、交通分布、交通方式以及交通分配进行预测。

8.2 四阶段法

传统交通需求预测的“四阶段”模式是指在居民出行 OD 调查的基础上，开展现状居民出行模拟和居民出行预测。其内容包括交通的发生与吸引(第一阶段)、交通分布(第二阶段)、交通方式划分(第三阶段)和交通流分配(第四阶段)。

8.2.1 出行发生的预测

出行是人类社会经济活动的产物，对于社会经济系统，出行是“果”，而对于交通系统，出行是“因”，是社会经济系统对交通需求的具体体现。正是因为有了出行，人们才必须投资建设交通系统。交通设施的建设一般都是耗资高、工期长，而且对社会经济发展影响深远的工程，那么建设多大规模、何种结构的交通系统才能既满足未来规划年经济系统的对交通的需求，又是最节省投资，并且产生最小副作用的呢？这就是我们交通规划者所必须回答的问题，首先就要在现状交通调查的基础上准确地预测未来规划年交通的出行情况，这是后面提出规划设计方案的基础。

交通生成预测是交通需求四阶段预测中的第一阶段，是交通需求分析工作中最基本的部分之一，目标是求得各个对象地区的交通需求总量，即交通生成量，进而在总量约束下，求出各交通小区的发生与吸引交通量。出行的发生、吸引与土地利用性质和设施规模有着密切的关系。发生与吸引交通量预测精度将直接影响后续预测阶段乃至整个预测过程的精度。

交通生成预测的影响因素主要有：

①土地利用；

②家庭规模和家庭成员的构成；

③年龄和性别；

④汽车保有率；

⑤自由时间；

⑥职业和工种；

⑦外出率；

⑧企业规模、性质；

⑨家庭收入；

⑩其他。

(一) 交通生成总量的预测

1. 原单位法

原单位是指单位指标，它的计算方法通常有两种：一是用居住人口或就业人口每人平均的交通生成量来进行推算的个人原单位法；另一种就是以不同用途的土地面积或单位办公面积平均发生的交通量来预测的面积单位法。不同方法对应的选取的原单位指标也不同，主要有：

①根据人口属性，以不同出行目的单位出行次数为原单位进行预测。

②以土地利用或经济指标为基准的原单位，即以单位用地面积或单位经济指标为基准对原单位进行预测。

预测不同出行目的交通生成量可以采用如下方法：

$$T = \sum T^k \tag{8-1a}$$

$$T^k = \sum_l a_l^k N_E \tag{8-1b}$$

式中：T——研究对象地区总的交通生成量；

T^k——出行目的为 k 时的交通生成量；

l——人口属性（常住人口、就业人口、工作人口、流动人口）；

a_l^k——某出行目的和人口属性的平均出行生成量；

N_E——某属性的人口。

【例 8-1】 图 8-1 是分有 3 个交通小区的某对象区域，表 8-1 是个小区现状的出行发生量和吸引量。在常住人口原单位不变的情况下，采用原单位法预测其将来的出行生成量。

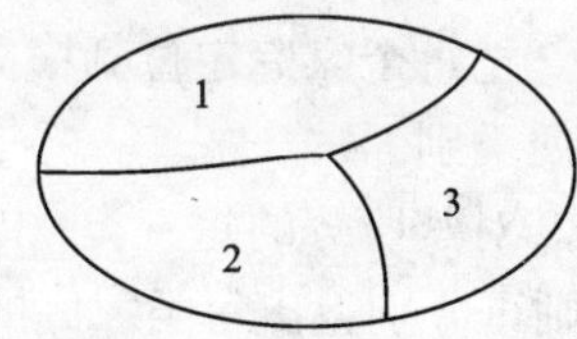

图 8-1　交通小区分图

表 8-1　各区现在的出行发生量和吸引量（单位：万次/日）

O / D	1	2	3	合计	人口（万人）（现在/将来）
1				28.0	11.0/15.0
2				51.0	20.0/36.0
3				26.0	10.0/14.0
合计	28.0	50.0	27.0	105.0	41.0/65.0

解：根据表 8-1 中的数据，可得：

现状出行生成量 $T = 28.0 + 51.0 + 26.0 = 28.0 + 27.0 + 50.0 = 105.0$（万次/日）

现状常住人口 $N = 11.0 + 20.0 + 10.0 = 41.0$（万人）

将来常住人口 $M = 15.0 + 36.0 + 14.0 = 65.0$（万人）

常住人口原单位 $T/N = 105.0/41.0 = 2.561$（次/日·人）

因此，将来的生成交通量

$$X = M * (T/N) = 65.0 * 2.561 = 166.5 \text{（万次/日）}$$

由于人们在对象区域内的出行不受区域内小区划分的影响，所以交通生成量的原单位与发生/吸引的原单位比较，具有时序列稳定的特点。

如上所述，将原单位视为不随时间变动的量，而直接使用居民出行调查结果。然而原单位因交通参与者的个人属性(年龄、性别、职业、汽车拥有与否等)不同而变动。

2. 交叉分类法

交叉分类法是出行生成预测的另一个可选用的模型，它突出以家庭作为基本单元，用将来的出行发生率求得将来的出行量。它与原单位法有许多相似之处，但又存在很多不同。

(1)交叉分类法必须服从的假定

①一定时期内出行率是稳定的；

②家庭规模的变化很小；

③收入与车辆拥有量总是增长的；

④每种类型的家庭数量，可以用相应于该家庭收入、车辆拥有量和家庭结构等资所出的数学分布方法来估计。

(2)构造交叉分类的模型的步骤

①有关家庭的横向分类：澳大利亚根据其中西部的交通调查，规定家庭大小、家庭收入各分为6类，家庭拥有小汽车数分为3类。上海曾以住宅类型、家庭人口及自行车拥有量作为分类项目研究出行发生模型。

②把每个家庭定位到横向类别，就是对家庭的访问调查资料进行分类，把每个家庭归入其所属类别。

③对其所分的每一类，计算其平均出行率。用调查的每类出行发生量除以每类的家庭总数，则可分别得出每类家庭的平均出行率。

④计算各分区的出行发生，把分区每一类的家庭数乘以该类的出行发生率，并将分区中所有类别的家庭总数加起来，得到出行总量。

$$P_i = \sum_{c=1}^{n} Q_c N_{ci} \tag{8-2}$$

式中：P_i——i 区出行产生数的计算值；

Q_c——c 类家庭的平均出行率；

N_{ci}——i 区的 c 类家庭数。

【例8-2】 澳大利亚类别产生率，根据家庭规模、收入及家庭拥有小汽车数可将研究对象内的家庭分成不同的类别，表8-2给出的就是根据调查得到的不同类别家庭的平均出行率。

表8-2 不同类别家庭的平均出行率(单位：人次/户·日)

家庭规模 / 小汽车拥有率	低收入		中等收入		高收入	
	1~3人	4人及以上	1~3人	4人及以上	1~3人	4人及以上
无	3.4	4.9	3.7	5.0	3.8	5.0
1辆	5.2	6.9	7.3	8.3	8.0	10.2
2辆以上	5.8	7.2	8.1	11.8	10.0	12.9

已知：低收入、无小汽车、每户 3 人的家庭有 100 户；低收入、无小汽车、每户 4 人的家庭有 200 户；中等收入、有一辆小汽车、每户 4 人的家庭有 300 户；高收入、有 2 辆小汽车、每户 5 人的家庭有 50 户。

则出行总量为：

$$100\times3.4+200\times4.9+300\times8.3+50\times12.9=4455(\text{人次/日})$$

2. 个人分类法

个人分类法是对基于家庭的分类模型的一种替方法。如果令 j 表示出行率，即在某一段时间内 j 类人中平均每人的出行次数；T_i表示 i 小区各类居民的总出行数；N_i为 i 小区的居民总数；a_{ji}为 i 小区的 j 类居民的百分率，从而可得到 i 地区的出行发生量为：

$$T_i = N_i\sum_j a_{ji}t_j$$

(二)发生与吸引交通量的预测

1. 原单位法

利用原单位法预测发生与吸引交通量时，首先需要分别计算发生原单位和吸引原单位，然后根据发生原单位和吸引原单位和人口、面积等属性的乘积预测得到发生与吸引交通量的值，可用下式表示：

$$O_i = bx_i \tag{8-3a}$$

$$D_j = cx_j \tag{8-3b}$$

式中：O_i——小区 i 的发生交通量；

b——某出行目的的单位出行发生次数(次/日・人)；

x——常住人口、白天人口、从业人口、土地利用类别、面积等属性变量；

D_j——小区 j 的吸引交通量；

c——某出行目的的单位出行吸引次数(次/日・人)；

i,j——交通小区。

一般来说，在交通需求预测时，要求各小区的发生交通量之和与吸引交通量之和相等，并且各小区的发生交通量或吸引交通量之和均等于交通生成总量。如果它们之间不满足上述关系，则可以采用如下方式进行调整。

(1)总量控制法

在实际计算中，各小区的推算量的误差是不可避免的，从而造成其总和的误差值。为此，我们应当用根据区域的交通生成总量对推算得到的各个小区的发生量进行校正。

假设交通生成总量 T 是由全人口 P 与生成原单位 p 而得到的，则 $T=P\cdot p$。

如果交通生成总量 T 与总发生交通量 $O=O_i$有明显的误差，则可以将 O_i修正为：

$$O_i'=\frac{T}{O}\cdot O_i \quad (i=1,2,\cdots,n) \tag{8-4a}$$

为了保证 T 与总吸引交通量 D 也相等，这样发生交通量之和、吸引交通量之和以及交通生成总量三者才能全部相等，为此需要将 D_j修正为：

$$D_j'=\frac{T}{D}\cdot D_j \quad (j=1,2,\cdots,n) \tag{8-4b}$$

这种方法叫总量控制法。

(2)调整系数法

在出行生成阶段，要求满足所有小区出行发生总量要等于出行吸引总量。当上述条件不满足时，一般认为所有小区出行发生总量($O = \sum_{i=1}^{n} O_i$)可靠些。从而可将吸引总量乘以一个调整系数f，这样可以确保出行吸引总量等于出行发生总量。

$$f = \sum_{i=1}^{n} O_i / \sum_{j=1}^{n} D_j \tag{8-5}$$

2. 增长率法

增长率法考虑了原单位随时间变动的情况，它是用其他指标的增长率乘以原单位求出将来交通生成量的方法。

$$O_i^N = F_i \cdot O_i \tag{8-6}$$

式中：F_i——发生与吸引交通量的增长率，例如，$F_i = \alpha_i \beta_i$。

其中，$\alpha_i = \dfrac{\text{目标小区 } i \text{ 的预测人口}}{\text{基准年度小区 } i \text{ 的人口}}$；

$\beta_i = \dfrac{\text{目标年度小区 } i \text{ 的人均车辆拥有率}}{\text{基准年度小区 } i \text{ 的人均车辆拥有率}}$。

3. 函数法

函数法是利用函数式预测将来不同出行目的的原单位的方法，是发生与吸引交通量预测中最常用的方法之一。函数法中人们多使用多元回归分析法，所以有时被直接称为多元回归分析法，其模型如下：

$$O_i^p = b_0^p + b_1^p x_{1i}^p + b_2^p x_{2i}^p + \cdots \tag{8-7a}$$

$$D_j^p = c_0^p + c_1^p x_{1j}^p + c_2^p x_{2j}^p + \cdots \tag{8-7b}$$

式中：b，c 均为回归系数；

P——出行目的；

x——自变量，常取的变量有交通小区内平均收入、平均汽车保有率、家庭数、人口、就业人数、土地利用面积等。

回归预测的规范步骤可分为建立模型、检验模型和实施预测三个阶段。

(1)建立模型阶段

①准备和整理必要的资料数据，资料应全面、完整。

②确定应变量和自变量，尤其是自变量。确定是采用定性和定量相结合的方式，更能体现水平。

③根据资料数据做散点图。直观分析其相关程度，例如强度、正负相关、非线性关系等。

④确定模型形式，即选择方程的线性、非线性、一元或多元。

⑤求解回归系数，计算估计误差和相关系数。

(2)检验模型阶段

①初步经验检验，即考察模型是否符合基本常识和公认的理论，如交通量随经济发展反而下降等，对于此类情况则必须检查原因。

②统计检验包括离散系数($V = S/Y^*$，标准差/因变量实际均值一般在10%～15%之间)、相关系数R(一般>0.7)等检验，以及t检验和F检验。这是从数理统计角度考察已有模型

的特征值，并给出评价标准。

③判定预测效果。测定模型的预测功效，简易的方法是把非样本期内的应变量实际值与同期的预测值比较。如果误差不大，说明模型的预测功效良好；反之则需重新修订该模型。

(3)实际预测阶段

通过上述实验后，进入实际预测。提供有价值的信息。

8.2.2　交通分布预测

交通分布预测是交通规划四阶段预测模型的第二步，是把交通的发生与吸引量预测获得的各个小区的出行量转换成小区之间的空间 OD 量，即 OD 矩阵。

交通分布中最基本的概念之一是 OD 表，O 表示出发地，D 表示目的地。交通分布常用一个二维矩阵表示。一个小区数为 n 的区域 OD 表，一般表示成表 8-3 所示形式。

表 8-3　OD 表

O \ D	1	2	…	j	…	n	发生量
1	q_{11}	q_{12}	…	q_{1j}	…	q_{1n}	O_1
2	q_{21}	q_{22}	…	q_{2j}	…	q_{2n}	O_2
…	…	…	…	…	…	…	…
I	q_{i1}	q_{i2}	…	q_{ij}	…	q_{in}	O_i
…	…	…	…	…	…	…	…
N	q_{n1}	q_{n2}	…	q_{nj}	…	q_{nn}	O_n
吸引量	D_1	D_2	…	D_j	…	D_n	T

表中，q_{ij}为以小区 i 为起点，小区 j 为终点的交通量；Q_i为 i 小区的发生交通量；D_j为小区 j 的吸引交通量；T 为研究对象区域的交通生成量。

对此 OD 表，下面各式守恒法则成立：

$$\sum_j q_{ij} = O_i;\ \sum_i q_{ij} = D_j;\ \sum_i \sum_j q_{ij} = \sum_i O_i = \sum_j D_j = T$$

交通分布预测要解决的问题是在目标年各交通小区的发生与吸引交通量一定的条件下，求出各交通小区之间将来的 OD 交通分布量。求得的交通分布量也是一个二维 OD 表，也同样满足上式条件。交通分布预测是交通规划的主要步骤之一，是交通设施规划和交通政策立案不可缺少的资料。

交通分布预测的方法一般可分为二类，一类是增长系数法，一类是综合法。

(1)增长系数法

在交通分布预测中，增长系数法的原理是，假设在现状交通分布量给定的情况下，预测将来的交通分布量。

增长系数法的计算步骤如下：

①令计算次数 $m=0$。

②给定现状 OD 表中 q_{ij}^m、Q_i^m、D_j^m、T^m 及将来 OD 表中的 U_i、V_j、X。

③求出个小区的发生与吸引交通量的增长率 F_{Oi}^m、F_{Dj}^m。

$$F_{Oi}^m = U_i / O_i^m \tag{8-8a}$$

$$F_{D_j}^m = V_j / D_j^m \tag{8-8b}$$

④求第 $m+1$ 次交通分布量的近似值 q_{ij}^{m+1}

$$q_{ij}^{m+1} = q_{ij}^m \cdot f(F_{Oi}^m, F_{Dj}^m) \tag{8-8c}$$

⑤收敛判别。

$$O_i^{m+1} = \sum_j q_{ij}^{m+1} \tag{8-8d}$$

$$D_j^{m+1} = \sum_i q_{ij}^{m+1} \tag{8-8e}$$

$$1-\varepsilon < F_{Oi}^{m+1} = U_i / Q_i^{m+1} < 1+\varepsilon \tag{8-8f}$$

$$1-\varepsilon < F_{Dj}^{m+1} = V_j / D_j^{m+1} < 1+\varepsilon \tag{8-8g}$$

式中：U_i—— 将来 OD 表中的发生交通量；

V_j—— 将来 OD 表中的吸引交通量；

X—— 将来 OD 表中的交通生成量；

F_{oi}^m——i 小区的第 m 次计算发生增长系数；

F_{Dj}^m——j 小区的第 m 次计算吸引增长系数；

ε—— 任意给定的误差常数。

根据函数 $f(F_{oi}^m, F_{Dj}^m)$ 的种类不同，增长系数法可分为常增长系数法、平均增长系数法、底特律法、福莱特法和佛尼斯法，下面分别讲述。

① 常增长系数法。

常增长系数法假定 q_{ij} 的增长仅与 i 小区的发生量增长率有关，或仅与 j 小区的吸引量增长率有关，或仅与生成量的交通率有关，是一个常量。

增长函数为：

$$f_{常}(F_{Oi}, F_{Dj}) = 常量$$

该方法只考虑将来的发生量或吸引量或生成量当中的某一个量的增长率对增长函数的影响，忽视了其他变量对增长函数的影响。由于生产量与吸引量的不对称性，因此其预测精度不高，不需要迭代计算，是一种最简单的方法，有时不能保证交通守恒的约束条件。

② 平均增长系数法。

平均增长系数法假设 i，j 小区的交通分布量 q_{ij} 的增长系数是 i 小区出行发生量增长系数和 j 小区出行吸引量增长系数的平均值，即：

$$f_{平} = (F_{oi}^m, F_{Dj}^m) = \frac{1}{2}(F_{oi}^m + F_{Dj}^m)$$

③ 底特律法。

底特律法假设 i，j 小区间交通分布量 q_{ij} 的增长系数与 i 小区出行发生量和 j 小区出行吸引量增长系数之积成正比，与全规划区出行生成总量的增长系数成反比，即：

$$f_D(F_{oi}^m, F_{Dj}^m) = F_{oi}^m \cdot F_{Dj}^m \cdot \frac{T^m}{x}$$

④ 福莱特法。

福莱特法假设 i, j 小区间交通分布量 q_{ij} 的增长系数不仅与 i 小区的发生增长系数和 j 小区的吸引增长系数有关，还与整个规划区域的其他交通小区的增长系数有关。

模型公式为：

$$f_F(F_{oi}^m, F_{Dj}^m) = F_{oi}^m \cdot F_{Dj}^m \cdot \left(\frac{L_i + L_j}{2}\right) \tag{8-9a}$$

$$L_i = \frac{O_i^m}{\sum_j q_{ij}^m \cdot F_{Dj}^m}, L_j = \frac{D_j^m}{\sum_i q_{ij}^m \cdot F_{Oi}^m} \tag{8-9b}$$

式中：L_i——i 小区的位置系数；

L_j——j 小区的位置系数。

⑤ 佛尼斯法。

佛尼斯法假设 i, j 小区间交通分布量 q_{ij} 的增长系数与 i 小区的发生增长系数和 j 小区的吸引增长系数都有关系。

模型公式为：

$$f_{FN}^1(F_{oi}^m, F_{Dj}^m) = F_{oi}^m$$
$$f_{FN}^2(F_{oi}^m, F_{Dj}^m) = F_{Dj}^m$$

此模型首先令吸引增长系数为 1，求满足条件的发生增长系数，接着用调整后的矩阵重新求满足条件的吸引增长系数，完成一个循环迭代过程；然后重新计算发生增长系数，再用调整后的矩阵求吸引增长系数，经过多次循环，直到发生和吸引交通量增长系数满足设定的收敛标准为止。

（2）重力模型法

重力模型是目前最广泛采用的交通分布预测模型之一，是模拟物理学中万有引力定律而开发出的交通分布模型。该模型假定：i 与 j 交通分区之间出行量 X_{ij}，与 i 交通分区的产生量 G_i、j 交通分区的吸引量 A_j 成正比，与 i, j 交通分区之间的交通阻抗 t_{ij} 成反比。

交通阻抗 t_{ij} 一般可用交通分区之间的距离、时间或费用等进行标定。

按照对约束条件的满足情况，重力模型主要有无约束重力模型、单约束重力模型、双约束重力模型三类形式。

① 无约束重力模型。

计算公式如下：

$$X_{ij} = K\frac{G_i^\alpha A_j^\beta}{t_{ij}^\gamma} \tag{8-10}$$

式中：t_{ij}——i、j 交通分区之间的交通阻抗参数；

k、α、β、γ—— 待定系数。

无约束重力模型是早期的重力模型，模型本身不满足约束条件：

$$\sum_j X_{ij} = G_i \quad \sum_i X_{ij} = A_j$$

其待定参数 K、α、β、γ 需根据现状 OD 调查资料用最小二乘法进行拟合标定。用该模型预测交通分布时，须对预测结果采用增长率模型进行迭代计算，直到满足给定的精度。

② 单约束重力模型。

单约束重力模型包括乌尔西斯重力模型和美国公路局重力模型两种。

ⓐ 乌尔西斯重力模型。

乌尔西斯重力模型是 A. M. Voorhoes 等提出的修正重力模型，其表达式为：

$$X_{ij} = G_i A_j \frac{f(t_{ij})}{\sum_j A_j f(t_{ij})} \tag{8-11}$$

式中：$f(t_{ij})$ 为交通阻抗函数，比较常用的为 $f(t_{ij}) = t_{ij}^{-\alpha}$，$\alpha$ 为待定系数。

ⓑ 美国公路局重力模型。

美国公路局提出的重力模型也是修正重力模型的一种，与乌尔西斯重力模型相比，增加了调整系数 K_{ij}，其计算公式如下：

$$X_{ij} = G_i A_j \frac{f(t_{ij}) K_{ij}}{\sum_j A_j f(t_{ij}) K_{ij}} \tag{8-12}$$

式中：$f(t_{ij})$ 同乌尔西斯重力模型。在预测时，一般先令 $K_{ij} = 1$，根据现状 OD 调查资料拟合计算得到待定系数 α，并通过现状的 t_{ij} 和计算得到的 T_{ij} 之间的比值确定 K_{ij}，该模型可以满足约束条件 $\sum_j X_{ij} = G_i$，但不满足约束条件 $\sum_i X_{ij} = A_j$，因此仍需迭代计算。

ⓒ 双约束重力模型。

双约束重力模型引入两个调整系数 K_i，K_j，其模型形式为：

$$X_{ij} = K_i K_j G_i A_j f(t_{ij}) \tag{8-13a}$$

$$K_i = \frac{1}{\sum_j K_j A_j f(t_{ij})} \tag{8-13b}$$

$$K_j = \frac{1}{\sum_i K_i G_i f(t_{ij})} \tag{8-13c}$$

该模型满足约束条件 $\sum_j X_{ij} = G_i$，$\sum_i X_{ij} = A_j$，但由于计算过程复杂，在实际预测中应用较少。

(3) 重力模型的标定方法

目前比较常用的是利用线性回归法原理的最小二乘法和运用逐步搜索法原理的试算法两种来对模型进行标定。

① 最小二乘法。

最小二乘法实际上是一种多元回归分析方法，适用于基本重力模型的参数标定。该方法计算过程较复杂，运算数据量大，因此对于交通小区数目较少的情况用最小二乘法容易实现。但是对于各小区间的OD矩阵中数据不完整的情况，最小二乘法有其独特的优势，但是交通 OD 矩阵中数据的缺失会牺牲参数标定的准确性。

② 试算法。

试算法是基于循环迭代过程的标定方法，该方法的基本思路是先给定初始值，计算该初始值下的预测结果，再判断拟合度。计算过程简单，但对历史数据要求较严格，要求有比较完整的历史年交通 OD 矩阵，即 OD 矩阵不能是稀疏矩阵。该方法的优点是过程简单易于操作，适用于交通小区数目较多、数据关系复杂的情况，并弥补了最小二乘法标定困难的缺点。

试算法是根据以往的经验，在某一个范围内赋予待标定的参数某个值，然后通过计算过程验证这些数值是否满足要求，如果满足，这些数值即为标定结果，否则改变数值后重新进行验证。由此可见，试算法的效率取决于两个方面的因素：一是经验，如果初值给得合适，就会大大减少计算步骤，节省计算时间；二是目前多使用计算机完成模型的标定和检验，借助于计算机的精确度和准确性，得出满意的标定结果。

因为试算法比较简单，易于操作，在单约束和双约束重力模型的标定中得到广泛的应用，其中单约束重力模型的需要标定的参数很少，而双约束重力模型需要标定的参数有一定的规律，故适合采用试算法进行参数标定。

8.2.3　交通方式划分

交通方式划分是四阶段法中的第三个阶段。在人们的日常生活中，经过各种交通方式的组合完成一天的工作和生活。所谓交通方式划分(modal split)就是出行者出行时选择交通工具的比例，它以居民出行调查的数据为基础，研究人们出行时的交通方式选择行为、建立模型，从而预测基础设施或交通服务水平等条件变化时交通方式间交通需求的变化。

传统的交通方式划分方法，一般采用定性分析加专家经验的方式来确定未来各种交通方式的分担率，虽然可以比较全面地从宏观把握问题，但是人为因素很多，不能进行准确的定量预测。近年来，随着对个体出行行为研究的增强，离散选择模型逐渐成为研究的重点，目前，最主要的交通定量方式划分预测方法包括固定份额法、交叉分类法，回归分析法、Logit模型法。其中固定份额法和回归分析法是集计模型，交叉分类法、Logit模型法为非集计模型。

(1) 固定份额法

这种方法是国内常用的方式划分预测方法。其一般做法为：根据近年来的历史调查数据，确定某种交通方式的份额(或者数量)的走向趋势，从而预测目标年份的此交通方式占有的份额(或者数量)。

固定份额法一般采用画趋势线的方法，预测方法比较简单。由于没有考虑到外界因素影响(如政策等)，因此对目标年份的把握不十分准确，估计得比较粗糙。

(2) 交叉分类法

交叉分类法是根据出行者的特性(如收入和汽车拥有状况等)，或者出行方式的特性(如出行时间和出行费用等)，或者交通分析区的类型(如中心商务区和郊区)划分为比较类似的几组，分别预测其分担率，然后汇总得到交通区分析所需要的分担量。

在交叉分类法中，每一个组都对应一个平均出行份额，这个出行份额可以来自交通调查，也可以来自其他模型的预测(如回归分析、离散模型Logit等)。

在实际应用中，交叉分类法很难成功，问题主要在于如何界定相似群体的问题，而且群体内部的出行差异也相当大。

(3) 回归分析法

将某一种交通方式的出行量或者出行分担份额与出行者属性或者出行方式属性建立回归关系，可以根据调查数据预测方式划分数额。

在TransCAD中，提供了线性回归和非线性回归的预测方法。由于回归模型的自变量需要满足最小二乘法假定，因此不适合变量的建模，而实际中的变量往往是一系列离散变量，因此，回归分析法在方式划分中的应用范围也比较有限。

(4) 离散选择模型法

交通方式划分的预测的离散概率选择模型DCM(discrete choice model)是基于最大随机效用RUM(Random Utility Maximization)理论基础上的一类相对完善的模型，它从微观经济学的角度，致力于对人的交通方式选择行为的客观解释，认为出行者从一系列可能的交通方式中进行选择时，总是选择费用最小的出行方式。它是目前国外应用得极其广泛的交通方式划分的预测模型。

8.2.4 交通分配预测

道路交通系统是一个复杂的综合体。以城市道路交通为例，影响交通系统运行状态的主要因素有交通需求、交通设施以及交通管理措施等，它们之间是相互影响、相互作用的。无论是进行交通规划，还是制定和实施交通管理控制措施，都必须从整体的角度考虑其可行性和最优性。在这一过程中，交通规划和交通管理技术人员需要面对的主要问题之一，就是预测各种交通网络改进方案(如增加道路、提高现有道路技术标准、改变交通管理措施等)对流量分布的影响。

传统的分析方法是将交通系统内的各单元一个一个地单独研究的。如在设计交叉口信号灯的变化周期时，只针对一个交叉口的交通状况进行。如果整个系统内个组成单元之间的相互影响很小，这种分析方法是可行的。然而在实际的交通系统中，各组成要素之间总是相互作用的。从宏观角度看，我们所看到的道路交通流量是交通需求在既有道路系统和交通管理系统条件下的具体表现；从微观角度看，道路交通流量是大量出行者对出行路径选择的结果。不管是道路基础设施的变化还是组织管理措施的变化，都会影响交通需求在路网上的分布结果，影响道路交通流的重新分布。

大量的工程实践表明，不仅像道路建设这样的基础设施建设会引起整个城市道路交通流的重新分布，新的交通组织与交通控制措施所产生的影响往往也涉及整个城市的道路交通系统。这就要求我们在研究交通系统的规划、建设与管理方案时，不能只注意方案在空间上所涉及的范围，更应重视由于方案实施所带来的道路交通流的重新分布结果，即从整个城市交通网络的角度分析交通规划、建设与管理方案的效果。

这种交通网络分析的核心内容，是分析在特定的外部环境(道路基础设施、交通管理措施、交通控制方案)下，道路交通流的分布情况。这是进行道路交通基础设施的规划、建设与管理方案制订的前提和基础。道路交通流分布是出行者对出行路径选择的结果，出行者对出行路径选择的分析主要是通过网络交通流交通分配来实现的。

网络交通流交通分配是交通规划的一个重要环节。所谓交通分配就是把各种出行方式的空间 OD 量分配到具体的交通网络上，模拟出行者对出行路径的选择，通过交通分配所得的路段、交叉口交通量资料，是制订交通规划、建设与管理方案以及检验道路规范网络、管理方案是否合理的主要依据之一。

(一) 平衡分配方法

对于交通分配，国内外均进行过较多的研究，数学规划方法、图论方法以及计算机技术的发展，为合理的交通分配的模型的研制及应用提供了坚实的基础。国际上通常将交通分配方法分为平衡模型与非平衡模型两大类，并以 Wardrop 第一、第二原理为划分依据。

Wardrop 第一原理指出：网络上的交通以这样一种方式分布，就是使所有使用的路线都比没有使用的路线费用小。Wardrop 第二原理认为，车辆在网络上的分布，使得网络上所有车辆的总出行时间最小。

如果交通分配模型满足 Wardrop 第一、第二原理，则该模型为平衡模型，而且，满足第一原理的称为用户平衡分配模型，满足第二原理的称为系统最优分配模型。如果交通分配模型不使用 Wardrop 原理，而采用了模拟方法，则该模型为非平衡模型。

平衡模型一般都可归结为一个维数很大的凸规划问题或非线性规划问题。从理论上说，这类模型结构严谨，思路明确，比较适合于宏观研究。但是，由于维数太大，约束条件太多，这类模型的求解比较困难，尽管人们提出了些近似方法，但计算仍很复杂，实际工程中很难应用。本节简要介绍用户平衡分配模型和系统最优分配模型。

1. 用户平衡分配模型

满足 Wardrop 第一原理的交通分配模型称为用户平衡模型，1956 年由 Beckmann 提出了一种满足 Wardrop 第一原理的数学规划模型，正是这个模型奠定了研究平衡分配研究方法的基础。后来的许多分配模型都是在 Beckmann 模型的基础上扩展得到的。下面简要介绍 Beckmann 的用户平衡分配模型。

Beckmann 的用户平衡分配模型的基本思想是：在交通网络达到平衡时，所有被利用的路径具有相等而且最小的阻抗，未被利用的路径与其具有相等或更大的阻抗。其模型的核心是交通网络中的用户都试图选择最短路径，而最终使被选择的路径阻抗最小且相等。

Beckmann 提出的数学规划模型是：

$$\min Z(X) = \sum \int_0^{x_a} t_a(w)\,\mathrm{d}w \tag{8-14a}$$

$$s.t. \begin{cases} \sum_k f_k^{rs} = q_{rs}, \ \forall r, s \\ f_k^{rs} \geqslant 0, \ \forall r, s \end{cases} \tag{8-14b}$$

其中，

$$x_a = \sum_{r,s} \sum_k f_k^{rs} \delta_{a,k}^{rs}, \ \forall a \tag{8-14c}$$

式中：x_a——路段 a 上的交通量；

t_a——路段 a 的交通阻抗；

$t_a(x_a)$——路段 a 的以交通量为自变量的交通阻抗函数；

f_k^{rs}——点对(r, s)间第 k 条路径的交通流量；

q_{rs}——点对(r, s)间的 OD 量；

$\delta_{a,k}^{rs}$——路段－路径相关变量。

$$\delta_{a,k}^{rs} = \begin{cases} 1, \text{如果路段 } a \text{ 在}(r, s)\text{间的第 } k \text{ 条路径上；} \\ 0, \text{其他情况。} \end{cases}$$

上述模型约束条件(8－14b)是“出行量守恒”，即任意点对间的出行分布量等于它们之间各路径上流量之和。

2. 系统最优分配模型

系统最优原理比较容易用数学模型表示，其目标函数是网络中所有用户总的阻抗最小，约束条件与用户平衡分配模型相同。

$$\min \overline{Z}(X) = \sum_a x_a t_a(x_a) \tag{8-15a}$$

$$\text{s.t.} \begin{cases} \sum_k f_k^{rs} = q_{rs}, \ \forall r, s \\ f_k^{rs} \geqslant 0, \ \forall r, s, k \end{cases} \tag{8-15b}$$

其中，
$$x_a = \sum_{r,s}\sum_k f_k^{rs}\delta_{a,k}^{rs}, \ \forall a \tag{8-15c}$$
式中变量含义同式(8－14)。

该模型称为系统最优分配模型，可简写为 SO(System Optimization)。相应地，Beckmann 模型简写为 UE(User Equilibrium)。

SO 模型式(8－15)的求解问题，可分为以下 3 种情况。

①当阻抗函数($t_a(x_a)$)为常数(用 t_a 表示)时，目标函数式(8－15)变为:
$$\min \overline{Z}(X) = \sum_a x_a t_a$$
这就是各路段阻抗为常数时的交通分配问题，此时采用最短路交通分配方法即可使目标函数达到最大。

②当阻抗函数 $t_a(x_a)$ 为求解线性函数时，目标函数式(8－15)转化为一个线性的数学规划模型。此时既可以用线性规划的方法去求解，也可以将其归入以下的非线性问题去求解。

③当阻抗函数 $t_a(x_a)$ 为非线性函数时，令
$$\overline{t_a}(x_a) = t_a(x_a) + x_a \frac{\mathrm{d}t_a(x_a)}{\mathrm{d}x_a} \tag{8-16a}$$
则
$$\int_0^{x_a}\overline{t_a}(w)\mathrm{d}w = \int_0^{x_a}\left[t_a(w) + w\frac{\mathrm{d}t_a(w)}{\mathrm{d}w}\right]\mathrm{d}w \tag{8-16b}$$
$$= \int_0^{x_a}\left[t_a(w)\mathrm{d}w + w\mathrm{d}t_a(w)\right]$$
$$= \int_0^{x_a} d\left[t_a(w)w\right] = x_a t_a(x_a)$$
如果以式(8－16a)定义的$\bar{t}_a(x_a)$为阻抗进行用户平衡分配，得到的解就是 SO 模型的解。

(二)非平衡分配方法

非平衡模型具有结构简单、概念明确、计算简便等优点，因此实际工程中得到了广泛的应用。非平衡模型根据其分配手段可分为无迭代和有迭代两类，就其分配形态可分为单路径与多路径两类。具体非平衡模型可分为表 8－4 所示的 4 类形式。

表 8－4 非平衡模型分类

分配手段 / 形态	无迭代分配方法	有迭代分配方法
单路径型	最短路(全有全无)分配	容量限制分配
多路径型	多路径分配	容量限制－多路径分配

1. 最短路交通分配方法

最短路交通分配是一种静态的交通分配方法。在该分配方法中，取路权为常数，即假设车辆的平均车速不受交通负荷的影响。每一 *OD* 点对的 *OD* 量被全部分配在连接该 *OD* 点对的最短路线上，其他道路上分配不到交通量。

这种分配方法的优点是计算相当简单，其致命缺点是出行量分布不均匀，出行量全部集中在最短路上。这种分配方法是其他各种交通分配的基础。

由于在最短路分配工程中，每一 *OD* 点对的 *OD* 量被全部分配在连接该 *OD* 点对的最短线路上，因此通常采用最短路分配方法确定道路交通的主流向。

图 8－2 为最短路分配方法流程图。

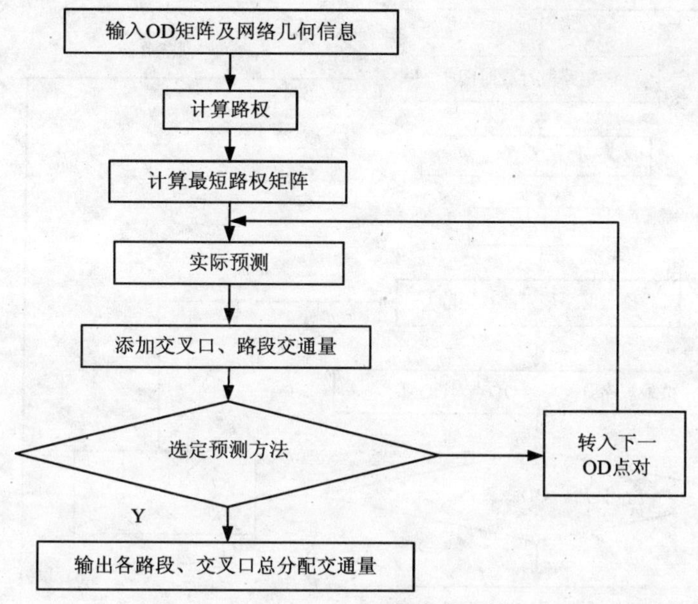

图 8－2　为最短路分配方法流程图

2. 容量限制交通分配方法

容量限制交通分配是一种动态交通分配方法，它考虑了路权和交通负荷之间的关系，即考虑了道路通行能力的限制，比较符合实际情况，该方法在国际上比较通用。

采用容量限制分配模型分配出行量时，需先将 OD 表中的每一 OD 量分解成 k 部分，即将原 OD 表（$n \times n$ 阶，n 为出行发生、吸引点个数）分解成 k 个 OD 分表（$n \times n$ 阶），然后分 k 次用最短路分配模型分配 OD 量，每次分配一个 OD 分表，并且每分配一次，路权修正一次，路权采用路阻函数修正，直到把 k 个 OD 表全部分配在网络上。分配过程如图 8－3 所示。

在具体应用时，视道路网的大小，根据下表选取分配次数 *K* 及每次分配的 *OD* 量。

表 8－5　分配次数 *K* 与每次的 OD 量分配率（%）

分配 次数 *K*	1	2	3	4	5	6	7	8	9	10
1	100									
2	60	40								
3	50	30	20							
4	40	30	20	10						
5	30	25	20	15	10					
10	20	20	15	10	10	5	5	5	5	5

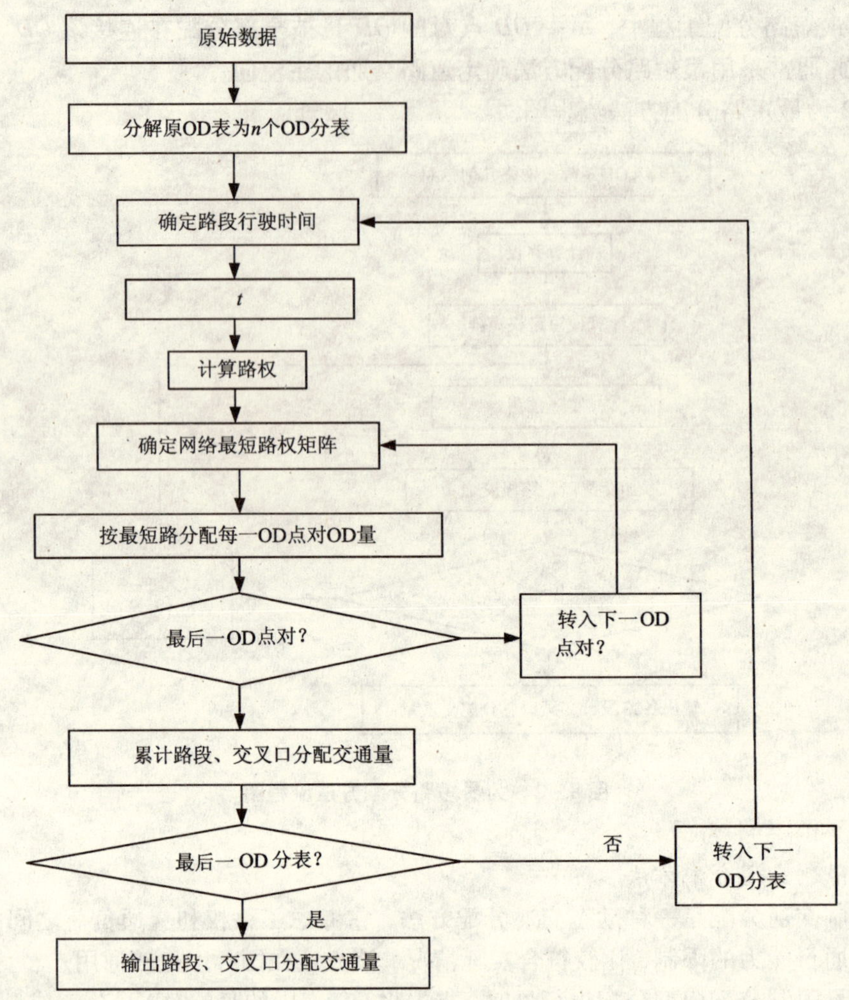

图8－3　分配过程图

3. 多路径交通分配方法

(1)多路径交通分配模型的构造

与单路径(最短路)分配方法相比，多路径分配方法的优点是克服了单路径分配中流量全部集中于最短路上这一不合理现象，使各条可能出现的路线均分配到交通量，各出行路线长度的不同，决定了它所分配到的流量的大小。Dial 于 1971 年提出了初始的概率分配模型，模型中反映了出行路线被选用的概率随着该线路长度的增加而减少的规律。Florian 和 Fox 于 1976 年对 Dial 模型进行了修正，认为出行者从连接两交通区路线的可行子系统中选用路线 k 概率为：

$$p(k) = \exp(-\sigma T_k) / \sum_i \exp(-\sigma T_i) \tag{8-17}$$

式中：$p(k)$—— 选用路线 k 的概率；

T_i—— 路线 k 上的行程时间；

σ—— 交通转化参数。

(2) 多路径分配模型的改进

由出行者的路径选择特性可知，出行者总是希望选择最合适(最短、最快、最方便等)的路线出行，可称之为最短路因素。但由于交通网络的复杂性及交通状况的随机性，出行者在选择出行路线时往往带有不确定性，可称之为随机因素。这两种因素存在于出行者的整个出行过程中。两因素所处的主次地位取决于可供选择的出行路线的路权差(行驶时间差或费用差等)。因此，各出行路线被选用的概率可采用 Logit 型的路径选择模型计算。

$$P(r,s,k) = \exp[-\sigma t(k)]/\bar{t}/\sum_{i=1}^{m}\exp[-\sigma t(i)]/\bar{t} \qquad (8-18)$$

式中：$p(r,s,k)$——OD 量 $T(r,s)$ 在第 k 条出行路线上的分配率；

$t(k)$——第 k 条出行路线的路权(行驶时间)；

$\bar{t}$——各出行路线的平均路权(行驶时间)；

σ——分配参数；

m——有效出行路线条数。

本分配模型能较好地反映路径选择过程中的最短路因素及随机因素。

4. 容量限制 - 多路径交通分配方法

在多路径分配模型中，认为路段的行驶时间为一常数，这与实际的交通情况有一定的出入。实际上，路段行驶时间与路段交通负荷有关，在容量限制—多路径分配模型中，考虑了路权与交通负荷之间的关系及交叉口、路段通行能力的限制，使分配结果更加合理。

与容量限制—增量加载交通分配方法类似，采用容量限制—多路径交通分配方法分配出行量时，需先将 OD 量表分解成 K 个 OD 分表($n\times n$ 阶)，然后分 k 次用多路径分配模型分配 OD 量，每次分配一个 OD 分表，并且每分配一次路权修正一次，直到把 k 个 OD 分表全部分配到网络上。分配过程如图 8 - 4 所示。

在用此方法分配时，路段交通量在不断变化，因而路权被不断修正，其分配过程是一个不断反馈的过程。容量限制 - 多路径交通分配方法的分配程序、路权修正方法以及参数确定方法与容量限制—增量加载分配方法相同。所不同的是，容量限制分配方法中每次分配采用最短分配模型，而在容量限制—多路径分配方法中，每次分配采用多路径分配模型。

8.3　非集计预测方法

8.3.1　非集计模型方法的概念和特点

(1)非集计模型的开发、研究始于 20 世纪 60 年代初期

其目的是为了通过分析交通需求的构造而求得时间价值。进入 70 年代以后，美国麻省理工学院的 Mcfadden 等人在理论研究上取得了很大的进展，从而带动了美国的 Manheim, Ben-akiva, Lerman 等人的研究小组将非集计模型研究推向了实用化阶段。

非集计模型(disaggregate model)是强调其与集计模型(aggregate model)的不同而命名的，通常也叫做非集计行为模型(disaggregate behavioral model)、个人选择模型(individual choice model)或离散(选择)模型[discrete(choice) model]等。

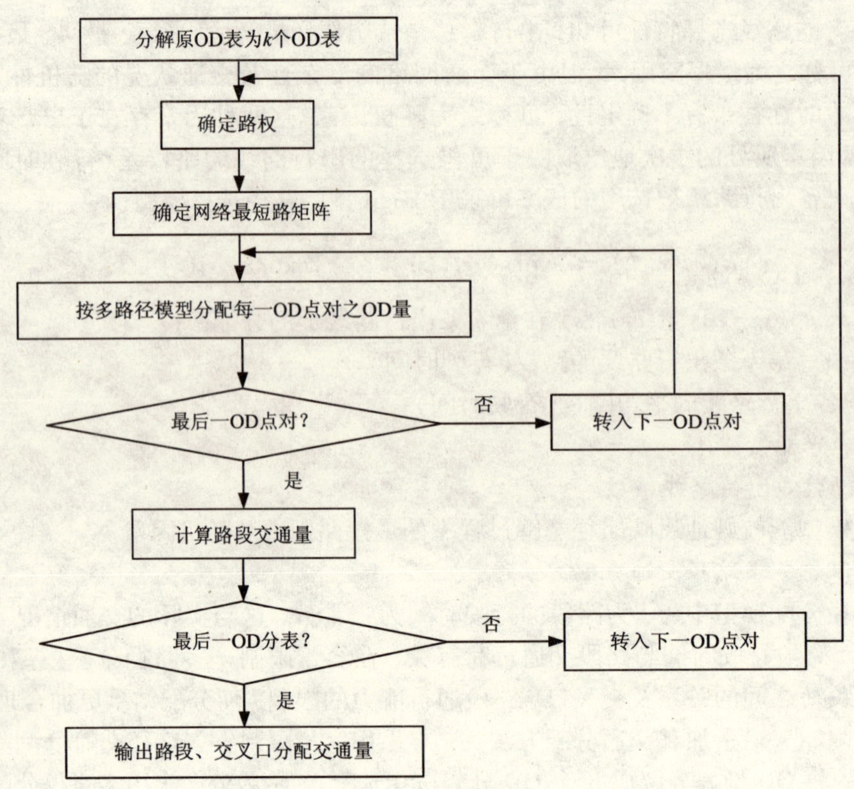

图8－4 分配过程图

与集计模型不同的是，非集计模型是以实际产生交通活动的个人为单位，调查得到的数据不经按交通小区进行统计等处理而直接用于建立模型。

(2)根据最近20年的研究，可以较为清楚地归纳出非集计模型的优缺点

其优点如下：

①非集计模型以明确的行为假说为基础，逻辑性强。

②可以用较少的样本标定出模型的系数，并可对所求的参数用统计学方法进行检验。

③可以选用许多与个人决策相关的因素作为自变量，从而可以对多种交通规划、交通政策进行效果评价。

④具有较好的时间转移性和地区转移性。

⑤便于对利用者效益进行项目评价。

(3)与集计模型相比，非集计模型的缺点如下

①实际的交通规划要求的是以地域为单位的集计结果，由于在非集计模型中的说明变量的未来值不可能全都知道，因此以其近似值得到的集计结果肯定会有误差。

②在用非集计模型进行预测时，通常要求得到交通服务水平与交通需求量的平衡点。可是，用非集计模型，在现阶段要想求得较准确的平衡点则计算量过大。

③要想得到好的模型，在自变量选择上花费的时间要比集计模型大。

(4)标定模型的系数时要用极大似然估计法，而这种方法对许多人较难理解

8.3.2　非集计模型的基本理论

作为行为决策单位的个人(或家庭或某组织)在一个可以选择的、选择分枝相互独立的集合中，会选择他认为对自己效用最大的选择分枝。这一假定被称为效用最大化行为假说。也就是说，如果令 U_{in}为个人 n 选择分枝 i 时的效用，C_n 是与个人 n 对应的选择集合，那么当 $U_{in} > U_{jn}$，$\forall j \neq i \in C_n$ 时，个人 n 被认为将选择 i。

这里的效用 U_{in}通常被认为是随机的，这种效用的随机性在理论上可以从两个方面加以解释。第一方面，个人的效用在同一条件下本质上是随机的，即便是对待选择的问题有了充分的认识也不可能避免这种随机性。第二方面，尽管在同一条件下个人的效用是确定的，但由于观测者(分析者)不可能观测出影响效用的全部因素，效用也被认为是随机的。

第一方面的解释主要来自心理学上的离散模型，而第二方面的解释则是来自计量经济学上的离散选择模型。但在实际应用中，这两种解释没有什么区别，都是用概率模型来分析研究离散性选择问题。本书用随机效用理论为基础的离散性选择模型来描述非集计模型的一般表达式。

8.3.3　非集计模型的数学表述

一般来说，个人 n 对选择枝 i 的效用 U_{in}会随着选择枝特性和个人的社会经济特性的不同而变动，可以用下式来表示：

$$U_{in} = U_{in}(SE_n, A_{in}) \tag{8-19}$$

式中，U_{in}为反映个人 n 的喜好的函数，也就是个人 n 的效用函数；SE_n 为个人 n 的社会经济特性向量；A_{in}为个人 n 来说选择枝 i 的特性值向量。

根据以上随机效用理论为基础的离散选择模型，上式中的 U_{in}可以表示为

$$U_{in} = V_{in} + \varepsilon_{in} \tag{8-20a}$$

$$V_{in} = V_i(X_{in}) \tag{8-20b}$$

$$\varepsilon_{in} = U_{in}(\overline{X}_{in}) + \Delta U_{in}(X_{in}) \tag{8-20c}$$

此处的 V_{in}是与可以观测的要素向量 X_{in}(在这里，可以观测的 SE_n 及 A_{in}被统称为要素)相对应的效用的确定项；ε_{in}是由不能观测的要素向量$\overline{X}_{in}$以及个人特有的不可观测的喜好造成的效用的概率变动项。因此可知，V_i 是反映平均的个人喜好的函数，也就是通常所指的效用函数。ΔU_{in}是反映个人 n 特有的喜好与平均的个人喜好的差的函数。

通常为了计算上的方便，式(8-20b)按线性关系设定为

$$V_{in} = \sum_k \beta_{ki} X_{kin} \tag{8-21a}$$

$$X_{kin} = g_{ki}(SE_n, A_{in}) \tag{8-21b}$$

g_{ki}是可观测的社会经济特性与选择枝特性要素的函数。

另外，式(8-20c)也可以被改写为

$$\varepsilon_{in} = \mu_{in} + \sum_k \Delta\beta_{kin} X_{kin} \tag{8-22}$$

此处的 μ_{in}是由不可观测的要素产生的效用的概率变动项，假定服从某种概率分布。而 $\Delta\beta_{kin}$是有关个人 n 的特有的喜好与平均的个人喜好之间的差的参数，也假定其服从某种概率

分布。因此，ε_{in}的方差是随X_{kin}值不同而不同的。但是，通常为了处理上的方便，ε_{in}多被假定为与X_{kin}相互独立地服从某种概率分布。

当各选择枝的效用按式(8－20a)表达时，任意个人n选择选择枝集合C_n中的分枝i的概率是

$$\begin{aligned}P_{in} &= \text{prob}[U_{in} > U_{jn},\ \forall j \neq i \in C_n]\\ &= \text{prob}[V_{in} + \varepsilon_{in} > V_{jn} + \varepsilon_{jn},\ \forall j \neq i \in C_n]\\ &= \text{prob}[\varepsilon_{jn} < V_{in} + \varepsilon_{in} - V_{jn},\ \forall j \neq i \in C_n]\end{aligned} \tag{8-23}$$

所以，如果假设效用的概率变动项向量$\varepsilon_n = (\varepsilon_{1n}, \varepsilon_{2n}, \cdots, \varepsilon_{cn})$服从某种概率分布，那么选择概率$P_{in}$则可以用$\varepsilon_n$的分布参数及效用的确定项向量$V_{in} = (V_{1n}, V_{2n}, \cdots, V_{cn})$来表示。

现在，令向量ε_n服从由下式的联合分布函数$F(\varepsilon_1, \varepsilon_2, \cdots, \varepsilon_c)$来表示的多元概率分布：

$$\begin{aligned}F(\varepsilon_1, \varepsilon_2, \cdots, \varepsilon_c) &= \text{prob}[\varepsilon_{1n} \leqslant \varepsilon_1, \varepsilon_{2n} \leqslant \varepsilon_2, \cdots, \varepsilon_{cn} \leqslant \varepsilon_c)]\\ &= \int_{-\infty}^{\varepsilon_1}\int_{-\infty}^{\varepsilon_2}\cdots\int_{-\infty}^{\varepsilon_c} f(x_1, x_2, \cdots, x_c)\,\mathrm{d}x_1\cdots\mathrm{d}x_c\end{aligned} \tag{8-24}$$

式中的$f(x_1, x_2, \cdots, x_c)$是ε_n的联合概率密度函数。

这时，个人n对选择枝i的选择概率可以求得如下。首先，取选择枝i的概率变动项ε_{in}为ε和$\varepsilon + \mathrm{d}\varepsilon$之间的值，那么效用$U_{in} = V_{in} + \varepsilon_{in}$在所有选择枝中最大的条件概率则是

$$\begin{aligned}&\text{prob}[U_{in} = \max_j(U_{jn}) \mid \varepsilon < \varepsilon_{in} \leqslant \varepsilon + \mathrm{d}\varepsilon\\ &= \text{prob}[V_{1n} + \varepsilon_{1n} \leqslant V_{in} + \varepsilon, \cdots, \varepsilon < \varepsilon_{in} \leqslant \varepsilon + \mathrm{d}\varepsilon, \cdots, V_{cn} + \varepsilon_{cn} \leqslant V_{in} + \varepsilon_{in}]\\ &= \text{prob}[\varepsilon_{1n} \leqslant V_{in} + \varepsilon - V_{1n}, \cdots, \varepsilon < \varepsilon_{in} \leqslant \varepsilon + \mathrm{d}\varepsilon, \cdots, \varepsilon_{cn} \leqslant V_{in} + \varepsilon_{in} - V_{cn}]\\ &= \left[\int_{-\infty}^{V_{in}+\varepsilon-V_{1n}}\cdots\int_{-\infty}^{V_{in}+\varepsilon-V_{cn}} f(x_1, \cdots, \varepsilon, \cdots, x_c)\,\mathrm{d}x_1\cdots\mathrm{d}x_{i-1}\mathrm{d}x_{i+1}\cdots\mathrm{d}x_c\right]\mathrm{d}\varepsilon\end{aligned} \tag{8-25}$$

进一步，对ε_{in}值的整个范围来说，选择枝i的效用为最大的概率，即选择枝i的选择概率为

$$P_{in} = \int_{-\infty}^{+\infty}\left[\int_{-\infty}^{V_{in}+\varepsilon-V_{1n}}\cdots\int_{-\infty}^{V_{in}+\varepsilon-V_{cn}} f(x_1, \cdots, \varepsilon, \cdots, x_c)\,\mathrm{d}x_1\cdots\mathrm{d}x_{i-1}\mathrm{d}x_{i+1}\cdots\mathrm{d}x_c\right]\mathrm{d}\varepsilon \tag{8-26}$$

另一方面，如果将对$F(\varepsilon_1, \varepsilon_2, \cdots, \varepsilon_c)$的第$i$项进行偏微分的结果写成$F_i(\varepsilon_1, \varepsilon_2, \cdots, \varepsilon_c)$，则

$$F_i(\varepsilon_1, \varepsilon_2, \cdots, \varepsilon_c) = \int_{-\infty}^{\varepsilon_1}\cdots\int_{-\infty}^{\varepsilon_c} f(x_1, \cdots, x_c)\,\mathrm{d}x_1\cdots\mathrm{d}x_{i-1}\mathrm{d}x_{i+1}\cdots\mathrm{d}x_c \tag{8-27}$$

如果用式(8－27)来表达选择概率，则可得到下式：

$$P_{in} = \int_{-\infty}^{+\infty} F_i(V_{in} + \varepsilon - V_{1n}, \cdots, \varepsilon, \cdots, V_{in} + \varepsilon - V_{cn})\,\mathrm{d}\varepsilon \tag{8-28}$$

如上所述，对效用的概率变动项向量ε_n，在假定其服从某种概率分布的前提下，对式(8－26)或式(8－28)进行积分，则可将P_{in}表达为$V_n = (V_{1n}, \cdots, V_{cn})$的函数。

由此可知，假定ε_n服从不同的概率，则得到不同的预测模型。具体地说，如果假定ε_n的各分量服从相互独立的Gumbel分布，则为Logit(分对数)模型；如果假定ε_n的各分量服从多元正态分布，则为Probit(概率型)模型。

8.3.4 效用最大值的数学期望值

首先推导个人在进行效用最大化过程中可能会选择的选择枝的效用值的概率分布，并用

其数学期望值导出选择概率。这一效用最大值的期望值，在基于随机效用理论的非集计模型中，尤其是在下面将要介绍的 Nested Logit（树状分对数）模型那样的有必要按阶段表达选择机制的模型中起着重要的作用，同时，对于推算与随机效用理论一致的利用者效益也是必不可少的。

令所有的选择枝的效用最大值为 y_n，即

$$y_n = \max_i U_{in} = \max_i (V_{in} + \varepsilon_{in}) \tag{8-29}$$

同时，令 y_n 的概率密度函数为 $g(y)$，$F(\cdot, \cdots, \cdot)$ 表示随机变动项向量 ε_n 的分布函数，$f(\cdot, \cdots, \cdot)$ 表示其概率密度，那么，y_n 的分布函数 $G(y)$ 则可写为

$$\begin{aligned} G(y) &= \int_{-\infty}^{y} g(y)\,\mathrm{d}y \\ &= \mathrm{prob}[y_n \leqslant y] \\ &= \mathrm{prob}[V_{1n} + \varepsilon_{1n} \leqslant y,\ V_{2n} + \varepsilon_{2n} \leqslant y,\ \cdots,\ V_{cn} + \varepsilon_{cn} \leqslant y] \\ &= \mathrm{prob}[\varepsilon_{1n} \leqslant y - V_{1n},\ \varepsilon_{2n} \leqslant y - V_{2n},\ \cdots,\ \varepsilon_{cn} \leqslant y - V_{cn}] \\ &= F(y - V_{1n},\ y - V_{2n},\ \cdots,\ y - V_{cn}) \\ &= \int_{-\infty}^{y-V_{1n}} \cdots \int_{-\infty}^{y-V_{cn}} f(x_1,\ \cdots,\ x_c)\,\mathrm{d}x_1 \cdots \mathrm{d}x_e \\ &= \int_{-\infty}^{y} \cdots \int_{-\infty}^{y} f(Z_1 - V_{1n},\ \cdots,\ z_c - V_c n)\,\mathrm{d}z_1 \cdots \mathrm{d}z_c \end{aligned} \tag{8-30}$$

如上所述，考虑到全部选择枝的效用最大值的概率分布，可以由效用的随机变动项向量 ε_n 的概率分布及确定项向量 V_n 来求得。

所以，y_n 的数学期望值将为

$$\begin{aligned} E[y_n] &= \int_{-\infty}^{+\infty} y g(y)\,\mathrm{d}y \\ &= \int_{-\infty}^{+\infty} \cdots \int_{-\infty}^{+\infty} \overset{i}{\max}(V_{in} + x_i) f(z_1 - V_{1n},\ \cdots,\ z_c - V_{cn})\,\mathrm{d}z_1 \cdots \mathrm{d}z_e \\ &= \sum_{i=1}^{c} \int_{-\infty}^{+\infty} (V_{in} + x_i) \int_{-\infty}^{V_{in}+x_i} \cdots \int_{-\infty}^{V_{in}+x_i} f(z_1 - V_{1n},\ \cdots,\ z_e - V_{cn})\,\mathrm{d}z_1 \cdots \mathrm{d}z_{i-1}\mathrm{d}z_{i+1} \cdots \mathrm{d}z_c \mathrm{d}_i \\ &= \sum_{i=1}^{c} \int_{-\infty}^{+\infty} (V_{in} + x_i) F_i(V_{in} + x_i - V_{1n},\ \cdots,\ x_i,\ \cdots,\ V_{in} + x_i - V_{cn}\mathrm{d}x_i \end{aligned} \tag{8-31}$$

上式中的第三式意味着对每个选择枝的具有最大效用的区间进行最大效用期望值计算。

如果对 $E[y_n]$ 进行偏微分，则可得到

$$\begin{aligned} \frac{\partial E[y_n]}{\partial V_{IN}} = &\int_{-\infty}^{+\infty} F_i(V_{in} + x_i - V_{1n},\ \cdots,\ V_{in} + x_i - V_{in})\,\mathrm{d}x_i + \\ &\int_{-\infty}^{+\infty} (V_{in} + x_i) \frac{\partial}{\partial V_{in}} F_i(V_{in} + x_i - V_{in},\ \cdots,\ V_{in} + x_i - V_{cn})\,\mathrm{d}x_i \end{aligned} \tag{8-32}$$

此时，如果 $F(\cdot, \cdots, \cdot)$ 是可转移不变函数的话，上式中的第二项将为0，那么，根据式（8－18），可以将式（8－22）改写成

$$\frac{\partial E[y_n]}{\partial V_{in}} \tag{8-33}$$

也就是说，最大效用期望值对选择效用的确定项 V_{in} 求偏导，其结果即是该选择枝的选择概率。另外，式(8－23)也意味着 $E[y_n]$ 等于 P_{in} 对 V_{in} 的积分。考虑到 P_{in} 是需求函数，也可以将最大效用的期望值 $E[y_n]$ 解释为消费者剩余。

8.3.5 常用的非集计行为模型

1. 多项 Logit(分对数)模型

多项 Logit 模型的选择概率为

$$P_{in} = \frac{\exp(\lambda V_{in})}{\sum \exp(\lambda V_{in})} \tag{8-34}$$

此模型数学形式简洁，计算简单，物理意义容易理解。再加上具有选择概率是在 0 与 1 之间的数值，各选择枝的选择概率总和为 1 等合理性，很早以前就被作为概率模型使用。这一模型虽可以由判别分析、刺激—反应过程模型或熵值模型等模型导出，但以随机效用理论为基础推导出来却是美国人 McFadden 的功绩。

以随机效用理论为基础的多项 Logit 模型是在假定 ε_{in} 与 V_{in} 独立，而且选择枝的误差项之间服从 Gumbel 分布的前提下推导出来的。也就是说，假定各 ε_{in} 的密度函数的分布函数如下式所示：

$$F(\varepsilon_i) = \exp(-e^{-\lambda(\varepsilon_i - \eta)} \tag{8-35}$$

其中，η 是表示 ε_{in} 的常见值的参数，通常令 $\eta = 0$；λ 是与 ε_{in} 的方差 σ^2 相对应的参数，ε_{in} 的方差是 $\sigma^2 = \pi^2/6\lambda^2$，$\varepsilon_{in}$ 的期望值是 $\eta + \gamma/\lambda$，其中的欧拉常数 $\gamma \approx 0.577$。

采用 Gumbel 分布来描述随机项的分布主要是因为其与正态分布近似，同时在数值分析中具有运算简便的特点。

根据上面的假定，ε_n 的联合分布函数成为 $F(\varepsilon_1, \varepsilon_2, \cdots, \varepsilon_c) = \prod_i F(\varepsilon_i)$。因此，式(8－27)可写成

$$F_i(\varepsilon_1, \varepsilon_2, \cdots, \varepsilon_c) = \lambda e^{-\lambda\varepsilon_i} \prod_j \exp(-e^{-\lambda\varepsilon_i}) \tag{8-36}$$

将此式代入式(8－18)，求其积分，即可得到式(8－24)。但是，通常在标定 Logit 模型时，不能独立地得到 λ 的值。所以，可以认为 λ 包含在 V_{in} 的说明变量中而对各参数进行标定。

多项 Logit 模型具有ⅡA 特性。所谓ⅡA 特性，是指任意两个选择枝的选择概率比与其他选择枝的状态无关，如式(8－27)所示。ⅡA 特性源于各 ε_{in} 在选择枝间相互独立的假定。

$$\frac{P_{in}}{P_{jn}} = \frac{\exp(\lambda V_{in})}{\sum_j \exp(\lambda V_{jn})} \bigg/ \frac{\exp(\lambda V_{jn})}{\sum_j \exp(\lambda V_{jn})} = \frac{\exp(\lambda V_{in})}{\exp(\lambda V_{jn})} \tag{8-37}$$

ⅡA 特性是非常方便的性质，例如，当用模型进行预测时，如要增加或减少选择枝的数量，只需对其相对应的项进行修正即可。

但是，当 ε_{in} 不相互独立，选择枝间有类似性时，就会出现类似著名的“红—蓝巴士悖论”那样的ⅡA 问题。所谓红—蓝巴士悖论是指如果某个人可利用的交通方式是私人小汽车和红色的巴士，那么可以认为其效用的确定变动项是相等的，也就是说，小汽车和红巴士的选择概率均为 0.5。这时，假定新增了一条蓝色的巴士路线，通常，人们在进行选择时与巴士的

颜色是无关的，小汽车、巴士的选择概率应为 0.5，所以红巴士、蓝巴士的选择概率应分别为 0.25。但是，如果根据ⅡA 特性，对原模型中加入蓝巴士的选择枝，小汽车、红巴士、蓝巴士的选择概率就都变成三分之一了。很明显，这是一个不合理的结果。

因此，当选择枝之间存在相似性而仍然直接使用 Logit 模型的话，就会过高评价具有相似性的选择枝群，而错误地标定模型参数，导致预测偏差的问题。

应当注意的是，ⅡA 特性对研究对象是否成立不能由主观的想法决定，而应通过实际的试验来确定。因为，ⅡA 特性不仅与选择枝之间的相似性有关，而且与所研究的目标人群喜好的差异性也有很大关系。另外，多项 Logit 模型的参数应满足下式

$$\sum_n \sum_i \delta_{in} X_{kin} = \sum_n \sum_i P_{in} X_{kin},\ k = 1,\ \cdots,\ K \tag{8-38}$$

此式的物理意义是，实际上被选择的各选择枝特性的样本平均值与由模型得到的是一致的。

2. NL 模型

为了解决由于ⅡA 特性造成的多项 Logit 模型的问题，交通专家们开发了许多改进模型。其中，以随机效用理论为基础的有两大类：一是以 Logit 模型为基础的改良模型；二是 Probit 模型等非 Logit 型模型。本书仅介绍 NL(树状分对数)模型。

所谓 NL 模型是针对不能直接使用多项 Logit 模型的选择问题，将选择枝按树状结构分层表示，在每一层中应用 Logit 模型。

下面以两层的 NL 模型为例，对 NL 模型加以介绍。

设 i 是上层的选择枝，j 是下层的选择枝，P_{ijn} 是 i 和 j 的同时选择概率，$P_{j/in}$ 是在上层选择 i 的条件下，在下层选择 j 的条件概率，P_{in} 是在上层选择 i 的概率；$V_{j/in}$ 是在上层选择 i 的条件下，在下层选择 j 的确定项效用；V_{in} 是在上层选择 i 的效用的确定项；λ_1 和 λ_2 分别是与只同下层有关的效用的概率项的方差相对应的参数，以及与同时考虑上、下层的效用的概率项的方差相对应的参数。为了保证模型满足效用最大化理论，λ_1 和 λ_2 应满足关系 $1 \geqslant \dfrac{\lambda_2}{\lambda_1} > 0$（$\lambda_1 = \lambda_2$ 时，模型即为通常的多项 Logit 模型）。那么，可得

$$P_{jin} = P_{j/in} P_{in} = \frac{\exp(\lambda_1 V_{j/in})}{\sum_{j'} \exp(\lambda_1 V_{j'/in})} \cdot \frac{\exp(\lambda_2 (V_{in} + V_{in}^*))}{\sum_{i'} \exp(\lambda_2 (V_{i'n} + V_{in}^*))} \tag{8-39a}$$

其中，

$$V_{in}^* = \frac{1}{\lambda_1} \ln \sum_j \exp(\lambda_1 V_{j/in}) \tag{8-39b}$$

此处 V_{in}^* 的是 NL 模型的核心概念，一般称为合成效用项。

下面采用 Williams 方法，介绍 NL 模型的推导过程。

令 U_i 是选择枝 i 的效用（n 省略不写），$U_{j/i}$ 是选择 i 的前提下选择枝 j 的效用，$U(i, j)$ 是两层选择问题的效用，那么

$$U(i, j) = U_i + U_{j/i} \tag{8-40a}$$

如果令 U_i 和 $U_{j/i}$ 是服从平均值为 V_i 和 $V_{j/i}$，方差为 σ_2^2 和 σ_1^2 的相互独立的概率分布，而且，U_i 与 $U_{j/i}$ 是相互独立的，那么，式(8-40a)即可改写为

$$U(i, j) = V_i + V_{j/i} + \varepsilon_i + \varepsilon_{j/i} \tag{8-40b}$$

此处的 ε_i 是选择枝 i 的效用的随机项，$\varepsilon_{j/i}$是在选择 i 的前提下选择枝 j 的随机项。而且，ε_i 与 $\varepsilon_{j/i}$是相互独立的，并分别在其选择枝间服从 Gumbel 分布。

根据随机效用理论，组合的选择枝 ij 的选择概率为

$$P_{ij}=\text{prob}[U(i,j)>U(i',j'),\ \forall i'\neq i \text{ 或} \forall j'\neq j] \tag{8-41a}$$

由式(8-40a)可知

$$P_{ij}=\text{prob}[U_i+\max_j(U_{j/i})>U'_i+\max_j(U_{j/i'})\text{和} U_{j/i}>U_{j'/i},\ \forall j'\neq j] \tag{8-41b}$$

又由于 U_i 被假定为与 $U_{j/i}$是相互独立的，所以

$$\begin{aligned}P_{ij}&=\text{prob}[U_i+\max_j(U_{j/i})>U'_i+\max_j(U_{j/i'})\ \forall i'\neq i]\times\text{prob}[U_{j/i}>U_{j'/i},\ \forall j'\neq j]\\&=P_iP_{j/i}\end{aligned} \tag{8-41c}$$

在上层选择 i 时用 Logit 模型计算的下层选择 j 的条件概率为

$$\begin{aligned}P_{j/i}&=\text{prob}[V_{j/i}+\varepsilon_{j/i}>V_{j'/i}+\varepsilon_{j'/i},\ \forall j'\neq j]\\&=\frac{\exp(\lambda_1V_{j/i})}{\sum_{j'}\exp(\lambda_1V_{j'/i})}\end{aligned} \tag{8-42}$$

式中的 λ_1 是与 $\varepsilon_{j/i}$的方差 σ_1^2 相对应的参数($\lambda_1^2=\pi^2/6\sigma_1^2$)。

上层 i 的选择概率可写为下式：

$$\begin{aligned}P_i&=\text{prob}[V_i+\varepsilon_i+\max_j(U_{j/i})>V_{i'}+\varepsilon_{i'}+\max_j(U_{j/i'})],\ \forall i\neq j\\&=\text{prob}[V_i+\varepsilon_i+U_i^*>V_{i'}+\varepsilon_{i'}+U_{i'}^*],\ \forall i\neq j\end{aligned} \tag{8-43a}$$

其中，$U_i^*=\max_j(V_{j/i}+\varepsilon_{j/i})$表示复合效用。根据 Gumbel 分布的性质，$U_i^*$ 服从于均值为 $V_i^*=\ln\sum\exp(\lambda_1V_{j/i})$ 、方差为σ_1^2 的 Gumbel 分布。也就是 U_i 等于 V_i^* 与 $\varepsilon_{j/i}$的和。所以，如果 $\varepsilon_i^*=\varepsilon_i+\varepsilon_{j/i}$，此处的 ε_i^* 仍近似服从 Gumbel 分布，式(8-43a)便可写为

$$P_i=\frac{\exp[\lambda_2(V_i+V_i^*)]}{\sum_{i'}\exp[\lambda_2(V_{i'}+V_{i'}^*)]} \tag{8-43b}$$

这里的 λ_2 是与 ε_i^* 的方差($\sigma_1^2+\sigma_2^2$)相对应的参数：

$$\lambda_2^2=\frac{\pi^2}{6(\sigma_1^2+\sigma_2^2)}=\frac{\lambda_1^2}{1+(6\sigma_2^2/\pi^2)\lambda_1^2} \tag{8-44}$$

此式也再次说明，$0<\frac{\lambda_2}{\lambda_1}\leqslant 1$ 是满足效用最大化理论的必要条件。

8.3.6 非集计模型在交通领域中的应用

与交通有关的选择现象有很多，例如：是否出行(即交通发生频率)、去何处(目的地)、何时出行(出发时刻)、使用何种交通工具(交通方式)、经过哪条路线(交通路线)等。交通现象就是由上述交通选择现象的组合而决定的。当然，从长远角度来看，这些选择也和住址、工作地点的选择以及机动车保有量方面的选择有关。在这些选择现象中，最早应用非集计模型进行分析的对象就是交通方式选择现象。

这主要是因为与交通发生频率、目的地等方面的选择相比，交通方式选择的选择枝(即交通方式)及其特性更容易被掌握，从而更适合于交通理论的应用。此外，这也是由于交通方式选择与短期交通政策评价有直接关系。非集计交通方式选择模型是以个人属性以及相对

于个人而言的交通方式服务水平作为自变量的，因而适用于测评短期交通政策引起的各种交通方式的服务水平变化对个人而言发生了何种程度的微妙变化。

当然，非集计行动模型的分析对象不仅包括交通方式的选择，而且也广泛适用于交通发生频度、机动车保有、购物目的地、路线选择等各种交通选择现象以及由各种现象组合而形成的交通决策现象。这里仅以其中最基本的交通方式选择为核心，结合实例论述模型的应用方法的特点。

下面通过一些日本的研究实例，对非集计模型在交通方式选择中应用进行介绍。这些实例包括对短期交通政策进行评价，以及对地区及都市区范围内不同交通方式的分担交通量进行预测。

(一) 短期交通政策评价实例

对短期交通政策进行评价时，一般假定人口及 OD 量不变，仅根据不同交通方式分担率的变化进行评价。

表 8－6 中表示的是到站交通方式选择模型和代表交通方式选择模型的应用实例。其中，表格左侧的到站交通方式选择模型来源于日本三鹰・调布地区的分析实例，该实例采用非集计模型对以往从站点影响圈角度难以进行分析的政策效果进行了评价；右侧的代表交通方式选择模型来源于日本尾道・三原都市圈的分析实例，该实例对私人机动车汽油费用上涨、停车费上涨、公交车运行车次增加、公交车换乘次数减少四种政策进行了评价。

表格的上半部分表示作为分析对象的交通方式及其效用函数 V_j，以及 V_j 中包含的服务特性变量与各种短期交通政策的对应关系。例如，站前自行车停车场实行收费停车政策的影响可以通过各样本的自行车效用函数中包含的一般费用变量值的变化表现出来。表格的下半部分是举例说明分析。对“站前自行车停车场收费政策”进行分析的结果，按照距离铁道站远近的不同，分段进行了集计，并用图示表明了各个距离段的差异。在对“汽油费上涨”进行的分析中，给出了样本总体中分担率的变化与涨价幅度之间的关系。总之，同一个模型可用于对多种政策进行分析，还可以按照距离带等特性任意分组从而得到分组评价的结果。

其中到站交通方式选择模型的计算结果表明，由于站前自行车停车场实行收费政策，自行车的利用率约减少了四成；而公交车票价提高 40 日元所引起的交通费用的增加会造成公交车利用率大约减少一成。代表交通方式选择模型计算得到的结论是，汽油费用上涨对于私人机动车交通转向公共交通具有重要影响，而单独改善公交服务质量的效果则不太明显。

此外，上述两个研究中出现了一个共同的现象，就是在由服务改善而引起的交通方式转换方面，根据意向调查得到的值要远大于模型推算得到的值。与此现象类似的情况是，在名古屋市地铁 3 号线八事—赤池段是否开通的调查中，按照被调查者的回答将有 41% 的私人机动车使用者在地铁开通后改为利用地铁，但实际的转换比率只有 17%。这些情况表明，交通方式选择模型分析结果的有效性还是很值得重视的。

此外，在利用交通方式选择模型对交通政策进行评价时，除了使用所需时间缩短、换乘次数减少这些常见的评价指标外，还可以针对使用者效益、站点可达性等综合指标，依据各种交通方式的效用 V_m 计算出合成变量 Λ：

$$\Lambda_m = \ln \sum_i \exp(V_m)$$

Λ_m 可以被看作是能够观察到的效用 V_m 的加权平均值。例如，在使用到站交通方式选择模型对铁道站周边公交车线路调整带来的后果进行分析时，就可以根据通勤·通学的人均合成变量平均值来对方案进行比较和评价。

表 8-6 采用样本预测对政策影响进行评价的实例

<table>
<tr><td>分类</td><td colspan="2">Ⅰ. 到站交通方式选择模型
(1 = 步行, 2 = 自行车, 3 = 公交车)</td><td colspan="2">Ⅱ. 代表交通方式选择模型
(1 = 铁路, 2 = 公交车, 3 = 机动车)</td></tr>
<tr><td rowspan="3">政策与服务变量的对应关系</td><td colspan="2">V_1 = −0.007 ×(一般化费用)—0.44 ×(年龄) +1.77 ×(出行目的常数)
V_2 = −0.009 ×(一般化费用) −0.44 ×(年龄) +0.59 ×(家庭内人均保有自行车的台数)
V_3 = −0.009 ×(一般化费用) +1.11 ×(出行目的常数)</td><td colspan="2">V_1 或 V_2 = −0.8 ×(交通量) −0.54 ×(离站距离) −0.14 ×(运行间隔) −1.64 ×(换乘次数)
V_3 = −1.77 ×(性别) −5.28 ×(是否保有机动车) −0.80 ×(交通费)</td></tr>
<tr><td>服务特性变量</td><td>交通政策举例</td><td>服务特性变量</td><td>交通政策举例</td></tr>
<tr><td>一般化费用
每个人保有的自行车台数</td><td>站前自行车停车场实行收费政策
公交车票价上涨，公交车频度、速度改善或恶化
保有自行车台数增加</td><td>交通费
离站距离
运行间隔
换乘次数</td><td>票价、停车费、汽油费上涨
公交车站密度增加
运行车次增加
公交车线路调整</td></tr>
</table>

图 8-5 为政策影响效果举例：

ⓐ到站交通方式选择模型(1—步行，2—自行车，3—公交车)

ⓑ交通方式选择模型(1—铁路，2—公交车，3—机动车)

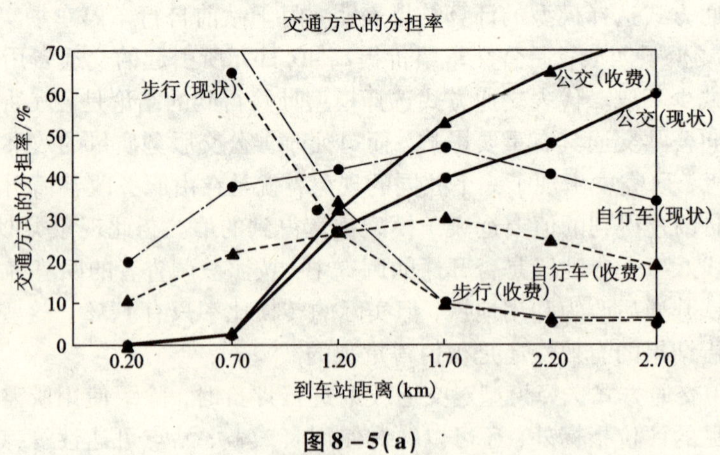

图 8-5(a)

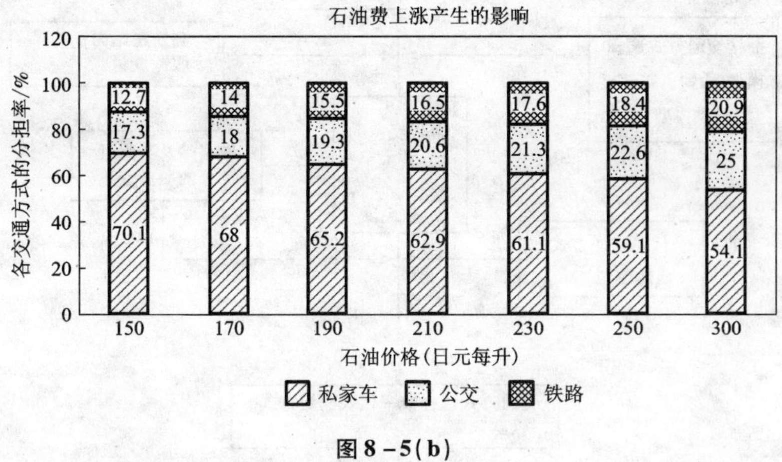

图 8-5(b)

(二)交通方式分担量的预测

用交通方式选择模型对交通方式分担量进行预测可以用于由于交通政策的影响或者随着时间的推移，作为交通方式分担率基础的 OD 分布模式和人口状况发生变化的状况。在这种情况下，最简单实用的方法是在以小区等空间单位为基础形成的 OD 表的基础上，使用小区 OD 间的服务特性变量的平均值进行预测，这种方法称为平均值法。在该方法的应用过程中，空间单位划分得越大则集计误差就会越大，而空间单位划分得越小则设定服务特性变量值的工作量就会越大，所以必须依据模型的应用水平来选择合适的空间单位尺度。

在都市圈水平的分析中，可以考虑在四阶段交通需求预测法的交通方式分担阶段使用非集计模型。此时，OD 表多以中等规模的小区为基础进行预测，为了使用非集计模型，有必要将 OD 表进行更详细的划分。图 8-6 表示的是仙台都市圈使用的分析流程。该实例是对驾驶机动车、驾驶摩托车以及骑自行车到铁路站点换乘系统进行评价的实例。由于被评价的对象都是与铁路末端服务条件有关的系统，可以认为这些系统的有无对 OD 交通量基本上没有影响。所以在研究中，假设 OD 交通量为定值，可以根据不同交通方式(主体交通方式 + 铁路末端)分担率的变化来衡量效果的变化。在时间方面划分为通勤时段和非通勤时段分别进行效果分析，二者之和就是全天的总体效果。该分析仅仅针对铁路利用量较大的去往市中心的出行现象。

此外，在对铁路末端进行效果分析时，由于用中等规模小区难以充分表现末端服务条件的有关变化，所以在研究中，将中等规模小区进一步细分为评价级别的小区，并据此设定了到达铁路站点的有关服务变量的值。为了得到效果分析所必需的铁路合成变量，需要将评价级别的小区集计为中等规模的小区，而中等规模的小区在进行铁路分担量评价时又需要细分为评价级别的小区，在该项研究中，小区的细分与集计都是按照中等规模小区与评价级别小区之间的人口比例来进行的。铁路分担量的划分按照图 8-7 所示的顺序进行。效果分析所用模型为 Nested Logit 模型，模型参数见表 8-7 和表 8-8。

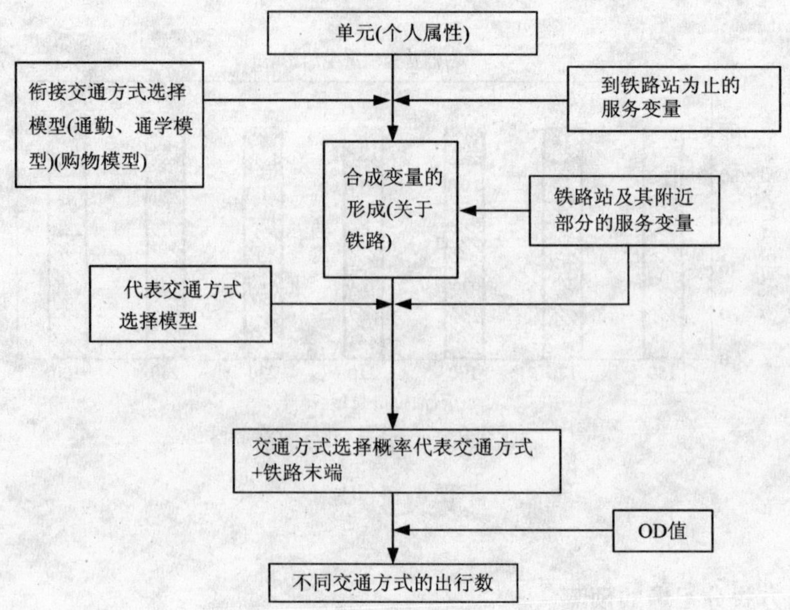

图 8－6　仙台都市圈使用的分析流程

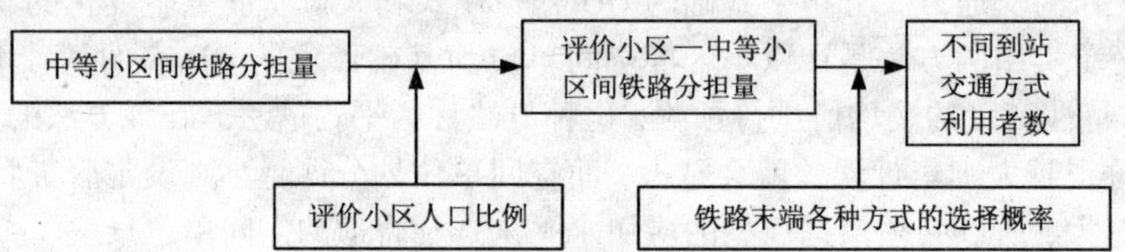

图 8－7　中等小区间铁路分担量的分析方法

表 8－7　到站交通方式选择模型的估计参数值(括号中的数字为 *t* 值)

说明变量(前往车站的衔接交通方式)		通勤·通学	购物
服务特性变量	旅行时间 (公交、小汽车、自行车)	−0.1138 (−2.962)	−0.2631 (−8.341)
	步行时间 (公交、小汽车)	−0.02603 (−0.8799)	−0.03864 (−2.203)
	步行时间 (自行车)	−0.8473 (−2.977)	−0.7090 (−4.206)
	步行时间 (步行)	−0.2420 (−10.03)	−0.2146 (−12.99)
	换乘等待时间 (公交)	−0.3123 (−0.9393)	−0.3311 (−1.185)
	费用 (停车费用)	−0.02749 (−3.730)	−0.05158 (−2.134)

续表 8－7

说明变量(前往车站的衔接交通方式)		通勤·通学	购物
社会经济属性	性别(男＝1，女＝0)(自行车)	0.8036 (2.727)	
	学生(学生＝1，其他＝0)(自行车)		1.216 (3.131)
选择枝固有变量	公交	－3.884 (－1.803)	－2.600 (－0.3764)
	小汽车(驾驶)	－2.978 (－4.920)	－0.629 (－0.3764)
	小汽车(乘坐)	－5.550 (－13.05)	－3.661 (－11.66)
	自行车	－3.068 (－7.328)	－1.458 (－6.592)
精度	命中率 ρ^2	73.90% 0.4201	67.23% 0.794

表 8－8　代表交通方式选择模型的参数

说明变量		通勤·通学	购物
旅行时间		－1.834 (－6.292)	－1.970 (－6.895)
费用		－1.199 (－16.86)	－1.591 (－9.085)
铁路末端合成变量		0.2295 (5.218)	0.3381 (7.392)
交通方式固有变量	公交	－0.3972 (－0.9172)	0.6988 (2.301)
	小汽车(驾驶)	3.058 (8.065)	0.1003 (0.3912)
	小汽车(乘车)	－0.2431 (－0.5921)	－0.09950 (－0.4098)
精度	命中率 ρ^2	90.78% 0.7087	73.33% 0.2977

停车换乘系统的有无引起的变化结果见表 8－9 和表 8－10，从中可以看出，不同站点的效果不同。此外，驾驶机动车到达铁路站点 *A* 的人数增加到 178 人，其中有 107 人是从 *A* 站以外的其他站点或者原来的主体交通手段不是铁路的情况转移过来的，其余 71 人则仅仅是因为到站交通方式发生了变化。

表 8-9 停车换乘系统的效果分析

分类	通勤			购物		
	A 车站	B 车站	C 车站	A 车站	B 车站	C 车站
停车换乘系统利用人数(人)	464	37	17	50	3	1
换乘系统利用者的增加数(人)	178	25	17	22	2	1
铁路利用者的增加数(人)	107	19	7	6	1	—
人×时间的减少量(人×时间)	2915.68		1595.43	388.03		676.90

表 8-10 有无停车换乘系统时变量值的变化

车站	没有换乘系统		有换乘系统	
	到车站距离(m)	停车费用(日元·日$^{-1}$)	到车站距离(m)	停车费用(日元·日$^{-1}$)
A 车站	112.5	160.0	112.5	80.0
B 车站	90.0	160.0	90.0	80.0
C 车站	—	—	350.0	80.0

8.4 交通运输综合预测方法

8.4.1 车辆保有量预测

(一)注意事项

在进行机动车保有量预测时，应当注意以下几点。

①机动车发展预测结果应当反映城市交通发展战略和城市交通发展政策。不同的城市交通发展战略，对应不同的机动车发展速度和发展模式，不能机械地采用某种数学函数。

②机动车发展应与城市社会经济发展水平相适应。当城市社会经济发展采用高、中、低不同方案时，城市机动车发展也应采取相应不同的发展方案。

③不同的预测方法可能得出不同的预测结论。首先应按照预测结果的数量级将预测结果分类，而后分析预测结果产生差异的原因，最后确定机动车发展的各种方案。为使城市交通规划方案具有弹性和留有余地，一般建议按照预测结果的高值来控制交通设施规划用地。

(二)预测方法

1. 年均增长率法

年均增长率法的关键是确定机动车保有量的年均增长率，通常可以从定量和定性两个方面考虑。

(1)定量

根据机动车保有量的历史数据，定量确定典型预测阶段的机动车年均增长率数据。

(2)定性

根据城市交通发展政策、社会经济发展趋势、机动车历史演变规律等因素，定性确定典型预测阶段的机动车年均增长率。

年均增长率确定后，依据基年机动车保有量数据，可预测未来年份的机动车保有量。预测公式如下

$$Q_{n1}=Q_0\cdot(1+i_1)^n\text{，当 }n\text{ 为 }1,2,\cdots,n_1\text{ 时} \tag{8-45a}$$

$$Q_n=Q_{n1}\cdot(1+i_2)^{n-n_1}\text{，当 }n\text{ 为 }n_1+1,n_1+2,\cdots,n_2\text{ 时} \tag{8-45b}$$

式中：Q_0——基年的机动车保有量；

i_1——未来 n_1 年的机动车年平均增长率；

i_2——未来$(n_1+1)\sim n_2$ 年的机动车年平均增长率。

运用年均增长率法预测机动车保有量时，应注意以下几点：

①必须对研究城市有很深刻的理解，把握国家、省、市、县等各个层面的社会经济和交通发展政策。

②有必要或条件许可时，可采取专家咨询的定性方法合理确定机动车发展速度。

2. 弹性系数法

弹性系数法是根据变量之间年增长率变化关系估计未来发展的一种预测方法。我国城市机动车发展经验表明，机动车保有量增长与居民人均收入有密切关系。

机动车保有量的收入弹性系数，是指人均收入增加一个百分点，机动车保有量增长的百分点数，可用下式表示：

$$e=i_c/i_e \tag{8-46}$$

式中：e——机动车保有量的收入弹性系数；

i_c——机动车年增长率；

i_e——人均收入的同年份年增长率。

若预测出机动车保有量的收入弹性系数 e 和居民收入的年增长率 i_e，那么根据上式可以得出机动车保有量的年增长率 i_c，见下式

$$i_c=e\times i_c \tag{8-47}$$

得出机动车保有量的年增长率后，可采用上述的年平均增长率法预测未来年份的机动车保有量。

一些典型研究中得到的收入弹性系数在 1.02 ~ 1.95 之间(见表 8-11)。这表明，收入的一个百分点的增长，将导致1.02 ~ 1.95 的机动车保有量增长。应当指出的是，这些系数是从不同国家或不同城市样本中得出来的，既包括发达国家也包括了发展中国家，既包括市场经济国家也包括了计划经济国家。这些系数的高度一致性(除 1.95)表明：无论是贫穷国家还是富裕国家，从机动化角度看，仅仅是同一系列的不同样本而已。

值得提出的是，在机动车发展的不同阶段，对应的弹性系数是不同的。

①在机动车发展初期，居民购车愿望被长期压制。若长期压制的购车需求被释放，大量居民争先购买私家车，机动车大量发展，此时弹性系数应取大值。

②发展初期之后阶段，机动车增长速度逐步放缓，弹性系数可取低值。

因此，在机动车大量发展的初期，政府必须进行合理引导，一方面使道路设施供应与需求发展相适应；另一方面控制新驾驶员增加的速度，保障交通安全。

对于居民收入增长的预测指标，可参照规划城市最新的社会经济发展规划和城市总体规划得到。

表 8－11 机动车收入弹性系数

研究者	样本	机动车拥有弹性系数
SIBERSTON (1970)	38 个市场经济国家(1965，汽车)	1.14
	38 个市场经济国家(1965，机动车总量)	1.09
	46 个国家，包括前苏联及东欧国家(1965，汽车)	1.21
WHEATON (1980)	25 个国家(20 世纪 70 年代早期，汽车)	1.38
	25 个国家(20 世纪 70 年代早期，机动车总量)	1.19
	42 个国家(20 世纪 70 年代早期，汽车总量)	1.43
KAIN(1983)	23 个欧共体国家(1958)	1.95
	23 个欧共体国家(1968)	1.59
	98 个非社会主义国家(1977)	1.30
KAIN and LIU (1994)	52 个国家(1990，客用小汽车)	1.58
	52 个国家(1990，商用车)	1.15
	52 个国家(1990，机动车总量)	1.44
	60 个国家(1990，客用小汽车)	1.02

3. *时间序列法*

时间系列法是把城市历年的机动车保有量资料加以整理，进行线性或非线性回归标定，并认为今后若干年仍按照以前的发展趋势增加，以此推测今后若干年机动车保有量的估计值。在时间系列法机动车保有量的预测模型中，函数的变元为年份。该法模型简单，使用方便，是城市机动车保有量近期预测的首选方法。但由于它的理论基础是假定今后若干年城市机动车仍按以前发展趋势变化，但城市机动车的实际增长趋势是变化的，所以对于远期预测误差较大。

时间系列法预测模型标定采用的是一元回归分析法，即最小二乘法原理。若采用非线性模型，通过取对数、参数变换等手段使预测模型转变为一元线性模型。

图 8－8 中的折线为某市历史年份的机动车保有量演变曲线。以年份为自变量，机动车保有量为因变量可建立回归方程。根据回归方程可以预测未来年份机动车保有量。

$$Y=824.09(X-1996)^2+38554(X-1996)+7328.6R^2=0.97 \tag{8-48}$$

式中：Y——机动车保有量(辆)；

X——预测年份。

4. *相关系数法*

相关系数法就是分别找出与城市机动车增长有关的相关因素，认为在一定时期内这种影响关系相对稳定，然后根据今后若干年内这些影响因素的发展情况预测来间接预算城市机动车保有量。在预测模型中，常选的相关系数为城市社会经济指标、居民收入水平及人口密度。该法用于城市机动车远期预测精度较高，近期预测则显得较烦琐。

(1)LOGIST 模型法

LOGIST 模型法是相关系数法中常用的一种，该方法认为城市机动车保有量增长有个极

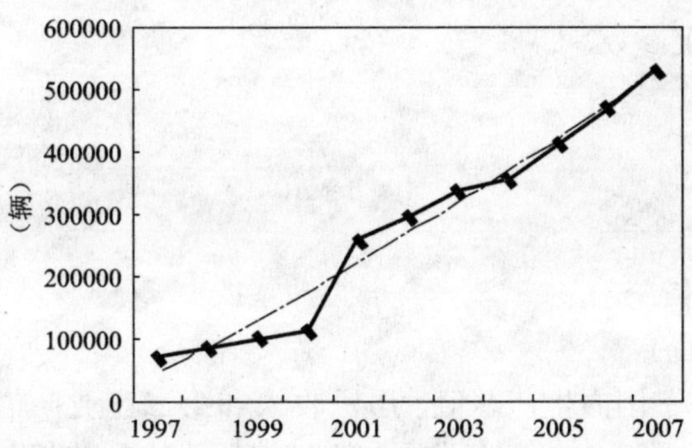

图 8-8　某城市机动车保有量的时间序列模型

限，并按照 S 形曲线增长。图 8-9 为某城市小客车保有量的 S 形曲线增长模型预测图。

机动车按照 S 形曲线增长共有三个发展阶段，即初期阶段、中期阶段、稳定阶段。

①初期阶段，城市机动车保有量以较低速度缓慢增长，经过较长时间才能达到小汽车保有量千人拥有率为 40 辆。

②在中期阶段，机动车保有量增长速度加快，在约 15～20 年的时间内，可以使城市小汽车保有量达到千人拥有率 200 辆。

③稳定阶段，也就是小汽车发展进入后小汽车时代，机动车保有量增长速度又趋缓。

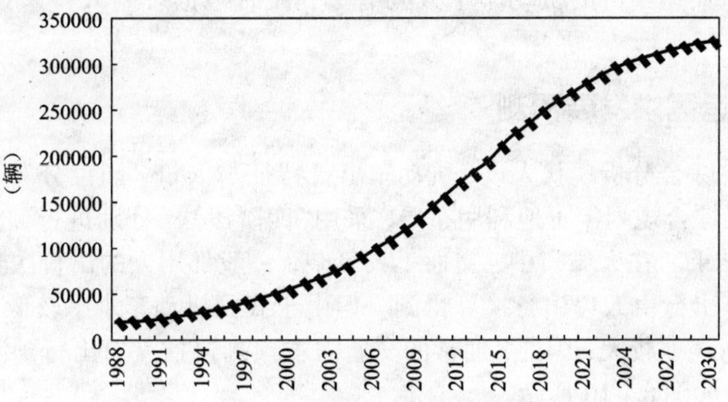

图 8-9　某城市小客车保有量的 S 形曲线增长模型预测图

通过对比分析，确定机动车发展水平与国内生产总值及居民收入的相互关系。小客车拥有率模型：

$$Y = \frac{L}{1 + \text{Exp}[\phi(X)]} \tag{8-49a}$$

$$\phi(X) = b_1 + b_2\ln(x_1) + b_3\ln(x_2) \tag{8-49b}$$

式中：Y——小客车拥有率（辆/千人）；

L——小汽车拥有率极限值；

x_1——人均国内生产总值（元）；

x_2——职工年人均工资收入(元);

b_1, b_2, b_3——待定参数。

货车保有量模型:

$$Y = \frac{L}{1 + a\exp(bx)} \tag{8-50}$$

式中: Y——货车保有量;

x——第二产业产值(元);

a, b——待定参数。

Logist 模型充分考虑了国内生产总值、居民收入和第二产业产值的发展变化, 通过回归分析的方法确定模型参数, 建立机动车发展与上述诸因素之间的相关关系。利用未来年份经济发展预测值确定机动车发展速度与水平, 方法简单, 易于计算。

(2)多元线性回归法

该方法常将货车与客车分别计算。货车保有量一般与工业产值、主要工业品产量、商品零售总额等因素有关。由历史统计资料的相关分析可以得到货车保有量的经验公式:

$$W_1 = a_1x_1 + a_2x_2 + \cdots + a_nx_n + a_0 \tag{8-51}$$

再把未来年份的相关指标预测值代入上式, 可得到未来年份的货车保有量。

客车保有量一般与城市人口、人均收入等因素有关。参照货车保有量的预测方法也可得出客车的预测模型和预测数据。

5. 千人拥有率法

首先预测未来典型年份的机动车千人拥有率, 而后根据规划人口来预测城市的机动车总量。

8.4.2 城市客运需求发展预测

需求预测是在综合分析现状人口、机动车出行特征与人口、岗位分布、土地利用布局之间关系的基础上, 综合规划年土地利用布局, 采用“四阶段法”分别进行预测, 得到规划年人口出行相关预测结果。在大城市中, 交通工具复杂, 一般都用人的出行次数为单位进行人口出行预测, 机动车出行由人口出行换算得到。但由于我国机动车水平较低, 由人的出行换算而来的机动车出行误差较大, 因此, 通常的交通需求预测包括人口出行预测和机动车出行预测, 具体技术路线如图 8-10 所示。

1. 人口出行预测

1)出行生成预测

居民出行生成预测分为出行发生预测和出行吸引预测两部分。

(1)出行发生预测

①交叉分类模型。交叉分类法将出行对象根据经济状况和出行目的进行分类, 确定各类别的出行率, 然后计算出每种类别的出行总量, 最后进行求和得到相应的出行总量。一般来说, 国外在该方法中采用的出行总体的基本单位是家庭, 而在国内出行单位一般是个人。该模型的原理方法为: 把家庭按人口结构、家庭收入或者汽车拥有量的不同加以分类, 再根据居民出行 OD 调查统计的各种类型的家庭平均出行率和家庭总户数来计算出行量:

$$P_i = \sum R_{ik}T_{ik} \tag{8-52}$$

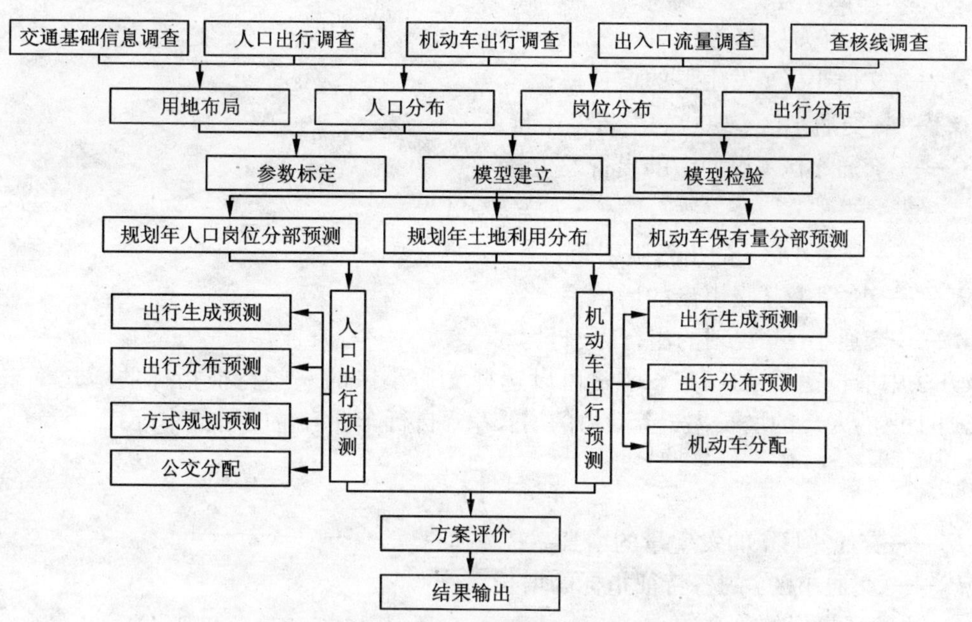

图8-10　交通需求预测技术路线图

式中：P_i——i 区的交通产生量；

R_{ik}——i 区第 k 种目的的出行量；

T_{ik}——i 区的第 k 种出行目的的人数。

家庭类别生成模型的优点是可比性强，它直观反映了用地与交通生成的关系，缺点是计算分类较烦琐，分类的代表性影响其预测精度，需要大规模的居民出行调查数据支持。在国内的规划实践中，认为该方法的基本单元应是个人而非家庭，且不应该根据汽车拥有量划分类型，而应该根据收入划分。

②回归模型。回归模型法主要是建立出行量和相关因素的函数关系，依此类推预测。在居民交通发生预测中一般以土地利用强度指标为自变量，如小区人口数、劳动力资源数、就业岗位数、各类土地利用面积等，然后依据居民出行 OD 调查数据建立模型。其基本形式为：

$$Y = a + \sum_i b_i \cdot X_i \tag{8-53}$$

式中：Y——交通小区的出行生成量；

X_i——第 i 种土地利用强度指标；

a，b_i——回归系数。

回归模型的主要优点是函数关系明确，可用统计检验模型精度，其缺点为方程 $Y=a+bX$ 在具体应用中，有时出现相关系数较高但其 a 较大的情况，这样就使出行率出现虚假的上升、下降现象。

③增长率法。增长率法是将现状年的各交通小区居民交通发生量乘以从现状年到规划年的出行增长率，从而得到规划年的各交通小区的居民交通发生量。该方法有利于确定规划区以外的区域交通发生、吸引量。因为在对规划区域进行预测时，对规划区以外的区域的发生、吸引量也要进行预测。利用该增长率法，可以将发生、吸引量的增长率按照某些特征指

标的增长率来加以计算：

$$G_i = F_i \cdot G_i^{(0)} \tag{8-54}$$

式中：F_i——交通小区 i 发生量的增长率；

$G_i^{(0)}$——交通小区 i 现状的出行发生量；

G_i——交通小区 i 规划中的出行发生量。

$$A_j = F_j \cdot A_j^{(0)} \tag{8-55}$$

式中：$A_j^{(0)}$——交通小区 j 的出行吸引量；

F_j——交通小区 j 吸引量的增长率；

A_j——交通小区 j 规划的出行吸引量。

该方法中增长率 F_j 的确定，通常可以选择交通小区的一些特征指标的增长率来反映。比如交通小区的人口的增长率，劳动力的增长率、自行车拥有量的增长率等：

$$F_i = \prod_{k=1}^{n} P_{ik} \tag{8-56}$$

式中：F_i——交通小区 i 的发生量的增长率；

P_{ik}——交通小区 i 的各特征指标的增长率；

n——特征指标的总个数。

④其他方法。交通小区的居民交通发生量的预测方法还有时同序列法、发生率法等。时间序列法是按时间序列预测交通增长，即用现在和过去的交通生成资料，对交通生成与时间的关系进行回归，并用此回归方程预测未来交通生成，该方法缺点在于需要多年的交通发生或吸引量的资料，而且对于远景预测其精度一般较差。发生率法只适合用于较为粗略的估计。

(2)出行吸引预测

交通吸引为所有以家为端点的出行和非以家为端点的终点出行。与居民交通发生预测类似，城市居民交通吸引量预测也是按照上班、上学、弹性、回程四类出行目的分别建模的，其他的方法如回归法、吸引率法、时间序列法等，由于精度比较差，采用相对较少。

上班、上学和回程交通吸引的回归分析模型的因变量采用交通小区的人口数、各类就业岗位数、就学岗位数及各类用地面积等。由于各交通小区的弹性交通吸引量影响因素过于复杂，很难找到合适模型来表示，所以通常根据交通区的商业、文体、医疗及旅游等用地面积，采用土地利用类别吸引率法确定。

2)出行分布模型

出行分布预测是将出行发生吸引求得的各交通小区居民规划年的出行发生量和吸引量转化为各小区之间的出行交换量，也即是得到由出行生成模型所预测的各出行端交通量与各交通区之间出行交换量的关系问题。

出行分布预测方法大体分为三类：增长系数法、重力模型法、介入机会模型。

(1)增长系数法

增长系数法假设未来交通区之间的出行分布模式与现在保持一致，未来的分布量在现在的基础上，按照某一系数增加或者减少。其计算方法简单、稳定性好，适用于分布均匀、增长率变化不大的地区，但是由于没有考虑到交通区之间的影响关系，而且必须有完备的 *OD* 出行矩阵，因此，不适合未来分布与现状分布变化很大，且交通设施变化剧烈的地区(如新开发的区域等)。增长系数法目前有均匀增长系数法，单约束增长系数法、Detroit 模型法、

Fratar 模型法、Furness 模型法。

①均匀增长率模型。均匀增长率模型是最早的增长率模型，该模型的假定基础是：城市规划区域各交通小区的出行量是均匀增长的。其数学模型为

$$t_{ij}^{f}=t_{ij}^{(0)}\cdot C \tag{8-57}$$

式中：t_{ij}^{f}——规划年 i 到 j 的出行量；

$t_{ij}^{(0)}$——现状年 i 到 j 的出行量；

C——出行量的增长系数。

②平均增长率模型。平均增长率模型假定：在城市规划区域内，从交通小区 i 到 j 的出行量仅与这两个交通小区的增长率 C_{gi}，C_{aj} 相关，其数学模型为：

$$t_{ij}^{f}=t_{ij}^{(0)}\cdot\frac{(C_{gi}+C_{aj})}{2} \tag{8-58}$$

式中：$C_{gi}=\dfrac{G_i^f}{G_i^{(0)}}$，$C_{aj}=\dfrac{A_j^f}{A_j^{(0)}}$；

G_j^f——规划年交通小区 i 的出行发生量；

$G_i^{(0)}$——现状年交通小区 i 的出行发生量；

A_j^f——规划年交通小区 j 的出行发生量；

$A_j^{(0)}$——现状年交通小区 j 的出行发生量。

③Detroit 模型法。Detroit 模型考虑的因素则更进一步：它认为从交通小区 i 到交通小区 j 的出行量不仅与这两个交通小区的增长率 C_{gi}、C_{aj} 相关，还与所有小区的出行量的平均增长率 $\overline{C}$ 有关。其数学模型为：

$$\overline{C}=\frac{\sum_i G_i^f}{\sum_i G_i^{(0)}} \tag{8-59a}$$

或

$$\overline{C}=\frac{\sum_j A_j^f}{\sum_j A_j^{(0)}} \tag{8-59b}$$

Detroit 模型的计算公式为：

$$t_{ij}=t_{ij}^{(0)}\cdot\frac{C_{gi}\cdot C_{aj}}{\overline{C}} \tag{8-60}$$

④Furness 模型法。Furness 模型法是增长率法的代表方法之一。Furness 模型的迭代计算公式可描述为（n 从 0 开始）：

$$t_{ij}^{(n+1)}=t_{ij}^{(n)}\cdot f(C_{gi}^{(n)},\ C_{aj}^{(n)}) \tag{8-61}$$

并且当 n 为偶数时（$n=2, 4, 6, \cdots$），

$$f(C_{gi}^{(n)},\ C_{aj}^{(n)})=C_{ai}^{(n)} \tag{8-62a}$$

当 n 为奇数时（$n=1, 3, 5, \cdots$），

$$f(C_{gi}^{(n)},\ C_{aj}^{(n)})=C_{aj}^{(n)} \tag{8-62b}$$

⑤Fratar 模型法。Fratar 模型是一种较好的增长率模型，由于它收敛速度快，迭代次数较

少，是国内外城市居民出行分布中应用最广泛的方法之一。其具体计算公式为：

$$t_{ij}=t_{ij}^{(0)}\cdot C_{gi}^{(0)}\cdot C_{aj}^{(0)}\cdot\frac{L_i+L_j}{2} \tag{8-63}$$

式中：L_i，L_j——交通小区 i、j 的位置特征系数。

它反映了与交通小区 i、j 有关的其他交通小区出行增长对 i、j 的计算公式为：

$$L_i=\frac{G_i^{(0)}}{\sum_j t_{ij}^{(0)}C_{aj}^{(0)}} \tag{8-64a}$$

$$L_j=\frac{A_j^{(0)}}{\sum_j t_{ij}^{(0)}C_{gi}^{(0)}} \tag{8-64b}$$

(2)重力模型法

重力模型法是一种借鉴万有引力定律的空间互动关系模拟分析模型，是国内交通规划中使用最广泛的模型。此法综合考虑了影响出行分布的地区社会经济增长因素和出行空间、时间阻隔的因素，它的基本假设为交通区 i 到交通小区 j 的出行分布量与交通小区 i 的发生量、交通小区 j 的吸引量成正比，与交通小区 i 到 j 之间的交通阻抗成反比。该模型结构简单，适用范围较广，即使没有现状 OD 表也能进行推算预测。其较大的缺点是对短距离的出行分布预测会偏大，尤其是区内出行。因此宜以交通小区为单位的几何水平上进行标定预测，并且交通小区的面积不宜划得过小。

根据约束情况，重力模型可以分为无约束、单约束、双约束、三约束等不同的类型。其中，无约束重力模型的基本形式为：

$$T_{ij}=k\cdot\frac{G_iA_i}{f(t_{ij})} \tag{8-65}$$

式中：T_{ij}——交通小区 i 到 j 的出行量；

G_i——交通小区 i 的总出行发生量；

A_i——交通小区 j 的总出行吸引量；

t_{ij}——交通小区 i，j 之间的出行阻抗；

$f(t_{ij})$——交通小区 i，j 之间的出行阻抗函数；

k——模型参数。

目前，在规划中应用最广泛、精度最好的是双约束重力模型。双约束即为单约束的重力加上约束条件，保证出行分布后的 OD 矩阵满足以下条件：

$$\sum_{j=1}^{n}T_{ij}=G_i \qquad \sum_{i=1}^{n}T_{ij}=A_j \tag{8-66}$$

双约束重力模型的具体形式为：

$$T_{ij}=\frac{K_i\cdot K_j\cdot G_i\cdot A_j}{f(t_{ij})} \tag{8-67}$$

式中：G_i，A_j，t_{ij}，$f(t_{ij})$的含义同上组式子。

K_i，K_j——平衡系数。

重力模型中最重要的一环是对重力模型进行标定，其目的是要求得到现状年交通状态下空间距离阻抗函数$f(t_{ij})$与出行距离（或时间、费用）之间函数关系式的各项参数。目前，重力模型的标定均采用计算机编程完成。

（3）介入机会模型

介入机会模型是近年发展起来的交通分布模型，它有如下假定：阻抗系数相同的每个交通区点将按照指数分布等概率成为交通的出行终点，而当阻抗系数不相同时，交通量总是选择阻抗最小的交通区作为出行终点。介入机会模型分布时仅仅考虑阻抗的因素，而对交通区之间的交通发生吸引量的关系不做考虑。

介入机会模型一个突出的缺点就是如果排列在最前面的两个交通小区的交通吸引概率差别不大，交通量分布时只会选择概率最大的那个，而对第二个不作考虑。此外，它的理论基础对于初学者难于理解，与重力模型相比，它在理论和实践方面的优势不大，因此在实际中应用并不广泛。

3）出行方式分担预测

传统的交通方式划分方法，一般采用定性分析加专家经验的方式来确定未来各种交通方式的分担率。这种方法虽然可以比较全面地从宏观把握问题，但是人为因素很多，不能进行准确的定量预测。近年来，随着对个体出行行为研究的增强，离散选择模型逐渐成为研究的重点，目前，最主要的交通定量方式划分预测方法包括固定份额法、交叉分类法、回归分析法、Logit 模型法。其中固定份额法和回归分析法是集计模型，交叉分类法、Logit 模型法为非集计模型。

（1）固定份额法

这种方法是国内常用的方式划分预测方法。其一般做法为：根据近年来的历史调查数据，确定某种交通方式的份额（或者数量）的走向趋势，从而预测目标年份此交通方式占有的份额（或者数量）。

固定份额法一般采用画趋势线的方法，预测方法比较简单。由于没有考虑到外界因素影响（如政策等），因此对目标年份的把握不十分准确，估计得比较粗糙。

（2）回归分析法

回归分析法将某一种交通方式的出行量或者出行分担份额与出行者属性或者出行方式属性建立回归关系，可以根据调查数据预测方式划分数额。

在 TransCAD 中，提供了线性回归和非线性回归两种预测方法。由于回归模型的自变量需要满足最小二乘法假定，因此不适合变量的建模，而实际中的变量往往是一系列离散变量，因此，回归分析法在方式划分中的应用范围上也比较有限。

（3）交叉分类法

交叉分类法是根据出行者的特性（如收入和汽车拥有状况等），或者出行方式的特性（如出行时间和出行费用等），或者交通分析区的类型（如中心商务区和郊区）划分为比较类似的几组，分别预测其分担率，然后汇总得到交通区分析所需要的分担量。

在交叉分类法中，每一个组都对应一个平均出行份额，这个出行份额可以来自交通调查，也可以来自其他模型的预测（如回归分析，离散模型 Logit 等），公式如下：

$$P_i^k = \sum_m \left(\sum_s a_s^{m,k} N_{si} \right) \tag{8-68}$$

式中：P_i^k——分区 i 的第 k 种方式交通产生量；

$a_s^{m,k}$——全市第 s 类家庭第 k 类方式的出行率；

N_{si}——分区 i 第 s 类家庭的数目，取规划年的预测值。

在实际应用中，交叉分类法很难成功，问题主要在于如何界定相似群体的问题，而且群体内部的出行差异也相当大。

(4)离散选择模型法

交通方式划分预测的离散概率选择模型 DCM(Discrete choice Model)是基于最大随机效用 RUM(Random Utility Maximization)理论基础上的一类相对完善的模型，它从微观经济学的角度，致力于对人的交通方式选择行为的客观解释，认为出行者从一系列可能的交通方式中进行选择时，总是选择费用最小的出行方式。它是目前国外应用的极其广泛的交通方式划分预测模型，函数形式为：

$$P_{ijk} = \frac{e^{U_{ijk}}}{\sum_{k=1}^{n} e^{U_{ijk}}} \tag{8-69}$$

式中：P_{ijk}——交通小区 i 到交通小区 j 的出行量中交通方式 k 的分担率；

n——交通方式的个数；

U_{ijk}——交通小区 i 到 j 的交通方式 k 的效用函数，按下式计算.

$$U_{ijk} = \sum_{m=1}^{c} a_m x_{ijkm} \tag{8-70}$$

其中：a_m——待定系数；

x_{ijkm}——出行者从交通小区 i 到 j 的交通方式 k 的影响因素 m；

c——影响因素的个数。

(5)竞争方式模型

城市居民出行采用的交通方式包括步行、公交车、出租车、私人小汽车、单位车、摩托车等。比较各种方式的出行特征，分别对步行、自行车、公共交通(包括常规公交、快速公交和轨道交通)和自用车(包括私家车、单位车、摩托车)等出行方式进行预测。其技术路线如图 8－11 所示。

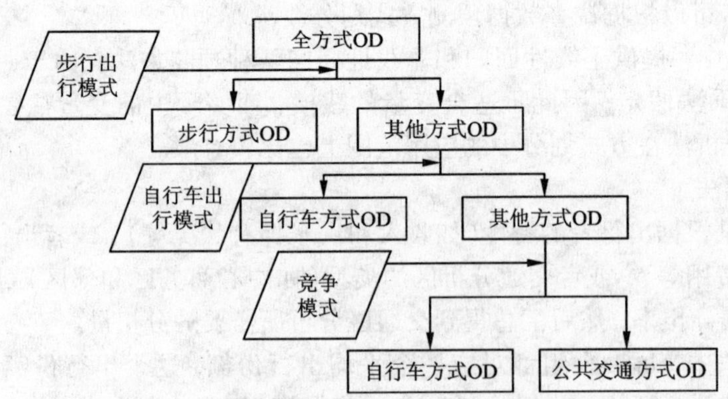

图 8－11 城市居民出行方式预测技术路线图

①步行出行模型。步行属于自由类出行方式，影响步行选择的重要因素为距离，通过建立步行与距离的关系的曲线进行预测，模型如下：

$$P_{步} = e^{-At_{ij}} \tag{8-71}$$

式中：$P_{步}$——步行的分担比例；

A——参数，取 1.0～1.8；

t_{ij}——交通小区到 j 到交通小区的出行时间，min，取 $t_{ij} = L_{ij}/4$，其中 L_{ij} 为两交通小区的距离，km。

②自用车出行模型。自用车主要由私人小汽车、单位小汽车（包括企业所有和机关、事业单位所有）、摩托车组成。由于单位车为具体私人使用，可以分摊到家庭中去。同时由于在单位可用车的人也大多数购买了私家车，故私家车的保有量水平可用有车的家庭占城市家庭总数的比例表示。自用车发展水平预测主要从购买政策与使用调控手段两方面考虑：

$$\begin{gathered} N = \frac{A}{n} \cdot C_{有车} \\ Q_{(有车,用车)} = \alpha \cdot N \cdot c_{车}, \ Q_{(有车)} = A \cdot C_{有车} \cdot c_{人} \end{gathered} \tag{8-72}$$

式中：A——城市实际居住人口数；

n——家庭人口数；

$C_{有车}$——有车家庭比例（由自用车发展水平决定）；

$c_{车}$——车辆平均出行次数；

$c_{人}$——人均出行次数；

α——车辆平均承载率；

N——自用车拥有量。

则：

$$P_{有车} = \frac{Q_{有车}}{Q}, \ P_{(有车,用车)} = \frac{Q_{(有车,用车)}}{Q} \tag{8-73}$$

式中：$P_{有车}$——有车用户出行量占总出行量比例；

$P_{(有车,用车)}$——有车用户用车出行量占总出行量比例；

$Q_{有车}$——有车用户出行量；

Q——总出行量；

$Q_{(有车,用车)}$——有车用户用车出行量。

自用车划分主要考虑自用车的拥有率以及出行距离，其划分模型如下：

当 $d_{ij} \leqslant 1$ km 时，$P_{ij(有车,用车)} = 0$；

当 $d_{ij} \geqslant 10$ km 时，$P_{ij(有车,用车)} = \beta \cdot P_{ij(有车)}$；

当 $1 < d_{ij} < 10$ km 时，

$$P_{ij(有车,用车)} = \beta \cdot P_{ij(有车)} \cdot \lg d_{ij}^{\alpha} \tag{8-74}$$

式中：$P_{ij(有车)}$——在该距离段有车用户出行量占总出行量比例；

α，β——参数；

$P_{ij(有车,用车)}$——在该距离段有车用户出行量占总出行量比例。

③自行车和公共交通竞争模型。自行车和公共交通属于交通类出行方式，人们对它们的选择通常对比便利程度而定，在此采用比较两者的效用值来进行划分：

$$P_{公交}=\frac{\exp(u_{公交})}{\exp(u_{公交})+\exp(u_{自})}(1-P_{步}-P_{自})$$

$$P_{自}=\frac{\exp(u_{自})}{\exp(u_{公交})+\exp(u_{自})}(1-P_{步}-P_{自})$$

$$U_{自}=t_1\exp(t_1)a \qquad (8-75)$$

$$U_{公交}=t_t+t_c$$

$$t_t=t_0+t_{乘}$$

$$t_1=\frac{L_{OD}}{V_{自}}$$

式中：$P_{公交}$——公共交通的分担率；

$P_{自}$——自行车出行的分担率；

$\exp(u_{公交})$——公共交通在 L_{OD} 上的综合效用值；

$\exp(u_{自})$——自行车在 L_{OD} 上的综合效用值，与自行车行车环境密切相关；

$P_{步}$——步行的分担比例；

L_{OD}——距离；

$V_{自}$——自行车速度；

α——待定系数；

t_0——非在乘时间，由三部分组成：步行到站，离站时间；候车时间；换乘时间；

$t_{乘}$——乘车时间，为出行距离与公共交通运行速度的比值；

t_c——票价折合的时间；

t_t——公交出行时间。

8.4.3 货物总量预测

货运交通预测的基本步骤与客运交通预测基本相同，即包括交通发生、吸引、分布、分配几个步骤。但由于货运发生、吸引点十分发散，发生量、吸引量大小差异很大，货运发生点、吸引点土地利用性质又各有不同，货种更是千差万别，因此，货运交通预测必须针对具体城市的特点做具体分析预测。

在四阶段交通需求预测模型框架下，货运需求预测以交通小区和城市道路、公路网络为基础，并做适当修正，由出行发生、出行分布和出行分配三部分组成。预测的基本框架如图 8-12 所示。

1. 货运需求预测

(1)城市货物出行总量预测

货车出行包括两种类型的形态：①内部出行形态，货车出行的起讫点均位于模型区域内部，即内部到内部($l-I$)出行：②外部出行形态，货车出行起讫点中至少有一端位于模型区以外，即内部到外部($I-E$)出行、外部到内部($E-I$)出行和外部到外部($E-E$)出行。

货运交通生成受两类因素影响：一是社会经济系统，如土地利用、产值、人均收入等；二是物流系统自身的特征和性能，如物流作业规模、作业能力和服务水平等。城市货物出行总量的预测方法有回归分析法、单位生成率法、时间序列法、弹性系数法和影响因素法等。下面介绍影响因素法。

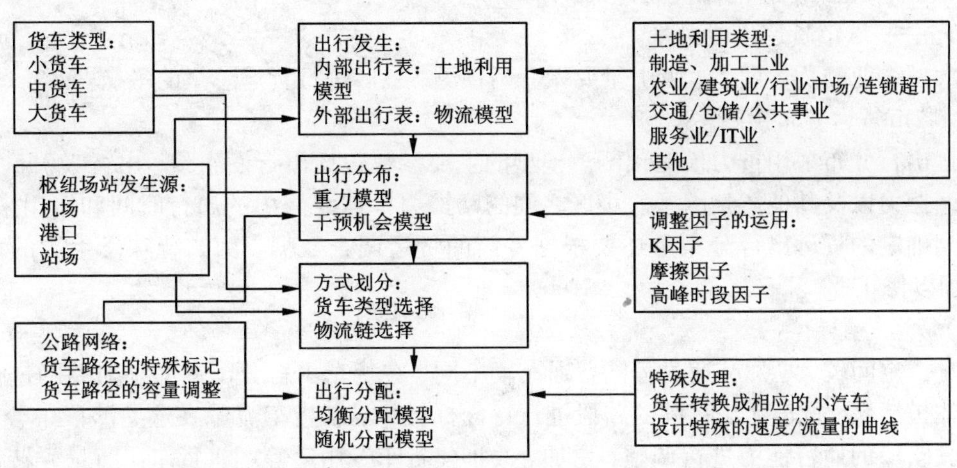

图8-12 货运交通预测流程图

货流生成量主要由社会经济系统和物流运输系统决定：

$$V=f(E,T) \tag{8-76}$$

式中：V——全社会物流需求总量；

E——社会经济指标体系，包括土地利用性质、产值等；

T——物流系统指标体系，包括物流作业规模、作业能力等。

分别建立两类模型：土地利用模型和物流模型，用这两类模型来量化、表征社会经济体系的影响。

(2)交通小区货运发生、吸引量预测

城市货运发生和吸引要比城市客运复杂得多，一方面，组成十分复杂，一般可分为二十多种小类，十多种大类；另一方面在不同用地和活动强度上产生或吸引的货种、货量也千差万别，要分门别类地进行详细统计和预测几乎是不可能的。因此，一般只能在把握大局的前提下采用简化方法进行预测。

首先，假设可以得到现状年城市各交通小区的货运生成(发生、吸引)量，在考虑城市用地性质、人口分布、就业岗位分布等多种因素对城市货运生成量进行预测。预测一般采用多元线性回归模型，方程选用的自变量一般为小区的各类用地面积(如仓库用地面积、工业用地面积或者总用地面积)和小区的各类就业岗位数(如小区工业就业岗位数，商业就业岗位数)以及小区的居住人口数。

但在实际预测过程中，交通小区现状年的货运生成量一般很难直接得到，此时，就要考虑以城市道路货运总量为基础，根据各交通小区的土地利用性质(各类用地面积及货运生成密度)进行分担，计算公式如下：

$$H_i=\frac{P_i^* A_i}{\sum_i P_i^* A_i} * H_{总} \tag{8-77}$$

式中：H_i——交通小区 i 的货运生产量；

P_i——交通小区 i 的货运生成(产生、吸引)的相对权值；

A_i——交通小区 i 的相关用地面积；

$H_{总}$——城市货运生成总量。

对大型企业的货运发生、吸引量要做专门预测，最后进行货运总量的平衡。

(3)城市货运分布预测

货运出行分布采用重力模型预测。模型的主要参数包括出行发生量、出行吸引量、小区之间的摩擦力以及其他调整因子。小区之间的摩擦力根据路网中的出行时间和费用来确定。重力模型确定的货运出行分布量还要根据专门的货运调查数据，例如特殊发生源的货运调查，并加以修正。

(4)货运分配预测

货车占空间较大，加减速过程同普通车辆不同，在货车出行分配前必须对路网进行预处理。具体包括：对货车无法行驶的路段进行特殊标记；限制货车流量在这些路段中分配；对货车行驶路段的通行能力进行调整；增加、改扩建货车专用道等。将货车出行量先转化成相应的普通车流量再进行网络分配。

货车出行分配模型以均衡分配模型为主，随机分配模型为辅。前者用于高峰时段的分配，后者用于非高峰时段的分配。分配预测结果通过与货运调查所得数据对比，来进行参数调整和模型有效性确认。

2. 城市货流总量的预测方法

(1)产值推算法

$$W = \sum_{i=1}^{n} r_i p_i \tag{8-78}$$

式中：W——城市总货运量(万 t/d)；

p_i，r_i——第 i 种产值量和单位产值(万元)产生的货运量。

(2)类比法

该方法参考其他性质、地理条件和交通条件相似城市的总货运量，再根据两个城市的工农业总产值之比(或者采用社会总产值等其他经济指标)，按比例进行近似估算。

$$\frac{W_1}{W_2} = \frac{P_1}{P_2} \tag{8-79}$$

式中：W_i——城市总货物流量(万 t/d)，$i=1, 2, \cdots$；

P_i——城市 i 的工农业总产值(万元或亿元)，$i=1, 2, \cdots$。

8.4.4 轨道交通预测

1. 轨道交通客流形成

从目前我国大城市客流交通系统角度来说，快速轨道交通承担的客流量主要包括两部分，即转移客流量和诱增客流量。其中转移客流量主要是指由于快速轨道交通具有速达、准时、安全、可靠、方便等优点，原来主要由地面常规公交、小汽车、自行车方式承担的全市性比较集中的中长距离客流转移到快速轨道交通，客流量中既有车站附近直接吸引过来的客流，又有通过其他交通方式如公交、自行车等换成的客流；诱增客流量主要是指的是快速轨道线路建设促进沿线土地开发、人口集聚，使区域之间可达性增加，服务水平提高，居民出行强度增加而诱增的客流。

城市客流主要取决于城市土地利用空间和城市经济的发展水平，在供应满足的条件下，当一个城市的土地利用布局规划确定后，从某种意义上说，城市客流的产生和分布就客观存在了。同时，由于轨道交通作为一种迅速、大运量的城市客运系统，改变了轨道线路沿线的可达性，相应地会对城市土地利用空间布局产生一定的影响，从而影响轨道客流的产生和分布。而城市客运交通结构和城市客流的流量流向是由城市平均出行距离、城市所能提供的交通设施服务水平、出行者的经济水平和价值观念以及城市所采取的宏观控制政策和措施等因素综合决定的，具体到轨道交通方式，由于轨道交通方式是一种线交通方式，其承担的客流量还涉及到轨道交通方式与城市中其他交通方式的协调关系。也就是说，城市客流的产生、分布、方式和路径的选择并不是一个单向的作用机制，而是一种相互反馈的动态平衡机制。因此轨道客流的形成是建立在城市空间布局分布、不同区域之间相互作用的强弱演化及发展特点、城市交通发展战略目标、城市各种客运方式的特点、最佳服务距离和相互间的协调关系以及出行者的经济能力和思想价值观的基础上。

2. 城市群轨道交通客流特点

城市群轨道交通沿途所经区域既有城市的建成区，也有非建成区或未完全城市化的区域，它不仅承担着城市之间的旅客运输任务，同时也服务于城市内部的居民出行需求，城市群轨道交通不仅对于满足城市间巨大的交通需求起着重要的作用，同时还对都市群区域经济结构的改变、城镇体系的形成以及城市群产业结构的调整均有着重要的影响。对缺少大运量交通系统的中等城市来说，城市群轨道交通穿越其客运主通道，也将对解决城市内部交通拥挤问题起着积极的作用。

其次，城市群轨道交通系统与城市内部的轨道交通系统、公共交通系统以及都市群区域的公路、铁路、水运网络甚至航空网络紧密联系在一起，构成了区域综合交通运输网络。城市群轨道交通系统和其他交通系统存在着一定的竞争关系，但更重要的是相互衔接、相互补充的关系。只有多种交通方式相互补充、有效衔接，才能充分发挥综合交通运输系统的综合效益。这里城市群轨道交通起着骨干的、快速便捷的交通通道作用。

另外，由于城市群轨道交通系统与城市内部的轨道交通系统相互衔接，而城市轨道交通系统隶属于各个城市，城际轨道交通系统又隶属于其他部门，在线路上统一运营管理存在着相当大的困难。为兼顾城市间客流快速通过和城市内部客流的需求，需要同时开通大站快车和一般快车。由于城际轨道交通线路可能较长，旅客服务需求也较城市轨道交通的旅客服务需求复杂。

3. 轨道交通客流量预测方法的现状

自20世纪70年代交通规划技术传入我国以来，运用定量的方法进行科学的预测已经成为规划的主要手段。对城市轨道交通的客流量预测基本上采用交通规划的常规方法，即搜集或利用居民出行调查资料，在预测城市客运总需求的基础上通过交通方式划分预测城市轨道交通的客运量。目前我国轨道交通客运量预测模式主要可以分为以下几类。

(1)不基于现状客流分布(OD分布)的预测模式

这类预测模式(如图8－13和图8－14所示)的主要思路是将相关公交线路的现状客流和自行车流量路向轨道交通线路转移得到虚拟的基年轨道交通客流；然后按照相关公交线的历史资料和增长规律确定轨道交通客流的增长率，推算远期轨道交通需求客流量，或者由公交预测资料直接转换为远期城市轨道交通客流量。因此，这一类方法主要为趋势外推法，在确定轨道交通客流增长率时可采取指数平滑法、多元回归法等方法。

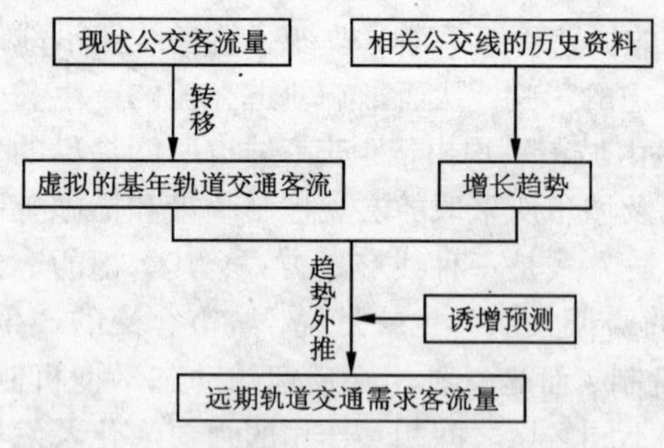

图 8－13　不基于现状客流分布预测模式一

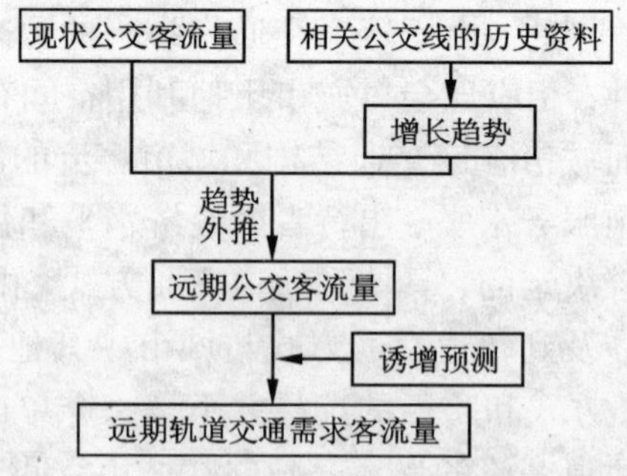

图 8－14　不基于现状客流分布预测模式二

(2)基于现状客流分布(OD 分布)的预测模式("四阶段"预测模式)

基于现状客流分布(OD 分布)的预测模式的主要思路为通过居民出行调查，掌握现状全方式的出行分布，在此基础上预测未来年的全方式出行分布，然后通过方式划分和交通分配预测得到轨道交通的站间 OD，即可计算出轨道交通客流量。基于上述理论的城市轨道交通客流预测的"四阶段"法(即城市轨道交通客流量的产生、客流的分布、交通方式的划分、客流在路网上的分配)已得到广泛的应用。该方式结合土地利用规划分析城市轨道交通客流量，能较好地反映城市远期客流的分布，且精度相对较高。但其缺点主要在于对数据要求高、操作复杂。此类预测模式仍是轨道交通客流的主流模式，在下节中将做更加详细的介绍。

(3)非集聚模型

近年来，由于城市轨道交通"四阶段"法缺少明确的行为假说，特别是模型系统本质上并非有关个体行为的，即它不是与个体出行行为相一致的，针对其不足，一些专家提出了非集聚模型。非集聚模型又称交通特征模型，它着眼于研究出行行为，即以实际产生交通活动的个人为单位，对个人是否进行出行、去何处，利用何种交通工具以及选择哪条路线等活动分别进行预测，并按出行分布、交通方式和交通路线分别进行统计，得到交通需求总量的一类模型。这一模型在理论上利用了现代心理学的成果，引入了随机效用的概念，其核心是效用最大化理论。非集聚模型相比传统模型的优势是有明确的行为假说、模型的一致性好、模型标定所需调查样本少、模型有较好的时间和地区可转移性等特点。

4. 轨道交通客流预测

轨道交通客流预测是指对未来城市轨道交通客流的流量和流向进行预测，为主管部门提供决策依据，以判断城市居民对未来城市轨道交通的需要。根据时间预测的长短，客流预测可以分为短期(1 至 5 年)、中期(6 至 10 年)和长期(10 年以上)预测。

(1)客流预测方法

进行客流预测，首先要开展详尽的交通调查，收集与客流预测相关的各种基础资料并进行统计分析，确定有关参数，然后在此基础上科学预测模型，通过计算机仿真计算，然后得到预测结果。

运输需求的预测方法多种多样，大致可分为定性预测和定量预测两种方法，如图 8－15 所示。

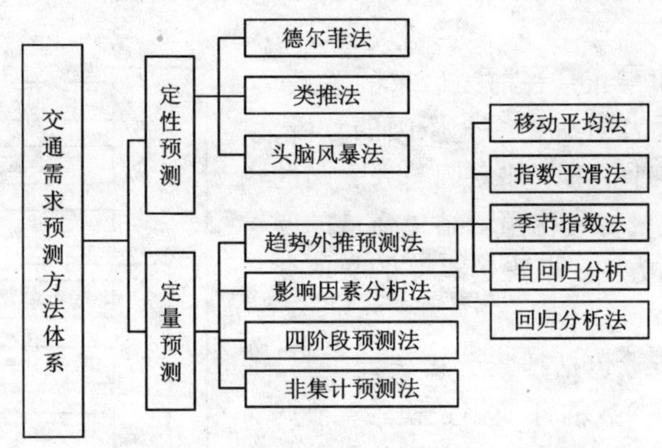

图8-15 交通需求预测方法体系示意图

定性预测法又可称为判断预测法，是一种最古老的预测方法。这类方法主要依赖于个人的感觉或专家的判断，运用预测者的经验，综合考虑各种影响因素，分析运输活动的特点和构成，来进行预测的一种方法。

其中德尔菲法是依据系统的程序，采用匿名发表意见的方式，即专家之间不得互相讨论，不发生横向联系，只能与调查人员发生关系，通过多轮次调查专家对问卷所提问题的看法，经过反复征调、归纳、修改，最后汇总成专家基本一致的看法，作为预测的结果。其实施步骤可以分为以下四步：①成立专家组；②给出所要预测的问题以及有关背景及要求；③专家预测结果收集、统计、反馈，进行第二轮预测；④是进行第三、四轮预测，综合整理专家意见，得出预测结果。

类推法是通过不同事物的某些相似性类推出其他的相似性，从而预测出它们在其他方面存在类似的可能性方法。

头脑风暴法是让与会者敞开思想，使各种设想在相互碰撞中激起脑海的创造性风暴，综合各方意见后得出的结论。其又可分为直接头脑风暴和质疑头脑风暴法。

定量预测方法是根据研究数据之间的相互关系，通过一定的数学公式，建立模型，以进行对未来数据的预测，是比定性预测更为科学的预测方法。

趋势外推预测法(Trend Extrapolation)完全基于历史数据所显示的特征来推测将来，因此又称为内部型预测法(Intrinsic Forecasting Method)，多指时间序列分析法(Time-Series Analysis Method)。移动平均法、指数平滑法、季节指数法、自回归分析法等都是外推预测法中常用的方法。

趋势外推法用于预测主要有以下六个步骤：①选择预测参数；②收集必要的数据；③拟合曲线；④趋势外推；⑤预测说明；⑥研究预测结果在制订计划和决策中的应用。

趋势外推预测法以连贯性原理及概率性原理为主要依据，通过对大量历史资料的统计分析，找出历史资料的时间序列中存在的某种规律性，并通过这种规律性，对未来一段时间内的数据趋势进行预测，对于已经存在并且结构发生重大变化的客运系统，可以直接预测客流量，根据历年客运量平均增长速度，推算未来年运量。

影响因素分析法(Factor Analysis Approach)也可以称为因果关系预测法或连环替代法，

该方法一般以相关性原理为依据，计算时常采用回归预测法(Regression Analysis Prediction Method)的函数公式。

由于系统变量之间存在某种前因后果的关系，回归分析法就是主要通过对事物变化原因的分析，找出影响某种结果的几个因素，建立因与果之间的数学模型，根据因素变量的变化预测结果变量的变化，即预测系统发展的方向，以确定具体的数值变化规律。

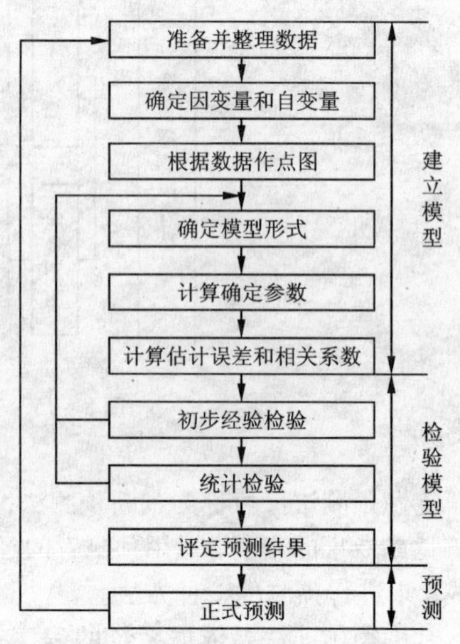

图 8-16 回归分析流程图

回归分析的大体步骤包括搜集分析统计资料，确定数学关系式；进行参数估计和相关检验；根据求得的回归方程和自变量的预测值，预测未来运量，并分析精度。其大体流程如图 8-16 所示。

回归分析预测主要分为一元线性回归、一元非线性回归、多元线性回归等几种回归方法。一般而言，在一个研究系统中，影响自变量的因素肯定是多个的，因此需要建立多元回归模型来进行预测。设预测对象为 Y，相关因素为 X，则有多元线性回归方程

$$Y = b_0 + b_1x_1 + b_2x_2 + \Lambda + b_kx_k \tag{8-80}$$

其中，b_0，b_1，b_2，Λ，b_k为待定模型参数，可采用最小二乘法求得。根据回归方程模型，则可以求出客流的预测值。

当然，在多元回归方程建立以后，也需要进行统计检验和验证。一是检验因变量与多元自变量之间是否存在总的线性关系相关，即进行回归方程的显著性检验；二是分别判定每个自变量对因变量的影响程度，即对回归系数进行显著性检验。运用因素分析法的一般性程序：①确定需要分析的指标；②确定影响各指标的各种因素及与该指标的关系；③计算确定各个因素影响的程度。一般要注意四点：①注意因素分析的关联性；②因素替代的顺序性；③顺序替代的连环性；④计算结果的假定性。

运用影响因素分析法进行预测，可以揭示事物变化的原因和结果之间的关系，反映系统发展变化的内在机理。在因果关系已知的情况下，通过回归分析预算法确实能够设计出精确的预测模型，然而在实际应用中，系统中因素之间的因果关系是模糊的。当无法分清“何为因，何为果以及影响结果的原因有多少”或者影响因素无法进行量化表示时，利用这种方法较难得到满意的预测结果。

根据客运量和土地利用的因果关系，建立客运量与社会经济指标相关模型。因变量为远景客运总量，自变量通常可以选择人口、职工岗位、职工收入、国内生产总值等。对于城市轨道交通而言，影响其客流的因素数不胜数，有不少影响因素甚至无法通过量化加入到回归分析法的因变量中。同时，又因为我国城市轨道交通运营时间短，历史数据积累不足，所以用回归分析预测法对我国的城市轨道交通客流进行预测是相对比较困难的。

四阶段预测法是在进行城市交通规划时的前期客流分布与预测的摸底调查，包括：交通发生、交通分布、交通分布和交通方式四阶段。是目前城市轨道交通领域中普遍采用的城市

轨道交通方法。由于四阶段中的核心都涉及市民出行的起、终点，以此利用四阶段的规划进行客流起、终点的出行预测是简便、有效的，因此也可以说四阶段预测法即是以市民出行 OD 调查为基础得到现状与方式出行分布，在此基础上预测规划年度的主方式出行分布，然后通过方式划分得到轨道交通的站间 OD 客流，主要流程如图 8－17 所示。

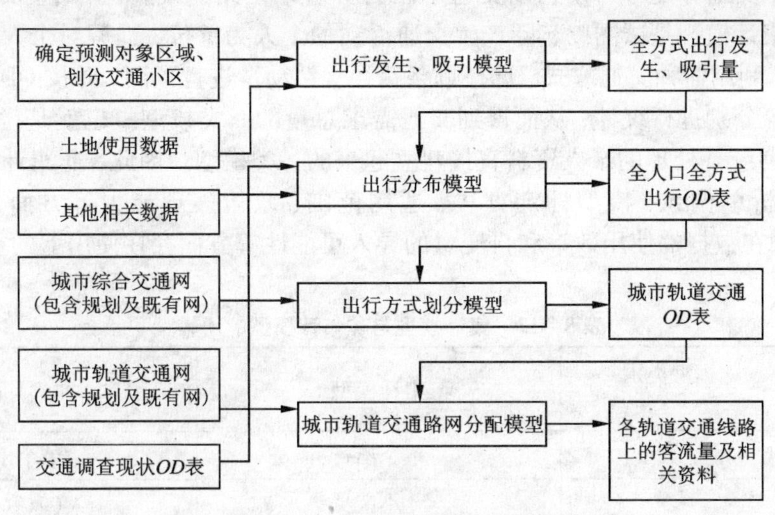

图 8－17　四阶段法预测流程图

四阶段客流预测模式以及现状 OD 调查为基础，综合未来城市发展及土地利用规划，客流预测结果精确度高。该客流预测模式对于基础数据的要求较高，操作复杂。此外，由于四阶段预测法自身的特点，其在应用于我国的城市轨道交通客流预测中存在以下几点问题。

①四阶段预测法的基础资料是城市社会、经济的各类指标和城市总体规划以及土地使用数据等相关信息。我国正处于城市化的进程中，城市布局、土地利用和人口状况都处于不稳定的变化状态，城市总体规划也不完善，因此，在这种基础数据下进行的四阶段预测法的预测结果和实际的客流数据会产生一定的误差。

②运用四阶段预测法进行客流预测需要以城市居民出行 OD 调查为基础：进行 OD 调查需要投入大量的人力物力，不但调查所涉及的地区范围大，调查对象多，更重要的是对调查员的专业要求高。如果调查员不能对调查对象进行准确的说明，那么所得到的调查结果将直接影响预测的准确性。

③四阶段预测法通过四个阶段的预测模型，最终得到客流量的预测值，其数学模型繁杂，计算量较大，很多情况下还要借助应用软件的帮助才能进行预测计算。这大大增加了预测成本。

非集计模型（disaggregate model）通常也可称为非集计行为模型（disaggregate behavioral model）、个人选择模型（individual choice model）或离散（选择）模型［discrete （choice） model］等。非集计模型是以实际生产交通活动的个人为单位，调查得到的数据不按交通小区进行统计处理，而直接用于建立模型。

非集计模型的开发研究始于 20 世纪 60 年代初期。进入 20 世纪 70 年代以后，美国麻省理工学院（MIT）的 Mcfadden 等人在理论研究上取得了很大的进展，从而带动了美国的 Manheim，Ben-akiva，Lerman 等人的研究小组将非集计模型研究推向了实用化阶段。随着非集计模型技术的发展，在交通领域运用非集计模型进行交通需求预测正成为一种新的趋势。非集计模型是与传统的四阶段交通需求预测模型不同的一种预测模型：四阶段预测模型是将每个人的交通活动按交通小区进行统计处理，并利用小区平均值分别建立出行发生、吸引、分布、交通方式划分、交通分配等一系列以交通小区为分析单位元的模型，所以称之为集计模型。与此不同，非集计模型是试图以实际产生交通活动的个人为单位，强调对个人是否进行交通出行、去何处、利用何种交通方式、选择哪条路径等活动量进行预测，并按 OD 调查、交通手段、交通线路等分别进行统计，从而得到交通需求总量的一类模型。也就是说，非集计模型是基于经过任何统计处理的个人资料直接建立起来的一类模型。因此，非集计模型与集计模型相比，在分析单位元、模型标定方法、适用范围、政策表现能力等方面均不相同。见表 8－12，此外在数据的使用效率和自变量的导入可能性等方面存在使用上的差异。

表 8－12 集计模型与非集计模型的比较

项目 \ 模型类别	集计模型	非集计模型
调查单位	单个出行	单个出行
分析单位	小区	个人(家庭、企业)
调查效率	需要的样本数多	需要的样本数少
因变数	小区统计值(连续量)	个人的选择结果(离散量)
考虑个人属性的难度	困难	容易
模型标定方法	回归分析等	极大似然估计法等
计算工作量	比较小	比较大
适用范围	标定模型用的小区	任意
政策表现能力	小区平均值的变化	各个自变量的变化
捕捉交通现象的方法	产生 ↓ 分布 ↓ 交通方式划分 ↓ 交通分配	出行频率 ↓ 目的地选择 ↓ 交通方式选择 ↓ 路径选择

非集计模型的优点归纳如下：

①非集计模型以明确的行为假说为基础，逻辑性强。

②可以用较少的样本标定模型，并可对所求得的参数用统计学方法进行检验。

③可以选用许多与个人决策相关的因素作为自变量，从而可以对多种交通规划、交通政策进行效果评价。

④具有较好的时间转移性和地区转移性。

⑤便于对利用者效益进行项目评价。

然而，非集计模型也有其缺点，归纳如下：

①实际的交通规划要求的是以地域为单位的集计结果，由于在非集计模型中的变量未来值不可能全都知道，因此以其近似值的导的集计结果肯定会有误差。

②一般来说，影响交通行为的决定性因素是交通服务水平，而交通服务水平又随交通需求量的变动而变动。所以，在进行预测时，通常要求得到交通服务水平与交通需求量的平衡点。可是，在现阶段用非集计模型还只能依靠回归解法进行反复计算，要想求得较准确的平衡点则计算量过大。

③要想得到好的模型，在自变量的选择上需要花费大量的时间，自变量选择的偏差会对模型的预测结果产生较大的影响。

④由于非集计模型涉及行为心理学，设定的自变量和参数标定工作较大，计算起来也比较复杂，虽然理论上具有较高的准确性，但是在国内目前尚处在探索和研究阶段。

案例分析：

1. 地铁尖沙咀车站调查数据分析

(1)尖沙咀车站乘客接驳模式及出行目的见图 8－18

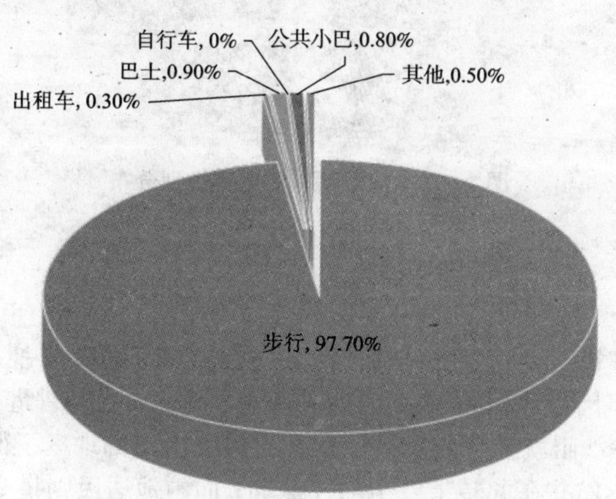

图 8－18　尖沙咀车站乘客接驳模式分布

出行目的分布：上、下班：52.80%；
民娱活动、购物、观光：19.60%
离、回家：11.00%，
其他：5.40%；
上学：2.2%。

(2)尖沙咀车站乘客出行性别分布

客流调查统计数据分析，在出行性别的统计上，女性的比例是 51.30%，比 2005 年(53.90%)为少；而男性的比例(48.7%)相对比 2005 年(46.1%)提升了。在香港地铁轨道交通接驳的统计中，“其他”种类的比例(7.8%)比 2005 年(0.50%)增多。

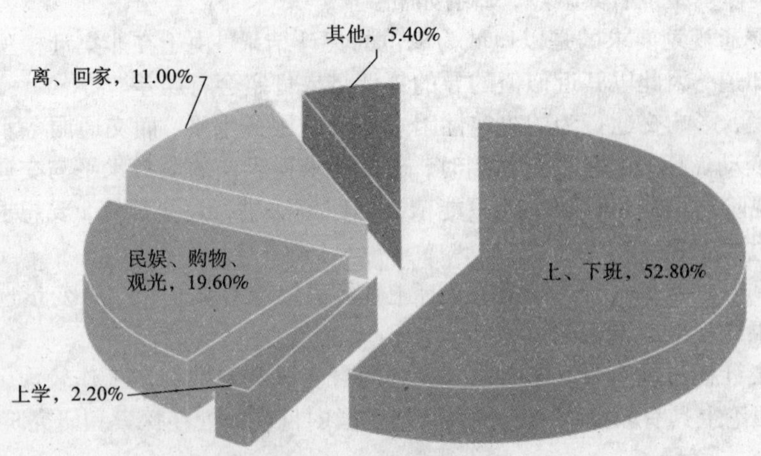

图 8-19 尖沙咀车站乘客出行目的分布

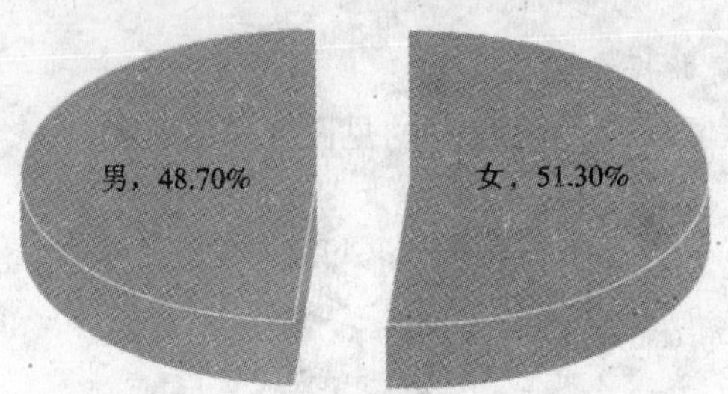

图 8-20 尖沙咀车站乘客性别分布

形成上述地铁“接驳”数据特点的主要原因是：住在偏远地区的市民（如上水、元朗、粉岭、大埔等）多选择用“巴”服务，直接从居住处接驳到尖沙咀站，再换乘香港地铁服务；下班的时候则反之。随着皇岗与深圳的24小时通关政策实施，内地与香港来往频繁，直通接驳巴士服务大受欢迎，而尖沙咀就是一个直接设有直通接驳巴士的地区，很多香港市民皆选择乘搭香港地铁到尖沙咀车站并在此转乘巴士前往深圳；而内地居民则搭乘直通接驳巴士从皇冈到尖沙咀再转乘香港地铁服务。

随着部分工商业企业的北移情况，香港地铁乘客在职业分类调查中的（文员13%）及（蓝领4%）的比例有下调情况；2005年的比例，分别为14%和7%；而旅游业的兴旺则为零售业（15%）及服务业员工（7%）比例分别提升了2%，随着2005年香港经济的持续增长，失业人数所占的百分比（12%）则下降了4%，随着失业人数的减少，香港使用交通工具的次数自然增加，地铁的客流量随之会上升。

自由行政策的实施为旅游业的兴旺带来正面影响，这种说法在出行目的调查中已被验证，2006年在出行目的调查中旅游、购物的比例是19.6%，比2005年的18.1%多了1.5%。随着部分企业总部办事处移至中国内地，今年在出行目的的调查中以工作为目的的比例（52.8%）则比2005年的统计（50.30%）下跌了2.5%。

在乘客年龄的统计中，增长幅度最多的是40～49岁（30.9%）及超过60岁以上（5.4%）

的老人，比去年的 26.8% 及 2.5% 分别多了 4.1% 和 2.9%。老人一般来说已经是退休人士，没有收入，所以他们对票价的增减反应比其他年龄的人士更为敏感。

香港经济在 2006 年出现复苏势头，普遍行业也因而受惠；大部分员工都获得加薪奖励，这可在乘客平均薪金(10158 美元)调查报告中得到验证，2005 年的平均薪金只有 9567 美元。除了收入的增加，市民在消费方面的支出会相应提高；而乘客使用地铁出外娱乐的次数也会有所增加。但我们仍要考虑的一点是市民的收入增加，他们选择出行交通工具时，票价并不完全是他们的考虑因素；相反，服务的素质，如快捷、准时、舒适，才是他们考虑的主要关键。

(3)尖沙咀区未来土地利用的概况

土地利用包括以下三方面的演绎：土地的用途，涉及城市各功能区的定位；在用地上建造的建筑类型，设计用地上进行的社会经济类型；土地的利用情况，设计用地上进行的社会经济活动的强度，如人口、就业、产量等。土地利用与客流的关系是“源”与“流”的关系，城市各区域功能的定位决定了出行活动及出行流量、流向。此外，土地利用规划对城市布局发展模式有着重要的影响。

尖沙咀区未来五年内的规划发展项目与周边兴建项目：酒店、住宅及分层楼宇，主要包括尖沙咀拟议酒店及分层楼宇、配件停车等分区计划。

根据客流的来源，轨道交通客流可分为基本客流、转移客流和诱增客流。基本客流是指轨道交通线路既有客流加上正常增长率增加的客流。转移客流是指由于轨道交通具有快速、准时、安全、舒适、清洁等优点，是原来经由常规公共交通和私家车出行转移经由轨道出行的这部分客流。诱增客流是指轨道交通线路投入运营后，促使沿线土地开发、住宅区形成规划、商业活动繁荣所诱增的新增客源。

(4)尖沙咀车站的进出客流数量在未来五年内的增长态势分析

①基本客流的递增。

过去三年尖沙咀车站的客流量平均每年有 1.6% 的增长，随着旅游业的兴旺，自由行计划的持续扩张于中国各地，而尖沙咀车站正位于旅游热点、大型购物中心、饮食广场区段，所以尖沙咀车站的进出客流人数在未来数年应该有所增展，这是可预期的。

②转移客流的递增。

两铁合并之后，因协同效应效果，乘客在两铁(包括马铁、西铁)换乘过程中将会获得减价优惠，相信有一部分市民会利用此优惠重新使用轨道服务，而尖沙咀车站正有九广东铁的尖东站相连接，在进出客流人数增长方面必定有所得益。

③诱增客流的递增。

香港地铁公司与政府发展商正计划兴建新通道连接香港凯悦酒店及东英大厦地底。车站大堂日后将直接接驳凯悦酒店现址地底，而东英大厦则倾向以行人隧道由月台楼层接驳；加上两个未来即将在尖沙咀车站附近兴建的酒店项目(科学馆道及河内道)及尖东海滨长廊的扩建；此三个项目完成后，对尖沙咀车站未来诱增客流方面将有着深远影响。

2. 北京天通苑小汽车出行换乘意向调查

北京市地铁 5 号线是一条穿越城市中心区的放射性地铁线路，从丰台区宋家庄到昌平鏖太平庄，由南向北经过丰台、崇文、东城、朝阳、昌平五个城区。天通苑地区作为地铁 5 号线终端站所在的区域，开发性质较为单一，以住宅为主，区内缺乏就业岗位，就地吸纳劳动力比例很小，造成大量的区域内外交换交通量，尤其是在早晚上下班的高峰期，呈现明显的潮汐式交通流向，对地面交通的压力较大。天通苑地区的轨道交通站对缓解该地区的交通压力起了较大的作用，地铁5号线在此有3个轨道交通站点，分别为天通苑南站、天通苑站和天通苑北站。天通苑地区地铁终端站是连接昌平地区和城市中心区很好的中间衔接点，对于发挥轨道交通终端站的辐射功能有重要意义。

（1）调查内容

为了得到天通苑地区轨道交通和常规公共客流路段断面流量，以便对客流的空间分布和方式选择进行分析，对地铁五号线开通初期和稳定期居民选择轨道交通和常规公交出行情况进行了调查。

地铁运营初期选择的调查时间为2007年11月29日的上午7:00～9:00，运营稳定期选择的调查时间为2008年3月20日的上午7:00～9:00。从调查数据中提取上午7:30～8:30。一个小时的数据统计得出地铁运营初期和稳定期各路段高峰小时各公交断面客流量。

根据公交车线的走向和所服务的对象，把天通苑地区的公交线分为三种类型：过境线、直接服务区线和昌平线。

①过境线是指公交线经过天通苑地区，与城市中心区联系的车线。过境线为地铁5号线带来了大量的转移客流和诱增客流。

②直接服务区线是指始发于天通苑地区或天通苑周边2 km以内的公交线路。

③昌平线是指连接昌平区和天通苑地区轨道交通站的昌平始发公交车线，终点站一般设在天通苑地区的轨道交通站或延伸进入城市中心区。方便了昌平居民换乘轨道交通和增强轨道交通终端站对昌平区的辐射功能。

（2）调查结论

①公交线路客流空间分布。

公交地铁换乘早高峰客流的调查统计，得出不同公交线客流的分布空间，如表8－13所示。

表8－13 分布空间表

时期	地铁站	过境线	直接服务区线	昌平线	总公交换地铁量
初期	天通苑北	49.97%	9.90%	40.13%	1895
		929	184	746	
	天通苑	11.95%	86.04%	2.01%	2292
		274	1972	46	
	天通苑南	21.28%	76.92%	1.79%	390
		83	300	7	
	合计	1286	2456	799	4541

②小汽车、自行车和步行换乘地铁客流空间分布和方式选择对比分析。

轨道交通终端站影响范围的客流空间分布可以分为直接服务区客流和辐射区客流。直接服务区客流，也就是选择步行、自行车和区内短途公交至轨道交通站点乘坐轨道交通的客流，这类客流分布在轨道交通站点附近，也就是在其直接吸引范围之内。辐射区客流，指乘坐其他交通方式来换乘轨道交通的客流，交通方式包括常规公交、小汽车以及摩托车，这些客流分布在离轨道交通站有一定距离的地方，是在其间接吸引范围之内。早高峰换乘地铁的客流选择交通方式有明显的分割现象，选择小汽车出行的客流主要来源于辐射区，直接服务区的客流很少，可以忽略不计。而选择自行车和步行的客流主要来源于直接服务区。根据对通过小汽车、自行车和步行换乘地铁早高峰客流的调查统计，得出了小汽车、自行车和步行客流空间分布和方式选择，如表 8－14 所示。

表 8－14　空间分布与方式选择表

时期	地铁站	小汽车(辐射区)	自行车(直接)	步行(直接)
初期	天通苑北	701	260	2007
	天通苑	146	360	4744
	天通苑南	50	380	1698
	合计	897	1000	8449
稳定期	天通苑北	1002	286	2600
	天通苑	176	394	5759
	天通苑南	30	412	2064
	合计	1208	1092	10423

由表 8－14 可以看出，一方面，在辐射区内一部分客流选择乘坐小汽车在地铁终端站换乘地铁出行，这部分客流基本上都选择在天通苑北站换乘，这主要是因为天通苑北站新建了一个 P＋R 换乘站，方便了辐射区的客流进行 P＋R 换乘。而在直接服务区内选择步行乘坐地铁的量是很大的，相对来说选择骑自行车换乘地铁的客流很少，这主要受到出行距离和自行车存放不方便的影响。另一方面，辐射区选择小汽车出行换乘地铁的客流增加了 311 人，而且在以后还有继续增加的趋势，这说明 P＋R 换乘站的建立方便了辐射区的客流进行 P＋R 换乘，从而减少了小汽车的进城量。在直接服务区内，选择自行车和步行的客流也增加了 2075 人，这就说明地铁末端站在直接服务区和辐射区都诱增了大量的客流，地铁的开通改变了人们的出行方式。

8.4.5　大型活动地面公共交通运营组织与调度系统交通需求预测

大型活动期间，公共交通系统可根据服务对象的不同划分为日常公共交通系统与大型活动专用公共交通系统。日常公共交通系统包括轨道变通系统和常规公共交通系统，该系统同时为大型活动及日常交通服务。大型活动专用公共交通系统包括专供媒体、参与活动的大家庭成员及观众使用的穿梭巴士。根据实际情况，城市公共交通系统的构成方式为：以轨道交通系统、快速公共交通系统为主，大型活动地点和换乘点之间的穿梭巴士为辅，出租车及租赁车辆作为有效补充。

大型活动期间，城市公共交通需求由两部分构成，分别为城市背景公共交通需求和大型活动公共交通需求。然而，大型活动期间城市公共交通需求并不是两部分需求的简单叠加，由于大型活动会对背景出行需求产生一些影响，从而需要对其做相应的修正。本章将对大型活动对日常交通需求的影响机理进行分析，进而对大型活动下的城市日常公共交通需求进行预测。

1. 日常公共交通需求预测

传统的交通需求预测是以城市土地利用为基础的"四阶段法"，以此为前提，公共交通需求预测的思路可以从居民出行生成预测着手，至居民出行分布预测，再至居民的交通方式划分，从而得出规划年的公共交通出行分布 OD 矩阵。这样，既有利于保证城市综合交通系统合理的发展方向，又达到了综合协调城市各交通方式发展规模和水平的目的。按照上述思路，以预测出行生成、出行分布、出行方式划分的顺序分别对城市居民和流动人口的公共交通需求进行预测，然后进行对外公共交通需求的预测，最后将各部分结果汇总。而基于活动的公共交通需求预测，是将城市居民公共交通出行这一部分的预测建立在根据个人出行行为划分的居民分组基础上的需求预测方法(预测流程见图 8-21)。

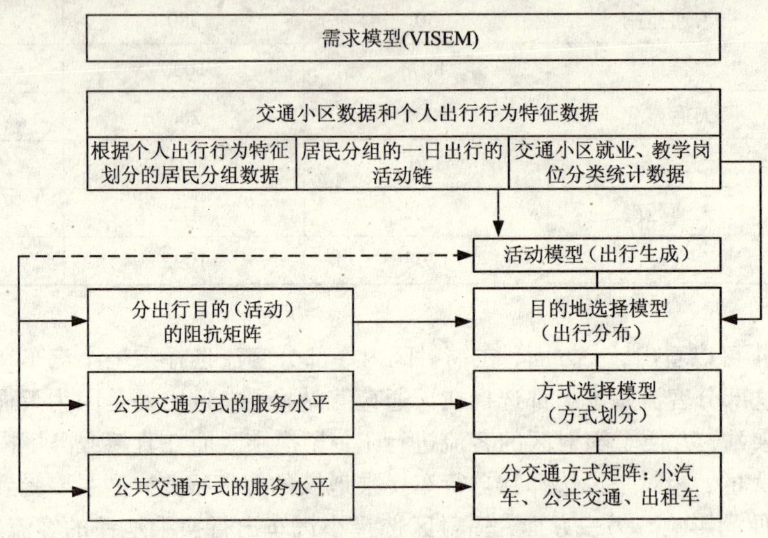

图 8-21 日常公共交通需求预测流程图

由于大型活动会对背景出行需求产生一些影响，因此，根据居民日常出行的必要性及可调整性，一般又可将日常交通客流需求分为以下三个层次。

①非基本出行：主要指对日常生活影响及社会经济影响较小且易于调整的文体休闲类和生活购物类出行。

②基本出行：主要是对日常生活影响及社会经济影响较大且难以调整上班、上学类和公务贸易类出行。

③基本保障出行：消防车、救护车和 110 警车等社会特殊保障车辆的出行。

2. 城市背景的公共交通需求预测

城市背景的公共交通需求预测方法主要包括两类：传统的"四阶段"交通需求预测方法和基于活动的交通需求预测方法。

传统的"四阶段"交通需求预测方法基于城市规划年社会经济发展预测，土地锋用赞展的变化和城市机动车发展规模的预测，以及大型活动举办时的需求管理规划等进行预测。通过相关分析的方法确定各交通小区的出行产生吸引量，并通过当时交通基础设施建设的情况，即对出行方式比例的预测，进行出行方式划分，进而通过重力模型完成出行分布计算，最后通过容量限制多路径的分配方法的多次迭代，完成路网流量的分配。传统的"四阶段"交通需求预测流程如图 8 – 22 所示。

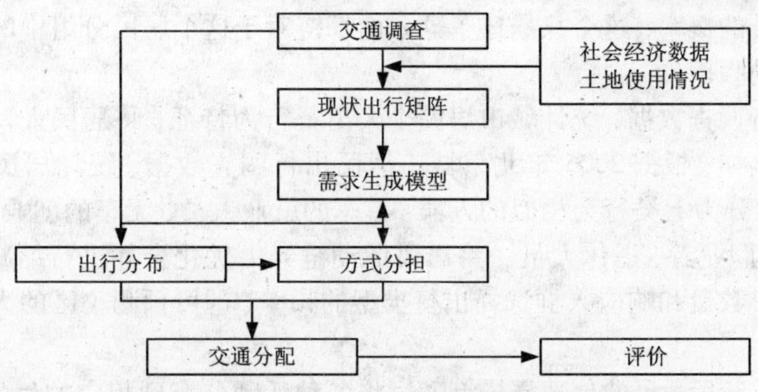

图 8 – 22　"四阶段"交通需求预测流程图

在传统的"四阶段"交通需求和预测方法中，城市背景的公共交通需求预测是在城市背景交通需求预测的基础上，通过出行分布和方式分担划分步骤得到交通的出行需求 OD 矩阵。然后再将行人和自行车 OD 量在规划路网上进行分配。并根据公共交通线路及发车频率，把具有公共交通模式的路段进行公共交通流量预加载。传统的交通方式划分的一般方法如图 8 – 23所示。

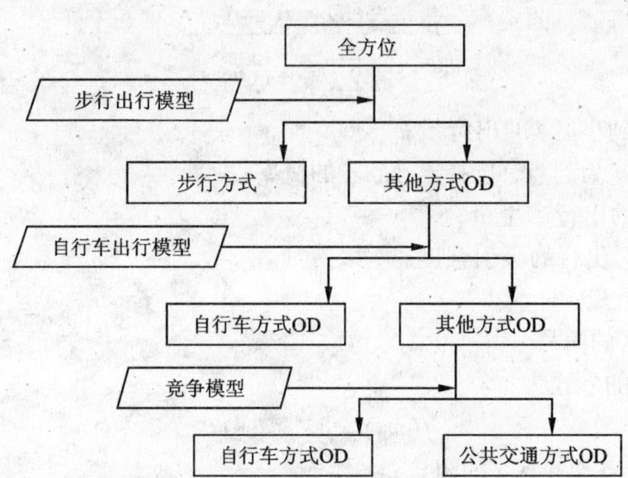

图 8 – 23　传统的交通方式的一般方法

进行城市背景的交通需求预测的基于活动的交通需求预测模型是根据交通小区土地利用数据和供给模型计算的服务水平指标来进行预测的，模型根据个人出行行为划分的居民分组来模拟居民的出行活动和省城居民一日出行链来估计和预测分模式的 OD 矩阵。

①在出行生成阶段，需求模型根据居民小区中居民分组数据和根据出行行为划分的居民分组的一日出行的活动链(activity chains)概率计算出各个交通小区生成的一日与出行目的相关的活动链数据。活动链描述了一个人一天中与出行相关的活动次序，起点和终点都在家，这里活动(activity)的定义相当于一侧有目的的出行(trip purpose)，活动是与出行行为相关的活动。例如，一个活动链：家(H)—工作(W)—购物(O)—回家(H)，那么活动链 HWOH 代表着三次出行：HW，WO，OH。为了计算活动链，对于每条活动链都需要严格根据居民分组的使用这条出行链的概率，这个只描述了这条活动链对于这个居民分组中的一个人平均每天使用这条活动链的频率。

根据居民出行调查数据，统计城市居民个人出行行为特征，将居民人口划分为若干类型为相似的人群。例如，根据2005年北京城市居民出行调查数据，统计居民个人出行行为特征，将居民人口划分为七类行为相似的人群：有车的就业人员、无车的就业人员、小学生、中学生、大学生、无职业者、退休人员。将居民活动链经由优化合并进行缩减，根据交通小区中不同人群的人口数量和响应人群选择出行类型的频率，即可预测小区的人口产生的出行总量和活动链数目。

②在出行分布阶段，目的地选择模型通过将各种活动分布到相应的目的地小区，从而将活动链数据转化为出行链年数据。对于出行链的活动目的地的选择，模型必须给每个活动都提供交通小区对这个活动出行的吸引度的结构优化数据(如土地利用数据)。目的地交通小区的选择是由出行 OD 对之间的阻抗(如距离、出行时间、公共交通服务水平等)和各个居民分组及居民活动对于这些阻抗的敏感度决定。通过目的地选择子模型的目的地选择，模型计算出出行链的总数，这些出行链数可以继承总的出行需求矩阵。

出行目的地选择模型如下：

$$F_{ij} = O_1 * F_{ij}$$

$$P_{ij} = \frac{D_j * f(w_{ij})}{\sum_{k}^{B} D_K * f(w_{ik})} \tag{8-81}$$

式中：F_{ij}——小区 i 到小区 j 的出行量；

P_{ij}——以小区 i 为起点，选择至小区 j 的概率；

O_i——小区 i 的出行产生量；

D_j——小区 j 对出行的吸引强度；

B——小区的数量；

k——交通小区的编号。

阻抗函数 $f(w_{ij})$ 的形式为：

$$f(w_{ij}) = \mathrm{e}^{-a * w_{ij}} * w_{ij}^{\beta} \tag{8-82}$$

式中：$f(w_{ij})$——小区 i 至小区 j 的阻抗；

a、β——校正参数。

在分布函数中，选择了综合费用作为交通阻抗，其数值通过交通分配过程获得。

需要标注 α、β 的数量有需求预测中模型中人群分布类和出行目的分类，可以通过 VISEM 软件中的相应模块功能，建立 $\alpha \neq 0$，$\beta = 0$ 和 $\alpha \neq 0$，$\beta \neq 0$ 两种分布模型。根据标定的参数，可将模型运算得出的各人群分类出行的出行距离分布与实际居民出行调查的距离分步进行对比，最终决定选取哪种方式的分布模型。

③经过出行生成和出行分布阶段，得到了总的出行需求，并以 OD 小区之间的出行链的形式表现；然后，总的出行需求需要分配到各种交通方式上，传统的方式划分模型根据集计的交通系统特性细分总的出行需求到各种交通方式上，这种模型不能够表现个人的选择行为。在方式划分阶段，多维 Logit 方式选择模型考虑到可转换交通该模式和不可转换交通模式的因素将出行链分解为特定的交通模式。VISEM 应用了一个面向行为的方法（Behaviour-Orientated Approach），这个方法在方式划分阶段考虑到了三个方面的因素：

ⓐ社会经济状况，特指决策人群的车辆拥有量（根据居民分组）。

ⓑ各种交通模式的服务指标（通过一个效用函数，这个效用函数考虑到了一些指标，如出行时间、进入和离开小区的时间、公共交通换乘次数等）。

ⓒ在一个出行链中的选择约束（这些约束被定义为可转换交通模式和不可转换交通模式）。

方式选择模型采用了 Logit 方式选择模型，其形式为：

$$F_{gij}(m) = \frac{e^u g_{ij}^{(m)}}{\sum_{K=1}^{M} e^u g_{ij}^{(k)}} \tag{8-83}$$

式中：$F_{gij}(m)$——人群 g 从小区 i 到小区 j 采用交通方式 m 的概率；

$e^u g_{ij}^{(m)}$——人群 g 采用交通方式 m 从小区 i 到小区 j 的综合费用。

其中综合费用的函数为：

$$\begin{aligned} ug_{ij}^{(m)} = & -P_{1gm} * T_{ij}(m) - P_{2gm} * Z_{ij}(m) + P_{3gm} * \mathrm{Log}_e(D_{ij}(m)/P_{4gm}) \\ & -P_{5gm} * C_{ij}(m)\ P_{6gm} + P_{7gm} * A_{ij}(m) \end{aligned} \tag{8-84}$$

式中：$T_{ij}(m)$——采用交通方式 m 时从小区 i 到小区 j 的旅行时间；

$Z_{ij}(m)$——采用交通方式 m 时出从小区 i 到小区 j 的时间；

$D_{ij}(m)$——采用交通方式 m 时从小区 i 到小区 j 的距离；

$C_{ij}(m)$——采用交通方式 m 时从小区 i 到小区 j 的货币费用；

$A_{ij}(m)$——采用交通方式 m 时从小区 i 到小区 j 的其他费用（如停车费用等）；

P_{1gm}、P_{2gm}、P_{3gm}、P_{4gm}、P_{5gm}、P_{6gm}、P_{7gm}——模型参数。

3. 大型活动对日常交通需求的影响机理

如前所述，一般可将日常交通客流分为以下三个层次：分为基本出行（文体休闲类、生活购物类等出行）、基本出行（上班、上学类出行），其中涉及保障出行（消防车、救护车、110 警车等社会特殊保障车辆的出行）。其中涉及公共交通类出行的有：非基本出行（文体休闲类、生活购物类出行）、基本出行（上班、上学类等出行）。根据上述排列的次序，按照具体分类，分别进行日常公共交通流的需求特征分析，梳理大型活动对日常交通需求产生的影响。

（1）文体休闲类

根据调查数据，居民进行文化娱乐活动时，采用的出行方式中占前三位的是步行、自行车和公共交通，也就是说，选择这三种出行方式进行文化娱乐的居民占大多数，并且其中步行和自行车出行又占了大部分。步行一般距离较近，再加上目的是为文化娱乐，所以出行范围应在居住地附近，对全市路网影响不大。

在大型活动期间，一般通过文化娱乐设施建设的完善，使居民可就近进行文化娱乐活动，从而减少骑自行车和乘坐公共交通车出行。

(2)生活购物类

生活购物类出行即居民出行调查中的生活出行和购物出行，生活出行包括探亲访友、外出就餐、参观浏览等出行，其所占比例较大，所以，大型活动期间的交通需求的管理会对这部分出行产生较大影响。

大型活动举办期间，针对这类出行的需求管理主要可采用大型活动前宣传、大型活动时信息发布，引导人们就近购物，就近用餐，即便是进行必须的远距离生活购物出行，也尽可能采用公共交通方式，少用或不用私家车等私人交通工具。

(3)上班、上学类

日常交通中的上学出行主要是由小学生和中学生，即由基础教育在校学生产生的。大型活动期间，可以利用空中课堂等形式，采取网络教学，减少学生的上学出行。

上班出行交通量在背景交通量中占据比例较大，如果可以对其进行适当削减，必将在很大程度上保障大型活动交通的畅通。国外的多次大型活动，如历次奥运会也曾采取过类似措施，但需要注意的是，与我国不同，欧美等国家在奥运会召开的季节，多为各公司暑期休假时节，而且国外年假制度也较为灵活。因此，国外对这段时间内的上班出行管理相对简单。但在我国并无此传统，因此应尽量减轻奥运会对居民日常行为的干扰，并不提倡大规模的实行赛时放假策略，但可以在高峰日采取部分居民放假或调休的方式，减少背景交通量，也可以为市民提供实地或居家观看开、闭幕式及精彩赛事的机会。

根据以上分析，总结出大型活动引起的背景出行特征的变化包括以下三部分：

①大型活动期间学生放假，从而引起学生出行特征的变化。

②一部分人员由于参加大型活动或作为大型活动工作人员或志愿者而引起的角色的变化，从而导致出行特征的转变。

③由于大型活动而诱增的旅游需求。

4. 大型活动下城市日常公共交通需求

大型活动下，城市日常公共交通需求会发生如下变化。

(1)学生放假引发出行特征变化

在大型活动期间学生会放假，学生的主要出行目的由上学的通勤出行转变为一般的娱乐出行，出行强度和出行方式均发生相应的变化。

(2)作为大型活动工作人员、志愿者引发出行特征变化

工作人员、志愿者出行行为特征由日常出行转变为大型活动出行。

(3)大型活动诱增旅游需求

现状城市旅游人员的出行总量在城市背景交通模型中已体现。假设大型活动期间的旅游人数为现状的 n 倍，出行特征和现状旅游人员出行特征一致，出行率为 m 人次/日，则新增旅游出行 $(n*m)$ 人次/日。

(4)交通需求管理政策影响下的日常公共交通需求

被限行之后，小汽车使用者转而使用其他方式出行，主要为公共交通和出租车方式，各出行方式工作日受限与不受限对比如图 8-24 所示。

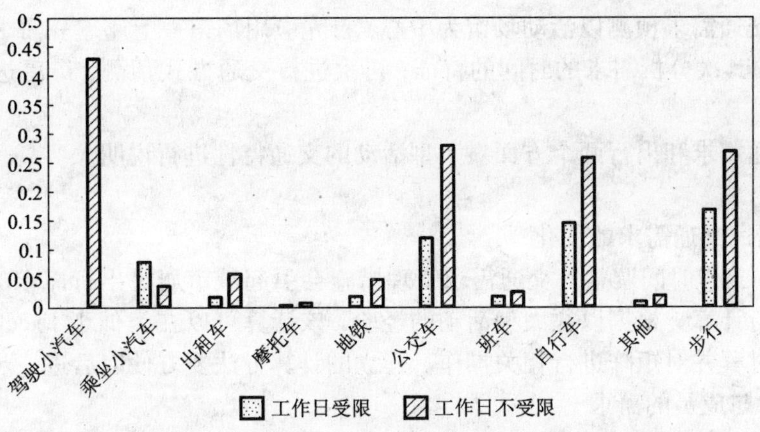

图8-24　出行方式工作日受限与不受限对比图

在实行临时交通需求管理措施后，公交的出行目的也发生了一定变化，弹性出行，如娱乐出行有所减少，出行强度也降低，措施前后各出行目的的出行率如图8-25所示。

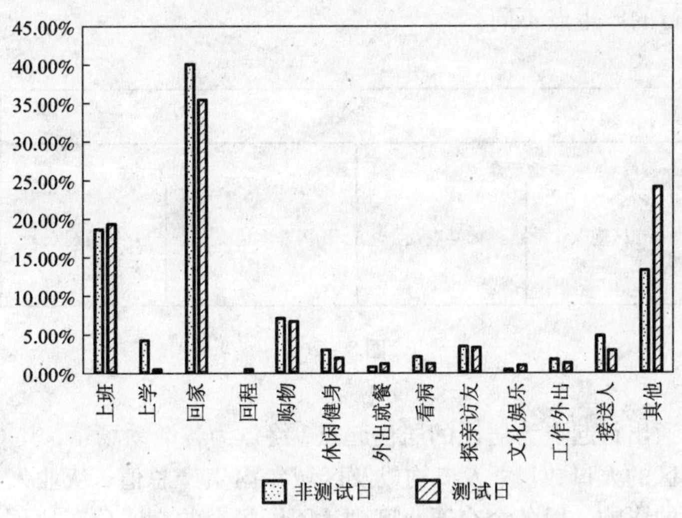

图8-25　实行临时交通需求管理措施前后公交的出行目的

5. 大型活动的公共交通需求预测

大型活动的公共交通需求预测是建立在大型活动的全方式交通需求预测（以下简称大型活动交通需求预测）的基础上的。大型活动需求预测不同于常规交通预测，这里只关注由于活动举办而诱增的交通需求。大型活动交通需求的影响因素包括：

①大型活动参与团队交通需求及数量；

②住宿位置；

③活动场馆位置；

④关键非活动场馆位置，包括机场、新闻中心、训练场馆、酒店等；

⑤大型活动时刻表和活动频率。

大型活动交通需求预测以活动场馆为中心，首先应用场馆—上座率—需求预测模型分析场馆观众人数，其次分析需求的时间的特征，再次进行交通方式预测，最后进行出行分布的预测。

以下从交通需求和出行两个方面对大型活动的交通特性进行说明。

1. 交通需求

(1)城市居民交通需求的变化

学生放假、工作时间调整等交通需求管理措施会引起城市居民出行需求的变化，需要对这部分变化进行计算。根据以往大型活动的经验，该计算可以在类似于 Excel 的电子表格程序中完成计算过程并对矩阵进行相关操作。建立的计算方法要方便以后进一步调整和修改。

(2)活动参与成员的需求

活动参与人员的需求可以从活动举办方提供的活动参与人员的交通服务计划中得到，只要将其交通需求、交通方式、出行时间和形式路线输入相应的预测模型即可。

(3)观众和游客的需求

根据经验，大型活动的观众来源有两种：本地观众和外地观众，本地观众包括市区观众和郊县观众，外地观众包括国外及国内非本地观众，大型活动观众来源如图 8－26 所示。来源不同，则交通出行的产生点不同。

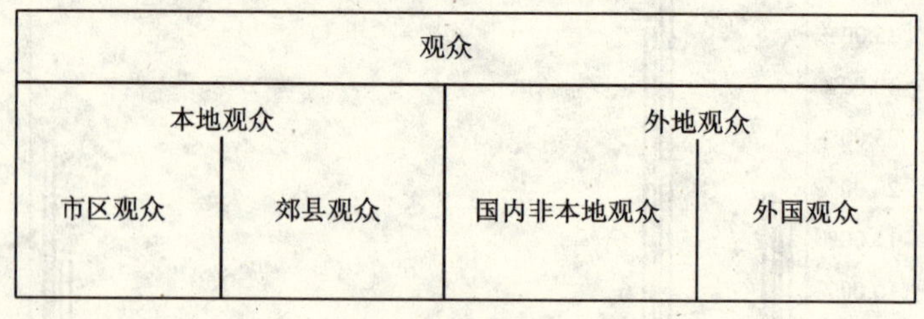

图 8－26

本地观众的交通出行起点为居民的居住起点，终点为各活动场馆，其 OD 关系相对固定，主要受各个交通小区的人口数量、人口构成及区域年内生产总值、从业人员年均收入、区域恩格尔指数等因素的影响。以各个交通小区到达不同场合的交通分布比例为基础，根据各个交通小区的地理位置和各种交通方式的优势，以及预测出的各个小区的观众人数和经济水平，可得出到达不同场馆观众的交通方式划分比例。

2. 出行

出行主要包括两类：

(1)大型活动，以及和大型活动有关的文化娱乐活动(大型活动期间举办的文化娱乐活动)的出行

(2)与大型活动无关的旅游(举办城市旅游景点)出行

其中和大型活动无关的旅游出行，在城市背景模型里已经包括一部分，只需要乘以扩大系数就可以得到新的矩阵。

和大型活动有关的文化娱乐活动，以及大型活动的出行，是通过出行活动考虑的，其分

类如下：

①待在住所（家里、宾馆）；②在单位工作；③参加与大型活动相关的娱乐活动；④参加大型活动（由活动举办方提供计划）；⑤在旅游景点逗留。

根据国内外举办大型活动的经验和相关调查，在需求预测中给定如下假设：

①活动观众从住地、工作地、文化娱乐地去看大型活动，然后回到住地或前往其他文化娱乐地。从工作地去看比赛，然后回到工作地的概率为0。

②大型活动工作人员的出行均是在住地和活动工作地点之间的出行。

③当天没有观看活动而参加相关文化娱乐活动的市民和游客的出行是基于住地、工作地和其他文化娱乐地。

6. 大型活动公共交通需求预测流程

大型活动区间，观众的交通需求预测流程如图8－27所示。

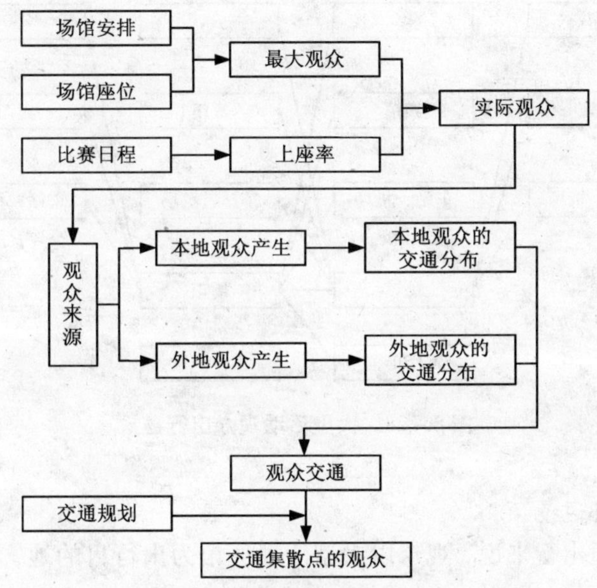

图8－27　大型活动观众的交通需求预测流程

由于观众来源的构成是在参考以往大型活动交通运行情况的基础上假定的，与实际情况可能有较大差异，而观众来源的构成对整个交通分布情况会产生重大影响，因此，必须进行相应的弹性分析，以确保交通系统在关观众来源有一定变化范围内也能保持相当的服务水平。

1. 大型活动交通生成预测

由于大型活动交通需求的情况比较复杂，不同类别的观众在不同的时间段内需求发生的规律有所不同，所以需要对需求产生的源头进行细致的分析。

需求产生的源头不同，发生量的计算方法也就不同。这里考虑将需求产生的源头按照观众的空间来源进行划分，空间来源分为五类：家、宾馆、工作地点、其他活动场馆，以及火车站、机场等特殊吸引点。这样分类是基于以下因素考虑：观众主要来自本地、国内的外省市及国外。本地观众主要从家和工作单位前往活动场馆；国内的外省市观众来参加活动，主要居住在宾馆，也可能住在亲友家里，或者周边的观众可能一天往返，即观众的空间来源是宾馆、居民家或火车站、机场；国外观众来参加活动主要居住在宾馆，空间来源主要是宾馆。此外，会有部分观众连续参加活动，会从一个活动场馆赶赴另一个活动场馆，这类出行空间的来源即为其他场馆。

另外，在不同时间段内，观众在各类空间来源所占的比重会有所不同。上午的活动，观众将主要从家和宾馆出发；而中午的活动，除了从家和宾馆出发外，还有部分上班的人员请假从工作单位前往活动场馆参加活动，也可能有观众从上午的活动场馆赶来；对于晚上的活动而言，上班的人员不需要请假就可以前去参加活动，所以从单位出发观众的比例数可能会有所增加。图 8－27 表现了不同空间来源的观众在不同的时间段内出行链的情况。根据以往的经验，观众参加完活动再回到工作地的概率基本为 0。

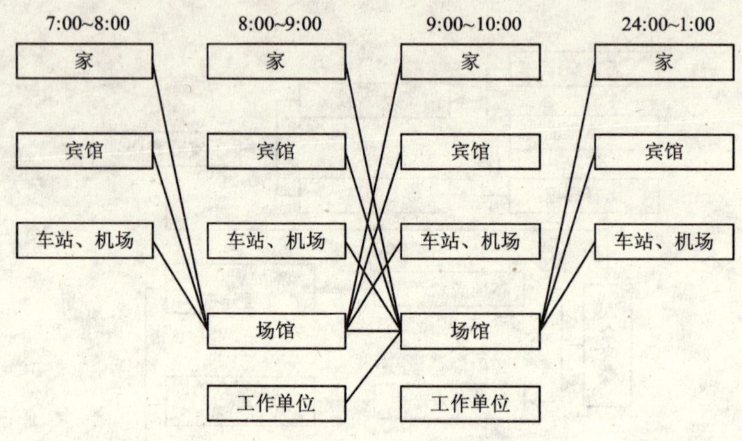

图 8－28　大型活动观众出行链

2. 大型活动吸引交通量预测

对于大型活动交通出行来说，观众以大型活动场馆为出行目的地，场馆需求量即为大型活动交通吸引量。

由于活动项目的不同，以及国内观众对各项目的关注热点不同，各场馆不同活动的保留座位数也具有一定的差异性。

场馆观众人数预测以独立的活动或竞赛单元为预测单位，对单个场馆、单场活动的观众人数进行预测是整个需求预测工作的基础。

场馆观众人数由场馆观众坐席数和上座率决定，是两者的乘积，即

$$N = C * \Theta \tag{8-85}$$

式中：N——场馆观众人数；

C——场馆观众坐席数；

Θ——场馆上座率。

场馆观众坐席数由场馆容量、制证人员预留坐席、安保预留坐席、应急预留坐席决定：

$$C = C_{票} + C_{应急} + C_0 + C_{制证} + C_{安排} \tag{8-86}$$

式中：$C_{票}$——场馆单场可售票；

$C_{应急}$——场馆应急预留坐席；

C_0——城管容量；

$C_{制证}$——场馆制证人员预留坐席；

$C_{安排}$——场馆安保预留坐席。

3. 大型活动发生交通量预测

大型活动交通发生量和吸引量的预测是大型活动交通空间分布预测的基础和前提。这里提到的发生量和吸引量都是针对观众参加大型活动的出行，不包括其他目的的出行。

这类出行的发生量和吸引量之间相互平衡。而由于吸引量相对容易把握，这里以吸引量(即场馆的需求量)为发生量和吸引量平衡的条件。

1)发生量的预测

根据不同类型人员在不同时间内的出行特征进行预测，首先按照出行时间将需求按照不同类型进行比例划分，然后对各种类别采用相应的模型进行计算。

2)发生量的计算模型

对于从居民家、宾馆、单位和其他场馆出行的观众分别运用相应的发生量计算模型。

需要说明的是，由于在进行 OD 分布预测时一般采用以吸引量为约束的单约束重力模型法，发生量的数量不要求非常准确，只要能反映出交通小区的产生强度就可以，所以这里的“发生量”并非实际意义上的发生量，而是反映产生强度的一个指标。

(1)居民家发生量模型

以小区的人口数作为发生量计算的主要依据，并考虑收入水平、男女比例、人口结构等的影响。

$$o_{i居民家} = a_i * \eta_{i收入水平} * \eta_{i男女比例} * \eta_{i年龄结构} \tag{8-87}$$

式中：$o_{i居民家}$——第 i 小区的以居民家为出行源头的发生量指标；

a_i——第 i 小区的人口数；

$\eta_{i收入水平}$——第 i 小区的收入水平修正系数；

$\eta_{i男女比例}$——第 i 小区的男女比例修正系数；

$\eta_{i年龄结构}$——第 i 小区的年龄结构的修正系数。

①$\eta_{i收入水平}$的取值。

各行政区潜在的观众人数为各收入水平范围内潜在观众人数总和，可通过以下公式进行计算：

$$P_i = \sum_j p_{ij}\gamma_j \tag{8-88}$$

式中：P_i——第 i 行政区的潜在观众人数；

P_{ij}——第 i 行政区第 j 收入水平范围内的人口数；

$$P_{ij} = a_i * k_{ij} \tag{8-89}$$

式中：a_i——第 i 行政区的人数；

k_{ij}——第 i 行政区第 j 收入水平范围人口数；

γ_j——第 j 收入水平范围潜在观众的比例。

$$\eta_{i收入水平} = \frac{P_i}{a_i} \tag{8-90}$$

式中：P_i——第 i 行政区的潜在观众人数；

a_i——第 i 行政区的人数。

②$\eta_{i男女比例}$的取值。

$$\eta_{i男女比例} = \frac{a_{male} a_{male-i} + a_{male-i} a_{female-i}}{a_{male-i} + a_{female-i}} \tag{8-91}$$

式中：a_{male}——北京市男性公民人数；

a_{female}——城市女性公民人数；

a_{male-i}——第 i 小区男性公民人数；

$a_{female-i}$——第 i 小区女性公民人数。

③$\eta_{i年龄结构}$的取值。

$$\eta_{i年龄结构} = \frac{\left(\dfrac{B_w B_{w-i} + B_{nonw} B_{nonw-i}}{a_{w-i} + a_{nonw-i}}\right)}{\left(\dfrac{B_w B_w + B_{nonw} B_{vonw}}{a_w + a_{nonw}}\right)} \tag{8-92}$$

式中：B_w——每万个工作年龄(15～64 岁)公民中观众产生的比例；

B_{nonw}——每万个非工作年龄(15 岁以下及 64 岁以上)公民中观众产生的比例；

a_w——城市工作年龄(15～64 岁)公民人数；

a_{nonw}——城市非工作年龄(15 岁以下及 64 岁以上)公民人数；

a_{w-i}——第 Z 小区工作年龄(15～64 岁)公民人数；

a_{nonw-i}——第 Z 小区非工作年龄(15 岁以下及 64 岁以上)公民人数。

通过测试赛和“中超联赛”的调查，$B_w/B_{nonw} = 92\%/8\% = 11.5$。

令全市工作年龄公民所占比例 $P = a_w/a_w + a_{nonw}$，第 i 小区工作年龄公民与非工作公民比例 $R_{w-i} = a_{w-i}/a_{w-i} + a_{nonw-i}$，以上公式可简化为：

$$\eta_{i年龄结构} = \frac{10.5R_{w-i} + 1}{10.5R_w + 1}$$

(2)宾馆饭店发生量模型

以小区的宾馆可用客房数发生量计算的主要依据。

$$O_{i宾馆} = b_i \tag{8-93}$$

式中：$O_{i宾馆}$——第 i 小区的以宾馆饭店为出行源头的发生量指标；

b_i——第 i 小区的可用客房数。

(3)岗位数发生量模型

以小区的工作岗位数作为发生量计算的主要依据。

$$O_{i单位} = c_i \tag{8-94}$$

式中：$O_{i单位}$——第 i 小区的以工作单位为出行源头的发生量指标；

c_i——第 i 小区的工作岗位数。

(4)场馆发生量模型

以预测时段其他场馆观众人数作为发生量计算的主要依据。

$$O_{i其他场馆} = d_i \tag{8-95}$$

式中：$O_{i其他场馆}$——第 i 小区的以大型活动活动场馆为出行源头的发生量指标；

d_i——第 i 小区在预测时段观众的人数。

4. 大型活动交通分布预测

按照观众源头的不同分别进行预测，然后将需求进行叠加。

分布预测采用吸引量为约束条件的单约束重力模型法。

$$T_{ij} = K \cdot O_i \cdot D_j \cdot f(w_{ij}) \tag{8-96}$$

式中：$f(w_{ij}) = a \cdot W_{ij}^b \cdot e^{-cw_{ij}}$

根据经验，对不同的场馆采用不同的模型参数。

首先对不同源头的观众出行量进行分析，然后将各类观众的需求进行汇总，分析总体状况。

5. 大型活动交通方式预测

(1)大型活动交通方式选择影响因素

大型活动的赛时的出行方式与平时的出行方式不尽相同，尤其是与参加活动的有关的出行，方式相差更大，不能用一般的方式划分比例替代大型活动的方式划分比例。

根据经验，充分利用公共交通是成功举办大型活动的关键，也只有充分发挥公共交通的能力，限制私人小汽车的使用，交通运行才能得到可靠的保障。

在进行方式划分的过程中，把常规公共交通、轨道交通、大型活动专线公共交通作为一个整体——公共交通方式对待。预测出行总量中公共交通方式所占的比例就是本环节的主要任务。

为了让观众更多地选择公共交通方式，将按照相对比较高的比例规划公共交通分担比例，并按照公共交通需求量配置公共交通资源。高比例公共交通分担率也具有一定的基础，一方面私人小汽车出行被限制；另一方面持票观众可以免费使用公共交通工具，降低了观众在公共交通出行方式中消耗的成本。

当然，公共交通系统承担的比例具体取值应视场馆所处的地理位置、公共交通情况、周边土地利用性质、活动期间交通管制力度等而定。可以借鉴往届奥运会的经验：悉尼奥运公园、地铁和公共交通承担了 95% 的观众流量；雅典奥运公园、地铁和公共交通同样承担了 95% 的观众流量。

(2)大型活动公共交通方式分担率预测

由于出行距离的远近及各地公共交通便利程度有所差异，加之不同场馆区域周边的交通压力有所不同，各区域观众到达不同场馆区域的出行方式或换乘方式将有所不同。即应区分市区及郊县观众的出行，进行各出行区域到达不同场馆区域的出行方式及交通分配预测。原则上外地观众采用与本地居民相同的公共交通（轨道交通和快速公共交通）方式到达场馆或乘坐宾馆的巴士到达轨道站点或其他交通集散点再转乘轨道或大型活动场馆专用巴士到达场馆。因此，外地观众的出行方式可视为等同于本地观众。

针对各区地理位置及不同交通方式交通可达性（以使用时间为参数）的不同，各个区域进行交通方式划分。首先对观众分布区域根据交通方式选择统一性进行分区，分别计算各小区不同交通方式下到达场馆的时间，然后以到达场馆时间最短的交通方式作为本小区观众的交通方式选择。

因为大型活动观众的交通出行目的及交通终点非常明确，即到达预定场馆参加活动。而在大型活动期间对于到达主要场馆区域的观众，针对他们使用的各种交通方式及相应线路基本是事先指定或经过调整的，只要观众根据实际情况选定了某种交通方式，那么其交通线路基本上就确定了，所以本部分内容可以将大型活动观众的交通方式划分和交通分配放在一起共同进行研究，并以交通方式分配比例为主。

6. 大型活动公共交通分配预测

在大型活动公共交通分配阶段，根据需求模型得到公共交通方式矩阵，并利用供给模型进行公共交通客流分配，计算相应的公共交通网络的服务指标，与大型活动的公共交通需求模型进行循环迭代，使得大型活动的公共交通系统供需达到平衡收敛。公共交通客流分配可采用基于线路的客流分配模型，包括三个步骤：第一步寻找两个交通小区之间的所有路径，第二步删除阻抗不可接受的路径，第三步在各分配路径之间根据阻抗情况分配客流。

大型活动的公共交通网络包含于大型活动的交通网络，而大型活动的网络主要是基于城市交通网络进行增删，重点关注因大型活动的举办而改变和调整之处，包括：

①大型活动专用车道；

②大型活动专用公共交通线；

③大型活动场馆周边站场或出入口到场馆控制区所在小区质心的步行连线；

④基本道路网络的禁行、单行设置等；

⑤基本公共交通线路变更、停运等；

⑥确定安保圈、控制圈、疏导圈的范围，对之内的路网进行限行等设置。

交通网络描述了交通系统中供给方数据，包括道路网络和公共交通网络。主要包括以下要素：

①节点（代表网络中的交叉口及公共交通站点）；

②路段（路段属性包括车辆在道路网络的速度、通行能力，以及公共交通以及公共交通车辆的行程时间）；

③转向关系；

④公共交通线路（输入数据包括：线路走向、车辆运营时刻、停靠站点和车型等）；

⑤小区引线。

其中，主要由大型活动专用道与大型活动专用公共交通线构成了大型活动的公共交通网络。因此，大型活动公共交通分配预测主要由大型活动专用道分配预测和大型活动的公共交通网络分配预测两部分组成。

重点与难点

重点：①四阶段法：交通发生与吸引预测；交通分布预测；交通方式划分，交通分配预测；②非集计预测方法；③交通运输综合预测方法。

难点：①交通分配预测方法；②大型活动公共交通需求预测。

思考与练习

8－1　常用的交通生成预测方法有哪几种？它们各有什么特点？

8－2　交通发生与吸引的主要影响因素有哪些？

8－3　简述增长系数法和回归分析法在交通预测中的主要优缺点。

8－4　试用平均增长系数法、底特律法、福莱特法和佛尼斯法，分别求表 8－15 将来 OD 分布交通量(单位：万次)。设定收敛标准为 $\varepsilon=3\%$。

表 8－15　OD 表

D / O	1	2	3	现状值	将来值
1	4	2	2	8	16
2	2	8	4	14	28
3	2	4	4	10	40
现状值	8	14	10	32	
将来值	16	28	40		84

8－5　增长系数法与重力模型各有什么优缺点？

8－6　试述重力模型的基本形式及其分类。

8－7　试述重力模型的标定方法有哪些。

第 9 章

预测精度的测定和评价

9.1 预测精度的测定

9.1.1 预测精度的定义

预测研究需要针对不同预测对象所具有的不同特点，结合不同预测方法自身的优点和缺点，为预测对象选择合适的预测方法，以达到预测结果具有高可靠性和精确性的目的。

预测精度一般是指预测模型拟合的好坏程度，即由预测模型所产生的模拟值与历史实际值拟合程度的优劣。对于时间序列预测，研究者可以通过利用一部分历史数据建立模型，再利用该模型预测剩余的历史数据，从而可以较为直观地研究预测的精确度。而对于预测用户而言，预测模型过去的预测精度高低并不具有实际意义，相比而言，预测未来的精确度则尤为重要。

预测精度具有几类典型问题，如：

(1) 对某一特定经济现象的预测，预测精度可以通过系统的预测分析提高多少？换言之，采用简单甚至随意的预测方法所得到的预测误差会比采用系统的统计预测方法所产生的预测误差大多少？

(2) 对某一特定经济现象的预测，预测精度如何才能被提高？换言之，如何才能做出更好的预测？

(3) 在已知某一特定经济现象的预测精度存在被提高的可能的条件下，如何选择合适的预测方法使预测精度得到提高？

【例 9 - 1】 设某预测对象的实际值为 $y_1, y_2, \cdots, y_n$，预测值为 $\hat{y}_1, \hat{y}_2, \cdots, \hat{y}_n$，第 i 个预测值的误差为 $e_i = y_i - \hat{y}_i$。设某商场的每周销售额及预测值如表 9 - 1 所示。表中所采用的预测方法很简单，即下周的销售额预测值等于上周的销售额，如果第一个星期的销售额为 9 万元，则第 2 个星期的销售额预测值即为 9 万元，并以此类推。

表 9－1　某商场的周销售额资料

星期 i	销售额（万元）	预测值 $\hat{y}_i$	误差 $y_i-\hat{y}_i$	绝对误差 $\mid y_i-\hat{y}_i \mid$	相对误差的绝对值 $\left\|\frac{y_i-\hat{y}_i}{y_i}\right\|\times 100\%$	误差的平方 $(y_i-\hat{y}_i)^2$
1	9	—	—	—	—	—
2	8	9	－1	1	12.5%	1
3	9	8	1	1	11.1%	1
4	12	9	3	3	25.0%	9
5	9	12	－3	3	33.3%	9
6	12	9	3	3	25%	9
7	11	12	－1	1	9.1%	1
8	7	11	－4	4	57.1%	16
9	13	7	6	6	46.2%	36
10	9	13	－4	4	44.4%	16
11	11	9	2	2	18.2%	4
12	10	11	－1	1	10%	1
合计			1	29	291.9%	103

9.1.2　预测精度的测定方法

预测精度的测定方法通常采用以下几种：

（一）平均误差和平均绝对误差

平均误差的公式可表示为

$$ME=\frac{\sum_{i=1}^{n} e_i}{n}$$

由表 9－1 可知，如果只是简单地将各项预测误差相加求平均值，则平均误差就会趋近于零，这是由于每次预测的误差有正值也有负值，正负误差就会相互抵消。因此，使用平均误差不能很好地说明预测精度的高度。为了避免这样的现象发生，则可以将各预测值误差的绝对值相加并计算其平均绝对误差（*MAD*），公式为：

$$MAD=\frac{\sum_{i=1}^{n} \mid e_i \mid}{n}$$

根据表 9－1 中所示，则可以得出：

$$ME=\frac{1}{11}=0.091$$

$$MAD=\frac{29}{11}=2.64$$

(二)平均相对误差和平均相对误差绝对值

平均相对误差的公式可表示为:

$$MPE=\frac{1}{n}\sum_{i=1}^{n}\frac{y_i-\hat{y}_i}{y_i}$$

由于平均相对误差同样存在正负值相抵消的问题,因此,很多采用平均相对误差绝对值(*MAPE*),公式表示为:

$$MAPE=\frac{1}{n}\sum_{i=1}^{n}\left|\frac{y_i-\hat{y}_i}{y_i}\right|$$

平均相对误差绝对值是一个相对值,它比平均绝对误差应用更为广泛。

根据表 9-1 的数据可知:

$$MAPE=\frac{291.9\%}{11}=26.5\%$$

(三)预测误差的方差和标准差

预测误差的方差公式可以表示为:

$$MSE=\frac{\sum_{i=1}^{n}e_i^2}{n}=\frac{1}{n}\sum_{i=1}^{n}(y_i-\hat{y}_i)^2$$

预测误差的标准差即预测误差的方差开根号,其公式为:

$$SDE=\sqrt{\frac{\sum_{i=1}^{n}e_i^2}{n}}=\sqrt{\frac{1}{n}\sum_{i=1}^{n}(y_I-\hat{y}_i)^2}$$

根据表 9-1 的数据可以得出:

$$MSE=\frac{103}{11}=9.36$$

$$SDE=\sqrt{\frac{103}{11}}=3.06$$

预测误差的方差将每个预测值的误差以所得的误差的倍数放大。例如,误差为 1 的预测值的误差只放大 1 倍,而当误差为 2 时,其预测值的误差将被放大 2 倍,这样使得后者为前者的 4 倍。因此,单个较大误差的预测值就能使预测误差的方差增加很多,可见,能使预测误差的方差最小的预测方法所产生的预测值一般不会产生某些个别的大误差值。也就是说,能使预测误差的方差最小的预测方法所产生的预测值的误差一般也都比较小,一般好的预测通常追求较小的预测误差。因此,预测误差的方差比平均绝对误差或平均相对误差绝对值能更好地衡量预测的精确度。

9.1.3 影响误差大小的因素

现象变化模式或关系的存在是进行预测的前提条件。在自然科学领域内,现象之间的关系或者模式是客观存在、确定的，而且可以被识别和证实，可以利用一些精密的仪器设备或者严谨的试验设计，观察得到研究变量对于因变量的清楚且及时的反馈。而在经济学领域，由于现象的变化模式复杂、人类行为的易变性、行动与结果的时滞性等，或者统计数据存在误差，试验得到的数据反馈不及时且含意模糊。所以经济预测误差会极大地大于自然科学领域内的预测误差。综上所述，影响误差的因素有以下几类。

(一)模式或关系的识别错误

不管是进行定性预测还是定量预测，尽管某种经济现象本身不存在某种模式或关系，都有可能建立某种不切合实际的模型。比如，基于部分时间段的数据建立的某种经济现象部分可能不符合该种经济现象的长期发展规律。又或者，某个变量的变化可能导致其余两个变量之间产生了“表面上”的关系，使得这两个变量发生同方向的变化。此外，基础数据资料的缺失、模型变量数量的不足或者经济现象本身的复杂性导致模式或关系的识别发生错误，甚至忽视了客观存在的关系或者模式，以至于不能正确地进行模式或关系的识别，使得最终的预测结果发生严重的误差。

(二)模式或关系的不确定性

尽管可以通过一些模型识别模式或关系变化的一般规律，而且现象的变化也总是围绕这种规律波动，但是经济现象模式及现象之间的关系往往还是不确定的。基于统计方法建立的模型，可以反映现象过去的这种一般规律，并使随机误差达到最小，但是对于未来预测的误差分布规律是否会维持不变且不超过某个限度，是不能得到保证的。

(三)模式或现象之间关系的变化性

根据上述内容，经济学领域的模式或现象之间的关系是经常发生变化的，且这种变化趋势往往不可预测。例如，陆家嘴等浦东概念股在 1996 年之前的上海股市，充当股市领头羊，遥遥领先于大市，但是到了 1996 年的大牛市中，浦东概念股与上证综合指数关系发生改变，这使得很多仍然寄希望于浦东概念股与上证综合指数旧关系的投资者错失投资的良机。由此可见，模式或现象之间关系的变化会给未来的预测结果带来很难预测的误差。

9.2　定量预测方法的精度比较

9.2.1　因果模型的预测精度

大型模型的预测精度并不比小型模型的预测精度高，这是阿姆斯特朗(Armstrong)在对公开发表的回归模型预测实例进行实证研究后得出结论。而麦克尼斯(McNees)不仅得出同样的结论，而且他和扎诺威茨(Zarnowitz)通过对定性预测方法在内的各种规模和复杂程度的回归模型的比较研究中还得出结论：没有任何一种预测方法或预测模型会在各种情况下都比其他方法或模型表现得更好。

通过研究学者的结论可知，没有任何一种预测方法或预测模型的精度会肯定高于其他的方法或模型，因此，提高预测模型的复杂程度不一定能提高预测精度。但是，大型的回归模型能够提供更多的有关影响预测对象变化的因素的信息，能够更好地解释预测对象变化的原因，这一点是在选择预测模型时应全面衡量的。如果用户选择预测方法的标准是追求预测精度的极大化，则最好选择时间序列预测模型，至少在做短于1年的短期预测时可以如此；同样地，如果预测精度只是作为选择预测方法的一个标准，则可以考虑选择小型回归模型，因为这些小型回归模型的预测精度并不逊于大型回归模型，并且其成本更低。

9.2.2 时间序列预测模型的预测精度

为了检验各种时间序列预测模型的优劣程度，国际预测学界在20世纪70年代和80年代通过大量实证进行了研究，运用当时被认为是最好的24种预测方法，对111个时间序列进行了预测实证研究。马克里·戴吉斯等人采用了包括一些简单的和复杂的回归模型的预测模型以及平均相对误差绝对值和其他测定精度的标准后得出结论：①模型的预测精度并不与模型复杂程度成正比，因此，模型简单并不是缺点，鉴于时间序列预测模型一般都比较简单，而且成本较低，因此时间序列预测应该有更广的应用范围；②某些复杂模型在特定情况下，其预测精度会高于简单模型；③组合预测模型具有较高的预测精度。

组合预测是一种将不同预测方法所得的预测结果组合起来形成一个新的预测结果的方法。组合预测有两种基本形式：一是等权组合，即各预测方法的预测值按相同的权数组合成新的组合预测值；二是不等权组合，即赋予不同预测方法的预测值的权数是不一样的。举例来说，假设已用三种方法对某现象做了预测，其预测值分别为13、15和17，则等权组合的组合预测值为$\frac{1}{3}\times 13+\frac{1}{3}\times 15+\frac{1}{3}\times 17=15$。而在不等权组合的组合预测中，其权重不会全为$\frac{1}{3}$。

上述结论能够指导用户选择预测方法。如果用户希望提高预测精度，则他应该选择时间序列预测模型；如果用户更关心影响预测对象变化的影响因素情况，则他应该选择回归模型。但值得注意的是，无论何种情况，都不能对简单模型抱有任何偏见，在某些情况下，某些简单模型甚至能提供最高的预测精度。在用户决定采用更复杂的模型之前，必须做全面的衡量，即模型预测精度的提高或模型解释能力(能解释预测对象变化原因的能力)的提高是否值得付出因选择复杂模型所增加的成本。

选择预测模型的标准除了精确度以外，还有成本和方法的复杂性。简单的预测方法虽然简单易懂，但它们不一定能得到符合精度要求的预测结果，因此，建模成本和方法的复杂性需要与更高的精度要求一起综合考虑，特别是当对某些特殊对象的预测时，精度的少许提高往往可能意味着决策效果的明显改善。

预测的精度会随以下三个条件的变化而改变，即时间范围、数据类型和精度测定方法。马克里·戴吉斯等人通过对111个时间序列的实证分析发现，当数据类型为季度数据时，若以平均相对误差绝对值标准，帕曾(Parzen)的方法(ARMA模型的一种)的预测精度总是最好的；然而，一旦将标准设置为方差，则其预测精度就不再是最好的。另外，如指数平滑预测方法，当将该方法用于预测最近的一个预测值时，其预测效果是最好的，但随着时间的推移，其效果将会递减。

选择合适的时间序列方法需要将预测环境、预测时期长短和用户这三方面的因素综合起来考虑。例如，对于并不需要进行准确预测的用户而言，可以使用较简单的指数平滑法和时间序列分解法。一般来说，这些方法都基本能满足各类企业、机构甚至大型组织的一般预测需求。当数据类型不同时，不同的预测方法也会产生不一样的效果。霍尔特的线性指数平滑能很好地进行年度数据预测；而就月度数据而言，一次指数平滑能得到效果更好的预测数据。至于希望选择更复杂方法的用户，也可以考虑选择 ARMA 模型(尤其是帕曾的 ARMA 模型)。

在实际预测过程中，预测值对历史值的拟合优劣通常会被作为选择预测模型的唯一标准，这是比较片面的，其实还应考虑其预测未来的准确性。尤其是用预测方法预测未来多个时期时更应如此。这就需要采用模拟法，即只用大部分历史数据建立预测模型，再用预测模型预测其余的数据，并用精度测定方法(如 MAPE、MSE 等)测定它们的预测精度。模拟法是唯一可以用来比较各种不同方法的精度，并为特定预测对象选择最合适预测方法的方法。

如果预测用户要求的是最简单的方法，而且没有使用预测方法方面的限制，不关心预测方法是否最好，则可以选择组合预测。实证研究表明，组合预测效果要明显好于组合预测中的单个预测方法。因此，通过将几种精度较高的预测方法的预测结果组合起来，可以提高预测的精确度。例如，将一次指数平滑、剔除趋势的指数平滑和霍尔特指数平滑组合起来，能提供一个很好的预测效果。

9.2.3　回归预测与时间序列预测模型的精度比较

时间序列预测(如指数平滑、时间序列分解和 ARMA 等)和回归预测是定量预测方法中常用的两种方法，在对经济现象的预测中，根据分析角度的不同而被划分为两类方法。时间序列预测根据自身已有的历史数据来预测未来的趋势，而回归预测分析的是影响预测对象的因素所造成的影响。相比较而言，后者要真正找出影响预测对象变化的因素很难操作，其需要花费巨大的人力和物力，使得费用较高。所以，在预测研究中，比较两类预测方法的优劣成为一个重要的研究方面。

国际预测界在 20 世纪 80 年代在大量实证研究的基础上得出：时间序列预测与回归预测二者并不存在绝对的优劣。国际预测协会主席分析了 57 家公司的预测案例和 12 份公开发表的实证研究报告后发现，回归模型的预测效果并不优于时间序列预测，尽管许多专家仍偏好回归预测模型。同时，斯皮维和沃博莱斯基(Spivey & Wrobleski)得出的结论显示：一般情况下，回归模型的精度与非回归模型的精度几乎没有差别，而且，当回归模型用于 3 个或 3 个以上季度的时间范围预测时，其精度反而会下降，学者阿什利也得出了同样的结论。

尽管回归预测费用成本高，但其精度并不比时间序列预测更准确。麦克尼斯的结论却与斯皮维和沃博莱斯基相反。他认为，时间范围在 1 年以上的预测，回归预测的精度高于时间序列预测，而 1 年以内的短期预测，时间序列预测的精度则高于回归模型，阿姆斯特朗也持同样的观点。

就预测精度而言，回归预测与时间序列预测相差无几，但对于用户选择预测方法而言，则不仅应该只比较各预测方法的精度，还要考虑各自的特点。回归预测具有时间序列预测所没有的优点，即它们能直观地展现各变量对预测对象的影响程度的信息。例如，如果已知价格将上涨，应用时间序列预测就无法准确地预测价格上涨将对销售产生什么样的影响。因此，在这种及与这种情况相类似的条件下，应用回归预测更具有现实经济意义。当然，短期的外推预测还是应该应用时间序列预测方法。

9.3 定性预测与定量预测的综合运用

假设目前对象之间存在某种可以量化的关系，并且该关系模式能被识别且可以延续下去，则可依据此关系对未来做出预测。但是，如果对象之间的关系是不确定的，则需要借助定性预测，当然，无论是定性预测还是定量预测，均存在不足，因此，要综合应用定性预测方法和定量预测方法。

9.3.1 定性预测与定量预测的比较

定性预测是依靠个人的经验和分析判断力，而定量预测基于事物之间的数量关系做出合理推断的关系模式，两者各具特色，从而彼此之间具有局限性。因此，如果能正确地综合运用这两类方法，就能取得良好的预测效果。定性预测与定量预测在以下方面存在不同。

(一)方法或模型的选择

不同的定量预测方法会得到不同的预测结果，因此在做定量预测时不能完全依赖统计分析，而定性预测同样也会根据不同的主观判断力得到不同的结果。

(二)预测转折的能力

定量预测不能预测转折的发生；定性预测可以预测转折的发生，但转折有可能被忽略或夸大。

(三)发生转折时的修正

不同的定量预测方法在转折发生时的修正能力是不一样的；定性预测可以评估在转折发生后转折的影响，并修正预测结果。

(四)信息应用的充分性

两者在信息利用方面存在不足，定量预测通常利用部分数据推断整体数据的规律；定性预测可以运用各类信息，但信息的使用是有选择性的，所产生的误差也不一样。

(五)估计未来的不确定性

定量预测与定性预测对未来预测的程度不一。

(六)连续反复预测

定量预测基于数理统计，能保证连续反复预测的一致性；而定性预测主要依靠人的主观判断能力进行预测，当单个被试被要求做连续不断的反复预测时，由于被试者在每次反复预测中所处的状态不同，则可能会产生不一样的预测结果。

(七) 预测成本

由于计算机技术的发展，定量预测具有低廉的成本；定性预测成本较高，因为该预测的会议和聘请专家费用高。

(八) 预测的客观程度

定量预测如果采用统一的精度标准即可保证方法选择的客观性，从而保证预测结果的客观性，不过精度标准的选择因人而异；定性预测较易受各种主观因素的影响。

9.3.2　改进预测效果的综合分析

综合的考虑定性预测和定量预测的优缺点，扬长避短，才能更为准确的对事物发展规律进行预测。

(一) 方法或模型的选择

选用何种方法或模型是预测工作的重要环节。尽管前面已经介绍过选择预测方法或模型的基本原则，实证研究也证明某些预测方法用于特定的预测对象可以取得良好的预测效果，但仍存在预测方法或模型的选择问题。例如，一次指数平滑是建立在平稳数据的基础上并向外拓展，其所提供的预测关系较为单一；霍尔特的线性指数平滑包含了最近趋势的信息，其预测较敏感，容易受到各种因素的影响；线性回归则因为其给予所有数据以同样的权重，其预测灵敏度相对较低。另外，对历史数据进行对数变换，尽管可以提高模型的拟合优度，但会因为指数趋势的影响使得预测值发生变化。方法或模型的选择离不开主观判断，因此，做出模型或方法抉择之前必须进行全面分析。

(二) 预测现有趋势延续或转折的能力

定量预测方法对于趋势的转折不能进行良好的辨识和预测。因此，趋势转折的性质需要依赖于定性判断。定性预测由于存在较大的主观性，在预测转折及其转折的影响时，会存在偏差，减少偏差的方法是尽量保证人的情绪稳定，减少由于情绪的变化引起的主观随意性。结合定性与定量预测能有效处理现有趋势的转折能力，即假设趋势不会发生变化，并用定量预测方法进行分析预测，然后采用定性预测方法进行修正，判断其趋势的转折是向上还是向下，最后再做综合预测分析。

(三) 信息应用的充分性

定量预测不能充分利用所有的历史数据，通常在处理过程中会自动地滤去较早的历史数据，通过近期数据来判断数据变化趋势，同时还会造成循环波动低点的信息缺失，过分重视近期的上升趋势而产生较大的误差。相反，对于回归分析，则存在不重视目前数据所含的信息而对历史数据采取同等权重对待。另外，指数平滑则介于自适应过滤法和回归模型之间。正确认识各种模型运用信息的特点是非常重要的，这有利于对模型结果的修正，以及良好的处理趋势转折的产生。

定性预测可以充分利用各类信息，但这种信息必须是全面、准确的，如与预测环境相关的信息(包括反面证据)、过去类似案例等，并提供及时的反馈信息，便于检测人员减少预测偏差。

(四)趋势转折时的调整

有一些定量预测方法(如自适应过滤法)能较快适应趋势的转折，但在某些定量预测方法不能较好地处理趋势转折或对趋势转折的反应较为迟钝时，就需借助于定性预测方法进行修正。由于定性预测是依赖个人判断的，因此准确的判断能提高预测的精准性，但有时个人也可能不能及时发现趋势的转折，甚至不肯承认趋势已经发生转折，这就需要借助预警系统帮助确认趋势转折的严重性、持续性及其对未来的影响。

(五)预测客观性的导入

定量预测模型由于其具有客观性，只要确定了精度测定标准则根据同样的数据总会得出同样的预测结果。而定性预测则不一样，根据同样的信息，不同的人可以得出完全不同的预测结果。定性预测容易受到个人情绪、主观态度的影响，会造成预测结果不同。采用定性预测的同时辅之以定量预测，则能保证结果更为稳定，不易变化。

(六)确定未来的不确定性

预测受很多不确定性因素的影响，而定性预测和定量预测都有可能低估这种不确定性程度。未来的不确定性会给决策带来很大的负面影响，有时，这种偶然的不确定性甚至会关系到决策的成败。假设未来的不确定性不存在是不现实的，预测人员必须清楚地意识到无论是定性预测还是定量预测都会低估未来的不确定程度，不管是否能够接受，这都是客观存在的事实。因此，对于所有可能引起预测误差的各种因素，必须全面、综合分析。

(七)预测成本

定量预测是使用简单的模型方法进行预测，成本更低。而定性预测需要找各种专家进行主观判断，会显著地提高预测成本。因此，除非提高预测精度的效益十分明显，一般没有必要受用定性预测，特别是当目前趋势依然保持连续，应用定量预测就已经可以取得足够的预测精度。通过定性预测和定量预测的综合运用、合理分工，既可保持预测趋势，又可以明显提高预测的精度，在很大程度上节约了预测成本。

9.4 组合预测法

9.4.1 组合预测的基本思想

组合预测方法是对同一个问题，采用两种以上不同预测方法的预测。它既可以是几种定量方法的组合，也可以是几种定性方法的组合，但实践中更多的则是利用定性方法与定量方法的组合。组合的主要目的是综合利用各种方法所提供的信息，尽可能地提高预测精度。

理论和实证研究都表明，在单项预测模型差异较大且数据来源不同的情况下，组合预测模型可能获得比任何一个独立预测值更好的预测值。组合预测模型将各种不同类型的单项预测模型兼收并蓄，各取所长，集中了更多的经济信息与预测技巧，能减少预测的系统误差，显著改进预测效果。这是因为，参与组合的各种预测模型所产生的误差 e_i 有正有负，经过合理的组合，就可能产生正负抵消，降低误差，提高组合预测的精度。

组合预测方法的本质就是将各种单项预测模型看作是不同的信息片段，通过信息的集成、分散，降低单个预测方法预测结果的不确定性，从而提高预测精度。组合预测方法中包含的信息综合利用的思想现已被广泛接受，并成为国内外预测学界研究和应用的热点之一。

组合预测方法的主要工作在于权重的确定，其中最重要的原则是精度高的模型权重高，精度低的模型权重低。

9.4.2　组合预测法的应用原则以及一般步骤

组合预测方法的应用无疑是一个有前途的发展方向，通过研究，我们认为至少可以提出以下应用原则。

(一) 系统性原则

系统性原则又可细分为以下两点：

(1) 整体性原则

组合预测方法中，不同的模型有不同的特性，不同的使用条件。将各种方法统一起来充满挑战。组合预测的思路是设计组合方法使得 $\sum_{i=1}^{n} a_i e_i$ 最小，虽然不同方法误差差异较大，但合理的组合能够实现整体误差最小。

(2) 相关性较低原则

从预测技术来看，组合预测应是各种相关性较低、区别度较大的不同模型、方法的组合，以实现最大限度的信息综合利用。经济计量方法与时间序列分析方法、阶段性接近法与系统动力学方法的组合尤其具有广泛的应用前景。

(二) 定性分析与定量分析相结合原则

用于预测的各单项模型是在不同假设条件下对客观经济过程的一种简化。这种简化首先表现为对不同模型变量的引入。在实际建模过程中，模型变量的引入往往存在两难选择：

(1) 对被解释变量有较强的解释力的一些变量，由于估计技术上以及数据自身的原因，譬如多重共线性，导致基本统计检验通不过，拟合度较低，因而不得不删除该变量；

(2) 反之，为了要求模型较高的拟合度，解释变量的选择带有主观随意性，科学演变成艺术，这样在经济意义上造成解释牵强，难以被人们所理解和接受。坚持定性分析与定量分析相结合原则，具体说就是坚持模型设定的经济理论以及经验的指导作用。在此基础上，组合预测合并、抵消误差，凸显规律。

因此，定性分析与定量分析结合便能克服方法自身的局限性和不足，充分发挥各自的优势，提高预测的准确性。

(三) 经济性原则

组合预测是对原有单项预测的修正。如果原有 n 种预测的拟合度很高(R^2 >0.90)，组合

预测作为原 n 种预测值的某种均值与原预测结果相差甚微，考虑到数据采集的费用和模型研制的成本，组合预测的实际应用价值不大。

据此，我们提出以下组合预测应用的一般步骤：

(1)根据经济理论和实际情况建立各种独立的单项预测模型；

(2)运用系统聚类分析方法度量各单项模型的类间相似程度；

(3)根据聚类结果，逐层次建立组合预测模型进行预测。

9.4.3 组合预测模型

本章中涉及的组合预测模型包括以下几类。

(一)方差组合预测法

$$y_{0t} = W_1 y_{1t} + W_2 y_{2t} + \cdots + W_n y_{nt} \tag{9-1}$$

式中，y_{0t}为 t 期的组合预测值；y_{1t}，…，y_{nt}为 n 种不同单项预测模型在 t 期的预测值；W_1，…，W_n 为相应的 n 种组合权数。线性组合模型的关键在于确定合理的权数 W_i，W_i依据组合预测误差的方差最小原则加以确定。

当 $n=2$ 时：

$$W_1 = \sigma_2^2/(\sigma_1^2+\sigma_2^2);\ W_2 = 1 - W_1 \tag{9-2}$$

式中，$\sigma_i^2(i=1, 2)$为第 i 种单项预测模型的残差方差。

当 $n>2$ 时：

$$W_i = \frac{1}{Q_i}(i=1, 2, \cdots, n) \tag{9-3}$$

式中，Q_i 为第 i 种单项预测模型的残差平方和。

下面介绍的方法是更为一般的方差组合预测方法。

设 k 个预测方法的无偏预测值分别为f_1，f_2，…，f_k，各自预测误差的方差为 ε_{11}，ε_{22}，…，ε_{kk}。不同方法的预测误差之间相互独立，则 k 个预测方法的组合预测结果为

$$f_c = \sum_{i=1}^{k}\omega_i f_i \quad \left(\sum_{i=1}^{k}\omega_i = 1\right)$$

组合预测误差方差为

$$V(e_c) = \sum_{i=1}^{k}\omega_i^2\varepsilon_{ii}$$

关于 $\omega_i(i=1, 2, \cdots, k)$对 $V(e_c)$求极小值，实际上是求条件极值的问题。约束条件为 $\sum_{i=1}^{k}\omega_i = 1$，对 $V(e_c)$引入拉格朗日乘子，求极小值得

$$\omega_i = \frac{1}{\varepsilon_{ii}\left(\frac{1}{\varepsilon_{11}}+\frac{1}{\varepsilon_{22}}+\cdots+\frac{1}{\varepsilon_{kk}}\right)} \quad (i=1, 2, \cdots, k) \tag{9-4}$$

且

$$V(e_c) = \frac{1}{\varepsilon_{11}}+\frac{1}{\varepsilon_{22}}+\cdots+\frac{1}{\varepsilon_{kk}}$$

设 k 种预测方法的预测误差分别为 e_1，e_2，…，e_k 且都服从于 $N(0, \sigma^2)$可得

$$\hat{\varepsilon}_{ii} = \frac{1}{n}\sum_{t=1}^{n}(\mathrm{e}_{it})^2 \quad (i = 1, 2, \cdots, k) \tag{9-5}$$

式中，n 为样本数量。

权重的估计值

$$\hat{\omega}_i = \left(\sum_{i=1}^{n}\mathrm{e}_{it}^2\right)^{-1}\left[\sum_{j=1}^{k}\left(\sum_{t=1}^{n}\mathrm{e}_{jt}^2\right)\right]^{-1} \tag{9-6}$$

对于 k 个预测方法的组合预测，也有

$$V(e_c)_{\min} \leqslant \min\{\varepsilon_{11}, \varepsilon_{22}, \cdots, \varepsilon_{kk}\} \tag{9-7}$$

即方差组合预测法的结果优于各单一预测方法。

(二) 最优线性组合模型

最优线性组合模型的原理是利用样本期的实际值和各单项预测模型的拟合值进行线性回目，然后利用线性回归模型，以原方案的预测值作为外生变量进行外推预测。

最优线性组合模型的一般形式为：

$$Y_t = a + b_1 Y_{1t} + \cdots + b_n Y_{nt} \tag{9-8}$$

式中，Y_t 为样本期实际值；Y_{1t}，…，Y_{nt} 为样本期 n 个不同模型得到的预测值。通过线性回得到参数的估计值占，$\hat{a}$，$\hat{b}_1$，…，$\hat{b}_n$，再逐期求出预测的组合预测值：

$$\hat{Y}_{t+1} = \hat{a}_1 + \hat{b}_1 Y_{1, t+1} + \cdots + \hat{b}_n Y_{n, t+1} \tag{9-9}$$

最优线性组合模型是广义的线性组合预测模型，其特点在于，组合权数由线性回归得到。通过简单的变换，式(9-9)可以具有式(9-5)的形式。

(三) 回归组合预测法

回归组合预测是对于两个或多个回归预测的加权组合。根据时期 t 关于 y_t 的两个预测值 $f_t^{(1)}$、$f_t^{(2)}$，可以构造如下回归组合模型

$$y_t = \beta_1 f_t^{(1)} + \beta_2 f_t^{(2)} + \varepsilon_t \tag{9-10}$$

式中，β_1、β_2 为权系数，$\beta_1 + \beta_2 = 1$；ε_t 为误差项。

则 $y_t - f_t^{(2)} = \beta_1(f_t^{(1)} - f_t^{(2)}) + \varepsilon_t$，用最小二乘法得

$$\hat{\beta}_1 = \frac{\sum_t (y_t - f_t^{(2)})(f_t^{(1)} - f_t^{(2)})}{\sum_t (f_t^{(1)} - f_t^{(2)})^2} \tag{9-11}$$

对于多种预测方法的回归组合预测，可以采用加权最小二乘法（*WLS*）确定权系数。设关于 y_t 有 k 个预测值 $f_t^{(i)}$（$i = 1, 2, \cdots, k$）。可以构造如下回归组合预测模型

$$y_t = \beta_0 + \sum_{i=1}^{k}\beta_i f_t^{(i)} + \varepsilon_t = \sum_{i=1}^{k}\beta_i f_t^{(i)} + \varepsilon_t (f_i^{(0)} = 1; i = 1, 2, \cdots, k) \tag{9-12}$$

选择 $\beta = [\beta_1\beta_2\cdots\beta_k]^{\mathrm{T}}$，使加权平均值 $\sum_{i=1}^{T}\omega_{tt}(y_t - \sum_{i=1}^{k}\beta_i f_t^{(i)})^2$ 最小，可以得出 β 的加权最小二乘估计为

$$\hat{\beta}_{WLS} = (\boldsymbol{X}^{\mathrm{T}}\boldsymbol{W}\boldsymbol{X})^{-1}\boldsymbol{X}^{\mathrm{T}}\boldsymbol{W}\boldsymbol{Y} \tag{9-13}$$

式中：$\boldsymbol{W} = \mathrm{diag}(\omega_{11}, \omega_{22}, \cdots, \omega_{tt})$；

$\boldsymbol{X}=(1, f_t^{(1)}, f_t^{(2)}, \cdots, f_t^{(k)})$；

$\boldsymbol{Y}=(y_1, y_2, \cdots, y_T)^{\mathrm{T}}$。

(四)贝叶斯组合模型

在 n 种单项预测模型中选择一种作为主要方案，由这一方案得出的预测值为原预测值。然后，取其他 $n-1$ 种预测方案在某一时点上的预测值分布的均值和方差，代入以下公式，就得到贝叶斯组合模型：

$$\hat{Y}_{t+1}=(Y_{t+1}/s_{y,t+1}^2+\overline{Y}_{t+1}/s_{\overline{y},t+1}^2)\Big/\left(\frac{1}{s_{y,t+1}^2}+\frac{1}{s_{\overline{y},t+1}^2}\right) \tag{9-14}$$

式中，$\hat{Y}_{t+1}$表示贝叶斯组合预测值，Y_{t+1}表示原预测值，$\overline{Y}_{t+1}$表示其他行 $n-1$ 种预测值分布的均值，$s_{\overline{y},t+1}^2$表示其他 $n-1$ 种预测值分布的方差 $s_{y,t+1}^2$表示原预测值的方差。由式(9-14)可以看出，贝叶斯组合模型也是线性组合模型的特例。

(五)转换函数组合模型

转换函数组合模型是 B-J 通过对经济计量模型的预测误差进行分析后提出的。他们认为，预测误差服从正态分布时，具有时间序列的性质，这种性质可以通过近似模型来掌握，将经济计量模型预测与 B-J 残差时间序列预测结合起来，利用这种转换函数预测可以提供对预测变异程度的进一步说明。转换函数组合模型不仅考虑了经济结构因素，而且考虑了时间序列因素，在宏观经济增长趋势的预测中颇有价值。

转换函数组合预测的步骤如下：

第一，用 n 种预测方案的预测值进行组合预测；

第二，根据组合预测值与实际值计算出的误差识别一个 ARIMA 模型；

第三，将组合预测模型与 ARIMA 模型进行线性组合。

(六)经济计量与系统动力学组合模型

经济计量模型是由多个相互联系的单一方程的方程组体系，揭示经济变量相互依存的复杂关系。其结构式系数反映了外生变量变动对内生变量的直接影响，其简化式系数则反映了外生变量变动通过一系列中间变量对内生变量的总影响(直接影响+间接影响)。它的不足在于，模型参数一经估计即固定下来，缺乏有效的方法根据现实经济变动的最新反馈信息进行经济变量变动的适时修正。系统动力学是一种以反馈控制理论为基础、以数字计算仿真技术为手段的研究复杂社会经济大系统的定量方法。该方法自 20 世纪 80 年代以来得到了广泛应用，为研究预测多变量、高阶数、非线性的动态经济目标的趋势和水平提供了有效的工具。

9.4.4 交通运输组合预测案例分析

【例 9-2】 现以山东省 1996—2005 年公路交通量数据为例进行近期交通量预测实证分析，如表 9-2。分别采用非线性、灰色预测、三次指数平滑方法进行预测，然后在这三种预测方法的基础上建立组合预测模型。

表 9-2　公路交通量数据

年份	1996	1997	1998	1999	2000	2001	2002	2003	2004	2005
交通量（万人）	35611	39234	46467	54817	61466	65787	69948	71053	84290	93187

解：经计算：灰色预测响应函数为

$$x^{(1)}(k+1)=\left(x^{(0)}-\frac{u}{a}\right)^{-at}+\frac{u}{a}$$

$$=438651.1e^{0.0943t}-403040.1$$

检验：$C=18.51\%$，好；$P=92.47\%$，合格

三次指数平滑预测模型为

$$y_{2005+T}=92016.13+8377.314T+302.533T^2$$

非线性预测模型为

$$y=71.08x^2-281170.965x+275203505.74$$

根据组合预测方法，首先分别计算三个预测模型的误差向量 $\boldsymbol{E}_1$（三次指数平滑预测的误差向量）、$\boldsymbol{E}_2$（灰色预测的误差向量）、$\boldsymbol{E}_3$（非线性预测的误差向量）。其次，$\mathrm{e}=[\boldsymbol{E}_1, \boldsymbol{E}_2, \boldsymbol{E}_3]$ $\boldsymbol{E}=\mathrm{e}^{\mathrm{T}}\mathrm{e}$，计算 $\boldsymbol{E}^{-1}$，最后将 $\boldsymbol{E}^{-1}$ 代入公式 $K=\dfrac{\boldsymbol{E}^{-1}\boldsymbol{R}}{\boldsymbol{R}^T\boldsymbol{E}^{-1}\boldsymbol{R}}$，计算出 $k_{灰色}=0.8818$，$k_{三次}=0.0573$，$k_{非线性}=0.0609$（k 为权重系数）。这样得到的交通量组合预测模型为

$$y_t=0.8818f_{1t}+0.0573f_{2t}+0.0609f_{3t}$$

式中：f_{1t}——灰色预测法 t 时刻的预测值；

f_{2t}——三次指数平滑法 t 时刻的预测值；

f_{3t}——非线性回归分析法 t 时刻的预测值。

将以上三个模型各时刻的预测值代入上式，计算出三次指数平滑法、灰色预测法、非线性回归分析法及组合预测法的残差平方和 $S=\sum\limits_{i=1}^{N}\mathrm{e}_i^2$ 分别为 115544366、75818053、157052491、75414208。比较可知四个预测模型的误差中组合模型为最小，这说明组合模型优于其他三个单一预测模型。根据组合预测模型对山东省 2010、2015 年的公路交通量预测如表 9-3 所示。

表 9-3　公路交通量预测表

年份	灰色预测模型	三次指数平滑预测模型	非线性回归预测模型	组合预测模型
2010	147798.6	141466.03	129056.1	146294.3
2015	236831.09	206042.57	168176.3	230885.8

重点与难点

重点：①预测精度的含义；②测定预测精度的方法；③影响可预测性的因素。④定性预测与定量预测各自的特点。

难点：①各类预测方法的特点；②组合预测模型预测的应用。

思考与练习

9-1 试述预测精度的意义。常用的测定预测精度的指标有哪些？

9-2 结合实际，论述未来的可预测性对预测的影响。

9-3 影响预测误差的因素有哪些？试举例说明。

9-4 试述因果预测与时序预测的特点。在实际预测时，应如何选择因果预测与时序预测？

9-5 选择预测方法时应考虑哪些因素？

9-6 如何综合运用定性预测与定量预测方法？

9-7 定性预测与定量预测相比有哪些特点？

9-8 如何预测趋势的转折？怎样用定量预测修正定性预测结果？

9-9 什么叫组合预测？组合预测的精度如何？

9-10 对表9-4中数据，选择几种不同方法进行预测，并比较其精度。

表9-4

年份	2001	2002	2003	2004	2005	2006	2007	2008	2009
产量	10	11	12	14	14	15	17	18	20

第 10 章
交通运输决策的基本问题

10.1　决策的概念和种类

10.1.1　决策的概念

决策是任何个人、组织和社会的行为中固有的、无时不在、无处不在的活动。自古以来就有人用“决策”一词来表示决定计策的行为，但这种传统意义上的决策，其对象总是指政治或军事方面的活动。

所谓决策，是指在现代社会、经济的发展进程中，针对某些宏观的或微观的问题，按预期目标，采用一定的科学理论、方法和手段，制定若干可供选择的行动方案，并从中选定最满意的方案，实施方案，直到目标的实现。决策是一个完整的动态过程，且在很大程度上说，是决策者主观意志的体现，其核心部分是对目标和为实现目标方案的选择。过去的决策大多是以个人的经验、学识及才智为基础的，不能应付高度复杂、高度综合的决策问题，而现代决策是以系统的理论和科学方法作为基本前提的。

10.1.2　决策的种类

决策所要解决的问题是多种多样的，决策过程、思维方法、运用技术也各不相同，因此，可从不同的角度进行分类：

(1) 根据自然状态的可控程度，分为确定型决策、风险型决策和不确定型决策

确定型决策是指自然状态完全确定，做出的选择结果也是确定的；风险型决策是指不能完全确定未来出现何种自然状态，但可以预测各种自然状态发生的概率；不确定型决策是指不仅无法确定未来出现哪种状态，而且也无法估计各种自然状态的概率。后文重点介绍风险性决策和不确定性决策。

(2) 根据决策问题的重复性程度不同，可分为程序化决策和非程序化决策

程序化决策又称结构化决策、常规决策，一般是为了解决那些经常重复出现、性质非常相近的例行性问题，可按程序化的步骤和常规性的方法处理；非程序化决策通常处理的是那些偶然发生、无先例可循、非常规性的问题，决策者难以照章行事，需要有一定创造性思维做出应变的决策。

(3) 根据决策目标的多寡，分为单目标与多目标决策

单目标决策是就单一问题所进行的决策，常常只考虑某个主要的或者关键的决策目标；

多目标决策是解决多项问题所进行的相对复杂的决策，通常考虑多个主要目标或者因素。实际决策中，很多问题都是多目标决策问题，如企业的目标除了利润最大化之外，还有股东收益、企业形象、职工利益、社会利益等，多目标决策问题一般比较复杂，后文会重点介绍。

(4)按决策目标的影响程度不同，可分为战略决策、战术决策和运营决策

战略决策具有全局性、方向性和原则性特征，涉及与企业生存和发展有关的全局性、长远性问题，如一个企业的厂址选择、产品开发方向、原料供应地的选择等。战略决策的特点是，决策后果的深远影响和风险性。它属于高层决策，要求决策者具有广博的知识和全面的信息。

战术决策具有局部性、阶段性特征，其目的是实现战略决策目标，在人力、物力、财力等资源方面的准备和组织上所进行的决策，如生产能力资源和劳动力的合理调配，运输和转运方案的选择、销售渠道的选定等。战术决策属于中级层次的决策，风险性为中等。

运营决策是有关日常业务和计划的决策，目的是为了提高日常业务工作的效率和经济性，如日常生产调度的决策、产品合格标准的选择等。运营决策属于基层决策，不确定因素小，可靠的原始资料和数据多，可以利用比较精确的数量分析方法进行决策，决策结果也比较可靠。

10.2 决策的作用和步骤

10.2.1 决策的作用

决策活动自古就有，在我国数千年的历史中，许多杰出的思想家、政治家、军事家都是高瞻远瞩，运筹于帷幄之中，决胜于千里之外。战国时期孙膑为田忌赛马献策的故事脍炙人口，流芳千古；三国时期诸葛亮在“隆中对”中提出的三分天下战略决策，使刘备能雄踞一方；唐代“贞观之治”是唐太宗大智大勇的决策业绩，使唐朝繁荣富强，名扬四海，成为中国历史上最鼎盛的帝国；明代朱元璋做出了“广积粮，高筑墙，缓称王”的决策，为明王朝的建立奠定了基础；清朝康熙皇帝于1673年开始到1681年结束，历时8年平定三藩，使国家集权统治得到巩固。这些古代决策的经典事例，是值得我们研究和继承的宝贵遗产。

在现代社会中，社会活动日益复杂，环境条件变化多端，影响因素千头万绪，组织规模日趋庞大。在这种情况下，人们会遇到大量问题，需要及时决策，任何故步自封，因循守旧，优柔寡断，都会坐失良机。瑞士向来号称“钟表王国”，早在1969年就研制成功世界上第一块石英电子手表，但是瑞士的手表厂家却对是否大量生产石英手表迟迟不做决策。瑞士人的优柔寡断为日本手表厂家提供了机会，他们经过广泛的市场调查之后，认为石英手表大有销路，于是当机立断，利用自己雄厚的电子技术，生产了大批优质石英电子表，打进国际市场。结果“石英技术，誉满全球”，仅在20世纪70年代的后五年，日本的石英手表就迫使175家瑞士机械手表厂破产。

另一方面，在决策过程中如果胸中无数，考虑欠周，粗枝大叶，仓促决定，也会造成严重损失。埃及在20世纪70年代初耗资几十亿美元，建成了阿斯旺水坝。虽然它提供了廉价的电力，控制了水旱灾情，然而由于破坏了尼罗河流域的生态平衡，遭到了一系列未曾料到的自然报复。由于尼罗河的泥沙和有机质沉积到水库底部，使尼罗河两岸的绿洲日趋盐渍化、

贫瘠化；由于尼罗河口供沙不足，河口三角洲平原从向海延伸变为海水侵袭，向内陆退缩，使临海的工厂、港口、国防工事有没入地中海的危险；由于缺乏来自陆上的盐分和有机物，使盛产沙丁鱼的渔场毁于一旦；由于大坝的阻隔，使尼罗河下游奔腾不息的活水变成了相对静止的"湖泊"，为血吸虫和疟蚊的繁殖提供了生存条件，致使水库一带居民的血吸虫病率高达 80% ~100%，这一切，使埃及付出了沉重的代价。

决策的正确与错误关系着组织和事业的兴衰存亡，决策的失误就是最大的浪费。因此每个决策者都必须要掌握决策的科学方法与技巧，审时度势，综观全局，于千头万绪之中找出关键所在，权衡利弊，及时做出正确可行的决策。

10.2.2　科学决策的步骤

根据 H. A. 西蒙提出的描述决策过程的模型，决策过程可分为图 10 -1 中所示三个主要的阶段。

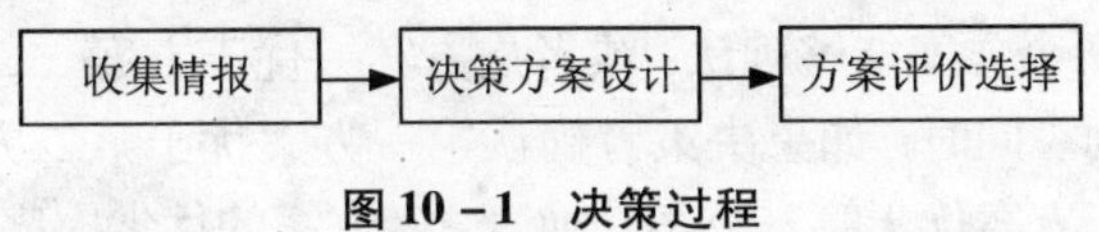

图 10 -1　决策过程

1. 收集情报阶段

此阶段将对环境进行认真调查，寻找当前状态和期望状态之间的差距，确定问题之所在，提出决策的目标。在该阶段中将要查询或检索需要的数据，并应用各种预测性的模型为决策过程提供所需的未来状况的推断或预言。

2. 决策方案设计或制定阶段

在此阶段中将弄清问题，设计或制定解决问题的建议方案，并检查这些方案的可行性。在该阶段中，信息系统应使用各种产生和分析决策方案的模型，以便协助制定分析各种可行的决策方案。

3. 方案评价选择阶段

此时，将从各种可行方案中选择最优最满意的方案并付诸实施。在该阶段中，信息系统应针对问题提供各种评价（或评估）类的模型，帮助对各可行方案进行评价，并协助决策者从中挑选出满意的方案。

科学决策的步骤如图 10 -2 所示，包括发现问题、确定目标、制定评价标准、研制可行方案、分析评估方案、选择优化方案、方案实验实证和方案普遍实施等。

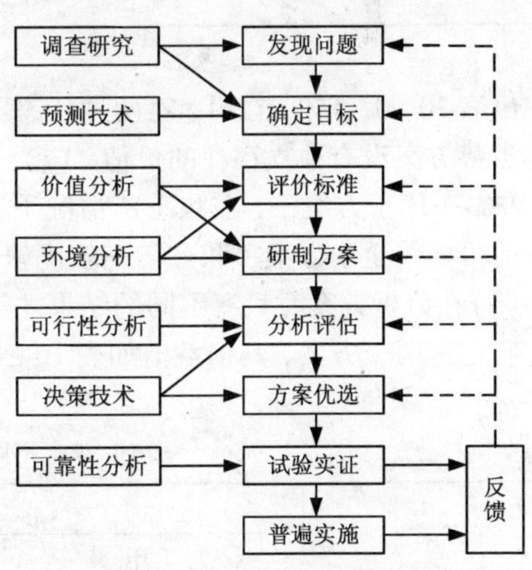

图 10 -2　科学决策的步骤

10.3 决策的公理和原则

10.3.1 决策的公理

决策的公理是所有理智健全的决策者都能接受或承认的基本原理，它们是许许多多决策者长期决策实践经验的总结。

决策的公理有两个基本点：①决策者通常对自然状态出现的可能性有一个大致的估计，即存在着“主观概率”；②决策者对于每一行动方案的结果根据自己的兴趣、爱好等价值标准有自己的评价，这个评价叫做行动方案的“效用”。决策者若认为方案一优于方案二，那必定是由于方案一的效用值大于方案二。

统计决策理论有以下六条公理：

(1)方案的优劣是可以比较和判别的

决策者对于给出的两个方案能够确认：或者是方案一优于方案二，或者是方案二优于方案一，或者是两者没有区别。同时，如果决策者确认第一方案优于第二方案，第二方案优于第三方案，则他必须确认第一方案优于第三方案。换言之，方案的优劣次序是不能相互循环的。

(2)方案必须具有独立存在的价值

假定有三个方案，其在各种自然状态下的损益值如表 10－1 所示。

表 10－1 方案的损益值(单位：元)

方案	自然状态下的损益值	
	甲	乙
一	1000	－200
二	850	－300
三	500	100

由表 10－1 可知，在甲、乙两种状态下，方案二都劣于方案一，这样的方案叫做劣势方案。劣势方案没有独立存在的价值，应当予以删弃。而方案一与方案三相比，在状态甲情况下，方案一优于方案三，在状态乙情况下，方案三优于方案一。因此，这两个方案都有独立存在的价值。至于方案一和方案三孰优孰劣，那是以后决策分析的任务了。

(3)在分析方案时只有不同的结果才需要加以比较

假定有两个方案，其损益值如表 10－2 所示。

表 10－2 不同方案的比较(单位：元)

方案	自然状态下的损益值		
	甲	乙	丙
一	50	－100	300
二	50	150	100

由表 10 - 2 可知，在状态甲情况下，方案一和方案二的收益值相同，所以，状态甲可以不需考虑(比较)。在比较方案一和方案二时，只需要将状态乙和状态丙情况下的损益值加以比较即可。至于究竟哪一个方案好，也是以后决策分析的任务。

(4)主观概率和方案结果之间不存在联系

这条公理说明，决策者估计某种状态出现的主观概率不受方案结果的影响，即两者都是相互独立的。例如，一个决策者估计产品销路好的概率是 0.6，销路差的概率是 0.4。销路好，可获利 2 万元；销路差，将亏本 1 万元。假如经重新计算，销路好，可获利 5 万元；销路差，将亏本 5000 元。这时，他的主观概率不应发生变化。这就是说，他估计销路好的概率应当仍然是 0.6，销路差的概率应当仍然是 0.4。

自然状态出现可能性大小的主观概率估计只与决策者主观上对自然状态发展趋势的乐观程度有关。

(5)效用的等同性

假定有一个机会是：有 0.5 的概率可得到 1000 元，有 0.5 的概率得到 - 200 元。这时，决策者必定可以承认肯定得到(即概率为 1)某一数值(如 300 元，此数值随决策者对待风险的态度不同而可能有所不同)的机会与上述机会的效用相同，即两个机会的效用是相等的。

(6)效用的替代性

相同或相等的效用是可以相互替代的。例如，按照上例所述，以 0.5 的概率得到 1000 元，以 0.5 的概率得到 - 200 元的结果，对于该决策者来说，可以用肯定得到的 300 元来代替。

决策公理很容易理解，也很容易为决策者所接受。但是，人们在决策过程中却往往不能严格遵守。例如，有些人是过分乐观派，他总觉得好结果出现的可能性更大；有些人是过分悲观派，他觉得坏结果出现的可能性更大。要合理地进行决策，必须严格遵守以上六条公理。

10.3.2　决策的原则

决策的原则就是对决策的一般要求，在常规情况下，按照这些原则去进行决策，可以大大减小决策失误的可能性。

(1)经济效益与社会效益相结合

在市场经济条件下，企业是独立的商品经营者，因此必须谋求企业的盈利。以盈利为标准衡量决策是否可行应该成为企业决策的首要标准。但一个企业的生存和发展与整个社会的发展是相互联系的，我们必须在作经营决策时兼顾社会的整体利益，使企业的盈利和社会利益尽可能完美地结合起来。

(2)可能性与现实性相结合

事物是在不断发展变化的过程之中的。尽管企业的经营目标和方针是根据企业外部条件的基础上确定的。但是在使之实施时，又会遇到一系列新情况新问题，需要在决策时加以考虑。为此，一方面应该把原先已经确定的经营思想、目标和方针进一步与不断变化着的实际情况结合起来；另一方面又应该把企业内部的条件，例如企业的产品开发能力、资金筹措能力等，与企业外部条件，例如市场供求状况、竞争对手的状况相结合起来。

(3)定量分析与定性分析相结合

现代决策必须尽可能地在决策中运用各种数学方法进行定量分析，使决策更精确、更可信，也更便于今后的操作。但是社会经济现象是十分复杂的，数学方法很难完全渗透于经营决策之中，仍有大量的决策需要利用人们的主观判断，为此仍然必须重视人们的传统经验，并把人们的传统经验与社会学、心理学等现代科学结合起来，使人们的主观判断更科学、更符合实际。

(4)领导者与专家相结合

有关业务性的决策，涉及面窄，且有惯例可循，一般由个人决策即可，但凡有关企业的战略方面的重大决策，由于对企业的生死存亡至关重要，且此类决策涉及面广，影响因素极多，仅靠个人的知识和经验决策就难以胜任，因此需要由各方面专家集体决策，这样可以集思广益，做出的决策会更正确，更易被人接受。

(5)局部和全局相结合

一个决策往往影响到企业的方方面面，但决策的制定和执行往往又是某一部门或层次的工作。因此，决策必须处理好全局和局部的关系，站得高、看得远、看得全，以全局的眼光战略地把握工作的主次和轻重缓急；从全局着想，从局部着手，局部服从全局，保证全局。

(6)近期利益与远期利益结合

这也是考验领导战略思想的原则，每一次决策都对以后的经营带来正面和负面的影响，因此决策就必须考虑这些影响，保证企业经营的一致性、连贯性、继承性和可持续性。不能鼠目寸光，也不能舍近求远，远期是近期的指导，近期是远期的保证。

(7)决策工作的规范性和灵活性相结合

制定决策，一般会有许多制度规定、程序、方法，这是正确决策的保证，领导要充分遵循这些规范；另一方面，管理工作永远是灵活、创新、开拓的，因此需要搞好这两个方面的结合。

10.4 交通运输决策的特点

交通运输业是一种以持有、租赁或代理运输工具服务于他人而收取报酬的服务性行业。它既是衔接生产和消费的一个重要环节，又是保证人们在政治、经济、文化、军事等方面联系交往的手段。五种基本运输方式在运载工具、线路设备、运营方式等方面各有不同，并且各有其不同的技术经济特征和适用范围。交通运输领域的决策问题要兼顾行业发展特征、解决方法、技术手段、综合协调等问题，呈现出以下特点。

(1)资源配置效率和社会公益需要兼顾

交通运输资源不仅是行业发展、区域交流的要求，更要着眼于社会大众的公共需要，运输服务的提供，必须以公平且普及的服务于大众为前提，而不能像一般工商企业单纯地以谋利为目标。

(2)资本密集性与沉没成本性共存

相对于一般的工商企业，交通运输属于需要大量投资的大型资本密集型行业，而且大部分交通运输投资都具有沉没成本的特性，即一旦投资后，一般很难转移作他用，如不继续经营，则很多设施特别是基础设施(如铁路线路、机车、车辆、港站与机场设施等)的残值都极为有限。

(3)市场机制与行政管制并行

投资庞大与沉没成本特性使政府必须赋予交通运输企业相当的独占经营地位，以保护市场免遭过度竞争。但独占对经营效率及消费者利益可能产生不利影响，而交通运输业所具有的公益性与基础设施性又使政府不得不采取措施，以确保使用者及其他社会大众的利益，并配合推行政府的各种政策目标。因此，政府基于保护企业、保护使用者及社会大众的需要，对交通运输业应实施严格的管制。一般来说，企业加入和中断营业、营业地区与营业项目、运价、服务水准、利润水平、设备等，均应列为政府管制之列。其他工商产业部门很少像交通运输业那样，受到政府如此广泛而又严格的管制。而从企业的角度而言，必须在市场机制和政府的行政管制下充分发挥能动性，利用已有的各类设施设备人力条件，及时做出各类决策，谋求效益最大化。

(4)产品易逝性和竞争替代性

一般商品的生产与销售可以截然分开，淡季生产数量超过需求量，两者之差以存货方式储备，以供调节旺季时供不应求之需。因此，生产可以全年各时期定量进行，但交通运输业则不同，一辆公共汽车开出后，如有空位，无法储存以供拥挤时之用。由于运输需求有明显的高峰与平峰之别，而供给能量却是固定不变的，因此，高峰期间供给不足，非高峰期间供给过多，供需无法完全平衡在交通运输业可说是必然且无法避免的现象。

在同一地区内，同种交通运输工具之间，以及不同交通运输工具之间，彼此互为代替的可能性相当大。易引起彼此间的激烈竞争，而且导致竞争的可能因素很多。例如设备的更新、服务的变动、运价的调整等，都会引发各交通运输企业的激烈竞争。因此，在制订运输政策及做出运输投资决策时，必须从战略的角度，从行业发展和市场竞争的观念出发，对各种交通运输工具所造成的相立竞争与影响予以考虑。

重点与难点

重点：①决策的定义和分类；②统计决策中的三个基本概念：决策函数、损失函数和风险函数。

难点：①决策的过程；②决策的公理。

思考与练习

10－1　什么叫决策？决策可以分为哪些类型？各自有什么特点？

10－2　决策包括哪些步骤？

10－3　试述决策的公理和决策的原则。

10－4　交通运输决策有哪些特点？

第11章 风险型决策方法

11.1 风险型决策的基本问题

11.1.1 风险型决策的基本概念

所谓风险型决策，是根据预测各种事件可能发生的先验概率，然后再采用期望效果最好的方案作为最优决策方案。因此，这种决策具有一定的风险性。所谓先验概率，就是根据过去经验或主观判断而形成的对各自然状态的风险程度的测算值。简言之，原始的概率就称为先验概率。风险性决策信息量介于确定型决策和不确定型决策之间，人们对未来状态既不是一目了然，也不是一无所知，而是知其发生的概率分布。

例如，有一条公交线路，若配置足够的车辆和人员，开通后客流量大，可获得利润40万元/年；若配置足够的车辆和人员，开通后客流量小，会造成损失20万元/年；若不开通，运输公司的车辆和人员皆闲置，要损失8万元/年。据同类线路对比预测，该公交线路客流量大的概率(先验概率)是0.6，小的概率是0.4，决策者要根据以上情况做出决策。若选择开通可能遇上客流量小的情况，若选择不开通可能遇上客流量大的情况，都会蒙受损失，承担一定风险。又如，百货公司要进一批大衣供冬季销售，上半年就要向工厂订货，销路取决于冬天的气温。如果天气寒冷，大衣销售量就大，需要多进一些货；如果天气暖和，销售量就会减少，卖不出去，资金积压，公司将受到损失。即使气象预测冬季是寒冷的，但是在进行决策时，也要冒预测不准的风险。这两个例子告诉我们，决策者采取的任一行动方案都会遇到两个或两个以上自然状态所引起的不同结果，这些结果出现的机会是用各种自然状态出现的概率(先验概率)来表示的。

上述两个例子都属于风险决策问题，解决该类问题的决策方法称为风险型决策方法，它满足五个条件：①存在一个明确的决策目标；②存在两个或两个以上随机状态；③存在可供决策者选择的两个或两个以上行动方案；④可求得的各方案在各状态下的损益矩阵(函数)；⑤找到了随机状态的概率分布。

11.1.2 损益矩阵

风险型决策方法经常运用损益矩阵。损益矩阵一般由以下三个部分组成：

①可行方案：由各方面专家根据决策目标，综合考虑资源条件及实现的可能性，经充分

讨论研究制定出来。

②自然状态及其发生的概率：自然状态是指各种可行方案可能遇到的客观情况和状态，如气候变化的差异情况、产品销售的市场状态、经济发展的变化状态等。这些情况和状态来自系统的外部环境，一般决策者不能控制，因此称为自然状态。各种自然状态发生的概率有主观概率和客观概率之分。但不管属于哪一种概率，都必须符合以下公式：

$$\sum_{i=1}^{n} P_i = 1(0 \leqslant P_i \leqslant 1)$$

③各种行动方案的可能结果：它是根据不同可行方案在不同自然状态下资源的条件、生产能力的状况，应用综合分析的方法计算出来的收益值或损失值，如企业的投资效果、利润总额、亏损额等。这些损益值构成的矩阵，称为损益矩阵。

以上三部分内容列于一个表中，即为损益矩阵表（表 11－1）。例如，前述关于是否开通公交线路的决策，可得到如表 11－2 所示的损益矩阵表。在少数情况下，通过损益矩阵表就可以看出某一方案比较好。但在大多数情况下，却不能直接确定最优方案，需要选择一定的衡量标准。

表 11－1　损益矩阵表

可行方案 d_i	自然状态 θ_j			
	θ_1	θ_2	…	θ_n
	先验概率 P_j			
	P_1	P_2	…	P_n
	损益值 L_{ij}			
d_1	L_{11}	L_{12}	…	L_{1n}
d_2	L_{21}	L_{22}	…	L_{2n}
…	⋮	⋮	⋮	⋮
d_3	L_{m1}	L_{m2}	…	L_{mn}

表 11－2　开通和不开通公交线路损益矩阵表

行动方案	自然状态及其概率	
	θ_1：客流量大 $P_1=0.6$	θ_2：客流量小 $P_2=0.4$
	损益值（万元/年）	
d_1：开通	40	－20
d_2：不开通	－8	－8

11.2 不同标准的决策方法

在风险型决策中，可以选择不同的标准为依据进行决策。实践中经常应用的方法有：以期望值为标准的决策方法、以等概率（合理性）为标准的决策方法和以最大可能性为标准的决策方法等。

11.2.1 以期望值为标准的决策方法

以收益和损失矩阵为依据，分别计算各可行方案的期望值，选择其中期望收益值最大（或期望损失值最小）的方案作为最优方案。在某一确定方案的情况下，根据不同状态可能出现的概率，可计算出期望值，其计算公式为：

$$E(d_i) = \sum_{j=1}^{m} x_{ij} P(\theta_j)$$

其中 $E(d_i)$ 表示第 i 个方案的期望值；x_{ij} 表示采取第 i 个方案，出现第 j 种状态的损益值；$P(\theta_j)$ 表示第 j 种状态发生的概率，总共可能出现 m 种状态。

【例 11－1】 一家高级镜片制造厂试制成功一种新型广角摄影镜头，准备出口试销。但这家工厂面临一个决策问题：镜头的弧度要求非常严格，而本厂除负责全部生产过程外，也可以考虑引进先进的检测设备，一方面可以提高工效，同时也可以在利用中改进本厂技术。设该厂自制检测设备，一年内的固定成本为 1200000 元，可变成本为每件产品 60 元。引进技术的方案可以有三种：一种方案是直接进口一套设备，增加固定成本，但可以降低可变成本；另一种方案是租用先进设备，使固定成本大大降低，但是要按产量计算付出较高的专利费；再一种方案是与外商合资经营，由外商提供检测设备，厂方支付一定利息和技术管理费，并按销量每件付出一定利润。不同行动方案所需要固定成本和每件产品的可变成本见表 11－3。

表 11－3 按行动方案不同广角镜头的成本（单位：元）

成本指标 \ 行动方案	自制	租用	合资	购进
固定成本	1200000	400000	640000	2000000
单件可变成本	60	100	80	40

假定在试销的一年内，广角镜头的出口价格按人民币计算为每件 200 元，但销路如何不能确定。按厂方预测，有下列三种可能出现的状态：畅销、中等和滞销，分别以具体的单一销量为代表，即 30000 件（畅销）、20000 件（中等）、5000 件（滞销）。厂方关于是否完全自制或采取某种方式引进检测设备，完全取决于试销利润的大小。现要求对企业的行动方案做出决策。该决策问题可按以下步骤求解：

①确定决策目标：如何选择方案，使企业得到最大利润。

②计算损益值：表 11－4 是按不同状态（销路）和行动方案的结果计算出来的损益表。例如，采用合资经营的行动方案而销路为中等，则损益值为：总收入－固定成本－总可变成本 $=200\times20000-640000-80\times20000=176$（万元），其他损益值可类似得到。

表 11－4　广角镜头经营决策损益表（单位：万元）

行动方案	自然状态		
	畅　销	中　等	滞　销
	损益值		
自　制	300	160	－50
租　用	260	160	10
合　资	296	176	－4
购　进	280	120	－120

③对损益表进行初步审查：在表 11－4 中，比较"合资"和"购进"两种行动方案，可以看出，无论三个状态中出现哪一个，"合资"所得的损益值都高于"购进"。如果畅销，"合资"可以赚取利润 296 万元，"购进"只能赚取 280 万元；如果滞销，则"合资"的利润为－4 万元，"购进"的利润为－120 万元。中等销路的结果也是"合资"优于"购进"。

无论哪种状态出现，一个行动的后果总是较另一行动的后果有利，则前者相对于后者来说称为优势行动，后者相对于前者称为劣势行动。只要有两种行动的优劣之分，则劣势行动就可以从损益表中剔除，不必做抉择考虑，因此，"购进"方案就可以从表 11－4 中剔除。再考察一下其余三种行动，不难看出，它们之间没有明确的优劣之分，都需要保留以供抉择。

④估计先验概率：根据以往的市场调查资料等情况，制定不同销路的主观概率："畅销"为 0.2，"中等"为 0.7，"滞销"为 0.1，概率之和为 1。

⑤计算损益的期望值：

E(自制) $= \sum x_{ij}P(\theta_j) = 300 \times 0.2 + 160 \times 0.7 + (-50) \times 0.1 = 167$（万元）

E(租用) $= \sum x_{ij}P(\theta_j) = 260 \times 0.2 + 160 \times 0.7 + 10 \times 0.1 = 165$（万元）

E(合资) $= \sum x_{ij}P(\theta_j) = 296 \times 0.2 + 176 \times 0.7 + (-4) \times 0.1 = 182$（万元）

各种不同行动方案的损益期望值如表 11－5 所示。

表 11－5　广角镜头经营行动方案抉择的损益期望值计算

行动方案	自然状态及其概率			
	畅　销 （0.2）	中等 （0.7）	滞销 （0.1）	期望值（万元） （损益值×概率）
	损益值（万元）			
自制	300	160	－50	167
租用	260	160	10	165
合资	296	176	－4	182

⑥做出最优决策：由表 11－5 可知，"合资"方案的期望值 182 万元是最高值，按利润的期望值标准，这是应采用的最优行动方案。

11.2.2 以等概率(合理性)为标准的决策方法

当各种自然状态出现的概率无法预测时，可以假定几种自然状态的概率相等，然后求出各方案的期望损益值，最后选择收益值最大(或期望损失值最小)的方案作为最佳行动方案、决策方案。这种借助等概率的假定来做决策的方法，称为以等概率为标准的决策方法，也称为以合理性为标准的决策方法。仍用前例说明这种方法的应用，三个行动方案按等概率原则计算的损益期望值如下：

E(自制) = (300 + 160 − 50)/3 = 136.67(万元)

E(租用) = (260 + 160 + 10)/3 = 143.33(万元)

E(合资) = (296 + 176 − 4)/3 = 156(万元)

计算结果表明，"合资"方案的损益期望值最大(156 万元)，因此，"合资"就是最优决策方案，此结论与以期望值为标准的决策方法所得出的结论相同。

11.2.3 以最大可能性为标准的决策方法

此方法是以一次试验中事件出现的可能性大小作为选择方案的标准，而不是考虑其经济的结果。

【例 11－2】 有一家服装工厂看到市场上流行"西装热"，拟在原有的基础上增加西装生产。现有两种方案：一是增加一套设备大规模生产，二是在原有设备的基础上小批量试产。自然状态大致也可以分为两种状态：一是"西装热"继续保持下去，二是"西装热"下降，其概率分别为 0.3 和 0.7，决策损益表见表 11－6。

表 11－6 生产西装决策损益表

状态	概率	方案损益值(万元)	
		增加设备	不增加设备
"西装热"继续	0.3	200	50
"西装热"下降	0.7	−50	10
期望值		25	22

虽然从期望值标准看，增加设备大量生产这一方案的期望利润比较高，但从一次性损益看，"西装热"下降的可能性较大，概率为 0.7。所以还是以小批量试产的方案为好。

11.2.4 各种方法的适用场合

(1)以期望值为标准的决策方法一般适用于以下几种情况

①概率的出现具有明显的客观性质，而且比较稳定；

②决策不是解决一次性问题，而是解决多次重复的问题；

③决策的结果不会对决策者带来严重的后果。

(2)以等概率(合理性)为标准的决策方法适用于各种自然状态出现的概率无法得到的情况

(3)以最大可能性为标准的决策方法适用于各种自然状态中其中某一状态的概率显著高于其他方案所出现的概率，而期望值相差又不大的情况。

11.3　决策树

11.3.1　决策树的意义

决策树分析方法是风险型决策最常用的一种方法，它将决策问题按从属关系分为几个等级，用决策树形象地表示出来。通过决策树能统观整个决策的过程，从而能对决策方案进行全面的计算、分析和比较。决策树一般是由五个部分组成。

①决策点：在图中以方框表示，决策者必须在决策点处进行最优方案的选择。从决策点引出方案分支，在各方案分支上标明方案内容及期望损益值，各个方案之间的差别一目了然。

②状态点：在图中以圆圈表示，位于方案分支的末端。由状态点引出状态分支，在状态分支上标明状态内容及其出现的概率。

③结果点：在图中以三角表示，是状态分支的末梢，表示某方案在该状态下的损益值。

④方案分支：由决策点引出的分支，在方案分支上标明方案，有几个方案就引出几个方案分支。

⑤状态分支：由状态点引出的分支，在状态分支上标明状态及其可能发生的概率，有几个状态就引出几个状态分支。

11.3.2　决策树的制作

决策树一般从左至右逐步画出，标出原始数据后，再从右至左计算出各节点的期望损益值，并标在相应的节点上，进而对决策点上的各个方案进行比较，依据期望值决策准则作出最终决策。因此，利用决策树进行决策时要掌握两个步骤：

①画决策树——从根部到枝部。问题的损益矩阵就是决策树的框图。

②决策过程——从枝部到根部。先计算每个行动下的损益期望值，再比较各行动方案的值，将最大的期望值保留，同时剪去其他方案的分枝。

决策树法根据问题的复杂性，可分为单阶段决策和多阶段决策两类。

(1)单阶段决策

【例 11 -3】　某市需建设一个生产某产品的工厂，有两个方案：一是建大厂，二是建小厂。建大厂需投资 300 万元，建小厂投资为 140 万元，两者使用期均为 10 年。若在 10 年间产品销路好，小厂每年可盈利 40 万元，大厂每年可盈利 100 万元。若销路差，则小厂每年盈利 20 万元，大厂则每年亏损 20 万元。根据对市场的预测，产品销路好的概率为 0.7，产品销路差的概率为 0.3，试问决策者应选择何种方案建厂？

解：第一步，画决策树，从左向右逐步画出，将相应的原始数据标在图上(图 11 -1)。

第二步，计算各策略点的期望损益值：

A_1：$0.7\times100\times10+0.3\times(-20)\times10=640$(万元)，$640-300$(建厂投资)$=340$(万元)；

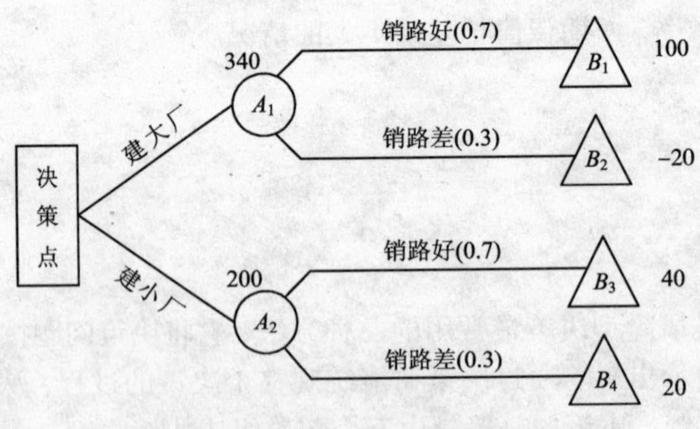

图 11 –1　单阶段决策树

A_2：0.7×40×10+0.3×20×10=340(万元)，340－140(建厂投资)=200(万元)。

第三步：将计算结果标在策略点上，并进行决策。由最优期望损益值准则，显然建大厂方案为优。决策点 1 的决策为建大厂。

(2)多阶段决策

有些较为复杂的决策问题，往往要分为几个阶段，每个阶段都要做出一个抉择，而前一阶段的决策又会影响到下一阶段的决策。这种决策问题称为多阶段决策问题(又称动态决策问题)。此时，若问题中的自然状态是确定型的，则可用动态规划来解决；若是不确定的，但知道它们发生的概率，则可用风险决策来解决。

【例 11 –4】　在例 11 –3 中再增加第三个建厂方案：先建小厂，如果前三年的产品销路好，再扩建大厂，扩建所需投资为 200 万元，盈亏收益情况仍如例 11 –3。关于市场的调查结果为：在 10 年使用期中，产品前 3 年销路好的概率为 0.7，销路差的概率为 0.3；如前 3 年销路好，则后 7 年销路也好的概率为 0.9；如前 3 年销路差，后 7 年销路肯定差。若仍以 10 年为期，问工厂应选择何种方案建厂？

解：由题意可知，本决策问题是一个两阶段决策问题，前 3 年为第一阶段，后 7 年为第二阶段。在第一阶段中，有两种方案：建大厂与建小厂。对于建小厂方案，若前 3 年产品销路好，则第二阶段开始还有一个决策选择：扩建还是不扩建。

第一步：由上述分析，从左向右画出决策树：分两个阶段，且标上相应的已知数据。

第二步：从右向左计算各策略节点的期望损益值(图 11 –2)。

节点④：0.9×100×7+0.1×(－20)×7=616(万元)；

节点⑤：1.0×(－20)×7=－140(万元)；

节点②：0.7×100×3+0.3×(－20)×3+0.7×616+0.3×(－140)=581.2(万元)，581.2－300(建大厂投资)=281.2(万元)；

节点⑧：0.9×100×7+0.1×(－20)×7=616(万元)，616－200(扩建投资)=416(万元)；

节点⑨：0.9×40×7+0.1×20×7=266(万元)；

节点⑦：1.0×20×7=140(万元)；

节点③：0.7×40×3+0.3×20×3+0.7×416+0.3×140=435.2(万元)，435.2－140

(建小厂投资)=295.2(万元)。

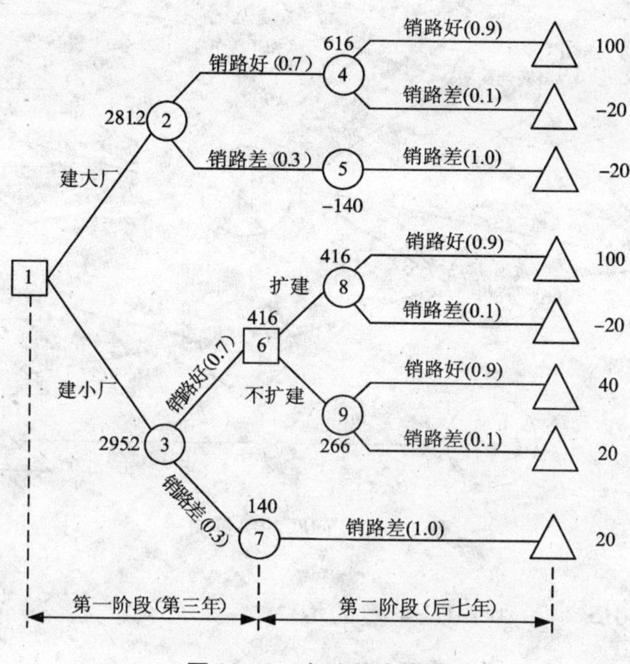

图 11-2　多阶段决策树

第三步:由计算结果可知,由于节点 3 的期望损益值大于节点 2 的期望损益值,因此决策点 1 应选取策略点 3(即先建小厂)。若前 3 年的产品销路好,则由策略点 8 的期望损益值大于节点 9 的值,故决策点 6 应选取扩建大厂的方案;若前 3 年销路差,扩建只能亏损,则第二阶段应维持小厂方案。

【例 11-5】　某电力部门在制定五年规划时,打算以新一代大功率汽轮机 20 台替换原来的汽轮机,对新汽轮机可考虑四种研制方案及全部进口的办法:

(1)自行研制。大约需要投资 1 亿元,成功概率为 0.6。

(2)进口一台样机研究仿制,大约需要投资 0.8 亿元,外加进口样机费用 0.3 亿元,研究仿制成功概率为 0.8。

(3)购买专利后研制则肯定能获成功,大约需要投资 0.5 亿元,购买专利费用待与外商谈判解决。

(4)同外商谈判进口全部 20 台汽轮机,肯定能成功,但每台要 0.25 亿元;与外商谈判进口样机,成功概率为 0.8;购买专利成功概率为 0.5;研制成功后,每台汽轮机的制造费用大约 0.1 亿元,预期使用年限 20 年,每年每台汽轮机大约可创造利润 150 万元。试为该部门决策者在同外商谈判时,购买专利确定最大费用(谈判费用均可忽略,若谈判失败,则立即转入自行研制)。

解:设购买专利的最大费用为 x 亿元,画决策图(图 11-3),计算各点损益值。

$E_1 = 20 \times 20 \times 0.015 - (0.5 + x) - 20 \times 0.1 = (3.5 - x)$(亿元)

$E_2 = -(0.5 + x)$(亿元)

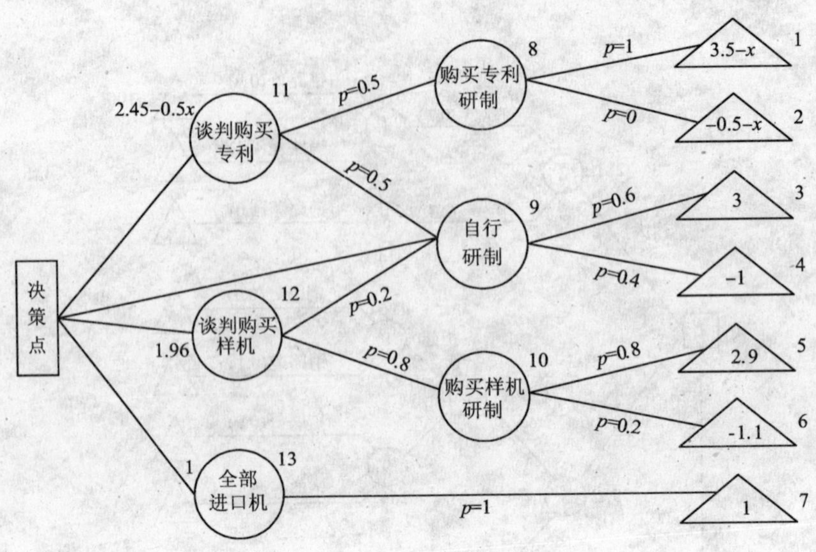

图 11-3 问题的决策树

$E_3 = 20 \times 20 \times 0.015 - 1 - 20 \times 0.1 = 3$(亿元)

$E_4 = -1$(亿元)

$E_5 = 20 \times 20 \times 0.015 - (0.3 + 0.8) - 20 \times 0.1 = 2.9$(亿元)

$E_6 = -(0.3 + 0.8) = -1.1$(亿元)

$E_7 = 20 \times 20 \times 0.015 - 20 \times 0.25 = 1$(亿元)

$E_8 = E_1 = (3.5 - x)$(亿元)

$E_9 = 3 \times 0.6 - 1 \times 0.4 = 1.4$(亿元)

$E_{10} = 2.9 \times 0.8 - 1.1 \times 0.2 = 2.1$(亿元)

$E_{11} = (3.5 - x) \times 0.5 + 0.5 \times 1.4 = (2.45 - 0.5x)$(亿元)

$E_{12} = 0.2 \times 1.4 + 0.8 \times 2.1 = 1.96$(亿元)

$E_{13} = E_7 = 1$(亿元)

令 $1.96 \leqslant 2.45 - 0.5x$，得 $x \leqslant 0.98$ 亿元，该部门为购买专利最多预备 9800 万元。

11.4 风险决策的敏感性分析

11.4.1 敏感性分析的概念

风险决策的关键在于各种自然状态出现的概率是已知的，而且是根据过去经验估计出来的。可见，根据这样的概率数值计算出来的损益值，不可能十分精确可靠。一旦概率值有了变化，据以确定的决策方案是否仍然有效，就成为值得重视的问题。因此，在决策过程中，就有了解概率值变化对最优方案的选择究竟存在多大影响的必要。概率变化到什么程度才引起方案的变化，这一临界点的概率称为转折概率。对决策问题做出这种分析，就叫做敏感性分析，或叫做灵敏度分析。经过敏感性分析之后，如果决策者所选择的最优方案不因自然状态概率在其允许的误差范围内变动而变动，这个方案就是比较可靠的。

敏感性分析的步骤为：①求出在保持最优方案稳定的前提下，自然状态概率所容许的变动范围；②衡量用于预测和估算这些自然状态概率的方法，其精度是否能保证所得概率值在此允许的误差范围内变动；③判断所作决策的可靠性。

11.4.2　两状态两行动方案的敏感性分析

【例 11－6】　某公路工程队签署一项开赴远地施工的合同，由于出发之前有一段必要的准备时间，故当前就面临着决定是否在下月开工的问题。如开工后天气好，则当月可顺利完工，获得利润 12.5 万元；如开工后天气坏，则将造成各种损失计 4.8 万元。若决定下月不开，即就地待命，那么，天气好可临时承包一些零星工程，利润值估计可达 5.5 万元；天气坏则付出损失费(主要是窝工费)1.2 万元。根据气象预测，下月天气好的概率为 0.65，天气坏的概率为 0.35。试作出行动方案决策，并进行敏感性分析。

解： 首先画出决策树图，计算两个行动方案的期望利润值。

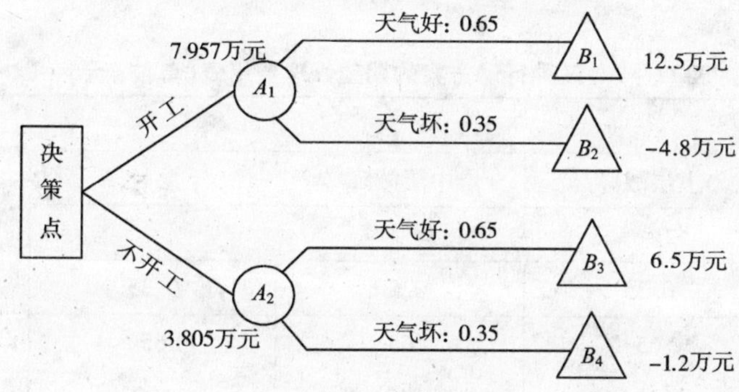

图 11－4　施工决策树

开工的期望利润值 $=12.5\times0.55+(-4.8)\times0.35=7.957$(万元)

不开工的期望利润值 $=6.5\times0.65+(-1.2)\times0.35=3.805$(万元)

计算结果表明，开工方案是最佳方案。

气象预测可能会出现较大的误差。$P=0.65$ 是根据过去的气象统计资料估计的。若其概率 $P=0.5$，开工方案是否仍为最优，则需进行敏感性分析，求出下月开工方案作为最优方案的稳定性条件。

敏感性分析是通过引起方案另选的临界概率来进行的。一旦出现概率大于或小于某个数值时，方案就得另选；否则，原方案仍属有效，可以继续采用，这样的概率数值称为临界概率。令上例开工和不开工方案的期望值相等，求得的概率为临界概率 P，即：

开工方案的期望值 $=P\times12.5+(1-P)\times(-4.8)=17.3P-4.8$；

不开工方案的期望值 $=P\times6.5+(1-P)\times(-1.2)=7.7P-1.2$。

由于假设两个方案的期望值相等，故：$17.3P-4.8=7.7P-1.2$，则 $P=0.375$。0.375 就是临界概率，当 $P>0.375$ 时，说明开工方案作为最佳决策是稳定的，即奔赴外地开工优于就地待命；当 $P<0.375$ 时，说明开工方案劣于不开工方案，即奔赴外地开工不如就地待命；

当 $P=0.375$ 时，说明开工和不开工无差别，即奔赴外地开工和就地待命的效益相同。

敏感性分析为决策方案的选择提供了很大的方便。只要掌握的概率数值不超过临界概率，原选方案就仍有效。例如，上述天气好的概率由 0.65 变为 0.5，由于没有低于临界概率 0.375，所以原选方案仍为最优。可见，敏感性分析对风险决策是非常重要的。

11.4.3 三状态三行动方案的敏感性分析

【例 11-7】 某过滤设备出厂由上、中、下三层组成，每层有一个过滤筛，是易损件。在修理时测不出是哪层坏了，只有换上才能试出是不是这层坏了。各层的修理费用不同，过滤筛本身并不贵，主要是费工。换上层筛需要 20 元；换中层筛要拆开上、中两层，共需要 35 元；换下层筛则要大拆大卸，共需要 65 元。现有三种行动方案：d_1，一拆到底，直到下层，全换新筛，需要 65 元；d_2，先换上、中两层，需要 35 元，若不行，再换下层，需要 65 元，共需要 100 元；d_3，一层一层换下去，最多需要 $20+35+65=120$ 元。根据过去的大量统计资料，这种设备上、中、下三层过滤筛出现故障的概率分别为 0.35、0.30 和 0.35，且这个比例比较稳定。根据期望值标准，可以计算出各种行动方案的期望修理费用，如表 11-7 所示。

表 11-7 三种行动方案的期望修理费用表(单位：元)

行动方案	状态			期望修理费用(元)
	上层故障	中层故障	下层故障	
	概率			
	0.35	0.30	0.35	
d_1	65	65	65	65
d_2	35	35	100	57.75
d_3	20	55	120	65.5

由表 11-7 可知，行动方案 d_2 的期望修理费用最小，因此，可选方案 d_2 为最优方案。然而，如果各层出现故障的概率稍有变化，如上、中、下三层的概率分别为 0.40、0.30 和 0.30，选择方案是否会发生变化呢？可以重新计算其期望修理成本，即：

$$E(d_1)=65\times0.40+65\times0.30+65\times0.30=65(\text{元})$$

$$E(d_2)=35\times0.40+35\times0.30+100\times0.30=54.5(\text{元})$$

$$E(d_3)=20\times0.40+55\times0.30+120\times0.30=60.5(\text{元})$$

计算结果仍然是方案 d_2 的期望修理费用最低，这说明这一决策并不十分敏感。但是，从逻辑上可以看出，随着故障在上层的概率增加，就不利于方案 d_1，而向有利于方案 d_3 变化。但要对每种概率的变化都重新计算期望值是困难的，所以要进一步了解这些概率变化到什么程度才会引起方案的改变，这就需要计算转折概率。

设 P_1、P_2 和 P_3 分别代表上、中、下三层出现故障的概率。因为 $P_1+P_2+P_3=1$，所以只用 P_1 和 P_3 两个未知参数就够了，$P_2=1-P_1-P_3$。这时，三个行动方案的期望修理费用分别是：

方案 $d_1=65$ 元

方案 $d_2 = 35P_1 + 35 \times (1 - P_1 - P_3) + 100P_3 = 35 + 65P_3$

方案 $d_3 = 20P_1 + 55 \times (1 - P_1 - P_3) + 120P_3 = 55 - 35P_1 + 65P_3$

如果选中方案 d_2，说明方案 d_2的期望修理费用低于方案 d_1和 d_3，就应同时满足：

$35 + 65P_3 \leqslant 65$ 和 $35 + 65P_3 \leqslant 55 - 35P_1 + 65P_3$

解上述方程，得：$P_1 \leqslant 0.571$，$P_3 \leqslant 0.462$。用同样的办法可求得选中方案 d_1 的条件是 $P_3 > 0.462$，选中方案 d_3的条件是 $P_1 > 0.571$（图 11－5）。

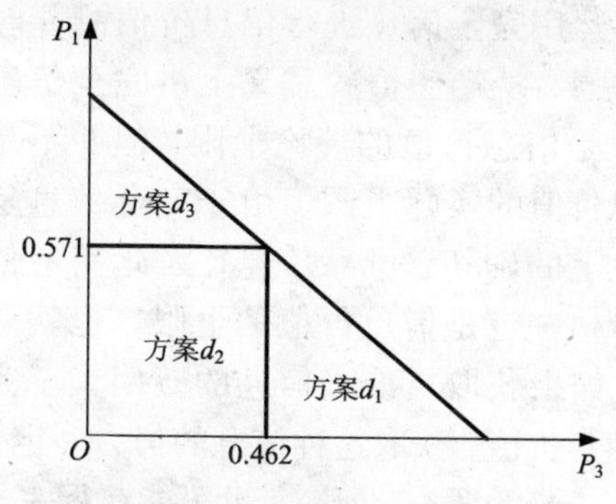

图 11－5　三状态三行动概率图

原来 P_1和 P_3的经验概率为 0.3 和 0.35，这和临界概率 0.571 和 0.462 还有一段距离，所以即使稍有变化，也不影响对方案的选择。敏感性分析提供了应当改变修理方案的界限。若一旦发现上层故障出现的概率大于 0.571，就应该改选方案 d_3；当下层故障出现的概率大于 0.462 时，就应该按方案 d_1进行修理，这样才能保证平均修理费用最小。

11.5　完全信息价值

11.5.1　完全信息价值的概念

这里所说的信息是指对决策有关的情报、数据资料等，包括可能采取的行动方案，各行动方案所面临的可能出现的各种自然状态及其概率，以及计算每一行动方案在每一自然状态下的损益值所需的基础数据资料。信息的准确程度对决策的可靠性会产生影响，一般而言，信息越多，据以做出的决策就越可靠，但信息的获得往往要花费一定的时间和费用。

所谓完全信息，就是指对决策问题采取某一具体行动方案时会出现的自然状态、概率以及方案的损益值能够提供完全确切的情报，那么完全信息价值也就是利用完全信息进行决策所得到的收益期望值减去没有这些信息选择最优方案的收益期望值。显然，如果获取这些信息的花费高于完全信息的价值，那么搜集这种信息在经济上是不合适的。

11.5.2　完全信息价值的意义

在实际中，一般不会取得真正意义上的完全信息，但在风险型决策中应用完全信息的概念进行信息价值的测算有以下两方面的意义：

一方面，可以得到决策中获取信息所付出代价的上限（期望）。既然我们在风险型决策中搜集的信息，准确程度都不会达到完全信息的水平，那么，我们通过调查、试销等方式取得的更加准确的追加信息，其价值一定是低于完全信息的价值。因此，通过计算完全信息的价值，就可以得到通过各种途径获取信息其价值的上限，也就是搜集资料花费的上限。从这个意义上，可以认为计算完全信息的方法也是信息价值测算的方法。

另一方面，通过信息价值的测算，可以初步判断所作决策方案的期望利润值随信息量的增加而增加的程度。信息价值越大，说明信息量增加后，期望利润的增加值会较大，对这样的决策方案，应该进行进一步的研究，很可能在获取更多信息的情况下，获利也会有很大的增长。反之，信息价值小，说明信息量的增加对该方案影响较小，即使进一步调查，获取更多、更准确的信息，该方案的获利也不会有太大的增加。信息价值的测算还可从另一个侧面说明方案的稳定性，信息价值小的方案稳定性好，信息价值大的方案稳定性差些。

运用完全信息进行信息价值测算时应注意，从期望值的意义上讲完全信息价值是信息价值的理论上限，但并不是信息价值的实际上限。由于完全信息是理论上的确切、可靠信息，因此完全信息价值一定是信息价值的上限。也就是说，如果获取更准确信息的费用大于完全信息价值，获取这种信息的努力一定是不可取的，如图 11－6 中区域 A。实际中即使进行了进一步的调查、研究，也不能获得完全信息，信息的实际价值低于完全信息的价值。

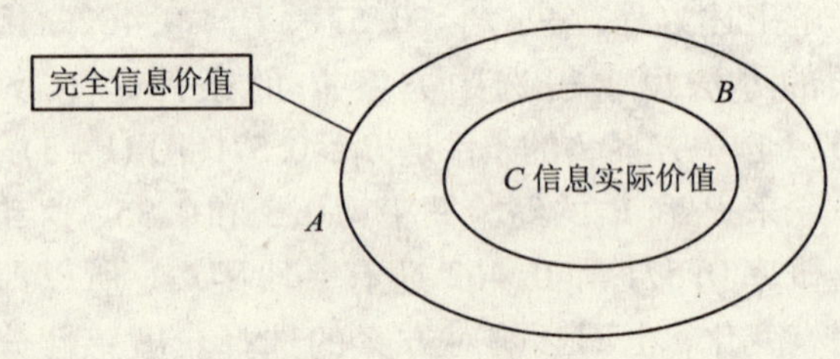

图 11－6 信息区域

如果决策时获取更准确信息的费用低于完全信息的价值，则获取这种信息有可能是值得的，如图 11－6 中区域 C，也有可能是不值得的，如图 11－6 中区域 B。不过，还应该注意，完全信息价值实际上是一个期望值，即平均的完全信息价值。

1. 完全信息价值的应用

【例 11－8】 某地为生产某种产品而设计了 3 个基本建设方案，方案一：建设大工厂，将要投资 560 万元；方案二：建设中等规模工厂，需要投资 320 万元；方案三：建设小工厂，仅需要投资 150 万元。三者的使用期都是 10 年，估计在此期间内，产品销路好的可能性是 0.7，销路差的可能性是 0.3，3 个方案投产后的年度损益值和期望损益值如表 11－8 所示（此例没有考虑资金的时间价值）。所列损益值及期望损益值为 10 年总的损益值。

表 11－8 方案投产后年度损益值和期望损益值（单位：万元）

基本建设方案	年度损益值		10 年期望损益值
	销路好（$P_1=0.7$）	销路差（$P_2=0.3$）	
方案一	150	－40	370
方案二	100	－10	350
方案三	50	20	260

根据期望值标准，建设大工厂的方案比较合理，此例也可用决策树模型进行方案选择（图 11－7），然而，完全信息下的决策树如图 11－8 所示。

（1）销路好的情况下

建大厂方案损益值：$150\times10-560=940$（万元）

建中等规模工厂方案损益值：$100\times10-320=680$（万元）

建小厂方案损益值：$50\times10-150=350$（万元）

可见，已知销路好的情况下，应该建大厂，可期望获取收益 $E_2=960$（万元）。

（2）销路差的情况下

建大厂方案损益值：$-40\times10-560=-960$（万元）

建中等规模工厂方案损益值：$-10\times10-320=-420$（万元）

建小工厂方案损益值：$20\times10-150=50$（万元）

可见，在已知销路差的情况下，应建设小厂，期望收益为 $E_3=50$（万元）。

（3）完全信息价值的测算

完全信息下决策的期望收益值：$E_1=0.7\times940+0.3\times50=673$（万元）

完全信息价值：$673-370=303$（万元）

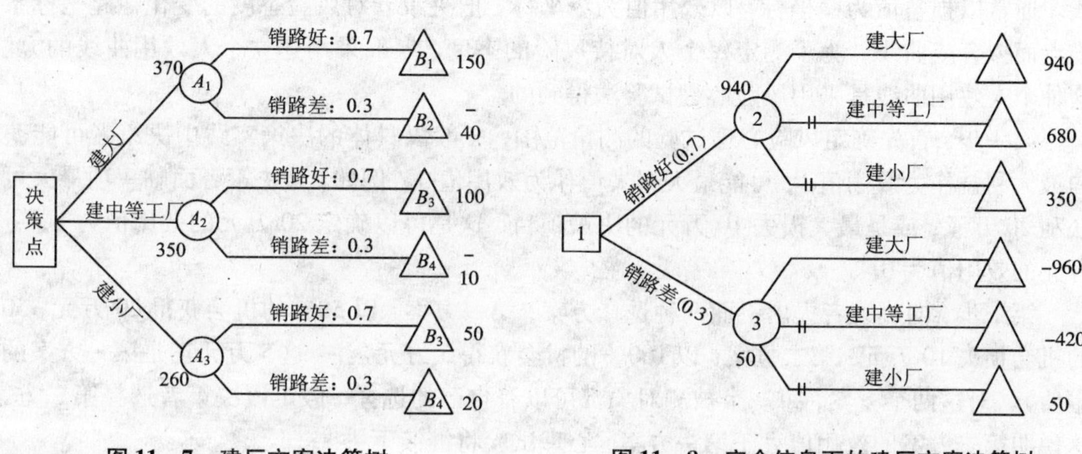

图 11－7　建厂方案决策树　　**图 11－8　完全信息下的建厂方案决策树**

可见，该项目信息价值较大，应该进行进一步的调查，搜集更多的信息。信息量增加后，期望利润应该有较大的增加。

11.6　效用概率决策方法

11.6.1　效用的含义

在决策中，决策者的个性、才智、胆识、经验等主观因素，使不同的决策者对相同的损益问题会做出不同的反应；即使是同一决策者，由于时间和条件等客观因素不同，对相同的损益问题也会有不同的反应。决策者这种对于损益问题的独特感受和取舍，称之为“效用”。

例如，某人遇到这样一个选择机会，他可以无条件地获得 25 元，或者采用投硬币的方式确定他获得的多少。如果投硬币正面向上，可获得 150 元；如果反面在上，他不但得不到钱，还要付出 50 元。在这种情况下，该人是不冒风险要那 25 元，还是冒着 50% 的可能付出 50 元去争取 150 元呢？大多数人可能都会选择第一方案，即不冒风险得到 25 元的方案，但也不排除有人会选择投机的第二方案。如果这样的机会不止一次，而是十次、百次或更多，那么从期望值决策准则来说，他会选择第二种方案，因为第二种方案的期望值是

150 × 1/2 + (−50) × 1/2 = 50(元)。但如果仅有一次机会，这样的决策就不太符合一般人的决策偏好了。这就是说，同一货币量在不同场合对决策者会产生不同的价值含义。这种货币量对决策者产生的价值含义就称为货币量的效用值，很显然，一个偏好用冒风险的办法去获得同一货币量的人，他肯定是一个敢冒险的决策者。那么如何在决策时，反映决策者的这种偏好呢？这就是效用理论，效用代表着决策者对风险的态度，也是决策者胆略的一种反映。

11.6.2 效用曲线

效用曲线又称“偏好曲线”，它是用来反映决策后果的损益值与决策者效用之间关系的曲线。通常以损益值为横坐标，以效用值为纵坐标，把决策者对风险态度的变化在此坐标系中描点而拟合成曲线。为了测定每个人对待风险的态度，一般采用建立个人效用曲线的方法，这种个人效用曲线是采用风险心理试验法得到的。

第一步，首先确定风险心理试验的测量范围，一般以具体的决策实践中决策者可能获得的最大利益作为效用值 1，可能最大损失值作为效用值 0。例如，某决策者面临一项最大可能获利 20 万元，或是最大损失 10 万元的决策项目，这是可以确定 20 万元的效用值为 1，−10 万元的效用值为 0。

第二步，向决策者提出下面两种选择方案，第一方案，以 50% 的机会获得 20 万元，50% 的机会损失 10 万元；第二方案，以 100% 的机会获得 5 万元(注：这 5 万元正是第一方案的期望值)。对这两个方案，每一个被测对象都可以有自己的选择，假定该决策者选择第二方案，这说明第二方案的效用值大于第一方案，心理试验将继续下去。

第三步，向决策者提出将第二步的第二方案中的 100% 机会获得 5 万元改为 2 万元，问决策者的选择有何改变。假定该决策者认为有 50% 的机会损失 10 万元，对他所处的现状来说是不能接受的，那么他仍然会选择 100% 的把握获得 2 万元的方案。这说明第二方案的效用值仍然大于第一方案，心理试验继续下去。

第四步，向决策者提出，如果他不选择第一方案，他必须付出 1 万元。这时该决策者可能很不情愿白花 1 万元，而愿意采用第一方案。这是说明让决策者无条件地付出 1 万元的效用比第一方案的效用值低。

这样的心理试验反复试验下去，直到最后可能达到这样的妥协：决策者觉得或者一分钱不付，或者采用第一方案，两者对他是一样的。这说明对于该决策者来说，0 的货币量与采用第一方案的效用相同。

因第一方案的效用值是 $1 \times 0.5 + 0 \times 0.5 = 0.5$，故对该决策者来说，货币值 0 的效用是 0.5。接着，可以在 0 ~ 20 万元和 −10 万元 ~ 0 万元之间进行与上面相同的心理试验。例如，在 0 ~ 20 万元的心理试验是关于效用值 $0.5 \times 0.5 + 1 \times 0.5 = 0.75$ 的等价货币值试验。其对应的投机方案是 50% 的机会获得 0 元，50% 的机会获得 20 万元。为了下面叙述方便，这里称其为投机第三方案，其心理试验程序见表 11 − 9。

表 11－9　效用值为 0.75 的心理试验程序

问　题	决策者的反应	含　义
1. 您愿意无条件获得 15 万元，还是进行方案 3 的投机	无条件获 15 万元	15 万元的效用值大于 0.75
2. 您愿意无条件获得 10 万元，还是进行方案 3 的投机	无条件获 10 万元	10 万元的效用值大于 0.75
3. 您愿意无条件获得 5 万元，还是进行方案 3 的投机	进行方案 3 的投机	5 万元的效用值小于 0.75
4. 您愿意无条件获得 7 万元，还是进行方案 3 的投机	进行方案 3 的投机	7 万元的效用值小于 0.75
5. 您愿意无条件获得 8 ~ 8.5 万元，还是进行方案 3 的投机	两者差不多吧	8.25 万元的效用值等于 0.75

再继续进行下去就可以得到足够的试验数据，做假定在 －10 万元 ~ 0 万元之间的心理试验得到的结果是 －0.585 万元，这说明 －0.585 万元的效用值是 $0\times0.5+0.5\times0.5=0.25$。按照同样的方法，还可以在 20 ~ 8.25 万元，8.25 ~ 0 万元，0 ~ －0.585 万元，－0.585 ~ －10 万元之间进行同样的心理试验，便可得到与效用值对应的货币量。

$1\times0.5+0.75\times0.5=0.875$

$0.75\times0.5+0.5\times0.5=0.625$

$0.5\times0.5+0.25\times0.5=0.375$

$0.25\times0.5+0\times0.5=0.125$

再继续进行下去，就可以得到足够的试验数据，画出图 11－9 所示的效用曲线 A，对另外一个决策者进行同样的心理试验，其结果可能不同，假定得到的效用曲线为图 11－9 中的曲线 B。

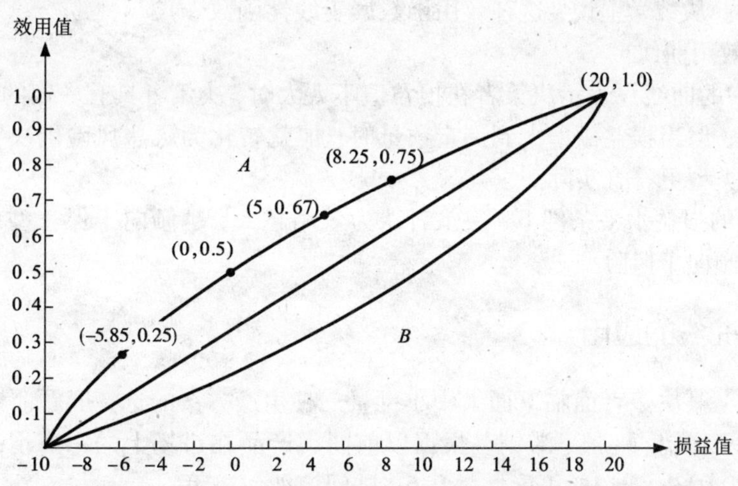

图 11－9　效用值为 0.75 的心理试验程序

11.6.3 效用曲线的种类

效用曲线有四种类型(如图 11－10 所示)。

(1)保守型效用曲线

图 11－10 中的曲线Ⅱ严格上凸(下凹),表示效用随着损益值的增加而增加,但递增速度越来越慢,即边际效用递减。这样的决策者对于亏损特别敏感,而大的收益对他的吸引力却不是很大,决策者容易满足,对损失比较敏感,对收益的反应比较迟钝,不求大利,只求避免风险。从数学上说,这种效用函数属于凹函数。

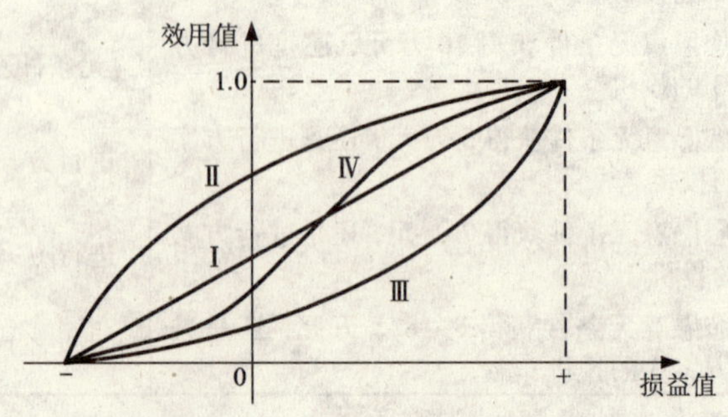

图 11－10 效用曲线类型图

(2)激进型效用曲线

图 11－10 中的曲线Ⅲ是下凸(上凹)的,表示效用随着损益值的增加而增加,但递增速度越来越快,即边际效用递增。曲线中间部分呈下凹形状,表示决策者专注于想获得大的收益而不十分关心亏损,这种类型的决策者不易满足。从数学上说,这种效用函数属于凸函数。

(3)中间型效用曲线

图 11－10 中的直线Ⅰ表示决策的效用与决策损益的货币效果呈线性关系,对应于这种效用函数的决策者对决策风险抱中立态度,他或是认为决策的后果对大局无严重影响,或者因为该项决策可以重复进行,从而获得平均意义上的成果,因而对决策的某项后果不予特别关注而谨慎从事,由于这类效用函数是线性关系,因此,效用期望值最大的方案也是收益期望值的最大方案。从数学上说,这种效用函数属于线性函数。

(4)混合型效用曲线

图 11－10 中的曲线Ⅳ表示决策者在损益值不太大时,决策者具有一定的冒险胆略,追求风险属于激进型,但当损益额增大到一定数量时,他就转化为厌恶风险的决策者了,变为保守型,其实这种类型更符合实际。

一般在一定的损益水平条件下,决策者认为效用越大,越倾向于保守型;反之决策者认为效用越小,越倾向于风险型。

11.6.4 效用曲线的应用

【例 11－9】 某决策者面临下面大中小批量三种生产方案的选择问题。该产品投放市场可能有三种情况:畅销、一般、滞销。根据以前同类产品在市场上的销售情况,畅销的可能性是 0.2,一般为 0.3,滞销的可能性是 0.5,试问该如何决策。

解: 决策表见表 11－10 所示,按期望值标准以损益值进行决策。

表 11－10　生产方案决策表（单位：万元）

方　案	畅销(0.2)	一般(0.3)	滞销(0.5)
大批(A_1)	20	0	-10
中批(A_2)	8.25	2	-5
小批(A_3)	5	1	-1

$E(A_1)=20\times0.2+0\times0.3+(-10)\times0.5=-1$（万元）

$E(A_2)=8.25\times0.2+2\times0.3+(-5)\times0.5=1.25$（万元）

$E(A_3)=5\times0.2+1\times0.3+(-1)\times0.5=0.8$（万元）

因此，应进行中批生产。

假定对该决策者进行风险心理试验得到的效用曲线为图 11－10 中曲线Ⅱ，将其决策表 11－10 中的货币量换成相应的效用值，得到以效用值进行决策的决策表 11－11。

表 11－11　决策者 A 以效用值进行生产方案决策

方　案	畅销(0.2)	一般(0.3)	滞销(0.5)
大批(A_1)	1.0	0.5	0
中批(A_2)	0.75	0.57	0.3
小批(A_3)	0.66	0.54	0.46

这时，$E(A_1)=1.0\times0.2+0.5\times0.3+0\times0.5=0.15$

$E(A_2)=0.75\times0.2+0.57\times0.3+0.3\times0.5=0.471$

$E(A_3)=0.66\times0.2+0.54\times0.3+0.46\times0.5=0.524$

应采取小批生产，这说明决策者 A 是小心谨慎的，是位保守型的决策者。假定对该决策者进行风险心理试验得到的效用曲线是图 11－10 中曲线Ⅲ，将决策表 11－10 中的货币量换成相应的效用值，得到以效用值进行决策的决策表 11－12。

表 11－12　决策者 B 以效用值进行生产方案决策

方　案	畅销(0.2)	一般(0.3)	滞销(0.5)
大批(A_1)	1.0	0.175	0
中批(A_2)	0.46	0.23	0.08
小批(A_3)	0.325	0.2	0.15

这时，$E(A_1)=1.0\times0.2+0.1755\times0.3+0\times0.5=0.2525$

$E(A_2)=0.46\times0.2+0.23\times0.3+0.08\times0.5=0.201$

$E(A_3)=0.325\times0.2+0.2\times0.3+0.15\times0.5=0.2$

对决策者 B 来说，应选择大批量生产，很显然这是位敢冒险的决策者。

11.7 连续性变量的风险型决策方法

11.7.1 几个概念

前面讨论的都是离散型变量的风险型决策，方案是有限的，情况比较简单，用来说明风险决策的原理比较方便。但是，在实际决策中常常会遇到连续型的变量，或者虽然是离散型的，但可能出现的状态数量很大，这就无法把每种状态和采用的方法结合的结果一一列举。例如，某种商品的需求量作为一个逐日发生的重复事件，是一个随机变量，每天都有一个在数字上确定的结果，而 100 天就可能有 100 种不同的结果。正是由于这类随机变量有非常多的可能结果，所以不能采用前面那种对几个条件结果值进行分析的办法来解决问题。但是，我们可以改变一下办法，不去针对每个备选方案寻找或计算它的期望值，而是设法寻找期望值作为一个变量随备选方案依一定次序的变化而变化的规律性。只要这个期望值变量在该决策问题定义的区间内是单峰的，则其峰值处所对应的那个备选方案，就应是决策问题的最优方案。按这种思想处理问题，就可以避开计算每个备选方案的期望值，从而解决连续型随机变量的决策问题。

这个方法类似于经济学中的边际分析法。边际的概念是经济学中常用的一个概念，边际分析法就是应用边际原理进行风险决策的一种方法。这种方法导源于边际费用和边际收入两者相等时可获最大利润的原理。以下介绍几个概念：

①边际费用：是指增加一个单位产品所需增加的费用。

②边际收入：是指生产和出售一个单位产品所得到的收入增量。

很明显，如果边际收入大于边际费用，就应该增加生产，直到边际收入等于边际费用；如果边际费用大于边际收入，就应该减少生产，直到两者相当。将这一原理用于决策分析，必须把边际收入和边际费用的概念用期望边际利润和期望边际损失的概念来代替。

③边际利润：是指存有并卖出一追加单位产品所得到的利润值。

④期望边际利润：是边际利润乘以其中的追加产品能被卖出的概率。

⑤边际损失：是指由于存有一追加单位产品而卖不出去所造成的损失值。

⑥期望边际损失：是边际损失乘以其中的追加产品卖不出去的概率。

11.7.2 边际分析法的应用

边际分析法是把追加的支出和追加的收入相比较，二者相等时为临界点，也就是投入的资金所得到的利益与输出损失相等时的点。如果决策的目标是取得最大利润，那么追加的收入和追加的支出相等时，这一目标就能达到。边际的含义就是因变量关于自变量的变化率，或者说是自变量变化一个单位时因变量的改变量。

【例 11 - 10】 冷饮店拟订某种冷饮在 7、8 月份的日进货计划。该品种的冷饮进货成本为每箱 30 元，销售价格为 50 元，当天销售后每箱可获利 20 元。但如果当天剩余一箱，就要由于冷藏费及其他原因而亏损 10 元。现市场需求情况不清楚，但有前两年同期计 120 天的日销售量资料(表 11 - 13)，试用边际分析法对进货计划进行决策。

表 11 - 12　冷饮店 120 天日销售量资料

日销售量(箱)	完成日销售量的天数	概率值
100	24	24/120 = 0.2
110	48	48/120 = 0.4
120	36	36/120 = 0.3
130	12	12/120 = 0.1
合　计	120	1.0

当我们分析该店进货安排多少箱为佳时，从边际分析入手，就是要考虑到每增加进货一箱，都存在两种可能：当天顺利售出或未能售出。顺利售出可以多得利润 20 元，即边际利润，用 *MP* 表示。未能售出将会蒙受损失 10 元，即边际损失，用 *ML* 表示。进货每增加一箱后能否售出是根据市场需要而定的。在风险型情况下，市场需要状况又只能以销售概率表示。这里的决策标准仍然是期望值，但要求将期望边际利润与期望边际成本进行比较：若前者大于后者，说明有利可图的可能性大，应当进货；若后者大于前者，说明蒙受损失的可能性大，不应当进货；当两者相等达到平衡时，便是最大进货界限，若再增加进货，则所增加的部分出现亏损的概率将大于获得利润的概率。

为了研究这个问题，需要计算各种自然状态下的累积概率值。现利用表 11 - 12 的资料编制成表 11 - 13 的该种冷饮日销售量的累积销售概率表。

表 11 - 13　该冷饮日销售量累积销售概率表

日销售量(箱)	销售概率	累积销售概率
130	0.1	0.1
120	0.3	0.4
110	0.4	0.8
100	0.2	1.0

在表 11 - 13 中，累积销售概率的意思是至少销售某一数量的概率。例如，市场日销售量至少为 100 箱的累积销售概率为 1.0，因为日销售量为 110 箱、120 箱、130 箱时，都已把销售 100 箱包括在内。所以，至少销售 100 箱的概率(即累积销售概率)是 4 种日销售量的销售概率之和，即 0.2 + 0.4 + 0.3 + 0.1 = 1.0。但至少销售 110 箱的累积概率，则不包括只销售 100 箱的概率在内，其累积销售概率为日销售 110 箱、120 箱、130 箱的概率之和，即 0.8。以此类推，日销售 120 箱和 130 箱的累积概率分别为 0.4 和 0.1。

以 P 代表当天能够顺利销售出去的最后一箱的累积概率，则这最后一箱不能售出的概率为 $l-P$。按照前面做的边际分析，确定最佳日进货计划的方法是：令能够顺利售出的期望边际利润，即 $P\times(MP)$，等于不能售出的期望边际损失，即 $(1-P)\times(ML)$。根据这种均等关系确定的累积概率 P，称为转折概率，然后从累积概率表中找出与转折概率 P 相对应的日销售量，这个日销售量就是最佳的进货量，这时可以获得最大期望利润。

转折概率 P 的计算公式可由上述等式关系换项整理而得出，因为 $P \times MP = (1-P) \times ML$，所以可得 $P = ML/(MP + ML)$。

由于本例 $MP = 20$ 元，$ML = 10$ 元，则求转折概率 P 为 $P = 10/(20+10) = 0.33$。转折概率计算出之后，可对表 11－13 进行观察，但表中并无累积概率正好等于 0.33 的日销售量。由于 0.33 介于表中 0.1 和 0.4 之间，即最佳进货量应介于 120 箱到 130 箱之间。可以用线性内插近似地计算出最佳进货量 $= 120 + (130-120) \times (0.4-0.33)/(0.4-0.1) = 122$（箱）。

为了进一步说明问题，现计算各种计划方案下最后一箱的期望边际利润和期望边际损失。其计算和比较结果如表 11－14 所示。

表 11－14　期望边际利润和期望边际损失计算和比较结果表

日进货量（箱）	累积的销售概率	期望边际利润（元）$P \times (MP)$	比较关系	期望边际损失（元）$(1-P) \times (ML)$
100	1.0	$1.0 \times 20 = 20$	>	$0 \times 10 = 0$
110	0.8	$0.8 \times 20 = 16$	>	$0.2 \times 10 = 2$
120	0.4	$0.4 \times 20 = 8$	>	$0.6 \times 10 = 6$
132	0.33	$0.33 \times 20 = 6.6$	=	$0.66 \times 10 = 6.6$
130	0.1	$0.1 \times 20 = 2$	<	$0.9 \times 10 = 9$

由表 11－14 可知，当日进货 100 箱、110 箱、120 箱时，期望边际利润都大于期望边际损失，由于盈利的可能性大，这时仍应继续进货。但是，当进货量增至 130 箱时，期望边际利润小于期望边际损失，这最后一箱发生亏损的期望超过了获得利润的期望。因此，进货量不宜由 120 箱增加到 130 箱。在累积概率为 0.33 而相应的进货量为 122 箱时，期望边际利润正好与期望边际损失相等，这是一个转折点，进货超过这一点，期望边际利润就小于期望边际损失了，所以称这时的累积概率为转折概率，相应的进货量就是最佳进货量。所以，最优决策方案应该是日进货 122 箱。

11.7.3　应用标准正态概率分布进行决策

我们可以根据标准正态概率分布的概念，运用连续分布来处理决策问题。

设有一生产销售问题的风险型决策，如果满足下列两个条件，①该决策问题的自然状态（市场需求量）为一连续型的随机变量 x，其概率密度为 $f(x)$；②备选方案 $d_1, d_2, \cdots, d_i, \cdots, d_m$ 分别表示生产（或存有）数量为 $1, 2, \cdots, i, \cdots, m$ 单位的某种产品或商品。

那么，该风险型决策取得最大期望利润值的方案 d_k，其所代表生产（或存有）的单位产品数量 k（最佳方案）由下式决定：

$$(a+b)\int_{k}^{+\infty} f(x)\,\mathrm{d}x = b$$

式中，a 为边际利润值，即生产并卖出一追加单位产品所获得的利润值；b 为边际损失值，即存有一追加单位产品而卖不出去所造成的损失值。

【例 11－11】　某一家蔬菜商店承担本区居民点的蔬菜供应。每天凌晨由附近农村将新鲜蔬菜运到商店，然后再零售给顾客。近来该店以每 500 g 0.80 元的价格每天向农村进货 20

卡车蔬菜(每卡车 2000 kg)，以每 500 g 1.05 元的价格零售出去。某些时候，当天可将 20 卡车 40000 kg 菜全部售完，但多数情况下却有剩余。由于这类蔬菜无留放处理的价值，当天未售完须全部扔掉，于是每剩 500 g 菜就损失 0.80 元，该店经理设想是否每天向农村少进一些货，他关心的是获取最大利润值的问题。他根据近期各分店的销售记录，计算出该地区蔬菜需求量平均每天为 37650 kg，标准差为 9600 kg。现要求用决策分析方法决定每天应向农村购进多少 kg 蔬菜。

解：根据概率论的中心极限定理，实际问题中的许多随机变量，只要它们是由大量的相互独立的随机因素的综合影响所形成，而其中每一个别的因素在总的影响中所起的作用都很微小，则这种随机变量就近似于服从正态分布。上述居民区每天的蔬菜需求量 x，是大量的个别居民每天需求量的总和，故其近似服从正态分布，且概率密度为：

$$f(x)=\begin{cases}\dfrac{1}{\sqrt{2\pi}\sigma}e^{-\frac{(x-\mu)^2}{2\sigma^2}} & X>0\\ 0 & x\leqslant 0\end{cases}$$

式中，μ 为数学期望，也是本例中每日平均蔬菜需求量，这里 $\mu=37650$ kg；σ 为均方差，也是本例中每日平均需求量的标准差，这里 $\sigma=96000$ kg。

设 k 为最佳决策，即该商店每天向农村购进的蔬菜 g 数为 k。现根据该商店的进货价格和零售价格计算出边际利润值 a 和边际损失值 b：

a = 卖出每 500 克菜所获利润 = 1.05 − 0.80 = 0.25(元)

b = 存有每 500 克菜而卖不出的损失值 = 0.80(元)

将以上值及 $f(x)$ 的正态函数代入公式，可得：

$$(0.25+0.80)\int_k^{+\infty}\frac{1}{\sqrt{2\pi}\sigma}e^{-\frac{(x-\mu)^2}{2\sigma^2}}dx=0.80$$

即：$\displaystyle\int_k^{+\infty}\frac{1}{\sqrt{2\pi}\sigma}e^{-\frac{(x-\mu)^2}{2\sigma^2}}dx=0.7619$

这里的 0.7619 就是前面所提到的转折概率 $P=0.80/(0.25+0.80)=0.7619$。图 11－11 是这种需求量的正态分布曲线。

令 $x=\sigma t+\mu$，当 $x=k$ 时，$t=\dfrac{k-\mu}{\sigma}$，故上述定积分可化为标准正态函数积分：

$$\int_{\frac{x-\mu}{\sigma}}^{+\infty}\frac{1}{\sqrt{2\pi}}e^{-\frac{t^2}{2}}dt=0.7619$$

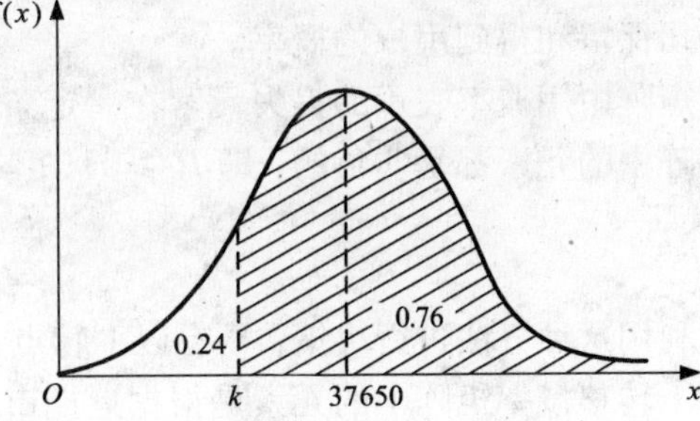

图 11－11　需求量的正态分布曲线

因为 $$\int_{\frac{x-\mu}{\sigma}}^{+\infty}\frac{1}{\sqrt{2\pi}}e^{-\frac{t^2}{2}}dt=1-\int_{-\infty}^{\frac{k-\mu}{\sigma}}\frac{1}{\sqrt{2\pi}}e^{-\frac{t^2}{2}}dt=0.7619$$

所以 $$\int_{-\infty}^{\frac{k-\mu}{\sigma}}\frac{1}{\sqrt{2\pi}}e^{-\frac{t^2}{2}}dt=1-0.7619=0.2381$$

在概率论中，此积分不用计算，只需查标准正态分布表(附表四)，便可得到：

$$t=\frac{k-\mu}{\sigma}=-0.71$$

可解得：$k=-0.71\sigma+\mu=0.71\times9600+37650=30844(\text{kg})$

即该商店每天应向农村进30844 kg蔬菜，在这个数字下，商店所获利润最大。显然，这一数字同该地区每天蔬菜需求平均值37650 kg相差6816 kg，如果凭经验和直觉，进货量似乎应当等于市场需求的平均值，这样必然导致利润值显著下降。

11.8 马尔科夫决策方法

马尔科夫决策是一种风险型决策。马尔科夫方法的主要研究对象是一个运行系统的状态和状态的转移。应用马尔科夫方法计算分析的目的，就是根据某些变量的现在状态及其变化趋向，来预测它在未来某一特定期间可能出现的状态，从而提供某种决策的依据。马尔科夫决策的基本方法是用转移概率矩阵进行预测和决策。

11.8.1 转移概率矩阵及其决策特点

马尔科夫决策方法经常用到转移概率矩阵模型。设 P_{ij} 表示概率值，$P^{(k)}$ 表示 k 步转移概率矩阵，则有：

$$P^{(k)}=\begin{pmatrix} P_{11}^{k} & P_{12}^{k} & \cdots & P_{1n}^{k} \\ P_{21}^{k} & P_{22}^{k} & \cdots & P_{2n}^{k} \\ \vdots & \vdots & \vdots & \vdots \\ P_{m1}^{k} & P_{m2}^{k} & \cdots & P_{mn}^{k} \end{pmatrix}$$

转移概率矩阵用于市场决策时，矩阵中的元素是市场或顾客的保留、获得或失去的概率。矩阵各行概率表示状态 A_i 经过 k 步转移到状态 A_i 后的概率。下例中表示某公司保留和失去用户的概率，矩阵各列概率表示状态 A_j 经过 k 步转移到状态 A_j 后的概率。下例中表示某公司保留和得到用户的概率。

矩阵中用概率表示的得失元素在一定条件下是互相转移的，所以称为转移概率矩阵。转移矩阵中的元素都是非负的，即 $P_{ij}\geqslant0$；矩阵各行元素之和等于1，即：

$$\sum_{j=1}^{n}P_{ij}=1$$

利用这种方法进行决策，具有以下特点：

①转移概率矩阵中的元素是根据近期市场或顾客的保留与得失流向资料确定的。

②下一期的概率只与上一期的预测结果有关，不取决于更早时期的概率。比如第二期预测值只与第一期预测值有关，第三期预测值只与第二期预测值有关，而与第一期预测值无关。

③利用转移概率矩阵进行决策，其最后结果取决于转移矩阵的组成，不取决于原始条件，即最初占有率。

11.8.2 转移概率矩阵决策的应用步骤

下面结合具体案例，说明马尔科夫决策方法的应用步骤。

(一) 建立转移概率矩阵

【例 11 -12】 有 A、B、C 三个公司生产某种产品，在市场上销售。由于服务态度、产品质量及广告宣传等因素的不同和变化，近期客户的流动情况和保留情况如表 11 - 15 和表 11 - 16 所示。

表 11 -15　各公司某产品客户流动情况

公司	7 月 1 日客户	得到			失去			8 月 1 日客户
		自 A	自 B	自 C	于 A	于 B	于 C	
A	200	0	35	25	0	20	20	220
B	500	20	0	20	35	0	15	490
C	300	20	15	0	25	20	0	290

表 11 -16　各公司 7 月份客户保留情况

公司	7 月 1 日客户	失去	保留	8 月 1 日保留概率
A	200	40	160	160/200 = 0.8
B	500	50	450	450/500 = 0.9
C	300	45	255	255/300 = 0.85

根据表 11 - 15 和表 11 - 16 的资料，建立得失的转移概率矩阵：

$$
\begin{array}{c} \\ A \\ B \\ C \end{array}
\begin{array}{c}
\begin{array}{ccc} \quad A \quad & \quad B \quad & \quad C \quad \end{array} \\
\begin{pmatrix}
\dfrac{160}{200}=0.800 & \dfrac{20}{200}=0.100 & \dfrac{20}{200}=0.100 \\
\dfrac{35}{500}=0.070 & \dfrac{450}{500}=0.900 & \dfrac{15}{500}=0.030 \\
\dfrac{25}{300}=0.083 & \dfrac{20}{300}=0.067 & \dfrac{255}{300}=0.850
\end{pmatrix}
\end{array}
$$

其中，横行表示各公司失去客户到其他公司的概率。例如，$P_{12}=0.100$ 表示 A 公司失去了 10% 的用户，这些用户转移到 B 公司去了，其他类推。纵列表示各公司从其他公司得到客户的概率。例如，$P_{21}=0.070$ 表示 A 公司得到了 B 公司用户的 7%，其他类推。

(二) 利用转移概率矩阵进行模拟预测

根据上例，8 月 1 日各公司的市场占有率为 0.220(220/1000 = 0.220)、0.490(490/1000 = 0.490)、0.290(290/1000 = 0.290)。预测 9 月 1 日各公司市场占有率的方法是将前一期的市场占有率乘上转移概率矩阵，具体如下：

$$
(0.220 \quad 0.490 \quad 0.290)\begin{pmatrix} 0.800 & 0.100 & 0.100 \\ 0.070 & 0.900 & 0.030 \\ 0.083 & 0.067 & 0.850 \end{pmatrix}=(0.234 \quad 0.483 \quad 0.283)
$$

上述计算过程具体如下：

$0.22\times0.8+0.49\times0.07+0.29\times0.083=0.234$

$0.22\times0.1+0.49\times0.90+0.29\times0.067=0.483$

$0.22\times0.1+0.49\times0.03+0.29\times0.850=0.283$

若预测 A 期的市场占有率，可用本期占有率乘上转移概率矩阵的 A 次方；如预测 10 月 1 日的市场占有率，即预测 2 期，用转移概率的二次方乘上 8 月 1 日的市场占有率即可得到。

（三）求出转移概率矩阵的平衡状态，即稳定状态

只要转移概率矩阵不变，不管市场占有率如何改变，最后总会达到平衡状态，这时市场占有率不再变化了，称此市场占有率为最后占有率。

假定 A、B、C 三个公司的市场占有率分别稳定在 x_1，x_2，x_3，即经过再一期转移后，市场占有率的变化微不足道，我们把它视为保持不变，因此有：

$$(x_1 \quad x_2 \quad x_3)\begin{pmatrix}0.800 & 0.100 & 0.100\\0.070 & 0.900 & 0.030\\0.083 & 0.067 & 0.850\end{pmatrix}=(x_1 \quad x_2 \quad x_3)$$

且 $x_1+x_2+x_3=1$。

这样，可将转移概率矩阵列成以下代数方程组：

$$\begin{cases}x_1=0.8x_1+0.07x_2+0.083x_3\\x_2=0.1x_1+0.9x_2+0.067x_3\\x_3=0.1x_1+0.03x_2+0.85x_3\\x_1+x_2+x_3=1\end{cases}$$

解方程组，得：

$$\begin{cases}x_1=0.273\\x_2=0.454\\x_3=0.273\end{cases}$$

即最后稳定状态占有率。

如果把方程组的解代入下面的矩阵加以检验，可以验证它们的结果是相同的。这说明用方程组求解的结果是正确的，上面关于矩阵状态的推论也是正确的。

$$(0.273 \quad 0.454 \quad 0.273)\begin{pmatrix}0.800 & 0.100 & 0.100\\0.070 & 0.900 & 0.030\\0.083 & 0.067 & 0.850\end{pmatrix}=(0.273 \quad 0.454 \quad 0.273)$$

由此可得出占有率与矩阵平衡状态的关系如下：

①占有率不能决定矩阵的最后平衡状态，只有转移概率矩阵才能决定矩阵的最后平衡状态；

②最初占有率愈接近于最后平衡状态时的占有率，则能愈快达到平衡状态；

③只要没有一个公司占有率是零，不论各个公司的最初占有率（原始状态）如何，其最后的平衡状态是相同的。

(四)应用转移概率矩阵进行决策

由于最后市场占有率不取决于原始条件，而取决于转移概率矩阵，所以，决策的对策是加强经营管理的各种措施，如提高产品质量、降低产品成本和销售价格、改善服务态度、加强宣传和推销等，来改善转移概率矩阵的组成，以增强竞争能力，提高市场占有率，获得更多的利润。

承前例，若 A 公司提高市场占有率，有两个行动方案可选择：

(1)与 B 公司竞争，从流失到 B 公司的客户中争回 5%，转移概率矩阵如下

$$\begin{pmatrix} 0.850 & 0.050 & 0.100 \\ 0.070 & 0.900 & 0.030 \\ 0.083 & 0.067 & 0.850 \end{pmatrix}$$

求得最后市场占有率为：$x_1 = 0.336$，$x_2 = 0.367$，$x_3 = 0.297$。

(2)与 C 公司竞争，从流失到 C 公司的客户中争回 5%，转移概率矩阵如下

$$\begin{pmatrix} 0.850 & 0.100 & 0.050 \\ 0.070 & 0.900 & 0.030 \\ 0.083 & 0.067 & 0.850 \end{pmatrix}$$

求得最后市场占有率为：$x_1 = 0.330$，$x_2 = 0.467$，$x_3 = 0.203$。

若两个方案费用相同，第一行动方案的最后市场占有率 0.336 高于第二方案的最后市场占有率 0.330，A 公司应采取第一方案。

若两个方案费用不同，就要比较净盈利进行决策。若第一方案费用为 100 万元，第二方案费用为 20 万元，总客户 5000，平均可以从每个客户得利 2 万元。与未采取措施比较，A 公司采取第一方案净盈利 $5000 \times 2 \times (0.336 - 0.273) - 100 = 530$(万元)，采取第二方案净盈利 $5000 \times 2 \times (0.330 - 0.273) - 20 = 550$(万元)，故第二方案为最优方案。

11.9　交通运输案例分析

【例 11－13】　某公司欲购置一批汽车，需考查两项指标：功率和价格。该公司决策者认为最合适的功率为 70 kW，若低于 55 kW 则不宜使用；而最满意的价格为 4.0 万元，若超过 5.6 万元则不能接受。而目前市场上能满足该公司基本要求的汽车型号有三种：Ⅰ、Ⅱ、Ⅲ。它们的功率与价格分别如表 11－16 所示。问该公司决策者该作何种决策？

表 11－16　三类汽车的功率与价格

型号	功率(kW)	价格(万元)
Ⅰ	60	4.1
Ⅱ	65	4.5
Ⅲ	70	5.2

解：这是一个多目标决策问题，功率与价格这两个目标互相矛盾。因为在表 11－16 中没

有功率大但价格又低的，而且功率与价格量纲不同，无法用绝对数字进行比较。对此，可采用如下方法：应用效用理论，把每个方案的各个指标分别折算成效用值，然后加权相加，计算出每个方案的总的效用值后进行比较。

首先应用效用理论，给出该公司决策者的功率效用曲线 $u(r)$ 与价格效用曲线 $v(r)$，然后再求出表 11－16 所列各点的效用值，其结果如表 11－17 所示。

表 11－17 效用值计算表

功率(kW)	功率效用 $u(r)$	价格(万元)	价格效用 $v(r)$
55	0	4.0	1.0
60	0.45	4.1	0.90
65	0.80	4.5	0.75
70	1.0	5.2	0.20
		5.6	0

又通过询问，已知决策者对功率与价格这两个目标的权重并不相等，功率权重为 0.6，价格权重为 0.4。因此，可作出决策树，如图 11－12 所示。

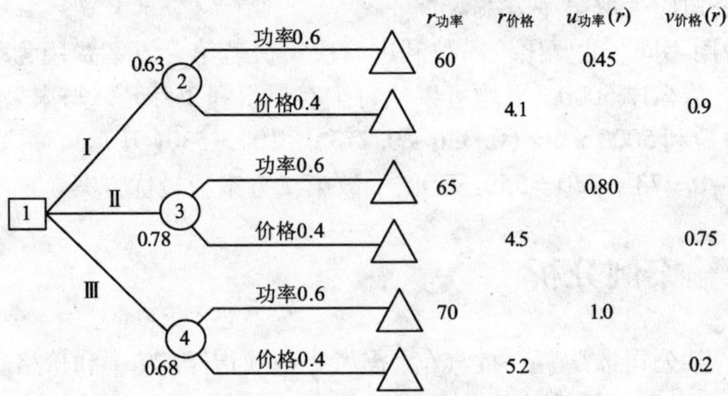

图 11－12 购置汽车决策树

计算各节点的效用期望值：$u(\text{Ⅰ})=0.6\times0.45+0.4\times0.9=0.63$；$u(\text{Ⅱ})=0.6\times0.8+0.4\times0.75=0.78$；$u(\text{Ⅲ})=0.6\times1.0+0.4\times0.20=0.68$。因此该决策者应选择第Ⅱ种牌号的车型。

【例 11－14】 某城市汽车租赁公司有 A、B、C 三个汽车租赁站点，顾客可以在这三个站点任意租车，车辆用完后就近归还租赁站点，根据一段时间营业后发现，汽车从这三个站点租车和还车的概率见表 11－18。为了扩大营业能力，加快车辆周转速度，汽车租赁公司打算在这三个租赁站点选择一处附设汽车维修站，试问选择何处为好？

表11-18　汽车租赁公司营业情况表

概　率		还车 A	还车 B	还车 C
租　车	A	0.8	0.1	0.1
	B	0.4	0.5	0.1
	C	0.2	0.1	0.7

解：采用马尔科夫决策法求解。假定营业状态稳定发展，三个汽车租赁站点将拥有全公司汽车概率向量为(x_1, x_2, x_3)，是一个不变向量，由$(x_1, x_2, x_3)P=(x_1, x_2, x_3)$得到$x_1=0.583$，$x_2=0.167$，$x_3=0.25$。

这说明，经过长时间营业后，每辆车由租赁站点A、B、C归还的概率分别为0.583、0.167和0.25，或认为汽车租赁公司全部车辆有58.3%在站点A，16.7%在站点B，25%在站点C。显然，应选择站点A建设一个汽车维修站为好。

重点与难点

重点：①风险决策的定义；②风险决策的方法。

思考与练习

11-1　什么叫先验概率？什么叫风险性决策？

11-2　简述以期望值为标准的决策方法、以等概率为标准的决策方法和以最大可能性为标准的决策方法的适用场合。

11-3　什么叫决策树？如何用决策树进行决策分析？

11-4　何谓敏感性分析？如何进行风险决策的敏感性分析？

11-5　何谓完全信息价值？计算完全信息价值有什么意义？

11-6　什么叫效用？效用曲线有哪几种类型？如何应用效用曲线进行决策？

11-7　生产VCD碟片的某企业有损益值表11-19如下：

表11-19

决策方案	自然状态		
	需求高S_1	需求中S_2	需求低S_3
扩建原厂d_1	100万元	80万元	-20万元
建设新厂d_2	140万元	50万元	-40万元
转包外厂d_3	60万元	30万元	10万元

要求：(1)以等概率为标准，选择一个决策方案；

(2)如果$P(S_1)=0.3$，$P(S_2)=0.5$，$P(S_3)=0.2$，以期望值为标准，选择一决策方案；

(3)补充条件同(2)，应用决策树法进行决策分析。

11－8　某决策问题，其决策信息见表11－20，根据相关资料预测各状态发生的概率依次为0.3，0.4，0.3，请用决策树法求解此问题。

表11－20

效益(万元)		状态		
		N_1	N_2	N_3
方案	S_1	50	20	－20
	S_2	30	25	－10
	S_3	10	10	10

11－9　某工程队承担一座桥梁的施工任务，由于施工地区夏季雨多，需要停工三个月。在停工期间，该工程队可将施工机械移走或留在原处。如移走需要费用1800元，如留在原处，一种方案是花500元建筑一护堤，防止河水上涨而损坏机械。如不筑护堤，发生河水上涨而损坏机械将损失10000元。如下暴雨，将发生洪水，不管是否筑护堤，施工机械留在原处都将损失60000元。根据历史资料，该地区发生河水上涨的概率为25%，发生洪水的概率为2%，试为该施工队进行最优决策。

11－10　某公司有50000元多余资金，如用于某项事业开发，估计成功概率为0.96，成功后一年可获利12%，但是一旦失败，有损失全部资金的风险。如把资金存放在银行，则可以稳得年利6%。未获得更多回报，该公司求助于咨询服务，咨询费用为500元，但咨询意见仅供参考。过去咨询公司类似的200例咨询意见实施结果见表11－21。试用决策树法分析：(1)该公司是否得求助于咨询服务；(2)该公司多余资金应如何合理使用？

表11－21

咨询意见/实施结果	投资成功(次)	投资失败(次)	合计(次)
可以投资	154	2	156
不宜投资	38	6	38
合计	192	8	200

11－11　某决策问题由以下损益值表11－22表示，试进行敏感性分析。

表11－22

决策方案	自然状态	
	S_1	S_2
d_1	80	50
d_2	65	85
d_3	30	100

11－12　某厂为适应市场的需要，准备扩大生产能力，有两种方案可供选择：第一方案是建大厂；第二方案是先建小厂，以后考虑扩建。如建大厂，需投资700万元，在市场销路好时，每年收益210万元，销路差时，每年亏损40万元。在第二方案中，先建小厂，如销路好，3年后进行扩建。建小厂的投资为300万元，在市场销路好时，每年收益90万元；销路差时，每年收益60万元，如果3年后扩建，扩建投资为400万元，收益情况同第一方案一致。未来市场销路好的概率为0.7，销路差的概率为0.3；如果前3年销路好，则后7年销路好的概率为0.9，销路差的概率为0.1。无论选用何种方案，使用期均为10年，试进行决策分析。

11－13　某商店某商品在过去100天内每日销售量和销售日数的观察资料如表11－23所示：

表11－23

每日销售量(件)	销售日数
10	5
11	25
12	40
13	20
14	10
合　计	100

该商品如当天售出，可获利润30元/件；如当天售不出，将发生亏损20元/件。试用边际分析法进行决策分析。

第 12 章

贝叶斯决策方法

12.1 贝叶斯决策概述

12.1.1 贝叶斯决策的概念和步骤

风险型决策方法是根据预测各种事件可能发生的先验概率，然后再采用期望值标准或最大可能性标准等来选择最佳决策方案。这样的决策具有一定的风险性，因为先验概率是根据历史资料或主观判断所确定的概率，未经试验证实。为了减少这种风险，需要较准确地掌握和估计这些先验概率。这就要通过科学实验、调查、统计分析等方法获得较为准确的情报信息，以修正先验概率，并据以确定各个方案的期望损益值，拟订出可供选择的决策方案，协助决策者做出正确的决策。一般来说，利用贝叶斯定理求得后验概率，据以进行决策的方法，称为贝叶斯决策方法。

贝叶斯决策属于风险型决策，决策者虽不能控制客观因素的变化，但却可掌握其变化的可能状况及各状况的分布概率，并利用期望值即未来可能出现的平均状况作为决策准则。由于决策者对客观因素变化状况的描述不确定，所以在决策时会给决策者带来风险。但是完全确定的情况在现实中基本不存在，不确定性是生活中的常态，贝叶斯决策不是使决策问题完全无风险，而是通过其他途径增加信息量使决策中的风险减小。

在已具备先验概率的情况下，一个完整的贝叶斯决策过程要经历以下几个步骤：

①进行预后验分析(pre-posterior analysis)，决定是否值得搜集补充资料以及从补充资料中可能得到的结果和如何决定最优对策；

②按集补充资料，取得条件概率，包括历史概率和逻辑概率，对历史概率要加以检验，辨明其是否适合计算后验概率；

③用概率的乘法定理计算联合概率，用概率的加法定理计算边际概率(marginal probability)，用贝叶斯定理计算后验概率；

④用后验概率进行决策分析。

12.1.2 贝叶斯定理

英国牧师贝叶斯(Bayes)于 18 世纪发明了一个对概率运算和风险决策非常有用的定理，这个定理被命名为贝叶斯定理。贝叶斯定理实质上是对条件概率的陈述，下面的例子可以说明这个定理的性质。

【例 12－1】 假定某地区 1% 的居民患上了某种疾病，以 A_1 表示“患此病”的事件，以 A_2 表示“无此病”的事件。现假定从该地区全体居民中随机抽选一个人，这个人患此疾病的概率有多大？由于总体的 1% 患上该疾病，而且任何一个人被抽选的机会都是等可能的，我们指定“患此病”这一事件的概率为 0.01。这个概率 $P(A_1)=0.01$，称为先验概率，其含义在于它是在观察任何经验信息之前指定的。当然，$P(A_2)=0.99$ 是这个人没有患此疾病所对应的先验概率。

现在假定进行一个新的但不完善的诊断试验，以 B 表示“试验表明患此病”的事件。假定过去的经验已经确定，在某人患此病时“试验表明患此病”的条件概率是：

$$P(B|A_1)=0.97$$

在这个人无此病的条件下，相应的概率是：$P(B|A_2)=0.05$

假定随机抽选一个人进行测试，结果表明这人患此病。那么，这个人实际上真正患此病的概率是多少呢？这就要求条件概率 $P(A_1|B)$。概率 P(患此病|试验表明患此病) $=P(A_1|B)$ 称为后验概率，或称为修正概率，因为它是在观察了经验信息或追加信息后才指定的。后验概率是在贝叶斯理论指导下计算的一种概率，为了求得后验概率 $P(A_1|B)$，我们先要了解一下条件概率的定义和利用乘法法则计算的联合概率的定义。

A_1 和 B 表示在一个样本空间 S 中的两个事件，A_1 是在给定 B 下的条件概率，用 $P(A_1|B)$ 表示，有：

$$P(A_1|B)=\frac{P(A_1B)}{P(B)} \tag{12－1}$$

两事件 A_1 和 B 的乘法法则可由式(12－1)给出的条件概率定义直接得出：

$$P(A_1B)=P(B|A_1)p(A_1) \tag{12－2}$$

式(12－2)中的 $P(A_1B)$ 称为联合概率。

为了求得式(12－1)的分母 $P(B)$，我们看到：

$$P(B)=P[(A_1B)\text{或}P(A_2B)] \tag{12－3}$$

如果按照乘法法则表示联合概率 $P(A_1|B)$ 和 $P(A_2|B)$，式(12－3)成为：

$$P(B)=P(A_1)P(B|A_1)+P(A_2)P(B|A_2) \tag{12－4}$$

这里，$P(B)$ 称为边际概率。

现在，用式(12－2)给定的联合概率 $P(A_1B)$ 的表达式代替式(12－1)的分子，用式(12－4)给定的边际概率 $P(B)$ 代替分母，我们就得到了称为贝叶斯定理的结果：

$$P(A_1|B)=\frac{P(A_1)P(B|A_1)}{P(A_1)P(B|A_1)+P(A_2)P(B|A_2)} \tag{12－5}$$

拿疾病的例子来说，把已知值代入式(12－5)(贝叶斯定理公式)中，可得：

$$P(A_1|B)=\frac{0.01\times0.97}{0.01\times0.97+0.99\times0.05}=0.16$$

因此，若试验表明此人患此病，则此人患此病的后验概率是 0.16。概括地说，如果随机从这个地区的全体居民中抽选一个人，这个人患疾病的先验概率是 0.01；另一方面，在有了“试验表明患此病”的经验信息之后，我们就要对此人患此病的概率进行修正，上升到 0.16。

尽管后验概率(0.16)比先验概率(0.01)大 16 倍，但在已经得知试验证明此病存在的情况下，此人患此病的概率 0.16 仍是低得惊人。这个结果来自于这样一个事实，即全体居民中大部分人实际上并没有患病，而试验结果却错误地说这些人患有此病。

表 12－1 给出了利用贝叶斯定理公式计算的全过程。从中可以发现，贝叶斯定理就是用经验数据给先验信息加权。

表 12－1 贝叶斯定理的计算

事件 A_i	先验概率 $P(A_i)$	条件概率（似然性） $P(B\|A_i)$	联合概率 $P(A_i)P(B\|A_i)$	修正概率（后验概率） $P(A_i\|B)$
(1)	(2)	(3)	(4)	(5)
A_1：患病	0.01	0.97	0.0097	0.0097/0.0592 = 0.16
A_2：无病	0.99	0.05	0.0495	0.0495/0.0592 = 0.84
合　计	1.00	—	$P(B)$ = 0.0592	1.00

表 12－1 中的第(1)栏给出了我们所关心的基本事件：“患病”和“无病”；第(2)栏显示了赋予基本事件的先验概率；第(3)栏是基本事件追加信息的条件概率，这种条件概率称为“似然性”，在实例中它们分别是 $P(B|A_1)=P$(试验表明有病|有病)和 $P(B|A_2)=P$(试验表明有病|无病)；第(4)栏给出了基本事件和补充信息的联合概率，如同式(12－4)所示，这些联合概率之和是边际概率 $P(B)$；联合概率除以其总额 $P(B)$（本例为 0.0592)，结果就是第(5)栏所显示的修正概率（后验概率)，第(5)栏所显示的第一个概率(0.0097|0.0592 = 0.16)就是本例所需要的贝叶斯定理的计算结果。

此例中，有两个基本事件(A_i)。如果有比两个更多的基本事件，在式(12－5)的分母中就会相应地出现追加的项。因此，我们可对 n 个基本事件的贝叶斯定理做以下正式陈述：假定存在一个完整和互斥的事件 A_1，A_2，…，A_n 的集合，事件 A_i 中的某个事件的出现是另外一个事件 B 发生的必要条件。概率 $P(A_i)$ 和 $P(B|A_i)$ 是已知的。给定 B 已发生，事件 A_i 的后验概率用贝叶斯定理表示，则：

$$P(A_1|B)=\frac{P(A_1)P(B|A_1)}{P(A_1)P(B|A_1)+P(A_2)P(B|A_2)+\cdots+P(A_n)P(B|A_n)} \qquad (12-6)$$

虽然式(12－5)和式(12－6)就是用一个特别的 A_i，即 A_1 来表述的，但这是一般的陈述。因为 n 个事件 A_i 中的任何一个都能被称为 A_1。这一定理在决策问题的应用中，A_i 表示在所观察到的事件 B 发生以前的事件。从这一点上说，我们可以把这一定理所回答的问题看作：给定事件 B 已发生，事件 A_1 先于它而发生的概率是多少？或者说，$P(A_1|B)$ 是事件 B 已被观察到之后给事件 A_1 指定的修正概率。

在应用贝叶斯决策理论时，要指定主观先验概率，贝叶斯定理则是修正这些指定概率的手段。在具体应用中，这意味着经验的直觉、主观的判断和当前情况的数量都是以先验概率的形式占有的，一旦收集到有关的经验数据，就要进行修正。实践表明，贝叶斯定理的应用是合理而富有成效的。下面两个例子提供了应用贝叶斯这个重要定理的许多可能类型。

【例 12－2】 某公司用一个“销售能力测试”来帮助公司选择销售人员。过去的经验表明：在所有申请销售人员一职的人中，仅有 65% 的人在实际销售中“符合要求”，其余则“不符合要求”。“符合要求”的人在能力测试中有 80% 成绩合格；“不符合要求”的人中，及格的仅 30%。在这些信息的基础上，给定一投考者在能力考试中成绩合格，那么，他将是一个

"符合要求"的销售员的概率是多少？

解：如果 A_1 代表一个"符合要求"的销售员，B 代表通过考试。那么，给定一个投考者在能力考试中成绩及格，他将是一个"符合要求"的销售员的概率为：

$$
\begin{aligned}
P(A_1|B) &= \frac{P(A_1)P(B|A_1)}{P(A_1)P(B|A_1)+P(A_2)P(B|A_2)} \\
&= \frac{0.65\times0.8}{0.65\times0.8+0.35\times0.3} \\
&= 0.83
\end{aligned}
$$

因此，这个考试对于筛选投考者是有价值的。假定对销售人员一职来说，提出申请的投考者的类型没有变化，从申请人中随机挑选一个人，他"符合要求"的概率是 65%；另一方面，如果公司只接受通过考试的申请人，这个概率就提高到 0.83。

【例 12-3】　某公司计划向市场投放一种新产品，该公司的市场销售副总经理特别关心此新产品与其他公司相关产品的竞争优势。他估计此新产品占优势的概率是 0.7。于是，他安排了一次市场调查，以证明其新产品比它的竞争者优越。假定市场调查的可靠性如下：如果这个产品确实优越，调查将表明"优越"的概率是 0.8；如果这个产品实在比它的竞争者差，调查将表明"优越"的概率是 0.3。市场调查完成后，这个经理赋予"新产品比它的竞争者优越"这一事件的修正概率是多少？

解：A_1 表示"新产品比它的竞争者优越"这一事件，B 表示"市场调查表明新产品比它的竞争者优越"。那么：

$$
\begin{aligned}
P(A_1|B) &= \frac{P(A_1)P(B|A_1)}{P(A_1)P(B|A_1)+P(A_2)P(B|A_2)} \\
&= \frac{0.7\times0.8}{0.7\times0.8+0.3\times0.3} \\
&= 0.86
\end{aligned}
$$

12.1.3　贝叶斯决策的优点及其局限性

1. 贝叶斯决策的优点

①如果说在第 5 章中大多用的是不完备的信息或主观概率的话，那么，贝叶斯决策则提供了一个进一步研究的科学方法。也就是说，它能对信息的价值或是否需要采集新的信息做出科学的判断。

②它能对调查结果的可能性加以数量化的评价，而不是像一般的决策方法那样，对调查结果或者是完全相信，或者是完全不相信。

③如果说任何调查结果都不可能是完全准确的，而先验知识或主观概率也不是完全可以相信的，那么，贝叶斯决策则巧妙地将这两种信息有机地结合起来了。

④它可以在决策过程中根据具体情况不断地使用，使决策逐步完善和更加科学。

2. 贝叶斯决策的局限性

①它所需要的数据多，分析计算比较复杂，特别在解决复杂问题时，这个矛盾就更加突出。

②有些数据必须使用主观概率，有些人不太相信，这也妨碍了贝叶斯决策方法的推广

使用。

贝叶斯决策方法是统计决策理论的一个重要分支，不少学者在这个方面做了大量的研究工作，例如，在贝叶斯回归分析、贝叶斯插值方法、贝叶斯分段定价模型、序贯分析等方面，都正在不断地取得新的成果。

12.2 贝叶斯决策方法的类型

12.2.1 先验分析和预后验分析

在第5章所讨论的方法中，决策者要详细列出各种自然状态及其概率、各种备选行动方案与自然状态的损益值，并根据这些信息对备选方案做出抉择。我们把这个决策过程称为先验分析。当时间、人力和财力不允许搜集更完备的信息时，决策者往往用这类方法进行决策。在贝叶斯决策中，先验分析是进行更深入分析的必要条件。当决策十分重要且时间许可时，决策者常需考虑是否要搜集和分析追加的信息。在做出这一判断之前，暂缓做出决策。在统计决策中，有关人员必须为这些追加的信息付出代价，而这些信息也不可能完全准确。决策者必须权衡这些信息的费用及其对决策者的价值，对比这些信息的费用与根据预后验分析做出决策的风险和可能结果。所以，这种预后验分析主要涉及两个问题：一是要不要追加信息，或者说追加信息对决策者有多大的价值；二是如果追加信息，应采取什么策略行动。

所以，所谓预后验分析，实际上是后验概率决策分析的一种特殊形式的演算。这里的特殊形式是指用一套概率对多种行动策略组合进行多次计算，从中择优。

预后验分析有两种形式：一是扩大型(extensive form)预后验分析，这实际上是一种反推决策树分析；二是常规型(normal form)预后验分析，这实际上是一种正向分析，用表格形式进行。扩大型分析要解决的问题是：搜集追加信息对决策者有多大的价值，如果试验，应采取什么行动策略；常规型分析要解决的问题是：如果试验，应采取什么行动策略。但是，这两种分析方法所得出的结论是一致的。因此，我们这里只讨论扩大型预后验分析。

【例12-4】 某工厂要研制开发一种新型童车，首要问题是要研究这种新产品的销路及竞争者的情况。经过必要的风险估计后，他们估计出：当新产品销路好时，采用新产品可盈利8万元，不采用新产品而生产老产品时，则因其他竞争者会开发新产品，而使老产品滞销，工厂可能亏损4万元；当新产品销路不好时，采用新产品就要亏损3万元，当不采用新产品，就有可能用更多的资金来发展老产品，可获利10万元。现确定销路好的概率为0.6，销路差的概率为0.4。所有数据如表12-2所示，可根据其中所列出的期望值作为决策标准，应选择行动方案d_1。

表12-2 生产新型童车的损益值表

行动方案	销路好 Q_1 $P(Q_1)=0.6$	销路差 Q_2 $P(Q_2)=0.4$	期望值
采用新产品 d_1	8	-3	3.6
不采用新产品 d_2	-4	10	1.6

表 12－3 列出同一问题的机会损失值表。若根据条件损失期望值标准进行决策，选择方案仍然应为 d_1。

表 12－3　生产新型童车的条件损失值表

行动方案	销路好 Q_1 $P(Q_1)=0.6$	销路差 Q_2 $P(Q_2)=0.4$	期望值
采用新产品 d_1	0	13	5.7
不采用新产品 d_2	12	0	7.2

根据过去市场调查的经验，企业的市场研究人员知道市场调查不可能是完全准确的，但一般能估计出调查的准确程度。表 12－4 表示获得与真实自然状态相应的调查结果的一些主观条件概率。例如，当市场销路好时，调查结果为销路好的概率为 $P(z_1|Q_1)=0.8$，调查结果为销路差的概率为 $P(z_2|Q_1)=0.1$，调查结果为不确定的概率为 $P(z_3|Q_1)=0.1$，等等。注意，这种分析是在实际搜集信息之前进行的。

从表 12－4 中所示的概率可知，市场研究人员认为，销路好时的调查结果，其准确性要比销路差时稍高一些。并且，调查还有可能得出不确定的结果。

表 12－4　调查结果的条件概率 $P(z_j|Q_i)$

自然状态	调查结果		
	z_1（销路好）	z_2（销路差）	z_3（不确定）
Q_1 销路好	0.80	0.10	0.10
Q_2 销路差	0.10	0.75	0.15

我们现在关心的是，当可能的调查结果为已知时，销路好与销路差两种自然状态的概率是什么。也就是要找修正后的先验概率：$P(Q_1|z_j)$ 和 $P(Q_2|z_j)$ $(j=1, 2, 3)$，这可由贝叶斯公式求出，如：

条件概率：$P(Q_1|z_1)=\dfrac{P(Q_1)P(z_1|Q_1)}{P(z_1)}$

边际概率：$P(z_1)=P(Q_1)P(z_1|Q_1)+P(Q_2)P(z_1|Q_2)$

对其他概率也是如此。表 12－5 中列有联合概率和全概率的数值，表 12－6 中列有各种修正先验概率的数值。

表 12－5　新型玩具的联合概率和全概率

调查结果	z_1	z_2	z_3	$P(Q_1)$
$P(Q_1)P(z_j|Q_1)$	$0.8\times0.6=0.48$	$0.1\times0.6=0.06$	$0.1\times0.6=0.06$	0.60
$P(Q_2)P(z_j|Q_2)$	$0.1\times0.4=0.04$	$0.75\times0.4=0.3$	$0.15\times0.4=0.06$	0.40
$P(z_j)$	0.52	0.36	0.12	1.0

表 12－6 修正先验概率

调查结果	z_1	z_2	z_3
$P(Q_1 \mid z_j)$	$\frac{0.48}{0.52}=0.923$	$\frac{0.06}{0.36}=0.167$	$\frac{0.06}{0.12}=0.50$
$P(Q_2 \mid z_j)$	$\frac{0.04}{0.52}=0.077$	$\frac{0.30}{0.36}=0.833$	$\frac{0.06}{0.12}=0.50$

由表 12－6 可知，当调查结果也为销路好时，市场销路好的概率即 $P(Q_1 \mid z_j)$，并不是确定的 1.0，也不是如表 12－4 所示的 0.8，也不是原来的先验概率 0.6，而是 0.923。对其他修正先验概率也可做相似的解释。

有了表 12－6 所示的信息，就可以解答关于搜集追加信息的价值问题。为此，可利用决策树进行分析。图 12－1 就是包含所需要的全部信息的决策树。决策树的分析方法已在第五章中阐述，即遵循由右向左或由后向前的程序。各个量的计算结果已在图 12－1 中列示，在各个决策点上，采用的是期望值较大的数值为行动方案。由图 12－1 可知，当只做先验分析、不做进一步的调查研究时，采用最佳方案 d_1 可得期望值 3.60 万元。如果做进一步的调查研究，由于信息量的增加使我们的决策更有把握，使期望值也有所增加。当采用进一步调查研究时，有可能达到的期望利润值为：

$$0.52\times7.153+0.36\times7.66+0.12\times3.00=6.84(\text{万元})>3.60(\text{万元})$$

这两个数值之差：6.84－3.60＝3.24（万元），就是获得信息的价值。实际上，经理人员只有当调查费用小于 3.24 万元时，他才去搜集新的信息，如果多于或等于 3.24 万元，他是不会去做的，因为他只要选择最优的先验策略，就可以获得更大的收益。

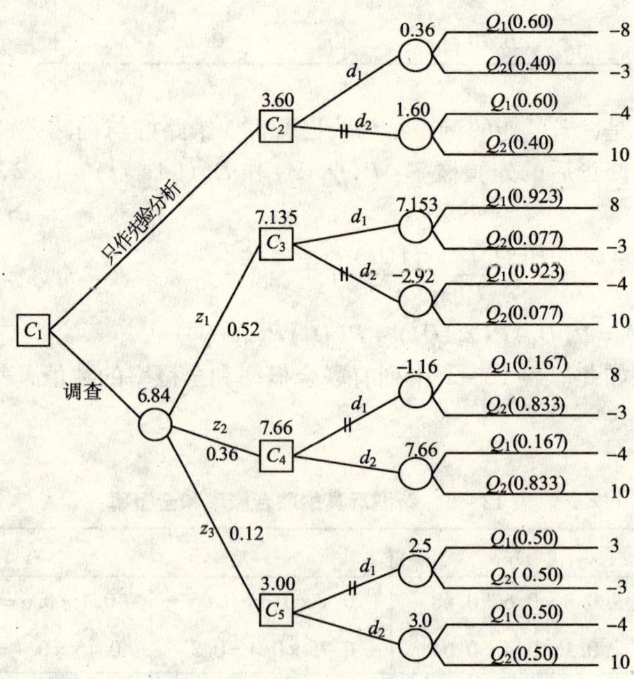

图 12－1 修正先验分析决策图

【例 12-5】 某筑路公司考虑安排一项工程的开工计划。假定影响工期的唯一因素是天气情况。如果能安排开工并按期完工，可获利润 5 万元；但如果开工后遇天气不好而拖延工期，则将亏损 1 万元。根据气象资料，估计最近安排开工后天气晴朗的可能性是 0.20，开工后天气阴雨的可能性是 0.80。又如果最近不安排开工，则将负担推迟开工损失费 1000 元。该公司的目标是获得最多的利润。这个问题的有关数据如表 12-7 所示。

表 12-7　工程项目开工安排损益表

行动方案	天气好 $P_1=0.2$	天气坏 $P_2=0.8$	期望值(元)
开工 d_1	50000	-10000	2000
不开工 d_2	-1000	-1000	-1000

若按期望值标准计算，开工 d_1 应为最佳方案。但为了进一步分析，公司还可以从气象咨询事务所购买气象情报，这项情报索价 1000 元。过去的资料表明，该事务所在天气好时预报准确的可能性是 0.7，在天气坏时预报准确的可能性是 0.8。试通过决策分析，确定这项气象情报是否值得购买。

解： 设以 A_1 代表天气好，以 A_2 代表天气坏，则按照原来经验的推测，天气好的概率为 $P(A_1)=0.2$，天气坏的概率为 $P(A_2)=0.8$。

又设以 B_1 代表预报天气好，以 B_2 代表预报天气坏，则根据过去的资料可知：天气好，预报准确的概率为 $P(B_1|A_1)=0.7$，预报错误的概率为 $P(B_2|A_1)=0.3$；天气坏，预报准确的概率为 $P(B_2|A_2)=0.8$，预报错误的概率为 $P(B_1|A_2)=0.2$。

根据贝叶斯定理的公式，可以计算出以下各项概率：

(1) 预报天气好的概率为

$$\begin{aligned} P(B_1) &= P(B_1|A_1)P(A_1)+P(B_1|A_2)P(A_2) \\ &= 0.7\times0.2+0.2\times0.8 \\ &= 0.30 \end{aligned}$$

(2) 预报天气坏的概率为

$$\begin{aligned} P(B_2) &= P(B_2|A_1)P(A_1)+P(B_2|A_2)P(A_2) \\ &= 0.3\times0.2+0.8\times0.8 \\ &= 0.70 \end{aligned}$$

(3) 预报天气好，实际天气确实也好的概率为

$$\begin{aligned} P(A_1|B_1) &= \frac{P(B_1|A_1)P(A_1)}{P(B_1|A_1)P(A_1)+P(B_1|A_2)P(A_2)} \\ &= \frac{0.7\times0.2}{0.7\times0.2+0.2\times0.8} \\ &= 0.47 \end{aligned}$$

(4) 预报天气好，实际天气却坏的概率为

$$P(A_2|B_1) = \frac{P(B_1|A_2)P(A_2)}{P(B_1|A_1)P(A_1)+P(B_1|A_2)P(A_2)}$$

$$=\frac{0.2\times0.8}{0.7\times0.2+0.2\times0.8}$$

$$=0.53$$

(5)预报天气坏，实际天气却好的概率为

$$P(A_1|B_2)=\frac{P(B_2|A_1)P(A_1)}{P(B_2|A_1)P(A_1)+P(B_2|A_2)P(A_2)}$$

$$=\frac{0.3\times0.2}{0.3\times0.2+0.8\times0.8}$$

$$=0.09$$

(6)预报天气坏，实际天气确实也坏的概率为

$$P(A_2|B_2)=\frac{P(B_2|A_2)P(A_2)}{P(B_2|A_1)P(A_1)+P(B_2|A_2)P(A_2)}$$

$$=\frac{0.8\times0.8}{0.3\times0.2+0.8\times0.8}$$

$$=0.91$$

现在，可以画出这个问题的决策树，如图 12－2 所示。

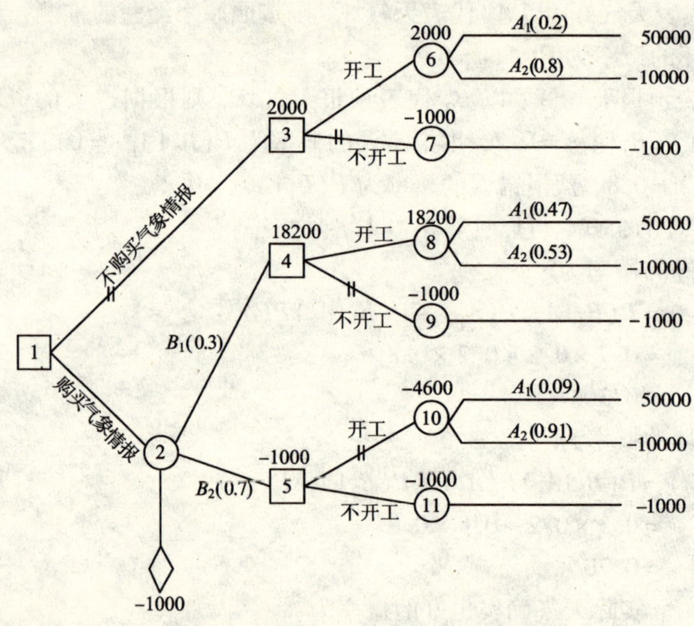

图 12－2 获得补充信息的开工问题决策树

图 12－2 中各点的收益期望值计算如下：

(1)不购买气象情报

点 3：收益期望值为 2000 元。

(2)购买气象情报

点 8：$0.47\times50000+0.53\times(-10000)=18200$(元)

点 9：-1000(元)

点 8 与点 9 相比，点 8 的收益期望值较高，划去不安排开工方案，把点 8 的 18200 元移至点 4。

点 10：0.09×50000+0.91×(-10000)=-4600(元)

点 11：-1000(元)

点 10 与点 11 相比，点 11 的收益期望值相对较高，划去安排开工方案，把点 11 的-1000 元移至点 5。

点 2：0.3×18200+0.7×(-1000)=4760(元)

这说明，若购买气象情报，预报天气好，则安排开工；预报天气不好，则不安排开工，其综合收益期望值为 4760 元。

点 2 与点 3 相比，购买气象情报的收益期望值较高，因此，应采取购买气象情报的方案。

气象情报价值为：4760-2000=2760(元)

扣除气象情报本身的代价 1000 元，购买气象情报的净收益期望值为：

4760-1000=3760(元)

将 3 760 元标于点 1 上，并计算出气象情报的净值为：

2760-1000=1760(元)

这说明这项气象情报是很有价值的。如果气象咨询事务所出售这项情报索价 3000 元(高于情报本身的价值 2760 元)，就不值得购买。所以，情报价值是衡量情报代价是否值得的最高限额。

12.2.2　后验分析

根据预后验分析，如果认为采集信息和进行调查研究是值得的，那么就应该决定去做这项工作，一旦取得了新的信息，决策者就结合这些信息进行决策分析，计算各种方案的期望损益值，选择最佳的行动方案。结合运用这些信息并修正先验概率，称为后验分析，这正是发挥贝叶斯决策理论威力的地方。

后验分析与预后验分析的区别点：后验分析是在调查研究去的新信息之后，根据实际调查结果进行分析；预后验分析从未进行调查研究。因此，后验分析的方法与预后验分析十分相似，只是在预后验分析阶段我们从未进行调查研究，提出的问题是，如果去进行调查研究，可能取得多大的期望收益值？决策是在图 12-1 中的决策点 C_1 上进行的。在后验分析阶段，要根据实际的调查结果 z_1，z_2 或 z_3 进行分析，决策是在决策点 C_3 或 C_4 上进行的(图 12-1)。例如，当调查结果为销路好(z_1)时，应选择行动方案 d_1，其期望值为 7.153 万元(图 12-1 的 C_3 点)；当调查结果为不确定(z_3)时，应选择方案 d_2，其期望值为 3.00 万元；当调查结果为销路差(z_2)时，应选择方案 d_1，其期望值为 7.66 万元。

12.2.3　序贯分析

在实际运用中，会遇到包含有多阶段的信息搜集和数值计算的情况，称为序贯分析。它包括一系列的先验分析和预后验分析、采集新的信息、作出后验分析和决策。

【例 12-6】　在例 12-4 中，该厂计划对某童车问题进行一次多阶段的调查。第一阶段是着手调查，第二阶段是对问题做进一步的更严格的考察。假定该厂考虑分两个阶段来调查研究，第一阶段的可靠性为70%，第二阶段的可靠性为80%。研究部门认为，两个阶段的调查研究都不会有不确定的结果；只存在两种可能的调查结果，即不论 Q_1 或 Q_2 总有一个出现。调查结果的可靠性可用表 12－8 中所列的条件概率来表示。

表 12－8 童车问题调查结果的条件概率

符号	调查一	调查二
$P(z_1 \mid Q_1)$	0.70	0.80
$P(z_2 \mid Q_2)$	0.70	0.80
$P(z_1 \mid Q_2)$	0.30	0.20
$P(z_2 \mid Q_1)$	0.30	0.20

研究部门估计，调查一(第一阶段)的费用为0.7 万元；调查二(第二阶段)由于是在调查一的基础上进行的，其费用仅为0.5 万元。自然状态 Q_1 和 Q_2 的概率分别为 0.60 和 0.40。管理部门要在下列决策方案中做出决断：

m_0：根本不进行调查；

m_1：只进行第一阶段的调查，其可靠性为70%(30%不可靠)，调查费用为0.7 万元；

m_2：两个阶段调查都进行，第二阶段的可靠性为80%(20%不可靠)，调查费用为0.5 万元。

这一问题可以编制概率表，它与预后验分析表很相似，其中包括相应的联合概率、边际概率和条件概率。表 12－9 的左边表示调查一的有关概率。例如，z_1 和 Q_1 的联合概率是按下列方式求得的：

$$P(Q_1)P(z_1 \mid Q_1)=0.60\times0.70=0.42$$

表 12－9 童车问题的预后验序贯分析概率

	调查一		调查二			
	z_1	z_2	$z_1\cap z_1$	$z_2\cap z_1$	$z_1\cap z_2$	$z_2\cap z_2$
Q_1	0.42	0.18	0.62	0.16	0.31	0.08
Q_2	0.12	0.28	0.04	0.18	0.12	0.49
	0.54	0.46	0.66	0.34	0.43	0.57
$P(Q_1 \mid z_j)$	0.78	0.39	0.94	0.47	0.72	0.14
$P(Q_2 \mid z_j)$	0.22	0.61	0.06	0.53	0.28	0.86

在表 12－9 中，右边表示调查二的有关概率。对调查二进行概率计算时，由调查一得到的条件概率就成为先验概率。例如，表 12－9 中右半部分左上角的表列值 0.62 是这样求得的：

$$P(Q_1 \mid z_1)P(z_1 \mid Q_1)=0.78\times0.80=0.62$$

$P(Q_1|z_1)$是由调查一得出的条件概率，而$P(z_1|Q_1)$表示调查有 80% 的可靠性。这两个概率可以直接相乘，因为假定它们是独立的，即假定调查的可靠性和由第一阶段得到的修正先验概率没有交互影响。

又如，表 12－9 中最右边一栏第二行的表列值 0.49 是这样求得的：

$$P(Q_2|z_2)P(z_2|Q_2)=0.61\times0.80=0.49$$

当计算出相应的联合概率、边际概率和条件概率以后，就可以把问题列入决策树图中。图 12－3 描述了以标准的预后验分析形式表示的 m_0 和 m_1 这两个备择方案。根据已知信息，就会选择策略 m_1，而不选择策略 m_0，因为 m_1 的收益(扣除调查费用 0.7 万元)与 m_0 的收益分别为 4.40 万元和 3.60 万元，前者大于后者。

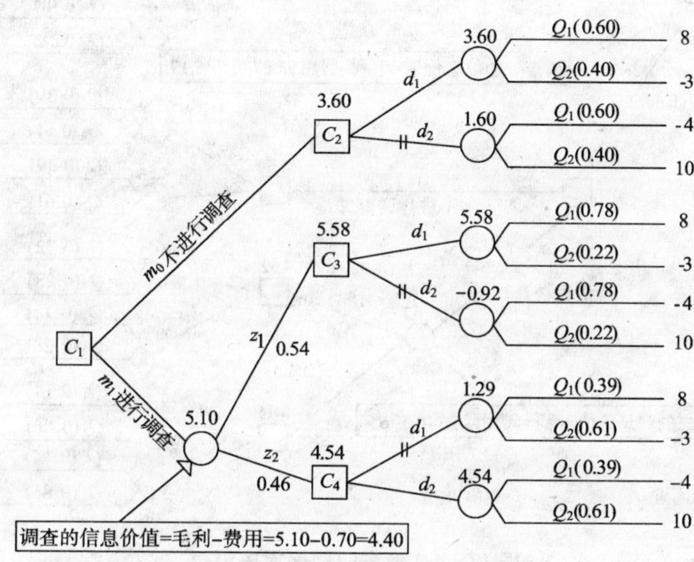

图 12－3　童车问题预后验决策树

图 12－4 描述了决策的序贯分析部分。由于 m_1 优于 m_0，m_0 就从可供选择的策略中删去了。图 12－4 中有两类分支：一类代表 m_2，即两个调查阶段都进行；另一类代表 m_1，即在第一阶段后就终止搜集信息的决策。可以看出，决策树对决策者有很大的帮助。例如，如果由调查一得出结果 z_1，它表明有利的市场状况，则决策者就应该终止搜集信息，选择行动方案 d_1，决策序列 m_1-d_1 就是最佳选择。但是，如果由调查一得出结果 z_2，表示不利的市场状况，就应采用策略 m_2，因为它具有更大的期望收益值。如果在调查一得出 z_2 后，由调查二得出 z_1 的结果，就选择方案 d_1(采用新产品)。但是，如果调查二仍然得出 z_2，那么决策者应选择方案 d_2(不采用新产品)。这描述了决策论中一种不多见的情况，即计算了搜集信息的实际价值或费用。

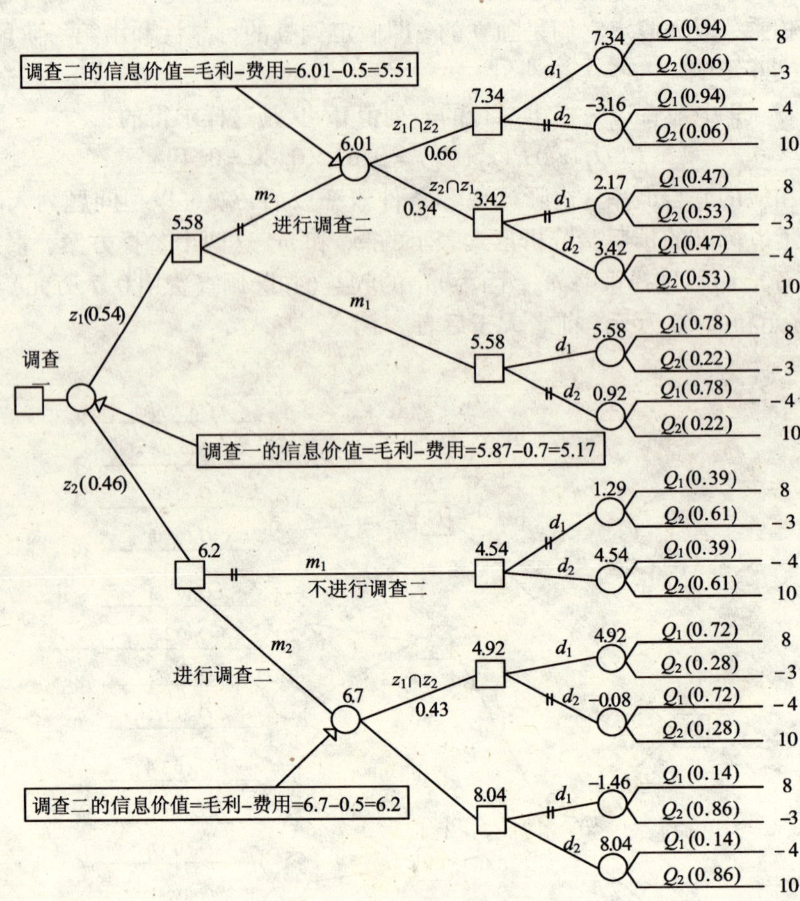

图 12-4 童车问题序贯决策树

重点与难点

重点：①理解贝叶斯决策方法的含义；②贝叶斯定理的表达式；③了解先验分析、预后验分析及后验分析的含义。

难点：序贯分析在实际中的运用。

思考与练习

12-1 什么叫贝叶斯决策？如何进行贝叶斯决策？

12-2 如何进行预后验分析和后验分析？

12-3 某决策问题由损益值表 12-10 表示：

表 12-10 损益值表

决策方案	自然状态	
	$S_1P(S_1)=0.4$	$S_2P(S_2)=0.6$
d_1	100 万元	300 万元
d_2	400 万元	200 万元

以 I_1、I_2 表示市场调查结果的两种状态，根据历史资料，可得出以下概率值：

$P(I_1|S_1)=0.8$　　$P(I_2|S_1)=0.2$

$P(I_1|S_2)=0.4$　　$P(I_2|S_2)=0.6$

要求：(1)计算 $P(I_1)$ 和 $P(I_2)$；(2)计算后验概率 $P(S_1|I_1)$，$P(S_2|I_1)$，$P(S_1|I_2)$ 和 $P(S_2|I_2)$；(3)计算市场调查信息的价值；(4)应用决策树法进行决策分析；(5)做后验分析。

第 13 章

不确定型决策方法

第 11 章和第 12 章讨论的问题均属于风险型决策问题。对于这类问题，虽然不知道哪一种状态必然发生，但是，每种状态发生的可能性可以根据历史资料或者预测获得。另外还有一种决策，未知因素比风险型决策更多。决策者只能掌握可能出现的各种状态，而各种状态发生的概率无从得知。这类决策就是不确定型决策，或称为概率未知情况下的决策。

不确定型决策方法与前面讨论的风险型决策方法，在思想方法上具有鲜明的区别，即风险型决策方法从合理行为假设出发，有严格的推理和论证，而不确定型决策方法是人为制定的原则，带有某种程度上的主观随意性。

不确定型决策方法一般有：①"好中求好"的决策方法；②"坏中求好"的决策方法；③a系数决策方法；④"最小的最大后悔值"决策方法；⑤等概率决策方法，等概率决策方法已在第 11 章第 2 节中做了阐述。

13.1 "好中求好"决策方法

13.1.1 概念及方法步骤

"好中求好"决策准则也叫乐观决策准则，或称"最大最大"决策准则。这种决策准则就是充分考虑可能出现的最大利益，在各最大利益中选取最大者，将其对应的方案作为最优方案。这种决策准则的客观基础就是所谓的天时、地利和人和，决策者感到前途乐观，有信心取得每一决策方案的最佳结果。

"好中求好"决策方法的一般步骤为：

①确定各种可行方案；

②确定决策问题将面临的各种自然状态；

③将各种方案在各种自然状态下的损益值列于决策矩阵表中。

设某一决策问题有 m 个行动方案 d_1，d_2，…，d_m，n 个自然状态 θ_1，θ_2，…，θ_n，损益值 $L_{ij}(i=1, 2, \cdots, m; j=1, 2, \cdots, n)$，则"好中求好"的决策矩阵如表 13－1 所示。

④求每一方案在各自然状态下的最大损益值：

$$\max\{L_{11}, L_{12}, \cdots, L_{1n}\}$$
$$\max\{L_{21}, L_{22}, \cdots, L_{2n}\}$$
$$\vdots$$
$$\max\{L_{m1}, L_{m2}, \cdots, L_{mn}\}$$

将其填写在决策矩阵表的最右一列。

表 13－1　“好中求好”的决策矩阵表

损益值 自然状态 / 行动方案	θ_1	θ_2	…	θ_n	$\max_{\theta_j}[L_{ij}]$
d_1	L_{11}	L_{12}	…	L_{1n}	
d_2	L_{21}	L_{22}	…	L_{2n}	
⋮	⋮	⋮		⋮	
d_m	L_{m1}	L_{m2}	…	L_{mn}	
决策 d^*	$\max_{di}\{\max_{\theta j}[L_{ij}]\}$				

⑤取$\max_{\theta_j}[L_{ij}]$中的最大值$\max_{di}\{\max_{\theta_j}[L_{ij}]\}$，所对应的方案 d_i 为最佳决策方案。如果表不是收益矩阵，而是损失矩阵，则应采取“最小最小”决策准则，即取$\min_{\theta_j}[L_{ij}]$中的最小值$\min_{di}\{\min_{\theta_j}[L_{ij}]\}$，所对应的方案 d_i 就是最佳决策方案。

13.1.2　“好中求好”决策方法的应用

【例 13－1】　某道路交叉口需要改造，可以采用的方案有四个：P_1：修建互通式立交桥；P_2：修建普通立交桥；P_3：对原有交叉口入口进行扩建，增加车道数；P_4：不进行交通设施建设，仅改进信号控制配时和进行交叉口交通流渠化，优化调整车流运行方式。预测未来该交叉口交通量的增长有四种可能：θ_1（年增长率 >20%）、θ_2（年增长率 15% ~20% 之间）、θ_3（年增长率 10% ~15% 之间）、θ_4（年增长率 <10%）。各方案在不同交通量情况下获得的经济效益见下表。根据上述条件，采用决策分析方法确定最优方案。

表 13－2　交叉口改造损益矩阵表　（单位：万元）

方案 / 收益	θ_1	θ_2	θ_3	θ_4
d_1	105	70	30	35
d_2	95	75	65	40
d_3	80	45	90	35
d_4	5	35	50	80

在“好中求好”的乐观准则中，决策者充分考虑可能出现的最大利益，在各最大利益中选取最大者，将其对应的方案作为最优方案。其对应的计算损益矩阵如下：

表 13-3　对应的计算损益矩阵表　　（单位：万元）

方案 收益	θ_1	θ_2	θ_3	θ_4	$\max(L_{ij})$
d_1	105	70	30	35	105
d_2	95	75	65	40	95
d_3	80	45	90	35	90
d_4	5	35	50	80	80
决策 d^*	$=\max\limits_{d_i}\{\max\limits_{\theta_j}(L_{ij})\}=105$				

对于每个方案 $d_i(i=1,2,3,4)$，有

$$d_1=\max(L_{1j})=105$$
$$d_2=\max(L_{2j})=95$$
$$d_3=\max(L_{3j})=90$$
$$d_4=\max(L_{4j})=80$$

则 $d^*=\max\{d_1,d_2,d_3,d_4\}=105$

故方案 d_1 为采用“好中求好”决策准则得到的最优方案。

13.2 “坏中求好”决策方法

13.2.1 概念及方法步骤

“坏中求好”决策准则也叫做“小中取大”决策准则或叫做悲观决策准则。这种决策准则的客观依据是决策的系统功能欠佳，形势对决策者不利，所以，决策者没有理由希望获得最理想的结果。面对这种情况，决策者必须从每一方案的最坏处着眼，从每个方案的最坏结果中选择一个最佳值，即在所有最不利的收益中，选取一个收益最大的方案作为决策方案。这种决策方法是十分保守的。

设有一非确定型决策，各选方案为 $d_i(i=1,2,\cdots,m)$，自然状态有 n 种(其出现概率未知)，损益值为 $L_{ij}(i=1,2,\cdots,m;j=1,2,\cdots,n)$，若只 $f(d_i)$ 表示采取行动方案 d_i 时的最小收益，即：

$$f(d_i)=\min(L_{i1},L_{i2},\cdots,L_{in})(i=1,2,\cdots,m)$$

则满足：

$$f(d_*)=\max[f(d_1),f(d_2),\cdots,f(d_m)]$$

的方案 d_* 就是“坏中求好”决策的最优方案。

若决策矩阵为损失矩阵，则应采取“最大最小”的方法，这时，$f(d_i)$ 表示取行动方案 d_i 的最大损失值，即：

$$f(d_i)=\max(L_{i1},L_{i2},\cdots,L_{in})\quad(i=1,2,\cdots,m)$$

则满足：

$$f(d_*)=\min[f(d_1),f(d_2),\cdots,f(d_m)]$$

的方案 d_* 就是“最大最小”决策的最优方案。

13.2.2　“坏中求好”决策方法的应用

在例 13－1 中，如果采用“坏中求好”的悲观准则，决策者在所有最不利的收益中，选取一个收益最大的方案作为决策方案，即在各最小利益中选取最大者，将其对应的方案作为最优方案。其对应的计算损益矩阵如下：

表 13－4　对应的计算损益矩阵表　（单位：万元）

方案 / 收益	θ_1	θ_2	θ_3	θ_4	$\min(L_{ij})$
d_1	105	70	30	35	30
d_2	95	75	65	40	40
d_3	80	45	90	35	35
d_4	5	35	50	80	5
决策 d^*	$=\max\limits_{d_i}\{\min\limits_{\theta_j}(L_{ij})\}=40$				

对于每个方案 $d_i(i=1,2,3,4)$，有

$$d_1=\min(L_{1j})=30$$
$$d_2=\min(L_{2j})=40$$
$$d_3=\min(L_{3j})=35$$
$$d_4=\min(L_{4j})=5$$

则 $d^*=\max\{d_1,d_2,d_3,d_4\}=40$

故方案 d_2 为最优决策方案。

13.3　α 系数决策方法

13.3.1　概念及方法步骤

α 系数决策准则又称为折中准则，是对“坏中求好”和“好中求好”决策准则进行折中的一种决策准则。

α 是一个依决策者认定情况乐观还是悲观而定的系数，称为乐观系数。若认定情况完全乐观，则 $\alpha=1$；若认定情况完全悲观，则 $\alpha=0$；一般情况下，则 $0<\alpha<1$，也就是说，α 是介于 0 和 1 之间的某一个数值。

采用这种决策方法，其决策公式如下：

设一不确定型决策问题，备选方案为 $d_i(i=1,2,\cdots,m)$，自然状态有 n 种（出现概率未知），损益值为 $L_{ij}(i=1,2,\cdots,m;j=1,2,\cdots,n)$，若令：

$$f(d_i)=\alpha(\max_{\theta_j}[L_{ij}])+(1-\alpha)(\min_{\theta_j}[L_{ij}])$$

其中，$0\leqslant\alpha\leqslant1$，则满足：

$$f(d_*)=\max_{d_i}[f(d_i)]$$

的方案 d_* 为 α 系数决策的最优方案。

如果所讨论的决策问题属于损失矩阵，则：

$$G(d_i)=\alpha(\max_{\theta_j}[L_{ij}])+(1-\alpha)(\min_{\theta_j}[L_{ij}])$$

$$f(d_*)=\min_{d_i}[f(d_i)]$$

$f(d_i)$ 是较“好中求好”准则和“坏中求好”准则更为接近实际可能情况的 d_i 方案的损益值，可称为现实估计值。

13.3.2 α系数决策方法的应用

同样在例 13－1 中，如果采用 α 系数决策准则（折中准则），决策者考虑各方案的最大收益和最小收益并利用系数 α 进行加权平均，选取一个加权平均收益最大的方案作为决策方案，即在各最小利益中选取最大者，将其对应的方案作为最优方案。其对应的计算损益矩阵如下：

表 13－5 交叉口改造损益矩阵计算表 $\alpha=0.6$ （单位：万元）

方案 / 收益	θ_1	θ_2	θ_3	θ_4	$f(d_i)$
d_1	105	70	30	35	75
d_2	95	75	65	40	73
d_3	80	45	90	35	68
d_4	5	35	50	80	50
决策 d^*	$=\max_{d_i}\{f(d_i)\}=75$				

经分析，取乐观系数为 $\alpha=0.6$，则 $1-\alpha=1-0.6=0.4$，对于每个方案 $d_i(i=1,2,3,4)$ 对应的损益值 $f(d_i)$，其计算过程和结果如下：

$$\begin{aligned}f(d_1)&=0.6\times[\max(105,70,30,35)]+0.4\times[\min(105,70,30,35)]\\&=0.6\times105+0.4\times30\\&=75(\text{万元})\end{aligned}$$

$$\begin{aligned}f(d_2)&=0.6\times[\max(95,75,65,40)]+0.4\times[\min(95,75,65,40)]\\&=0.6\times95+0.4\times40\\&=73(\text{万元})\end{aligned}$$

$$\begin{aligned}f(d_3)&=0.6\times[\max(80,45,90,35)]+0.4\times[\min(80,45,90,35)]\\&=0.6\times90+0.4\times35\\&=68(\text{万元})\end{aligned}$$

$$\begin{aligned}f(d_4)&=0.6\times[\max(5,35,50,80)]+0.4\times[\min(5,35,50,80)]\\&=0.6\times80+0.4\times5\\&=50(\text{万元})\end{aligned}$$

则最佳方案产生最大的收益值 $d^*=\max\{75,73,68,50\}=75$（万元），故方案 d_1 为最优决策方案。

13.4 “最小的最大后悔值”决策方法

13.4.1 基本原理

“最小的最大后悔值”法也称萨凡奇决策准则。在不确定型决策问题中，虽然各种自然状态的出现概率无法估计，但决策一经做出并付诸实施，必然处于实际出现的某种自然状态中。若所选方案不如其他方案好，决策者就会感到后悔。所谓后悔值，就是所选方案的收益值与该状态下真正的最优方案的收益值之差。显然，后悔值越小，所选方案就越接近最优方案，“最小的最大后悔值”决策准则又称为遗憾准则或者后悔值准则。

因此，在不确定型决策中，决策者可以在决策前计算出方案在不同自然状态下的后悔值，即先求出每种自然状态下的最大收益值与该自然状态下的其他收益之差，然后分别找出各方案对应不同自然状态下的后悔值中的最大值，最后从这些最大后悔值中找出最小的最大后悔值，将其对应的方案作为最优方案。

设某一不确定型决策，其备选方案为 $d_1, d_2, \cdots, d_m$，自然状态为 $\theta_1, \theta_2, \cdots, \theta_n$，损益值 $L_{ij}(i=1, 2, \cdots, m; j=1, 2, \cdots, n)$。在 θ_j 状态下，必有一个方案的收益值最大，这个最大收益值可表示为：

$$\max_{i=1, 2, \cdots, m} L_{ij} = \max(L_{1j}, L_{2j}, \cdots, L_{mj})$$

则在这一状态下各方案的后悔值为：

$$\begin{aligned} d_1&: \max_i L_{ij} - L_{1j} \\ d_2&: \max_i L_{ij} - L_{2j} \\ &\vdots \\ d_m&: \max_i L_{ij} - L_{mj} \end{aligned}$$

同样道理，在另一种自然状态下，各备选方案又都分别有一个后悔值。n 种自然状态，对应有 n 种后悔值。某一方案 d_i 的 n 种后悔值中的最大者，叫做该方案的最大后悔值。若用 $G(d_i)$ 表示 (d_i) 方案中的最大后悔值，则：

$$G(d_i) = \max_j(\max_{i=1, 2, \cdots, m} L_{ij} - L_{ij})$$

对于每一个方案来说，都各有一个这样的最大后悔值，故 m 个方案就共有 m 个最大后悔值，m 个最大后悔值中的最小者，即：

$$\min_{i=1, 2, \cdots, m} G(d_i)$$

其对应的方案，就是“最小的最大后悔值”决策的最优方案。

13.4.2 “最小的最大后悔值”决策方法的应用

在例 13－1 中，如果采用“最小的最大后悔值”的决策准则，决策者首先计算每个方案的最大损失值，然后从中选取损失值最小的方案，即在各方案的“最大后悔值”$G(dm)$ 中选取最小者，将其对应的方案作为最优方案。其对应的计算损益矩阵表如下：

表 13-6 对应的计算损益矩阵表 $\alpha=0.6$ （单位：万元）

方案 / 收益	θ_1	θ_2	θ_3	θ_4	$G(d_i)$
d_1	105	70	30	35	60
d_2	95	75	65	40	40
d_3	80	45	90	35	45
d_4	5	35	50	80	100
决策 d^*	$=\min\{G(d_i)\}=40$				

这是一个不确定型决策问题，备有四个方案、四种自然状态。由于：

$$\max\{L_{i1}\}=\max\{105, 95, 80, 5\}=105$$
$$\max\{L_{i2}\}=\max\{70, 75, 45, 35\}=75$$
$$\max\{L_{i3}\}=\max\{30, 65, 90, 50\}=90$$
$$\max\{L_{i4}\}=\max\{35, 40, 35, 80\}=80$$

所以，方案的最大后悔值为：

$$\begin{aligned}G(d_1)&=\max(105-105, 75-70, 90-30, 80-35)\\&=\max(0, 5, 60, 55)\\&=60\end{aligned}$$

$$\begin{aligned}G(d_2)&=\max(105-95, 75-75, 90-65, 80-40)\\&=\max(10, 0, 25, 40)\\&=40\end{aligned}$$

$$\begin{aligned}G(d_3)&=\max(105-80, 75-45, 90-90, 80-35)\\&=\max(25, 30, 0, 45)\\&=45\end{aligned}$$

$$\begin{aligned}G(d_4)&=\max(105-5, 75-35, 90-50, 80-80)\\&=\max(100, 40, 40, 0)\\&=100\end{aligned}$$

最优方案按下式决定：

$$d^*=\min G(d_i)=\min(60, 40, 45, 100)=40=G(d_2)$$

计算结果表明，方案 d_2 为采用“最小的最大后悔值”决策准则得到的最优方案。

13.5 各种决策方法的比较和选择

13.5.1 各种决策方法的比较

采用在不确定型条件下的各种决策方法，可以得到不同的最优方案。出现这种情况的原因是每一种决策方法都是考虑了决策者的决策心理、感情和愿望而制定的。

对于解决不确定型决策问题，现在在理论上还不能证明哪一种评选标准是最合理的。因此，在实际工作中究竟采用哪一种决策方法，还带有相当程度的主观随意性。国外有许多学者还在继续讨论这个问题。一般来说，如果要把各种决策方法做出比较，那么，“坏中求好”决策方法主要由那些比较保守稳妥并害怕承担较大风险的决策者所采用；“好中求好”决策方法主要由那些对有利情况的估计比较有信心的决策者所采用；α 系数决策方法主要由那些对形势判断既不乐观也不太悲观的决策者所采用；“最小的最大后悔值”决策方法主要由那些对决策失误的后果看得较重的决策者所采用。

13.5.2　各种决策方法在应用时的选择

不同的决策方法会导致不同的最优方案。很明显，这里有正确的决策结果，也有错误的决策结果。这就提出了一个问题：根据什么选取决策方法，决策结果才是正确可靠的？决策方法的选择固然与决策者的主观意志有关，但是，决策方法的选择又不完全取决于决策者的主观意志。如某一个决策者不顾决策问题所面临的客观环境，仅凭想当然和个人兴趣选取决策方法，那么该决策者所做出决策的可靠性是值得怀疑的。可以想象，如果同一个问题处于同一个客观环境中，可以采用不同决策方法进行分析，那么，各种决策方法都将失去其存在的意义。事实上，各种决策方法都具有一定的假定条件，而任何一种假定条件都无法概括现实世界中错综复杂的经济关系。因此，决策方法的选择只能以决策问题所处的客观条件为基础。下面用实例说明决策方法的选择问题。

【例 13－2】　某汽车制造厂面对激烈的市场竞争，拟制订利用先进技术对机型改型的计划。现有三个改型方案可供选择：(d_1)提高汽车动力性能；(d_2)提高汽车动力性能并增强安全性能；(d_3)提高汽车动力性能和舒适性。根据市场需求调查，该厂面临高需求(拥有 8% 左右的购买者)、一般需求(拥有 6% 左右的购买者)与低需求(拥有 4% 左右的购买者)三种自然状态，在这三种自然状态下不同的改型方案所获得的利益不一样。表 13－7 给出预期收益情况。

表 13－7　某汽车制造厂的损益矩阵表　　（单位：万元）

方案＼收益	高需求 θ_1	一般需求 θ_2	低需求 θ_3
d_1	50	30	20
d_2	80	40	0
d_3	120	20	－40

方案的选择过程如下：

(1)如果采用“好中求好”决策准则，对应的损益矩阵如表 13－8 所示

表 13-8 对应的损益矩阵表 （单位：万元）

收益＼方案	高需求 θ_1	一般需求 θ_2	低需求 θ_3	$\max(L_{ij})$
d_1	50	30	20	50
d_2	80	40	0	80
d_3	120	20	-40	120
决策 d^*	$=\max\limits_{d_i}\{\max\limits_{\theta_j}(L_{ij})\}=120$			

决策 $d^*=\max[\max(L_{ij})]=120$，相应的方案为 d_3，即方案 d_3 为采用“好中求好”决策准则得到的最优改型方案。

(2)用“坏中求好”决策准则，对应的损益矩阵如表 13-9 所示

表 13-9 对应的损益矩阵表 （单位：万元）

收益＼方案	高需求 θ_1	一般需求 θ_2	低需求 θ_3	$\min(L_{ij})$
d_1	50	30	20	20
d_2	80	40	0	0
d_3	120	20	-40	-40
决策 d^*	$=\max\limits_{d_i}\{\min\limits_{\theta_j}(L_{ij})\}=20$			

决策 $d^*=\max[\min(L_{ij})]=20$，相应的方案为 d_1，即方案 d_1 为采用准则“坏中求好”决策得到的最优改型方案。

(3)用 α 系数决策准则

首先选定 $a(0\leqslant a\leqslant 1)$，然后根据每一方案的最大收益 A_i 和最小收益 B_i 计算相应的折中值：

$$f(d_i)=\alpha(A_i)+(1-\alpha)B_i \quad (i=1,2,\cdots)$$

折中值最大的方案就是最优方案。

在上例中，表 13-10 为对应的损益矩阵：

表 13-10 对应的损益矩阵表 $\alpha=0.6$（单位：万元）

收益＼方案	高需求 θ_1	一般需求 θ_2	低需求 θ_3	$f(d_i)$
d_1	50	30	20	38
d_2	80	40	0	48
d_3	120	20	-40	56
决策 d^*	$=\max\limits_{d_i}\{f(d_i)\}=56$			

经分析，取乐观系数为 $\alpha=0.6$，则 $1-\alpha=1-0.6=0.4$. 对于每个方案 $d_i(i=1, 2, 3, 4)$ 对应的损益值 $f(d_i)$，其计算过程和结果如下：

$$\begin{aligned} f(d_1) &= 0.6\times[\max(50, 30, 20)]+0.4\times[\min(50, 30, 20)] \\ &= 0.6\times 50+0.4\times 20 \\ &= 38(\text{万元}) \\ f(d_2) &= 0.6\times[\max(80, 40, 0)]+0.4\times[\min(80, 40, 0)] \\ &= 0.6\times 80+0.4\times 0 \\ &= 48(\text{万元}) \\ f(d_3) &= 0.6\times[\max(120, 20, -40)]+0.4\times[\min(120, 20, -405)] \\ &= 0.6\times 120+0.4\times(-40) \\ &= 56(\text{万元}) \end{aligned}$$

则最佳方案产生最大的收益值 $d^*=\max\{38, 48, 56\}=56$(万元)，故方案 d_3 为最优决策方案。

(4)用“最小的最大后悔值”决策准则，对应的损益矩阵如表 13－11 所示

表 13－11　对应的损益矩阵表　　(单位：万元)

收益＼方案	高需求 θ_1	一般需求 θ_2	低需求 θ_3	$G(d_m)$
d_1	50	30	20	70
d_2	80	40	0	40
d_3	120	20	－40	60
决策 d^*	$=\min\{G(d_1), G(d_2), G(d_3)\}=40$			

这是一个不确定型决策问题，备有三个方案、三种自然状态。由于：

$$\max\{L_{i1}\}=\max\{50, 80, 120\}=120$$
$$\max\{L_{i2}\}=\max\{30, 40, 20\}=40$$
$$\max\{L_{i3}\}=\max\{20, 0, -40\}=20$$

所以，方案的最大后悔值为：

$$\begin{aligned} G(d_1) &= \max(120-50, 40-30, 20-20) \\ &= \max(70, 10, 0) \\ &= 70 \\ G(d_2) &= \max(120-80, 40-40, 20-0) \\ &= \max(40, 0, 20) \\ &= 40 \\ G(d_3) &= \max[120-120, 40-20, 20-(-40)] \\ &= \max(0, 20, 60) \\ &= 60 \end{aligned}$$

最优方案按下式决定：

$$d^* = \min_{i=1,2,3} G(d_i) = \min(70, 40, 60) = 40 = G(d_2)$$

计算结果表明，方案 d_2 为采用“最小的最大后悔值”决策准则得到的最优方案。

用各种准则决策方案对比如表 13 – 12 所示。

表 13 – 12　决策方案对比表

决策方法	最优方案	期望取得的收益(万元)
“好中求好”准则	d_3	120
“坏中求好”准则	d_1	20
α 系数准则	d_3	56
“最小的最大后悔值”准则	d_2	——

由上述例题可看出，采用不同决策准则得到的结果可能是不一样的。没有统一的评判标准，很难评判哪种方法比较合理，在实际情况中决策者只能根据具体情况选用。

一般的决策问题，可多采用几种方法进行决策，然后比较决策结果，相同的最多便可以选为最优决策。如上例，无论是“好中求好”还是 α 系数准则，都选择 d_3 方案，则表明 d_3 方案是比较合理的方案，因此，在上例中，汽车制造厂决定采用提高汽车的动力性能和舒适性的改造方案。

重点与难点

重点：①理解“好中求好”决策准则和“坏中求好”决策准则；②α 系数决策准则；③“最小的最大后悔值”决策过程。

难点：各种决策方法在实际应用时的选择。

思考与练习

13 – 1　什么叫不确定型决策？它与风险型决策有何不同？

13 – 2　什么叫“好中求好”决策方法？什么叫“坏中求好”决策方法？什么叫 α 系数决策方法？什么叫“最小的最大后悔值”决策方法？

13 – 3　简述各种不确定型决策方法的适用特点。

13 – 4　某录像机厂建设问题的损益值如表 13 – 13 所示：

表 13 – 13

决策方案	自然状态	
	销路好 S_1	销路好 S_2
建设大型工厂 d_1	200	–20
建设中型工厂 d_2	150	20
建设小型工厂 d_3	100	60

要求：

(1)按“好中求好”决策方法选择一个决策方案；

(2)按“坏中求好”决策方法选择一个决策方案；

(3)按 α 系数决策方法选择一个决策方案；

(4)按“最小的最大后悔值”决策方法选择一个决策方案。

第 14 章

多目标决策方法

14.1 多目标决策概述

14.1.1 多目标决策的概念

统计决策中的目标通常不会只有一个，以企业目标决策为例，企业不仅要追求经济目标，如利润等，而且要承担一定的社会责任，如保护生态环境、促进社区精神文明建设等，即还有非经济目标。很难想象，一个不顾社会道德、不顾消费者利益、只追求利润最大化的企业，能够在现代社会中生存下去。类似这样的企业目标决策问题等的决策问题均具有多目标特点，属于多目标决策问题。

14.1.2 多目标决策的特点

多目标决策具有两个较明显的特点：①目标之间的不可公度性。即众多目标之间没有一个统一标准，如提高经济效益与加强精神文明建设，经济效益提高的效果可以用价值量指标来衡量，而精神文明建设的成果则不能用价值量指标来衡量，因此，不同目标之间难以进行比较。②目标之间的矛盾性。某一目标的改善往往会损害其他目标的实现，如经济建设与环境保护等，经济开发往往会对环境造成破坏性影响。

常用的多目标决策的目标体系可以分为三类：①单层目标体系。即各目标同属于总目标之下，各目标之间是并列的关系。②树形多层目标体系。即目标分为多层，每个下层目标都隶属于一个而且只隶属于一个上层目标，下层目标是对上层目标的更加具体地说明。③非树形多层目标体系。即目标分为多层，每个下层目标隶属于某几个上层目标（至少有一个下层目标隶属于不止一个上层目标）。

处理多目标决策问题，一般遵循以下两个原则：

原则之一，在满足决策需要的前提下，尽量减少目标个数。常用的方法有：一是除去从属目标，归并类似目标。二是把那些只要求达到一般标准而被要求达到最优的目标降为约束条件。三是采取综合方法，将能够归并的目标用一个综合指数来反映。例如，反映一个企业的经济效益，可以把各项反映企业经济效益的主要指标，如产值、利润率、资金利润率等，归并为一个类似于企业经济效益指数的综合指标。

原则之二，分析各目标重要性的大小、优劣程度，分析赋予不同的权数。将注意力首先集中到必须达到而且重要性大的目标，然后再次考虑次要目标。例如，一个连续两年亏损的上市公司，由于面临被摘牌下市的可能，可以将第三年的扭亏作为优先目标，将保护员工权益作为次要目标。

多目标决策问题一般属于复杂大系统的决策问题。解决复杂大系统决策问题是目前决策领域里正在探索的较前沿的领域，目前较为成熟的方法有多属性效用理论、字典序数法、多目标规划、层次分析法、优劣系数法、模糊决策法等。

多属性效用理论是反映决策者对备选方案属性偏好程度的一种多目标决策理论。它利用决策者的偏好信息，构造一个多属性效用函数，以更加准确地反映决策者对后果的偏好，并通过使多属性效用问题转变成单值问题，使求解更加简单。

字典序数法的基本概念比较简单。决策者首先对目标按重要性分等级，用最重要的目标对各方案进行筛选，保留满足此目标的那些方案，然后再用次重要目标对已筛选方案进行再次筛选，如此反复进行，直到剩下最后一个方案，此方案即为该决策问题的决策方案。

多目标规划是规划论的一个分支，是在给定的约束条件下，使目标值与实际能达到的值之间的偏差最小。多目标规划中通常没有决策变量，只有目标的正负偏差变量。多目标规划的真正价值在于按照决策者的目标优先次序，求解存在矛盾的多目标决策问题。多目标规划可广泛应用于生产计划、财务决策、市场销售、行政管理、学校管理、医院护理计划以及政府决策分析等许多方面。

本章主要介绍层次分析法、多属性效用决策法、优劣系数法和模糊决策法。

14.2　层次分析法

层次分析法，简称 AHP 法，是用于处理有限个方案的多目标决策方法，它是由美国著名运筹学家萨蒂(T. L. Saatty)教授于 20 世纪 70 年代提出来的，现已被广泛应用。

14.2.1　层次分析法的基本原理

层次分析的基本思想是把复杂问题分解为若干层次，在最低层次通过两两对比得出各因素的权重，通过由低到高的层层分析计算，最后计算出各方案对总目标的权数，权数最大的方案即为最优方案。

决策的实质是进行比较，通过比较做出选择，但是对于缺乏公度性的多目标决策问题来说，由于无法用一个统一尺度去衡量比较各个不同目标，因此，唯一可行的办法是进行两两比较。通过将两两比较后的结果填入判断矩阵，求解判断矩阵的特征值和特征向量，然后确定各目标重要性的加权值。

层次分析方法的基本假设是层次之间存在递进结构，即从高到低或从低到高递进。当复杂系统中某一层次既可直接或间接地影响其他层次，同时又直接及间接受其他层次影响时，就不属于层次分析范围，需要用网络模型来描述。

层次分析的基本方法是建立层次结构模型。建立层次模型，首先要对所解决问题有明确的认识，弄清它涉及哪些因素，如目标、部门、约束、可能情况和方案等，以及因素相互之间的关系。其次，将决策问题层次化。将决策问题分为若干个层次，第一层是总目标层，即要想达到的目标；中间层常称为分目标层、标准层、部门层、约束层、准则层等；最底层一般是解决问题的方案，或者与问题有关的可能情况，常称为方案层或措施层。

建立层次模型之后，可以在各层元素中进行两两比较，构造出判断矩阵。判断矩阵是定性过渡到定量的重要环节，再通过求解判断矩阵的特征向量，并对判断矩阵的一致性进行检验，检查决策者在构造判断矩阵时判断思维是否具有一致性。

通过一致性检验后，便可按归一化处理过的特征向量作为某一层次对上一层次某元素相对重要的排序加权值，然后从高层次到低层次逐层计算排序加权值，得出层次总排序。

最后是对总排序的一致性检验，通过检验，则其结果可用于决策；否则，就需要重新调整判断矩阵。

14.2.2　判断矩阵及一致性检验

(一)判断矩阵

判断矩阵是层次分析法的核心。判断矩阵是通过两两比较得出来的。设 W_i 表示反映第 i 个方案对于某个最底层目标的优越性或某层第 i 目标对于上层某一目标的重要性的权重，以每两个方案(或子目标)的相对重要性为元素的矩阵：

$$A=\begin{pmatrix} \frac{W_1}{W_1} & \frac{W_1}{W_2} & \cdots & \frac{W_1}{W_n} \\ \frac{W_2}{W_1} & \frac{W_2}{W_2} & \cdots & \frac{W_2}{W_n} \\ \frac{W}{W_1} & \frac{W}{W_2} & \cdots & \frac{W}{W_n} \end{pmatrix}$$

称为判断矩阵。

设 $a_{ij}=\frac{W_i}{W_j}$，则判断矩阵的元素 a_{ij} 具有以下性质：

(1) $a_{ii}=1$

(2) $a_{ij}=\frac{1}{a_{ji}}$

(3) $a_{ij}=a_{ik}\cdot a_{kj}$

判断矩阵 A 中的元素 a_{ij} 可以利用决策者的知识和经验估计出来。例如，对于某一层的子目标 1 和子目标 2，如果决策者认为子目标 1 稍微重要于子目标 2，则 $a_{12}=3$，$a_{21}=\frac{1}{3}$；如果子目标 1 明显重要于子目标 2，则 $a_{12}=5$，$a_{21}=\frac{1}{5}$；等等。由于决策者的估计并不是很精确的，因此，第三条性质不一定成立。

判断矩阵中的元素 a_{ij} 的确定，可按表 14－1 确定。

表 14－1　判断矩阵中各元素的确定

a_{ij}	两目标相比
1	同样重要
3	稍微重要
5	明显重要
7	重要得多
9	极端重要
2，4，6，8	介于以上相邻两种情况之间
以上各数的倒数	两个目标反过来比较

【例 14－1】　某层有三个子目标，子目标 1 比子目标 2 稍微重要，比子目标 3 明显重要，子目标 2 与子目标 3 相比，介于同样重要和稍微重要之间，则判断矩阵为：

$$A=\begin{pmatrix}1 & 3 & 5\\ \frac{1}{3} & 1 & 2\\ \frac{1}{5} & \frac{1}{2} & 1\end{pmatrix}$$

（二）权重的确定方法

判断矩阵 A 确定权重，可以有许多方法，下面介绍特征向量中的和积法。

对于 n 阶矩阵 A，由矩阵理论有：

$$AW=\eta W \tag{14－1}$$

式中，W 为向量，且 $W=(W_1, W_2, \cdots, W_n)$，$\eta$ 为判断矩阵 A 的特征根，W 即为特征根所对应的特征向量。

对于满足判断矩阵元素的三个性质的判断矩阵，称之为完全一致性判断矩阵，此时，判断矩阵的最大特征根$\lambda_{max}=n$，其余特征根为 0。

对于通过两两对比的方法构造出的多目标决策问题的判断矩阵，常常不满足第三个性质，因而不一定是完全一致性判断矩阵。若离完全一致性不远，则判断矩阵基本可用，但不能以 n 作为最大特征根，应设法求出相应的特征向量，作为判断优先权数。因此，在构造好判断矩阵之后，既要检验判断矩阵的一致性，还要求出最大特征根及所对应的特征向量。下面介绍具体步骤。

设判断矩阵：

$$A=\begin{pmatrix}a_{11} & a_{12} & \cdots & a_{1n}\\ a_{21} & a_{22} & \cdots & a_{2n}\\ \vdots & \vdots & \vdots & \vdots\\ a_{n1} & a_{n2} & \cdots & a_{nn}\end{pmatrix}$$

（1）将判断矩阵每一列归一化

$$\bar{a}_{ij} = \frac{a_{ij}}{\sum_{k=1}^{n} a_{kj}} \quad i, j = 1, 2, \cdots, n \tag{14-2}$$

(2)将每一列经归一化后的矩阵按行相加

$$M_i = \sum_{j=1}^{n} \bar{a}_{ij} \quad i = 1, 2, \cdots, n \tag{14-3}$$

(3)将向量 $M = (M_1, M_2, \cdots, M_n)$ 归一化

$$W_i = \frac{M_i}{\sum_{j=1}^{n} M_j} \quad i = 1, 2, \cdots, n \tag{14-4}$$

所求得 $W = (W_1, W_2, \cdots, W_n)^T$ 即为相应的特征向量。

(4)计算判断矩阵最大特征根 $\lambda_{max} = \sum_{i=1}^{n} \frac{(AW)_i}{nW_i}$，式中 $(AW)_i$ 表示向量 AW 的第 i 个元素

例如，对【例 14-1】的判断矩阵：

(1)正规化每一列

$$\sum_{k=1}^{3} a_{k1} = 1 + \frac{1}{3} + \frac{1}{5} = \frac{23}{15}$$

$$\bar{a}_{11} = \frac{a_{11}}{\sum_{k=1}^{3} a_{k1}} = \frac{1}{\frac{23}{15}} = 0.652$$

$$\bar{a}_{21} = \frac{a_{21}}{\sum_{k=1}^{3} a_{k1}} = \frac{\frac{1}{3}}{\frac{23}{15}} = 0.2174$$

$$\bar{a}_{31} = \frac{a_{31}}{\sum_{k=1}^{3} a_{k1}} = \frac{\frac{1}{5}}{\frac{23}{15}} = 0.1304$$

$$\sum_{k=1}^{3} a_{k2} = 3 + 1 + \frac{1}{2} = \frac{9}{2}$$

$$\bar{a}_{12} = \frac{a_{12}}{\sum_{k=1}^{3} a_{k2}} = \frac{3}{\frac{9}{2}} = 0.6667$$

$$\bar{a}_{22} = \frac{a_{22}}{\sum_{k=1}^{3} a_{k2}} = \frac{1}{\frac{9}{2}} = 0.2222$$

$$\bar{a}_{32} = \frac{a_{32}}{\sum_{k=1}^{3} a_{k2}} = \frac{\frac{1}{2}}{\frac{9}{2}} = 0.1111$$

$$\sum_{k=1}^{3} a_{k3} = 5 + 2 + 1 = 8$$

$$\bar{a}_{31} = \frac{a_{31}}{\sum_{k=1}^{3} a_{k3}} = \frac{5}{8} = 0.625$$

$$\bar{a}_{32} = \frac{a_{32}}{\sum_{k=1}^{3} a_{k3}} = \frac{2}{8} = 0.25$$

$$\bar{a}_{33} = \frac{a_{33}}{\sum_{k=1}^{3} a_{k3}} = \frac{1}{8} = 0.125$$

$$A' = \begin{pmatrix} 0.652 & 0.6667 & 0.625 \\ 0.2174 & 0.2222 & 0.25 \\ 0.1304 & 0.1111 & 0.125 \end{pmatrix}$$

(2)按行相加

$$M_1 = \sum_{j=1}^{3} \overline{a_{1j}} = 0.652 + 0.6667 + 0.625 = 1.9439$$

$$M_2 = \sum_{j=1}^{3} \overline{a_{2j}} = 0.2174 + 0.2222 + 0.25 = 0.6896$$

$$M_3 = \sum_{j=1}^{3} \overline{a_{3j}} = 0.1304 + 0.1111 + 0.125 = 0.3665$$

(3)将向量 $M = (1.9439, 0.6896, 0.3665)^{\mathrm{T}}$ 正规化

$$\sum_{i=1}^{3} M_i = 1.9439 + 0.6896 + 0.3665 = 3$$

$$W_1 = \frac{M_1}{\sum_{i=1}^{3} M_i} = \frac{1.9439}{3} = 0.6480$$

$$W_2 = \frac{M_2}{\sum_{i=1}^{3} M_i} = \frac{0.6896}{3} = 0.2299$$

$$W_3 = \frac{M_3}{\sum_{i=1}^{3} M_i} = \frac{0.3665}{3} = 0.1222$$

所求特征向量为：

$$W = (0.6480, 0.2299, 0.1222)^{\mathrm{T}}$$

(4)计算最大特征根

$$AW = \begin{pmatrix} 1 & 3 & 5 \\ \frac{1}{3} & 1 & 2 \\ \frac{1}{5} & \frac{1}{2} & 1 \end{pmatrix} \begin{pmatrix} 0.6480 \\ 0.2299 \\ 0.1222 \end{pmatrix} = \begin{pmatrix} 1.9487 \\ 0.6903 \\ 0.3668 \end{pmatrix}$$

$$\begin{aligned}\lambda_{\max} &= \sum_{i=1}^{3}\frac{(AW)_i}{nW_i} \\ &= \frac{1.9487}{3\times 0.6480}+\frac{0.6903}{3\times 0.2299}+\frac{0.3668}{3\times 0.1222} \\ &= 3.0038\end{aligned}$$

(三)一致性检验

一致性检验是通过计算一致性指标和检验系数检验的。

一致性指标：

$$CI=\frac{\lambda_{\max}-n}{n-1} \tag{14-5}$$

检验系数：

$$CR=\frac{CI}{RI} \tag{14-6}$$

其中，RI 是平均一致性指标，可通过表 14-2 查得。一般地，当 $CR<0.1$ 时，可认为判断矩阵具有满意的一致性；否则，就需要重新调整判断矩阵。

表 14-2 RI 系数表

阶数	3	4	5	6	7	8	9
RI	0.58	0.90	1.12	1.24	1.32	1.41	1.45

在上例中：

$$CI=\frac{3.0038-3}{3-1}=0.0019$$

$$CR=\frac{0.0019}{0.58}=0.0032<0.1000$$

故判断矩阵具有满意的一致性。

(四)层次加权

设某决策问题有 m 层目标(不包括总目标)，把各方案作为 $m+1$ 层，每相邻两层之间具有完全的层次关系，且设第 i 层目标有 n_i 个，第 $i+1$ 层目标(或方案)有 n_{i+1}个，用 $W^{(j)}$ 表示这两层之间的权重矩阵，则它有 n_i 行 n_{i+1}列。

设各方案对总目标的权重分别为 W_1, W_2, …, W_n, $W=(W_1, W_2, \cdots, W_n)$, W 可按下式计算：

$$W=W^{(0)}W^{(1)}W^{(2)}\cdots W^{(m)} \tag{14-7}$$

各方案依次关于总目标的权重大小按顺序排成一列，具有最大权重的方案就是最优化方案。

14.2.3 层次分析法的应用

层次分析法可广泛应用于多目标决策、多方案选择、综合评价等各个方面。

【例 14－2】　某企业在进行企业目标决策时，确定其企业目标分为两类，即经济目标和非经济目标。并具体将其目标分为目标 C_1、目标 C_2、目标 C_3 和目标 C_4（如年利润增长 10%，每年全国各地新开分支机构 5 家，职工年收入年增 20%，提高企业形象等），并制定了三项具体政策方案，如图 14－1 所示。现欲从中选择一种政策加以实施。

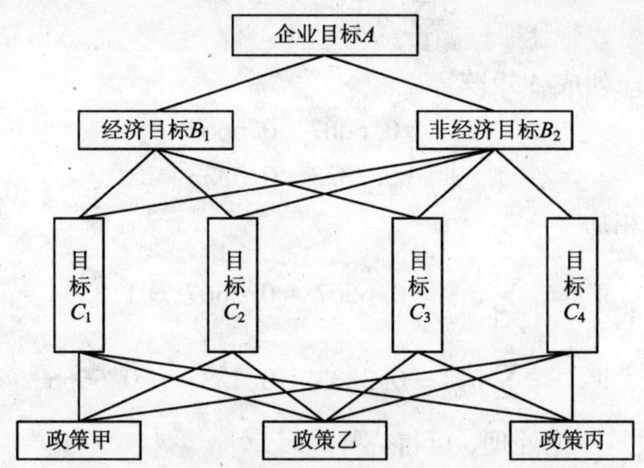

图 14－1　企业目标决策的政策选择的目标体系

根据层次结构，首先构造第一层的判断矩阵。为避免受个人能力水平等方面的限制，可运用专家评比法、德尔菲法等利用集体智慧的方法进行比较判断，使之更具合理性。

A	B_1	B_2
B_1	1	2
B_2	$\frac{1}{2}$	1

利用特征向量法，可求得 $WA=(0.6667, 0.3333)^T$，具体计算如下：

(1)将第 1 列加总

$$\sum_{k=1}^{2} a_{k1} = 1 + \frac{1}{2} = \frac{3}{2}$$

$$\bar{a}_{11} = \frac{a_{11}}{\sum_{k=1}^{2} a_{k1}} = \frac{1}{\frac{3}{2}} = 0.6667$$

$$\bar{a}_{21} = \frac{a_{21}}{\sum_{k=1}^{2} a_{k1}} = \frac{\frac{1}{2}}{\frac{3}{2}} = 0.3333$$

(2)将第 2 列加总

$$\sum_{k=1}^{2} a_{k2} = 2 + 1 = 3$$

$$\bar{a}_{21} = \frac{a_{21}}{\sum_{k=1}^{2} a_{k2}} = \frac{2}{3} = 0.6667$$

$$\bar{a}_{22} = \frac{a_{22}}{\sum_{k=1}^{2} a_{k2}} = \frac{1}{3} = 0.3333$$

(3)将所求值按顺序列成 $\bar{A}$ 矩阵

$$\bar{A} = \begin{pmatrix} 0.6667 & 0.6667 \\ 0.3333 & 0.3333 \end{pmatrix}$$

(4)将 $\bar{A}$ 矩阵每行相加

$$W_1 = \sum_{j=1}^{2} a_{1j} = 0.6667 + 0.6667 = 1.3334$$

$$W_2 = \sum_{j=1}^{2} a_{2j} = 0.3333 + 0.3333 = 0.6666$$

(5)将列向量 W 做归一化处理，可得

$$\bar{W} = \left(\frac{W_1}{\sum W}, \frac{W_2}{\sum W}\right)^{\mathrm{T}} = (0.6667, 0.3333)^{T}$$

此即为 WA。二阶矩阵不需做一致性检验。

因此：

$$W^{(0)} = (0.6667 \quad 0.3333)$$

分别对各层构造判断矩阵，用同样的方法求特征根并进行一次性检验(略)，可得：

B_1	C_1	C_2	C_3
C_1	1	$\frac{1}{4}$	2
C_2	4	1	3
C_3	$\frac{1}{2}$	$\frac{1}{3}$	1

$$WB_1 = \begin{pmatrix} 0.2243 \\ 0.6196 \\ 0.1560 \end{pmatrix} \quad \begin{aligned} &\lambda_{\max} = 3.1093 \\ &CI = 0.05465 \\ &RI = 0.5800 \\ &CR = 0.0942 < 0.1000 \end{aligned}$$

B_2	C_1	C_2	C_3	C_4
C_1	1	2	2	3
C_2	$\frac{1}{2}$	1	5	2
C_3	$\frac{1}{2}$	$\frac{1}{5}$	1	2
C_4	$\frac{1}{3}$	$\frac{1}{2}$	$\frac{1}{2}$	1

$$WB_2=\begin{pmatrix}0.3929\\0.3340\\0.1528\\0.1149\end{pmatrix}\quad\begin{aligned}&\lambda_{max}=4.1386\\&CI=0.0426\\&RI=0.9000\\&CR=0.0513<0.1000\end{aligned}$$

$$W^{(1)}=\begin{pmatrix}0.2243&0.6196&0.1560&0\\0.3929&0.3340&0.1528&0.1149\end{pmatrix}$$

C_1	甲	乙	丙
甲	1	2	3
乙	$\frac{1}{2}$	1	2
丙	$\frac{1}{3}$	$\frac{1}{2}$	1

$$WC_1=\begin{pmatrix}0.5390\\0.2972\\0.1638\end{pmatrix}\quad\begin{aligned}&\lambda_{max}=3.0093\\&CI=0.00465\\&RI=0.5800\\&CR=0.0080<0.1000\end{aligned}$$

C_2	甲	乙	丙
甲	1	$\frac{1}{4}$	$\frac{1}{2}$
乙	4	1	2
丙	2	$\frac{1}{2}$	1

$$WC_2=\begin{pmatrix}0.1429\\0.5714\\0.2857\end{pmatrix}\quad\begin{aligned}&\lambda_{max}=3\\&CI=0\\&RI=0.5800\\&CR=0<0.1000\end{aligned}$$

C_3	甲	乙	丙
甲	1	1	$\frac{1}{4}$
乙	1	1	$\frac{1}{3}$
丙	4	3	1

$$WC_3=\begin{pmatrix}0.1744\\0.1919\\0.6337\end{pmatrix}\quad\begin{aligned}&\lambda_{max}=3.0091\\&CI=0.00455\\&RI=0.5800\\&CR=0.0078<0.1000\end{aligned}$$

C_4	甲	乙	丙
甲	1	$\frac{1}{5}$	$\frac{1}{2}$
乙	5	1	3
丙	2	$\frac{1}{3}$	1

$$WC_4=\begin{pmatrix}0.1222\\0.6480\\0.2299\end{pmatrix}\quad \begin{aligned}&\lambda_{\max}=3.0038\\&CI=0.0019\\&RI=0.5800\\&CR=0.0033<0.1000\end{aligned}$$

$$W^{(2)}=\begin{pmatrix}0.5390 & 0.2972 & 0.1638\\0.1429 & 0.5714 & 0.2857\\0.1744 & 0.1919 & 0.6337\\0.1222 & 0.6480 & 0.2299\end{pmatrix}$$

于是，各政策关于企业目标的权重为：

$$W=W^{(0)}W^{(1)}W^{(2)}=(0.2579\quad 0.4376\quad 0.3026)$$

由于政策乙的权重最大，因此，应该选择政策乙。

同理，可以求出各目标重要性权重：

$$W=W^{(0)}W^{(1)}=(0.2805\quad 0.5240\quad 0.1549\quad 0.0383)$$

即目标 2 的重要程度最高，目标 4 的重要程度最低，目标 2 是应优先满足的目标。

【例 14－3】 在进行公交站点选址决策时，确定准则层为经济效益 S_1，社会效益 S_2，技术效能 S_3，并具体将三个效益分为 M_1，M_2，M_3，…，M_8，M_9 子准则层，同时制定 3 种方案，具体如图 14－2 所示，现欲从中选择一种方案来加以实施。

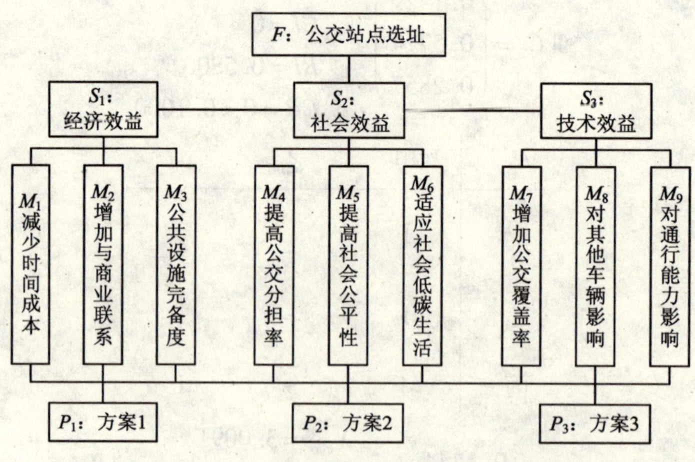

图 14－2 公交站点选址层次结构示意图

解： 根据层次结构，首先构造第一层的判断矩阵。为避免个人能力水平等方面的限制，可运用专家评比法来进行判断，使之更具合理性。

F	S_1	S_2	S_3
S_1	1	1	5
S_2	1	1	3
S_3	$\frac{1}{5}$	$\frac{1}{3}$	1

（一）利用特征向量法

可求得$w^{(0)}=(0.479557\quad 0.4055\quad 0.11496)^{\mathrm{T}}$，具体计算如下：

（1）将第 1 列加和

$$\sum_{k=1}^{3} a_{k1}=1+1+\frac{1}{5}=\frac{11}{5}$$

$$\bar{a}_{11}=\frac{a_{11}}{\sum\limits_{k=1}^{3} a_{k1}}=\frac{1}{\frac{11}{5}}=0.4545$$

$$\bar{a}_{21}=\frac{a_{21}}{\sum\limits_{k=1}^{3} a_{k1}}=\frac{1}{\frac{11}{5}}=0.4545$$

$$\bar{a}_{31}=\frac{a_{31}}{\sum\limits_{k=1}^{3} a_{k1}}=\frac{\frac{1}{5}}{\frac{11}{5}}=0.0909$$

用同样的方法计算其他两列，可得

$$F'=\begin{pmatrix}0.4545 & 0.4286 & 0.5556\\ 0.4545 & 0.4286 & 0.3333\\ 0.0909 & 0.1429 & 0.1111\end{pmatrix}$$

（2）按行相加：$M_1=1.4387$，$M_2=1.21645$，$M_3=0.34488$

（3）将向量$M=(1.4387\quad 1.21645\quad 0.34488)^{\mathrm{T}}$正规化，得到特征向量为

$$w^{(0)}=(0.479557\quad 0.4055\quad 0.11496)^{\mathrm{T}}$$

（4）计算最大特征根

$$FW=\begin{pmatrix}1 & 1 & 5\\ 1 & 1 & 3\\ \frac{1}{5} & \frac{1}{3} & 1\end{pmatrix}\begin{pmatrix}0.479557\\ 0.4055\\ 0.11496\end{pmatrix}=\begin{pmatrix}1.45984\\ 1.2299\\ 0.3460\end{pmatrix}$$

$$\begin{aligned}\lambda_{\max}&=\sum_{i=1}^{3}\frac{(AW)_i}{nW_i}\\ &=\frac{1.45984}{3\times 0.479557}+\frac{1.2299}{3\times 0.4055}+\frac{0.3460}{3\times 0.11496}\\ &=3.02913\end{aligned}$$

(二)进行一致性检验

$$CI=\frac{3.02913-3}{3-1}=0.014565$$

$$CR=\frac{0.014565}{0.58}=0.025112<0.1$$

故判断矩阵具有满意的一致性。

同理，分别对各层构造判断矩阵，用同样的方法求特征根并进行一致性检验，可得：

S_1	M_1	M_2	M_3
M_1	1	1	7
M_2	$\frac{1}{3}$	1	5
M_3	$\frac{1}{7}$	$\frac{1}{5}$	1

$$WS_1=(0.643389\quad 0.282839\quad 0.073772)^T$$

$$\lambda_{max}=3.065512\quad CI=0.032756\quad CR=0.056476<0.1000$$

S_2	M_4	M_5	M_6
M_4	1	3	3
M_5	$\frac{1}{3}$	1	1
M_6	$\frac{1}{3}$	1	1

$$WS_2=(0.6\quad 0.2\quad 0.2)^T$$

$$\lambda_{max}=3\quad CI=0\quad CR=0<0.1000$$

S_3	M_7	M_8	M_9
M_7	1	5	5
M_8	$\frac{1}{5}$	1	1
M_9	$\frac{1}{5}$	1	1

$$WS_3=(0.714286\quad 0.142857\quad 0.142857)^T$$

$$\lambda_{max}=3\quad CI=0\quad CR=0<0.1000$$

所以

$$W^{(1)}=\begin{pmatrix}0.643389 & 0.282839 & 0.073772\\ 0.6 & 0.2 & 0.2\\ 0.714286 & 0.142857 & 0.142857\end{pmatrix}$$

用同样的方法构造第 4 层对第 3 层的每一个准则的成对比较矩阵，不妨设为：

$$M_1=\begin{bmatrix}1 & 2 & 6\\ 1/2 & 1 & 4\\ 1/6 & 1/4 & 1\end{bmatrix}\quad M_2=\begin{bmatrix}1 & 2 & 5\\ 1/2 & 1 & 2\\ 1/5 & 1/2 & 1\end{bmatrix}\quad M_3=\begin{bmatrix}1 & 1/3 & 1/8\\ 3 & 1 & 1/3\\ 8 & 3 & 1\end{bmatrix}$$

$$M_4=\begin{bmatrix}1 & 1 & 3\\ 1 & 1 & 3\\ 1/3 & 1/3 & 1\end{bmatrix}\quad M_5=\begin{bmatrix}1 & 3 & 4\\ 1/3 & 1 & 1\\ 1/4 & 1 & 1\end{bmatrix}\quad M_6=\begin{bmatrix}1 & 1 & 1/4\\ 1 & 1 & 1/4\\ 4 & 4 & 1\end{bmatrix}$$

$$M_7=\begin{bmatrix}1 & 2 & 3\\ 1/2 & 1 & 2\\ 1/3 & 1/2 & 1\end{bmatrix}\quad M_8=\begin{bmatrix}1 & 1/4 & 1/2\\ 4 & 1 & 2\\ 2 & 1/2 & 1\end{bmatrix}\quad M_9=\begin{bmatrix}1 & 1 & 1/4\\ 1 & 1 & 1/3\\ 4 & 3 & 1\end{bmatrix}$$

同样计算各矩阵的特征向量及最大特征根，以及一致性指标CI_M和检验系数CR_M，结果如表 14－3 所示。

表 14－3　各指标计算数据

M	1	2	3	4	5	6	7	8	9
W_M	0.587 0.324 0.089	0.595 0.277 0.129	0.082 0.236 0.682	0.429 0.429 0.142	0.633 0.193 0.175	0.166 0.166 0.668	0.539 0.297 0.164	0.143 0.571 0.286	0.174 0.192 0.634
λ_{max}	3.009	3.005	3.002	3	3.009	3	3.009	3	3.009
CI_M	0.0045	0.003	0.001	0	0.005	0	0.0046	0	0.0045
CR_M	0.008	0.005	0.002	0	0.009	0	0.008	0	0.008

由表中数据可知判断矩阵均具有满意的一致性。

所以

$$W^{(2)}=\begin{pmatrix}0.587 & 0.324 & 0.089\\ 0.595 & 0.277 & 0.129\\ 0.082 & 0.236 & 0.682\\ 0.429 & 0.429 & 0.142\\ 0.633 & 0.193 & 0.175\\ 0.166 & 0.166 & 0.668\\ 0.539 & 0.297 & 0.164\\ 0.143 & 0.571 & 0.286\\ 0.174 & 0.192 & 0.634\end{pmatrix}$$

于是，各方案关于公交站点选址的权重为：

$$W=W^{(0)}W^{(1)}W^{(2)}=(0.5218\quad 0.3014\quad 0.1772)$$

由于方案 P_1 的权重最大，因此，应该选择方案 P_1。

14.3 多属性效用决策法

14.3.1 多属性效用决策的概念

在实际决策中，很多决策问题都是多目标决策问题，对于这类决策问题，就可以应用多属性效用决策方法。

多属性效用决策采用将目标值转化为效用值之后，再进行加权，并构成一个新的综合的单目标函数。例如，有 n 个目标，以 DV_i 表示第 i 个目标值，则该决策问题的效用值可表示为以下函数：

$$U = U(DV_1,\ DV_2,\ \cdots,DV_n) \tag{14-8}$$

通过进行综合分析并将上述效用函数进行分解，即可以将不同目标的效用值综合为单一效用值，然后就可以根据期望效用值最大原则解决多属性效用决策问题。

14.3.2 多属性效用函数

最简单的多属性效用函数是两属性效用函数。例如，某企业打算引进新设备以提高产品质量，设备的好坏直接影响到质量的高低，但引进更好的设备通常意味着费用的提高，因此，该决策问题就不再是一个单一目标决策问题，其决策效用值是质量和费用的函数，可表示为 U(质量，费用)。

辨识决策问题属性及其属性数量是建立效用函数的第一步。在建立效用函数时，应确认合理的属性及属性数量，以保证决策分析的质量。确认的属性数量太多，会增加大量的不必要的计算工作量；反之，则会影响决策分析的正确性，造成不利的决策后果。确定属性及其数量的基本原则是：确定的属性应全面可行，各属性不可再分解且没有重复，属性的数量最少。

例如，某地政府打算兴建一批平价房用于低价出租，决策分析小组原先确定的该决策问题效用函数的属性包括成本、社区服务、对本地房地产市场的影响和居民的审美价值观。后经分析，发现本地居民与外地居民的审美观存在很大的区别，而该地又有许多外地居民长期居留。因此，决策分析小组最后决定将居民的审美价值观属性分解为本地居民审美价值观属性和外地居民审美价值观属性。

对于具有两个属性（以 X、Y 表示）的决策问题，定义效用函数为 $U(X、Y)$。如果 X 与 Y 相互独立，则两属性效用函数可以表示为以下加性效用函数，即：

$$U(X,\ Y) = k_1U_1(X) + k_2U_2(Y) \tag{14-9}$$

式中，k_1 和 k_2 为常数。

因此，如果两属性 X 和 Y 相互独立，我们就可以通过分别求出决策者的效用函数 $U(X)$ 和 $U(Y)$ 而求出该两属性效用函数 $U(X,\ Y)$，其中，k_1 和 k_2 是两属性的相对重要性。

【例 14－4】 某公司在制定价格和广告策略时面临两个决策方案，每一决策方案的实施均会引起市场占有率和投资回报率的变化，如表 14－4 所示。其决策树如图 14－3 所示。

表 14－4　某公司的决策问题

决策方案	市场占有率(%)	投资回报率(%)	概率
1	4	12	0.6
	6	6	0.4
2	5	8	0.3
	3	13	0.5
	4	8	0.2

假设通过分析，该公司决策者认为两属性——市场占有率 X 和投资回报率 Y 的效用相互独立，则该决策问题的效用函数可用加性效用函数描述，即：

$$U(X, Y) = k_1U_1(X) + k_2U_2(Y)$$

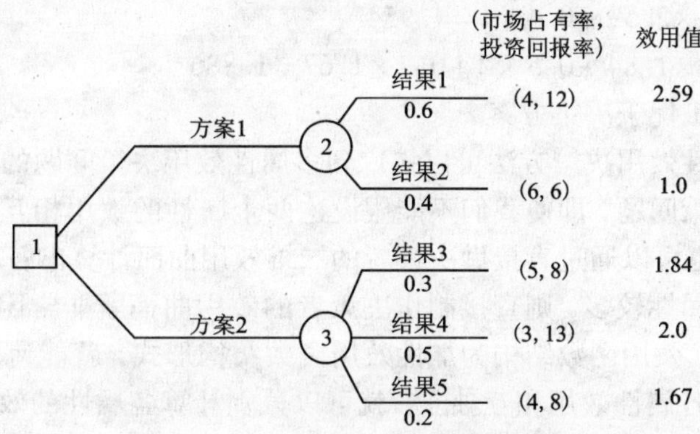

图 14－3　某公司决策问题的决策树

再假设市场占有率和投资回报率效用函数如图 14－4、图 14－5 所示。图中市场占有率和投资回报率的边界分别是市场占有率和投资回报率的最大值和最小值。

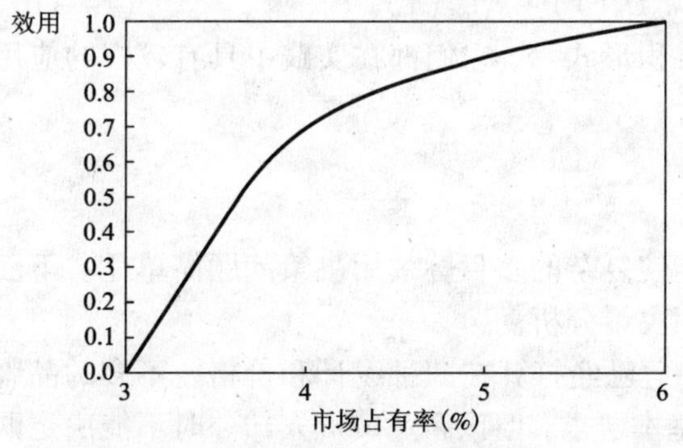

图 14－4　市场占有率的效用函数

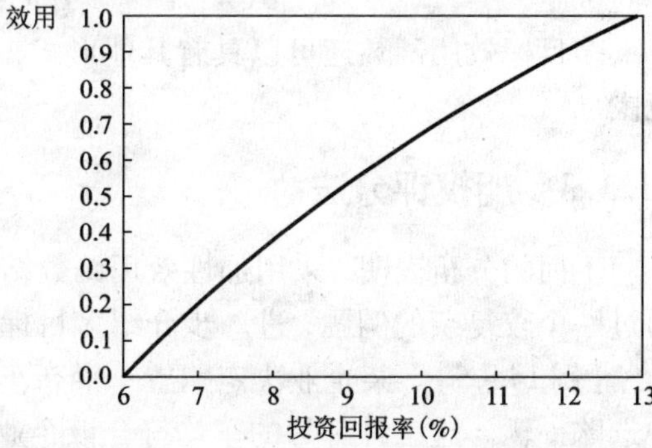

图 14－5　投资回报率的效用函数

通过进一步的分析，决策者认为投资回报率比市场占有率更重要，并赋值 $k_2=2k_1$。这表明投资回报率的重要程度是市场占有率的2倍。当然，如果该决策者的效用函数取值范围发生变化，则其权数也要调整。例如，在本例中，如果该决策者面临的最小投资回报率是0%，最大投资回报率为20%（区间大于目前的8%到13%），那么，即使其他条件不变，其投资回报率效用函数也会不一样，投资回报率效用函数值的权数就会不相同。

假设经过综合分析，该决策者决定 $k_2=2k_1$，则可令 $k_1=1$，$k_2=2$，因此，各结果分枝的效用值可计算如下：

结果1：$U=1\times0.75+2\times0.92=2.59$

结果2：$U=1\times1+2\times0=1$

结果3：$U=1\times0.92+2\times0.46=1.84$

结果4：$U=1\times0+2\times1=2$

结果5：$U=1\times0.75+2\times0.46=1.67$

因此，各决策方案的期望值分别为：

方案1：$EU=0.6\times2.59+0.4\times1=1.954$

方案2：$EU=0.3\times1.84+0.5\times2+0.2\times1.67=1.886$

这表明决策方案1优于决策方案2。

上面介绍的两属性效用决策方法可以推广到多属性效用决策问题的决策分析中去。对于上面的两属性效用决策问题，即使我们不能假设这两个属性的效用相互独立，因而不能采用加性效用函数结构，也可以通过直接做决策者的二维效用曲面计算出各决策方案的期望效用值。如果决策问题的属性较多，则直接制作决策者的效用曲面就非常困难了，因此，假设各属性的效用相互独立，效用函数结构为加性效用函数结构形式，就能使多属性效用决策问题变得简单起来。如果各属性效用相互独立，就可以分别计算各属性的效用值，然后采取线性加权方法求出总的效用值。

很多情况下，假设各属性效用相互独立，从而采用加性效用函数结构都能够取得较高的可靠度。但在决定是否采用加性效用函数结构之前，仍需进行严谨的分析，确保各属性效用相互独立假设的合理性。如果加性效用函数结构基本可行，但需要进行一些修正，则下式是一种可行的修正模型：

$$U(X,\ Y)=k_1U_1(X)+k_2U_2(Y)+k_3U_3(Y) \tag{14-10}$$

多目标效用函数还可以具有其他形式，如乘积形式等，它们都在实践中具有较广的应用范围。

14.3.3 加权评分法

上面的分析表明，采用加性效用函数结构能使复杂的多目标效用决策问题简单化。下面通过一个较复杂的例题，进一步介绍多目标效用决策分析。

【例14-5】 某企业决定购置一辆新车，并且已经打算在三种设计和价格差不多的品牌中选购一辆。这三种牌号的车均符合该企业的基本要求，但该企业负责人却一时不能决定购买哪一种牌号的汽车。通过分析，该企业负责人认为其效用函数是加性的，且各属性都相互独立，这些属性包括舒适、性能、节约能源、造型、特点、引擎质量、功率。则效用函数可以表示为：

$$U_{(汽车)} = f_{(舒适,性能,节约能源,造型,特直,引擎质量,功率)}$$

或：

$$U(Y_i) = f(X_1, X_2, X_3, X_4, X_5, X_6, X_7)$$

该负责人通过仔细分析后认为，在上述七个属性内，可以认为各属性效用值是相互独立的。且因为要比较的三辆车很相似，因此，可以应用加性效用函数，即：

$$U(Y_i) = k_1 U_1(X_1) + k_2 U_2(X_2) + \cdots + k_7 U_7(X_7)$$

同时，该负责人还将这三辆汽车的不同属性进行了评分，其结果见表 14－5，其评分标准采取从 0 分到 10 分，0 分是最低分，10 分是最高分。

表 14－5　汽车购买决策分析

	汽车牌号Y_1	汽车牌号Y_2	汽车牌号Y_3
舒适X_1	6	9	7
性能X_2	5	3	9
节能X_3	9	6	7
造型X_4	5	8	8
特点X_5	6	7	5
引擎质量X_6	7	6	9
功率X_7	3	8	5

上式中的 k_i 值是各属性的相对权重，该企业负责人通过以下两两比较计算出 k_i 值。

①节能的重要性是功率的 2 倍。

②舒适与节能同等重要。

③舒适的重要性是引擎质量的 1.5 倍。

④造型与功率同等重要。

⑤特点与引擎质量同等重要。

⑥性能的重要性是功率的 1.5 倍。

根据上述两两比较，有：

$$k_3 = 2k_6 \qquad k_1 = k_3$$

$$k_1 = 1.5k_5 \qquad k_4 = k_6$$

$$k_7 = k_5 \qquad k_2 = 1.5k_6$$

根据上述结果，可以得到一组解为：

$$k_1 = 2 \qquad k_2 = 1.5$$

$$k_3 = 2 \qquad k_4 = 1$$

$$k_5 = 1.33 \qquad k_6 = 1$$

$$k_7 = 1.33$$

通过做进一步的两两比较，并为了保持各比较的一致性，最后，该负责人确定各权值如下：

$$k_1 = 1.8 \qquad k_2 = 1.5$$
$$k_3 = 2.2 \qquad k_4 = 1$$
$$k_5 = 1.33 \qquad k_6 = 1$$
$$k_7 = 1.4$$

然后，就可以计算出购买不同汽车的效用值：

$$U(Y_1) = 1.8 \times 6 + 1.5 \times 5 + 2.2 \times 9 + 1 \times 5 + 1.33 \times 7 + 1 \times 3 + 1.4 \times 6 = 63.83$$
$$U(Y_2) = 1.8 \times 9 + 1.5 \times 3 + 2.2 \times 6 + 1 \times 8 + 1.33 \times 6 + 1 \times 8 + 1.4 \times 7 = 67.7$$
$$U(Y_3) = 1.8 \times 7 + 1.5 \times 9 + 2.2 \times 7 + 1 \times 8 + 1.33 \times 9 + 1 \times 5 + 1.4 \times 5 = 73.5$$

可见，第三种牌号的汽车最优，其次为第二种牌号的汽车。

14.4 优劣系数法

14.4.1 优劣系数法的概念

优劣系数法是通过计算各方案的优系数和劣系数，然后根据优系数和劣系数的大小，逐步淘汰决策方案，最后剩下的方案即为最优方案。

14.4.2 目标权数的确定

优劣系数法是多目标决策中的常用方法之一。在计算优劣系数之前，必须首先确定各目标的权数。

【例 14-6】 某公司准备新建一工厂，考虑的主要目标有建厂投资、建成年限、建成后需投入流动资金、年产值、产值利税率和环境污染。表 14-6 列出了三个不同方案的目标值。

表 14-6 不同方案目标值

目标	单位	方案 1	方案 2	方案 3
建厂投资	万元	1000	860	750
建成年限	年	5	4	3
建成后需投入流动资金	万元	458	333	385
年产值	万元	2600	1960	3200
产值利税率	%	12	15	12.5
环境污染		3	6	5

其中，环境污染以 4 ~ 9 之间的数字表示，数字越大，表明环境污染越轻。

从表 14-6 中可以看出，没有一个方案绝对优于其他方案，也没有一个方案的各项指标绝对劣于其他方案。一般而言，对决策者来说，各目标的重要性并不是一样的，有些目标相对重要一些，有些目标相对次要一些，因此，需要对不同的目标给予不同的权数，下面介绍几种确定权数的方法。

1. 简单编码法

简单编码法是将目标按重要性依次排序，最次要的目标定为 1，然后按自然数顺序由小到大确定权数。如有 A、B、C、D 四个目标，依重要性排序为 B、C、A、D，则其权数分别为 4、3、2、1，将权数归一化，则权数分别是 A: 0.2，B: 0.4，C: 0.3，D: 0.1。按简单编码法计算权数方法简单，但权数差别小，欠缺合理性。

2. 环比法

环比法是将各目标随机排成一行，然后按排列顺序将两个目标对比，得出环比比率再连乘，把环比比率换算为以最后一个目标为基数的定基比率，然后进行归一化处理。如有四个目标，其权数确定如表 14－7 所示。

表 14－7　用环比法确定目标权重

目标	A	B	C	D	合计
环比	1.5	0.5	2	1	
以 D 为基环比	1.5	1	2	1	5.5
权数	0.272727	0.181818	0.363636	0.181818	1

环比第一行的第一个数据表示 A 比 B 重要 1.5 倍，0.5 表示 B 的重要性是 C 的一半。第三行数据由第二行算出，它以 D 为基数 1，C 的重要性为 D 的 2 倍，故取值 2，B 是 C 的重要性的一半，故取值 $0.5 \times 2 \times 1 = 1$，以下类推，最后一行是以合计数为分母、第三行数据为分子计算出来的。

3. 优序图

优序图是一个棋盘式表格，横行和纵列都是要比较的目标，每一格填上两两对比的数字，重要性可用 1，2，3，4，5 表示，数字越大，表明重要性越大。当两个目标相比时，如一个目标的重要性为 5，则另一个目标的重要性为 0；如一个目标的重要性为 4，则另一个目标的重要性为 1。假设决策者根据本原则，对本案例的目标进行两两比较后所得结果如表 14－8 所示。将各行数值加起来，即得各行的合计数，将各行合计数除以总数 75，即得各目标的权数。

表 14－8　目标两两比较值

	目标 1	目标 2	目标 3	目标 4	目标 5	目标 6	合计	权数
目标 1		3	4	5	3	4	19	0.2533
目标 2	2		4	4	3	3	16	0.2133
目标 3	1	1		4	2	2	10	0.1333
目标 4	0	1	1		1	2	5	0.0667
目标 5	2	2	3	4		3	14	0.1867
目标 6	1	2	3	3	2		11	0.1467
合计							75	1

14.4.3 优系数和劣系数的计算

由于各项目标值的计量单位不一样，因此，在计算优劣系数之前，需要做标准化工作。标准化的公式为：

$$X = \frac{99(C-B)}{A-B} + 1 \tag{14-11}$$

式中，A 是最好方案目标值，B 是最坏方案目标值，C 是待评价方案目标值。

例如，例 14-6 中第一行建厂投资目标中，方案 3 数据最好，定其为 100；方案 1 数据最差，定其为 1。则方案 2 的 X 值为：

$$X = \frac{99(860-1000)}{750-1000} + 1 = 56.44$$

以此类推，可得表 14-9。

表 14-9 目标与方案

目标	方案 1	方案 2	方案 3
建成投资(目标 1)	1	56.44	100
建成年限(目标 2)	1	50.5	100
建成后需投入流动资金(目标 3)	1	100	58.816
年产值(目标 4)	100	1	38.125
产值利税率(目标 5)	1	100	17.5
环境污染(目标 6)	1	100	67

接下来，就可以计算优系数了，所谓优系数，是指一方案优于另一方案所对应的权数之和与全部权数之和的比率。例如，将方案 1 与方案 2 相比，方案 1 只有年产值一项优于方案 2，根据表 14-8，年产值得权数为 5，因此，方案 1 对于方案 2 的优系数为 5/75 = 0.067。同理可计算出其他优系数，如表 14-10 所示。

表 14-10 优劣数计算表

	方案 1	方案 2	方案 3
方案 1		0.667	0.0667
方案 2	0.9333		0.4667
方案 3	0.9333	0.5333	

优系数只反映优的目标的多少，以及这些目标的重要性，而不反映目标优的程度。为了综合比较各方案的优劣，还需要计算劣系数。劣系数是通过对比两方案的优极差和劣极差来计算的。所谓优极差，是一方案与另一方案相比，对应的那些目标中优势目标数值相差最大者；所谓劣极差，是指一方案劣于另一方案的那些目标中数值相差最大者。劣系数等于劣极

差除以优极差与劣极差之和。例如，方案 2 优于方案 3 的目标有目标 3、目标 5、目标 6，其差值为：

$$100-58.816=41.184 \qquad 100-17.5=82.5 \qquad 100-67=33$$

82.5 为最大差值，即优极差，而方案 2 在其余目标上劣于方案 3，其差值为：

$$100-56.44=43.56 \qquad 100-50.5=49.5 \qquad 38.125-1=37.125$$

49.5 为最大值，即为劣极差，因此，方案 2 与方案 3 相比的劣系数为：

$$\frac{劣极差}{劣极差+优极差}=\frac{49.5}{49.5+82.5}=0.375$$

同理，可推得劣系数如表 14－11 所示。

表 14－11　劣系数计算表

	方案 1	方案 2	方案 3
方案 1		0.5	0.6154
方案 2	0.5		0.375
方案 3	0.3846	0.625	

劣系数只反映目标劣的程度，不反映劣的目标数，因此在进行决策时，应综合考虑优、劣系数。

优劣系数法是根据优劣系数逐步淘汰不理想的方案。优系数的最好标准是 1，劣系数的最好标准是 0，但在实际决策时，不可能达到这一标准，因而是通过逐步降低标准而不断淘汰方案。例如，取优系数为 0.9、劣系数为 0.1 时，由表 14－10 可知，方案 2 和方案 3 与方案 1 相比的优系数都大于 0.9，因而淘汰方案 1。如取优系数 0.75，劣系数 0.39，则由表 14－11 可知，方案 2 与方案 3 相比的劣系数小于 0.39，因此，淘汰方案 3，即在本例中，方案 2 最优。

14.5　模糊决策法

14.5.1　模糊决策的基本概念

在现实生活中，很多概念都是模糊的。如高个子，身高达到多少即算高个子，并无明确的定义，不同的人会有不同的理解。另外，如商品的舒适、美观、价格合理等概念也是模糊的。这些概念的内涵是明确的，但外延则是模糊的。正因为在现实经济生活中，很多概念都是模糊的，利用模糊数学进行决策分析的应用就越来越广，模糊决策方法正成为决策领域中一种很有实用价值的工具。

（一）模糊集合

设 X 为一基本集，若对每个工 $x \in X$，都指定一个数 $\mu_{\underset{\sim}{A}}(x) \in [0, 1]$，则定义模糊子集 A：

$$\underset{\sim}{A}=\left\{\left|\frac{\mu_{\underset{\sim}{A}}(x)}{x}\right| x \in X\right\}$$

$\mu_A(x)$称为A的隶属函数，$\mu_A(x_i)$称为元素x_i的隶属度。

当X是可数集合，$X=\{x_1, x_2, \cdots, x_n\}$时，则：

$$\underset{\sim}{A} = \sum_{i=1}^{n} \frac{\mu_{\underset{\sim}{A}}(x_i)}{x_i} \tag{14-12}$$

当X中元素不可数时，则记为：

$$\underset{\sim}{A} = \int x \in X \frac{\mu_{\underset{\sim}{A}}(x_i)}{x_i} \mathrm{d}x \tag{14-13}$$

隶属函数$\mu_{\underset{\sim}{A}}(x) \in [0, 1]$，即$0 \leqslant \mu_{\underset{\sim}{A}}(x) \leqslant 1$。

例如，设某4人a、b、c、d属于高个子的程度分别为0.8，0.5，0.6，0.2，则该集合可表示成：

$$\underset{\sim}{A} = \frac{0.8}{a} + \frac{0.5}{b} + \frac{0.6}{c} + \frac{0.2}{d}$$

上式中的“+”称为查德符，表示模糊集合的元素相并列，没有相加的含义。

（二）隶属函数的确定

实践中隶属函数的确定有许多方法，各种方法的客观程度也不一样。下面介绍模糊统计确定隶属函数的方法。该方法是先选取一个基本集，然后其中任一元素 xi ，再考虑此元素属于集合A的可能性。例如，先确定模糊集合是高个子，然后考虑某人a属于高个子模糊集合的可能性，为得到量化的数据，可以邀请一些人来评判a是否为高个子，由于人们对高个子的认识不一样，有人认为是，有人则会认为不是，这样可以得到：

$$\mu(a) = \lim_{n \to \infty} \frac{a \in \underset{\sim}{A} \text{ 的次数}}{n} \tag{14-14}$$

这里的n是参加评判总人数，试验次数只要充分大，$u(a)$就会趋向$[0, 1]$中的一个数，此数即为隶属度。

（三）截集

模糊集合的λ截集是指X中对$\underset{\sim}{A}$的隶属度不小于λ的一切元素组成的普通集合，其中定义为：

对于给定的实数$\lambda(0 \leqslant \lambda \leqslant 1)$，定义：

$$\underset{\sim}{A}_\lambda = \{x \mid \mu_{\underset{\sim}{A}}(x) \geqslant \lambda\}$$

为$\underset{\sim}{A}$的λ截集，其中，λ叫置信水平。

14.5.2 模糊决策法的应用

下面通过一个实例来介绍模糊决策的应用。

【例14-7】 某公司在研究产品发展方向时，有两个方案可供考虑：A方案是生产产品型号甲，B方案是生产产品型号乙。公司决策层对产品进行了功能分析，认为产品应具有耐磨性、舒适性和美观性三大功能，相应的功能集合为：

$$X = \{X_1(\text{舒适性}), X_2(\text{耐磨性}), X_3(\text{美观性})\}$$

针对不同功能因素，由有代表性的顾客子集对这三个因素进行评述，评级域定为：

$$V=\{V_1(\text{很好}),\ V_2(\text{好}),\ V_3(\text{不太好}),\ V_4(\text{不好})\}$$

对产品型号甲的“舒适性”，顾客中有30%认为“很好”，60%认为“好”，还有10%认为“不太好”，却无人认为“不好”。则对产品型号甲的“舒适性”的评价为：

$$(0.3,\ 0.6,\ 0.1,\ 0)$$

相似地，可得出产品型号甲的“耐磨性”和“美观性”的评价分别为：

$$(0.3,\ 0.6,\ 0.1,\ 0)$$

$$(0.4,\ 0.3,\ 0.2,\ 0.1)$$

同样，对产品型号 B 的“舒适性”、“耐磨性”和“美观性”的评价为：

$$(0.1,\ 0.2,\ 0.6,\ 0.1)$$

$$(0.1,\ 0.3,\ 0.5,\ 0.1)$$

$$(0.2,\ 0.2,\ 0.3,\ 0.3)$$

于是，可就 A、B 两个方案，写出评价矩阵：

$$R_A=\begin{pmatrix}0.3 & 0.6 & 0.1 & 0\\ 0.3 & 0.6 & 0.1 & 0\\ 0.4 & 0.3 & 0.2 & 0.1\end{pmatrix}$$

$$R_B=\begin{pmatrix}0.1 & 0.2 & 0.6 & 0.1\\ 0.1 & 0.3 & 0.5 & 0.1\\ 0.2 & 0.2 & 0.3 & 0.3\end{pmatrix}$$

由于顾客对“舒适性”、“耐磨性”和“美观性”的要求不一样，三者有所不同，因此，要考虑相应地加上不同权值，如：

舒适性给予权值0.3；

耐磨性给予权值0.3；

美观性给予权值0.4；

以上权值满足归一化要求，即 $0.3+0.3+0.4=1$，这三个权值组成 X 上的一个模糊向量：

$$W=(0.3,\ 0.3,\ 0.4)$$

由此得出顾客对 A、B 两方案的综合评价：

$$\begin{aligned}B_A &= W\cdot R_A\\ &=(0.3,\ 0.3,\ 0.4)\begin{pmatrix}0.3 & 0.6 & 0.1 & 0\\ 0.3 & 0.6 & 0.1 & 0\\ 0.4 & 0.3 & 0.2 & 0.1\end{pmatrix}\\ &=(0.4,\ 0.3,\ 0.2,\ 0.1)\end{aligned}$$

上式中是按最大最小规则求解的，如：

$$\begin{aligned}b_1 &=(0.3\wedge 0.3)\vee(0.3\wedge 0.3)\vee(0.4\wedge 0.4)\\ &=0.3\vee 0.3\vee 0.4\\ &=0.4\end{aligned}$$

式中，“$\wedge$”表示取小值，“$\vee$”表示取大值。其余可类似求出。

同理：

$$B_B=W\cdot R_B$$

$$=(0.3,0.3,0.4)\begin{pmatrix}0.1 & 0.2 & 0.6 & 0.1\\0.1 & 0.3 & 0.5 & 0.1\\0.2 & 0.2 & 0.3 & 0.3\end{pmatrix}$$
$$=(0.2,0.3,0.4,0.3)$$

因为$0.2+0.3+0.4+0.3=1.2\neq1$，做归一化处理，得：

$$B_B=(0.17,0.25,0.33,0.25)$$

现在，将评价结果作为自然状态概率，结合各方案的损益值，制作成模糊决策表，如表14－12所示。

表14－12　模糊决策表　　单位：万元

		产品评价			
		V_1	V_2	V_3	V_4
状态概率	A	0.4	0.3	0.2	0.1
	B	0.17	0.25	0.33	0.25
损益率	方案A	1000	800	300	－300
	方案B	800	700	200	－200

根据表14－12中各自然状态概率和损益值，可计算出每一方案的期望损益值。

$$E_A=0.4\times1000+0.3\times800+0.2\times300+0.1\times(-300)$$
$$=670(\text{万元})$$
$$E_B=0.17\times800+0.25\times700+0.33\times200+0.25\times(-200)$$
$$=327(\text{万元})$$

因此，应采用方案A，即生产产品型号甲产品。

重点与难点

重点：①多目标决策的特点及其遵循的原则；②理解和应用层次分析法；③理解和应用多属性效用决策；④理解和应用优劣系数法。

难点：应用模糊数学解决决策问题。

思考与练习

14－1　简述多目标决策的特点。

14－2　多目标决策的目标体系分为几类？解决多目标决策问题一般遵循哪些原则？

14－3　常用的解决多目标决策问题的方法有哪些？

14－4　为什么要对判断矩阵进行一致性检验？

14－5　什么叫优系数？什么叫劣系数？确定各目标权数的方法有几种？

14－6　如何应用模糊数学方法解决决策分析问题？

14 - 7　设因素 A_1, A_2, A_3 对上一层次某因素 C 两两比较其相对重要性后的判断矩阵为：

$$A=\begin{pmatrix} 1 & 3 & 6 \\ \frac{1}{3} & 1 & 4 \\ \frac{1}{6} & \frac{1}{4} & 1 \end{pmatrix}$$

求 A_1, A_2, A_3 的权重和最大特征根 λ_{max}。

14 - 8　某城市决定改变闹市区域的交通环境，制定了三种备选方案：修建天桥(D_1)、修建地下人行横道(D_2)、搬迁商场(D_3)、评价的标准有六个：通过的能力(A_1)，方便过往行人及当地居民(A_2)，所花费用不能太高(A_3)，具有安全性(A_4)，保持市容美观(A_5)，两两对比的判断矩阵列于下表，试用层次分析法对此问题决策。

判断矩阵如下：

最优方案	A_1	A_2	A_3	A_4	A_5
A_1	1	3	5	3	5
A_2	1/3	1	3	1	3
A_3	1/5	1/3	1	1/3	3
A_4	1/3	1	3	1	3
A_5	1/5	1/3	1/3	1/3	1

A_1	D_1	D_2	D_3
D_1	1	1	5
D_2	1	1	5
D_3	1/5	1/5	1

A_2	D_1	D_2	D_3
D_1	1	3	5
D_2	1/3	1	2
D_3	1/5	1/2	1

A_3	D_1	D_2	D_3
D_1	1	4	7
D_2	1/4	1	4
D_3	1/7	1/4	1

A_4	D_1	D_2	D_3
D_1	1	1/2	1/3
D_2	2	1	1
D_3	3	1	1

A_5	D_1	D_2	D_3
D_1	1	1/2	1/3
D_2	2	1	1
D_3	3	1	1

14－9　某决策问题如表14－13所示，其中对科学价值、推广难易和人才培养标以1～9个数字，数字越大则科学价值越大，推广越容易，对人才培养越有利。试计算优系数和劣系数，并做决策分析。

表14－13　某决策表

评价标准	D_1	D_2	D_3	D_4
经济价值(万元)	50	85	70	95
科学价值(万元)	5	8	2	4
科研费用(万元)	15	32	26	20
研究周期(年)	1	1.5	2.5	2
推广难易	8	2	3	5
人才培养	4	8	5	3

附 录

附表一 DW 检验临界值表

（$\alpha = 0.01$）

n	$q=1$		$q=2$		$q=3$		$q=4$		$q=5$	
	d_L	d_U	d_L	d_U	d_L	d_U	d_L	d_U	d_L	d_U
15	0.81	1.07	0.70	1.25	0.59	1.46	0.49	1.70	0.39	1.96
16	0.84	1.09	0.74	1.25	0.63	1.44	0.53	1.66	0.44	1.90
17	0.87	1.10	0.77	1.26	0.67	1.43	0.57	1.63	0.48	1.85
18	0.90	1.12	0.80	1.26	0.71	1.42	0.61	1.60	0.52	1.80
19	0.93	1.13	0.83	1.26	0.74	1.41	0.65	1.58	0.56	1.77
20	0.95	1.15	0.86	1.27	0.77	1.41	0.68	1.57	0.60	1.74
21	0.97	1.16	0.89	1.27	0.80	1.41	0.72	1.55	0.63	1.71
22	1.00	1.17	0.91	1.28	0.83	1.40	0.75	1.54	0.66	1.69
23	1.02	1.19	0.94	1.29	0.86	1.40	0.77	1.53	0.70	1.67
24	1.04	1.20	0.96	1.30	0.88	1.40	0.80	1.53	0.72	1.66
25	1.05	1.21	0.98	1.30	0.90	1.41	0.83	1.52	0.75	1.65
26	1.07	1.22	1.00	1.31	0.93	1.41	0.85	1.52	0.78	1.64
27	1.09	1.23	1.02	1.32	0.95	1.41	0.88	1.51	0.81	1.63
28	1.10	1.24	1.04	1.32	0.97	1.41	0.90	1.51	0.83	1.62
29	1.12	1.25	1.05	1.33	0.99	1.41	0.92	1.51	0.85	1.61
30	1.13	1.26	1.07	1.34	1.01	1.42	0.94	1.51	0.88	1.61
31	1.15	1.27	1.08	1.34	1.02	1.42	0.96	1.51	0.90	1.60
32	1.16	1.28	1.10	1.35	1.04	1.43	0.98	1.51	0.92	1.60
33	1.17	1.29	1.11	1.36	1.05	1.43	1.00	1.51	0.94	1.59
34	1.18	1.30	1.13	1.36	1.07	1.43	1.01	1.51	0.95	1.59
35	1.19	1.31	1.14	1.37	1.08	1.44	1.03	1.51	0.97	1.59
36	1.21	1.32	1.15	1.38	1.10	1.44	1.04	1.51	0.99	1.59
37	1.22	1.32	1.16	1.38	1.11	1.45	1.06	1.51	1.00	1.58
38	1.23	1.33	1.18	1.39	1.12	1.45	1.07	1.52	1.02	1.58
39	1.24	1.34	1.19	1.39	1.14	1.45	1.09	1.52	1.03	1.58
40	1.25	1.34	1.20	1.40	1.15	1.46	1.10	1.52	1.05	1.58
45	1.29	1.38	1.24	1.42	1.20	1.48	1.16	1.53	1.11	1.58
50	1.32	1.40	1.28	1.45	1.24	1.19	1.20	1.54	1.16	1.59
55	1.36	1.43	1.32	1.47	1.28	1.51	1.25	1.55	1.21	1.59
60	1.38	1.45	1.35	1.48	1.32	1.52	1.28	1.56	1.25	1.59
65	1.41	1.47	1.38	1.50	1.35	1.53	1.31	1.57	1.28	1.60
70	1.43	1.49	1.40	1.52	1.37	1.55	1.34	1.58	1.31	1.61
75	1.45	1.50	1.42	1.53	1.39	1.56	1.34	1.59	1.34	1.61
80	1.47	1.52	1.44	1.54	1.42	1.57	1.39	1.60	1.36	1.62
85	1.48	1.53	1.46	1.55	1.43	1.58	1.41	1.60	1.39	1.62
90	1.50	1.54	1.47	1.56	1.45	1.59	1.43	1.61	1.41	1.64
95	1.51	1.55	1.49	1.57	1.47	1.60	1.45	1.62	1.42	1.64
100	1.52	1.56	1.50	1.58	1.48	1.60	1.46	1.63	1.44	1.65

($\alpha=0.05$) **(续)**

n	$q=1$		$q=2$		$q=3$		$q=4$		$q=5$	
	d_L	d_U	d_L	d_U	d_L	d_U	d_L	d_U	d_L	d_U
15	1.08	1.36	0.95	1.54	0.82	1.75	0.69	1.97	0.56	2.21
16	1.10	1.37	0.98	1.54	0.86	1.73	0.74	1.93	0.62	2.15
17	1.13	1.38	1.02	1.54	0.90	1.71	0.78	1.90	0.67	2.10
18	1.16	1.39	1.05	1.53	0.93	1.69	0.82	1.87	0.71	2.06
19	1.18	1.40	1.08	1.53	1.97	1.68	0.86	1.85	0.75	2.02
20	1.20	1.41	1.10	1.54	1.00	1.68	0.90	1.83	0.79	1.99
21	1.22	1.42	1.13	1.54	1.03	1.67	0.93	1.81	0.83	1.96
22	1.24	1.43	1.15	1.54	1.05	1.66	0.96	1.80	0.86	1.94
23	1.26	1.44	1.17	1.54	1.08	1.66	0.99	1.79	0.90	1.92
24	1.27	1.45	1.19	1.55	1.10	1.66	1.01	1.78	0.93	1.90
25	1.29	1.45	1.21	1.55	1.12	1.66	1.04	1.77	0.95	1.89
26	1.30	1.46	1.22	1.55	1.14	1.65	1.06	1.76	0.98	1.88
27	1.32	1.47	1.24	1.56	1.16	1.65	1.08	1.76	1.01	1.86
28	1.33	1.48	1.26	1.56	1.18	1.65	1.10	1.75	1.03	1.85
29	1.34	1.48	1.27	1.56	1.20	1.65	1.12	1.74	1.05	1.84
30	1.35	1.49	1.28	1.57	1.21	1.65	1.14	1.74	1.07	1.83
31	1.36	1.50	1.30	1.57	1.23	1.65	1.16	1.74	1.09	1.83
32	1.37	1.50	1.31	1.57	1.24	1.65	1.18	1.73	1.11	1.82
33	1.38	1.51	1.32	1.58	1.26	1.65	1.19	1.73	1.13	1.81
34	1.39	1.51	1.33	1.58	1.27	1.65	1.21	1.73	1.15	1.81
35	1.40	1.52	1.34	1.58	1.28	1.65	1.22	1.73	1.16	1.80
36	1.41	1.52	1.35	1.59	1.29	1.65	1.24	1.73	1.18	1.80
37	1.42	1.53	1.36	1.59	1.31	1.66	1.25	1.72	1.19	1.80
38	1.43	1.54	1.37	1.59	1.32	1.66	1.26	1.72	1.21	1.79
39	1.43	1.54	1.38	1.60	1.33	1.66	1.27	1.72	1.22	1.79
40	1.44	1.54	1.39	1.60	1.34	1.66	1.29	1.72	1.23	1.79
45	1.48	1.57	1.43	1.62	1.38	1.67	1.34	1.72	1.29	1.78
50	1.50	1.59	1.46	1.63	1.42	1.67	1.38	1.72	1.34	1.77
55	1.53	1.60	1.49	1.64	1.45	1.68	1.41	1.72	1.38	1.77
60	1.55	1.62	1.51	1.65	1.48	1.69	1.44	1.73	1.41	1.77
65	1.57	1.63	1.54	1.66	1.50	1.70	1.47	1.73	1.44	1.77
70	1.58	1.64	1.55	1.67	1.52	1.70	1.49	1.74	1.46	1.77
75	1.60	1.65	1.57	1.68	1.54	1.71	1.51	1.74	1.49	1.77
80	1.61	1.66	1.59	1.69	1.56	1.72	1.53	1.74	1.51	1.77
85	1.62	1.67	1.60	1.70	1.57	1.72	1.55	1.75	1.52	1.77
90	1.63	1.68	1.61	1.70	1.59	1.73	1.57	1.75	1.54	1.78
95	1.64	1.69	1.62	1.71	1.60	1.73	1.58	1.75	1.56	1.78
100	1.65	1.69	1.63	1.72	1.61	1.74	1.59	1.76	1.57	1.78

附注：1. α 表示检验水平，n 表示样本容量，q 表示回归模型中解释变量个数(不包括常数项)。

2. d_U 和 d_L 分别表示 DW 检验上临界值和下临界值。

附表二 t 检验临界值表(双侧检验用)

$$P(|y| > t_a) = \alpha$$

f \ α	0.9	0.8	0.7	0.6	0.5	0.4	0.3	0.2	0.1	0.05	0.02	0.01	0.001
1	0.158	0.325	0.510	0.727	1.000	1.376	1.963	3.078	6.314	12.706	31.821	63.657	636.619
2	0.142	0.289	0.445	0.617	0.816	1.061	1.386	1.886	2.920	4.303	6.965	9.925	31.599
3	0.137	0.277	0.424	0.584	0.765	0.978	1.250	1.638	2.353	3.182	4.541	5.841	12.924
4	0.134	0.271	0.414	0.569	0.741	0.941	1.190	1.533	2.132	2.776	3.747	4.604	8.610
5	0.132	0.267	0.408	0.559	0.727	0.920	1.156	1.476	2.015	2.571	3.365	4.032	6.869
6	0.131	0.265	0.404	0.553	0.718	0.906	1.134	1.440	1.943	2.447	3.143	3.707	5.959
7	0.130	0.263	0.402	0.549	0.711	0.896	1.119	1.415	1.895	2.365	2.998	3.499	5.408
8	0.130	0.262	0.399	0.546	0.706	0.889	1.108	1.397	1.860	2.306	2.896	3.355	5.041
9	0.129	0.261	0.398	0.543	0.703	0.883	1.100	1.383	1.833	2.262	2.821	3.250	4.781
10	0.129	0.260	0.397	0.542	0.700	0.879	1.093	1.372	1.812	2.228	2.764	3.169	4.587
11	0.129	0.260	0.396	0.540	0.697	0.876	1.088	1.363	1.796	2.201	2.718	3.106	4.437
12	0.128	0.259	0.395	0.539	0.695	0.873	1.083	1.356	1.782	2.179	2.681	3.055	4.318
13	0.128	0.259	0.394	0.538	0.694	0.870	1.079	1.350	1.771	2.160	2.650	3.012	4.221
14	0.128	0.258	0.393	0.537	0.692	0.868	1.076	1.345	1.761	2.145	2.624	2.977	4.140
15	0.128	0.258	0.393	0.536	0.691	0.866	1.074	1.341	1.753	2.131	2.602	2.947	4.073
16	0.128	0.258	0.392	0.535	0.690	0.865	1.071	1.337	1.746	2.120	2.583	2.921	4.015
17	0.128	0.257	0.392	0.534	0.689	0.863	1.069	1.333	1.740	2.110	2.567	2.898	3.965
18	0.127	0.257	0.392	0.534	0.688	0.862	1.067	1.330	1.734	2.101	2.552	2.878	3.922
19	0.127	0.257	0.391	0.533	0.688	0.861	1.066	1.328	1.729	2.093	2.539	2.861	3.883
20	0.127	0.257	0.391	0.533	0.687	0.860	1.064	1.325	1.725	2.086	2.528	2.845	3.850
21	0.127	0.257	0.391	0.532	0.686	0.859	1.063	1.323	1.721	2.080	2.518	2.831	3.819
22	0.127	0.256	0.390	0.532	0.686	0.858	1.061	1.321	1.717	2.074	2.508	2.819	3.792
23	0.127	0.256	0.390	0.532	0.685	0.858	1.060	1.319	1.714	2.069	2.500	2.807	3.768
24	0.127	0.256	0.390	0.531	0.685	0.857	1.059	1.318	1.711	2.064	2.492	2.797	3.745
25	0.127	0.256	0.390	0.531	0.684	0.856	1.058	1.316	1.708	2.060	2.485	2.787	3.725
26	0.127	0.256	0.390	0.531	0.684	0.856	1.058	1.315	1.706	2.056	2.479	2.779	3.707
27	0.127	0.256	0.389	0.531	0.684	0.855	1.057	1.314	1.703	2.052	2.473	2.771	3.690
28	0.127	0.256	0.389	0.530	0.683	0.855	1.056	1.313	1.701	2.048	2.467	2.763	3.674
29	0.127	0.256	0.389	0.530	0.683	0.854	1.055	1.311	1.699	2.045	2.462	2.756	3.659
30	0.127	0.256	0.389	0.530	0.683	0.854	1.055	1.310	1.697	2.042	2.457	2.750	3.646
40	0.126	0.254	0.388	0.529	0.681	0.851	1.050	1.303	1.684	2.021	2.423	2.704	3.551
60	0.126	0.254	0.387	0.527	0.679	0.848	1.046	1.296	1.671	2.000	2.390	2.660	3.460
120	0.126	0.254	0.386	0.526	0.677	0.845	1.041	1.289	1.658	1.980	2.358	2.617	3.373
∞	0.126	0.253	0.385	0.524	0.674	0.842	1.036	1.282	1.645	1.960	2.326	2.576	3.291

附注：α—显著性水平；f—自由度。

附表三 F 检验临界值表

$\alpha = 0.01$

u_2 \ u_1	1	2	3	4	5	6	7	8	9	10	12	15	20	24	30	40	60	120	∞
1	4052	5000	5403	5625	5764	5859	5928	5982	6022	6056	6106	6157	6209	6235	6261	6287	6313	6339	6366
2	98. 5	99. 0	99. 17	99. 25	99. 3	99. 33	99. 36	99. 37	99. 39	99. 4	99. 42	99. 43	99. 45	99. 46	99. 47	99. 47	99. 48	99. 49	99. 5
3	34. 12	30. 8	29. 46	28. 71	28. 24	27. 91	27. 67	27. 49	27. 35	27. 23	27. 05	26. 87	26. 69	26. 6	26. 5	26. 41	26. 32	26. 22	26. 13
4	21. 20	18. 0	16. 69	15. 98	15. 52	15. 21	14. 98	14. 8	14. 66	14. 55	14. 37	24. 2	14. 02	13. 93	13. 84	13. 75	13. 65	13. 56	13. 46
5	16. 26	13. 27	12. 06	11. 39	10. 97	10. 67	10. 46	10. 29	10. 16	10. 05	9. 89	9. 72	9. 55	9. 47	9. 38	9. 29	9. 2	9. 11	9. 02
6	13. 75	10. 93	9. 78	9. 15	8. 75	8. 47	8. 26	8. 1	7. 98	7. 87	7. 72	7. 56	7. 4	7. 31	7. 23	7. 14	7. 06	6. 97	6. 88
7	12. 25	9. 55	8. 45	7. 85	7. 46	7. 19	6. 99	6. 84	6. 72	6. 62	6. 47	6. 31	6. 16	6. 07	5. 99	5. 91	5. 82	5. 74	5. 65
8	11. 26	8. 65	7. 59	7. 01	6. 63	6. 37	6. 18	6. 03	5. 91	5. 81	5. 67	5. 52	5. 36	5. 28	5. 2	5. 12	5. 03	4. 95	4. 86
9	10. 56	8. 02	6. 99	6. 42	6. 06	5. 8	5. 61	5. 47	5. 35	5. 26	5. 11	4. 96	4. 81	4. 73	4. 65	4. 57	4. 48	4. 40	4. 31
10	10. 04	7. 56	6. 55	5. 99	5. 64	5. 39	5. 2	5. 06	4. 94	4. 85	4. 71	4. 56	4. 41	4. 33	4. 25	4. 17	4. 08	4. 00	3. 91
11	9. 65	7. 21	6. 22	5. 67	5. 32	5. 07	4. 89	4. 74	4. 63	4. 54	4. 4	4. 25	4. 1	4. 02	3. 94	3. 86	3. 78	3. 69	3. 6
12	9. 33	6. 93	5. 95	5. 41	5. 06	4. 82	4. 64	4. 5	4. 39	4. 3	4. 16	4. 01	3. 86	3. 78	3. 7	3. 62	3. 54	3. 45	3. 36
13	9. 07	6. 70	5. 74	5. 21	4. 86	4. 62	4. 44	4. 3	4. 19	4. 1	3. 96	3. 82	3. 66	3. 59	3. 51	3. 43	3. 34	3. 25	3. 17
14	8. 86	6. 51	5. 56	5. 04	4. 69	4. 46	4. 28	4. 14	4. 03	3. 94	3. 8	3. 66	3. 51	3. 43	3. 35	3. 27	3. 18	3. 09	3. 00

$\alpha = 0.01$ (续)

u_2 \ u_1	1	2	3	4	5	6	7	8	9	10	12	15	20	24	30	40	60	120	∞
15	8. 68	6. 36	5. 42	4. 89	4. 56	4. 32	4. 14	4. 00	3. 89	3. 8	3. 67	3. 52	3. 37	3. 29	3. 21	3. 13	3. 05	2. 96	2. 87
16	8. 53	6. 23	5. 29	4. 77	4. 44	4. 2	4. 03	3. 89	3. 78	3. 69	3. 55	3. 41	3. 26	3. 18	3. 1	3. 02	2. 93	2. 84	2. 75
17	8. 4	6. 11	5. 18	4. 67	4. 34	4. 1	3. 93	3. 79	3. 68	3. 59	3. 46	3. 31	3. 16	3. 08	3. 00	2. 92	2. 83	2. 75	2. 65
18	8. 29	6. 01	5. 09	4. 58	4. 25	4. 01	3. 94	3. 71	3. 6	3. 51	3. 37	3. 23	3. 08	3. 00	2. 92	2. 84	2. 75	2. 66	2. 57
19	8. 18	5. 93	5. 01	4. 5	4. 17	3. 94	3. 77	3. 63	3. 52	3. 43	3. 3	3. 15	3. 00	2. 92	2. 84	2. 76	2. 67	2. 58	2. 49
20	8. 1	5. 85	4. 94	4. 43	4. 1	3. 87	3. 70	3. 56	3. 46	3. 37	3. 23	3. 09	2. 94	2. 86	2. 78	2. 69	2. 61	2. 52	2. 42
21	8. 02	5. 78	4. 87	4. 37	4. 04	3. 81	3. 64	3. 51	3. 4	3. 31	3. 17	3. 03	2. 88	2. 8	2. 72	2. 64	2. 55	2. 46	2. 36
22	7. 95	5. 72	4. 82	4. 31	3. 99	3. 76	3. 59	3. 45	3. 35	3. 26	3. 12	2. 98	2. 83	2. 75	2. 67	2. 58	2. 5	2. 4	2. 31
23	7. 88	5. 66	4. 76	4. 26	3. 94	3. 71	3. 54	3. 41	3. 3	3. 21	3. 07	2. 93	2. 78	2. 7	2. 62	2. 54	2. 45	2. 35	2. 26
24	7. 82	5. 61	4. 72	4. 22	3. 9	3. 67	3. 5	3. 36	3. 26	3. 17	3. 03	2. 89	2. 74	2. 66	2. 58	2. 49	2. 4	2. 31	2. 21
25	7. 77	5. 57	4. 68	4. 18	3. 85	3. 63	3. 46	3. 32	3. 22	3. 13	2. 99	2. 85	2. 7	2. 62	2. 54	2. 45	2. 36	2. 27	2. 17
30	7. 56	5. 39	4. 51	4. 02	3. 7	3. 47	3. 30	3. 17	3. 07	2. 98	2. 84	2. 7	2. 55	2. 47	2. 39	2. 3	2. 21	2. 11	2. 01
40	7. 31	5. 18	4. 31	3. 83	3. 51	3. 29	3. 12	2. 99	2. 89	2. 8	2. 66	2. 52	2. 37	2. 29	2. 2	2. 11	2. 02	1. 92	1. 8
60	7. 08	4. 98	4. 13	3. 65	3. 34	3. 12	2. 95	2. 82	2. 72	2. 63	2. 5	2. 35	2. 2	2. 12	2. 03	1. 94	1. 84	1. 73	1. 6
120	6. 85	4. 79	3. 95	3. 48	3. 17	2. 96	2. 79	2. 66	2. 56	2. 47	2. 34	2. 19	2. 03	1. 95	1. 86	1. 76	1. 66	1. 53	1. 38
∞	6. 63	4. 61	3. 78	3. 32	3. 02	2. 8	2. 64	2. 51	2. 41	2. 32	2. 18	2. 04	1. 88	1. 79	1. 7	1. 59	1. 47	1. 32	1. 00

$\alpha = 0.05$ （续）

u_2 \ u_1	1	2	3	4	5	6	7	8	9	10	12	15	20	24	30	40	60	120	∞
1	161.4	199.5	215.7	224.6	230.2	234	236.8	238.9	240.5	241.9	243.9	245.9	248	249.1	250.1	251.1	252.2	253.3	254.3
2	18.51	19.00	19.16	19.25	19.3	19.33	19.35	19.37	19.38	19.4	19.41	19.43	19.45	19.45	19.46	19.47	19.48	19.49	19.5
3	10.13	9.55	9.28	9.12	9.01	8.94	8.89	8.85	8.81	8.79	8.74	8.7	8.66	8.64	8.62	8.59	8.57	8.55	8.53
4	7.71	6.94	6.59	6.39	6.26	6.16	6.09	6.04	6.00	5.96	5.91	5.86	5.80	5.77	5.75	5.72	5.69	5.66	5.63
5	6.61	5.79	5.41	5.19	5.05	4.95	4.88	4.82	4.77	4.74	4.68	4.62	4.56	4.53	4.5	4.46	4.43	4.40	4.36
6	5.99	5.14	4.76	4.53	4.39	4.28	4.21	4.15	4.1	4.06	4.00	3.94	3.87	3.84	3.81	3.77	3.74	3.70	3.67
7	5.59	4.74	4.35	4.12	3.97	3.87	3.79	3.73	3.68	3.64	3.57	3.51	3.44	3.41	3.38	3.34	3.30	3.27	3.23
8	5.32	4.46	4.07	3.84	3.69	3.58	3.5	3.44	3.39	3.35	3.28	3.22	3.15	3.12	3.08	3.04	3.01	2.97	2.93
9	5.12	4.26	3.86	3.63	3.48	3.37	3.29	3.23	3.18	3.14	3.07	3.01	2.94	2.9	2.86	2.83	2.79	2.75	2.71
10	4.96	4.10	3.71	3.48	3.33	3.22	3.14	3.07	3.02	2.98	2.91	2.85	2.77	2.74	2.7	2.66	2.62	2.58	2.54
11	4.84	3.98	3.59	3.36	3.2	3.09	3.01	2.95	2.9	2.85	2.79	2.72	2.65	2.61	2.57	2.53	2.49	2.45	2.4
12	4.75	3.89	3.49	3.26	3.11	3.00	2.91	2.85	2.8	2.75	2.69	2.62	2.54	2.51	2.47	2.43	2.38	2.34	2.3
13	4.67	3.81	3.41	3.18	3.03	2.92	2.83	2.77	2.71	2.67	2.6	2.53	2.46	2.42	2.38	2.34	2.3	2.25	2.21
14	4.6	3.74	3.34	3.11	2.96	2.85	2.76	2.7	2.65	2.6	2.53	2.46	2.39	2.35	2.31	2.27	2.22	2.18	2.13
15	4.54	3.68	3.29	3.06	2.9	2.79	2.71	2.64	2.59	2.54	2.48	2.4	2.33	2.29	2.25	2.2	2.16	2.11	2.07
16	4.49	3.63	3.24	3.01	2.85	2.74	2.66	2.59	2.54	2.49	2.42	2.35	2.28	2.24	2.19	2.15	2.11	2.06	2.01

$\alpha = 0.05$ （续）

u_2 \ u_1	1	2	3	4	5	6	7	8	9	10	12	15	20	24	30	40	60	120	∞
17	4.45	3.59	3.2	2.96	2.81	2.7	2.61	2.55	2.49	2.45	2.38	2.31	2.23	2.19	2.15	2.1	2.06	2.01	1.96
18	4.41	3.55	3.16	2.93	2.77	2.66	2.58	2.51	2.46	2.41	2.34	2.27	2.19	2.15	2.11	2.06	2.02	1.97	1.92
19	4.38	3.52	3.13	2.9	2.74	2.63	2.54	2.48	2.42	2.38	2.31	2.23	2.16	2.11	2.07	2.03	1.98	1.93	1.88
20	4.35	3.49	3.1	2.87	2.71	2.6	2.51	2.45	2.39	2.35	2.28	2.2	2.12	2.08	2.04	1.99	1.95	1.9	1.84
21	4.32	3.47	3.07	2.84	2.68	2.57	2.49	2.42	2.37	2.32	2.25	2.18	2.1	2.05	2.01	1.96	1.92	1.87	1.81
22	4.3	3.44	3.05	2.82	2.66	2.55	2.46	2.4	2.34	2.3	2.23	2.15	2.07	2.03	1.98	1.94	1.89	1.84	1.78
23	4.28	3.42	3.03	2.8	2.64	2.53	2.44	2.37	2.32	2.27	2.2	2.13	2.05	2.01	1.96	1.91	1.86	1.81	1.76
24	4.26	3.4	3.01	2.78	2.62	2.51	2.42	2.36	2.3	2.25	2.18	2.11	2.03	1.98	1.94	1.89	1.84	1.79	1.73
25	4.24	3.39	2.99	2.76	2.6	2.49	2.4	2.34	2.28	2.24	2.16	2.09	2.01	1.96	1.92	1.87	1.82	1.77	1.71
30	4.17	3.32	2.92	2.69	2.53	2.42	2.33	2.27	2.21	2.16	2.09	2.01	1.93	1.89	1.84	1.79	1.74	1.68	1.62
40	4.08	3.23	2.84	2.61	2.45	2.34	2.25	2.18	2.12	2.08	2	1.92	1.84	1.79	1.74	1.69	1.64	1.58	1.51
60	4	3.15	2.76	2.53	2.37	2.25	2.17	2.1	2.04	1.99	1.92	1.84	1.75	1.7	1.65	1.59	1.53	1.47	1.39
120	3.92	3.07	2.68	2.45	2.29	2.17	2.09	2.02	1.96	1.91	1.83	1.75	1.66	1.61	1.55	1.5	1.43	1.35	1.25
∞	3.84	3	2.6	2.37	2.21	2.1	2.01	1.94	1.88	1.83	1.75	1.67	1.57	1.52	1.46	1.39	1.32	1.22	1.00

附注：u_1—第一自由度；u_2—第二自由度

附表四 标准正态分布表

$$\Phi(t)=\int_{-\infty}^{t}\frac{1}{\sqrt{2\pi}}e^{-\frac{t^2}{2}}dt$$

t	0	1	2	3	4	5	6	7	8	9
-0. 0	0. 5000	0. 496	0. 492	0. 488	0. 484	0. 4801	0. 4761	0. 4721	0. 4681	0. 4641
-0. 1	0. 4602	0. 4562	0. 4522	0. 4483	0. 4443	0. 4404	0. 4364	0. 4325	0. 4286	0. 4247
-0. 2	0. 4207	0. 4168	0. 4129	0. 409	0. 4052	0. 4013	0. 3974	0. 3936	0. 3897	0. 3859
-0. 3	0. 3821	0. 3783	0. 3745	0. 3707	0. 3669	0. 3632	0. 3596	0. 3557	0. 352	0. 3483
-0. 4	0. 3446	0. 3409	0. 3372	0. 3336	0. 3300	0. 3264	0. 3228	0. 3192	0. 3156	0. 3121
-0. 5	0. 3085	0. 305	0. 3015	0. 2981	0. 2946	0. 2912	0. 2877	0. 2843	0. 281	0. 2776
-0. 6	0. 2743	0. 2709	0. 2676	0. 2643	0. 2611	0. 2578	0. 2546	0. 2514	0. 2483	0. 2451
-0. 7	0. 242	0. 2389	0. 2358	0. 2327	0. 2297	0. 2266	0. 2236	0. 2206	0. 2177	0. 2148
-0. 8	0. 2119	0. 209	0. 2061	0. 2033	0. 2005	0. 1977	0. 1949	0. 1922	0. 1894	0. 1867
-0. 9	0. 1841	0. 1814	0. 1788	0. 1762	0. 1736	0. 1711	0. 1645	0. 1660	0. 1635	0. 1611
-1	0. 1587	0. 1562	0. 1539	0. 1515	0. 1492	0. 1469	0. 1446	0. 1423	0. 1401	0. 1379
-1. 1	0. 1357	0. 1335	0. 1314	0. 1292	0. 1271	0. 1251	0. 1230	0. 1210	0. 1190	0. 1170
-1. 2	0. 1151	0. 1131	0. 1112	0. 1093	0. 1075	0. 1056	0. 1038	0. 1020	0. 1003	0. 0985
-1. 3	0. 0968	0. 0951	0. 0934	0. 0918	0. 0901	0. 0885	0. 0869	0. 0853	0. 0838	0. 0823
-1. 4	0. 0808	0. 0793	0. 0778	0. 0764	0. 0749	0. 0735	0. 0721	0. 0708	0. 0694	0. 0681
-1. 5	0. 0668	0. 0655	0. 0643	0. 063	0. 0618	0. 0606	0. 0594	0. 0582	0. 0570	0. 0559
-1. 6	0. 0548	0. 0537	0. 0526	0. 0516	0. 0505	0. 0495	0. 0485	0. 0475	0. 0465	0. 0465
-1. 7	0. 0446	0. 0436	0. 0427	0. 0418	0. 0409	0. 0401	0. 0392	0. 0384	0. 0375	0. 0367
-1. 8	0. 0359	0. 0352	0. 0344	0. 0336	0. 0328	0. 0322	0. 0314	0. 0307	0. 0300	0. 0294
-1. 9	0. 0287	0. 0281	0. 0274	0. 0268	0. 0262	0. 0256	0. 0250	0. 0244	0. 0238	0. 0233
-2	0. 0228	0. 0222	0. 0217	0. 0212	0. 0207	0. 0202	0. 0197	0. 0192	0. 0188	0. 0183
-2. 1	0. 0179	0. 0174	0. 0170	0. 0166	0. 0162	0. 0158	0. 0154	0. 015	0. 0146	0. 0143
-2. 2	0. 0139	0. 0136	0. 0132	0. 0129	0. 0126	0. 0122	0. 0119	0. 0116	0. 0113	0. 0110
-2. 3	0. 0107	0. 0104	0. 0102	0. 0099	0. 0096	0. 0094	0. 0091	0. 0089	0. 0087	0. 0084
-2. 4	0. 0082	0. 0080	0. 0078	0. 0075	0. 0073	0. 0071	0. 0069	0. 0068	0. 0066	0. 0064
-2. 5	0. 0062	0. 0060	0. 0059	0. 0057	0. 0055	0. 0054	0. 0052	0. 0051	0. 0049	0. 0048
-2. 6	0. 0047	0. 0045	0. 0044	0. 0043	0. 0041	0. 004	0. 0039	0. 0038	0. 0037	0. 0036
-2. 7	0. 0035	0. 0034	0. 0033	0. 0032	0. 0031	0. 003	0. 0029	0. 0028	0. 0027	0. 0026
-2. 8	0. 0026	0. 0025	0. 0024	0. 0023	0. 0023	0. 0022	0. 0021	0. 0021	0. 0020	0. 0019
-2. 9	0. 0019	0. 0018	0. 0018	0. 0017	0. 0016	0. 0016	0. 0015	0. 0015	0. 0014	0. 0014
-3. 0	0. 0013	0. 0010	0. 0007	0. 0005	0. 0003	0. 0002	0. 0002	0. 0001	0. 0001	0. 0000

（续）

t	0	1	2	3	4	5	6	7	8	9
0.0	0.5000	0.504	0.508	0.512	0.516	0.5199	0.5239	0.5279	0.5319	0.0100
0.1	0.5398	0.5438	0.5478	0.5517	0.5557	0.5596	0.5636	0.5675	0.5714	0.5753
0.2	0.5793	0.5832	0.5871	0.5910	0.5948	0.5987	0.6026	0.6064	0.6103	0.6141
0.3	0.6179	0.6217	0.6255	0.6293	0.6331	0.6368	0.6404	0.6443	0.648	0.6517
0.4	0.6554	0.6591	0.6628	0.6664	0.6700	0.6736	0.6772	0.6808	0.6844	0.6879
0.5	0.6915	0.695	0.6985	0.7019	0.7054	0.7088	0.7123	0.7157	0.719	0.7224
0.6	0.7257	0.7291	0.7324	0.7357	0.7389	0.7422	0.7454	0.7486	0.7517	0.7549
0.7	0.7580	0.7611	0.7642	0.7673	0.7703	0.7734	0.7764	0.7794	0.7823	0.7852
0.8	0.7881	0.7910	0.7939	0.7967	0.7995	0.8023	0.8051	0.8078	0.8106	0.8133
0.9	0.8159	0.8186	0.8212	0.8238	0.8264	0.8289	0.8355	0.834	0.8365	0.8389
1	0.8413	0.8438	0.8461	0.8485	0.8508	0.8531	0.8554	0.8577	0.8599	0.8621
1.1	0.8643	0.8665	0.8686	0.8708	0.8729	0.8749	0.877	0.8790	0.8810	0.8830
1.2	0.8849	0.8869	0.8888	0.8907	0.8925	0.8944	0.8962	0.8980	0.8997	0.9015
1.3	0.9032	0.9049	0.9066	0.9082	0.9099	0.9115	0.9131	0.9147	0.9162	0.9177
1.4	0.9192	0.9207	0.9222	0.9236	0.9251	0.9265	0.9279	0.9292	0.9306	0.9319
1.5	0.9332	0.9345	0.9357	0.937	0.9382	0.9394	0.9406	0.9418	0.9430	0.9441
1.6	0.9452	0.9463	0.9474	0.9484	0.9495	0.9505	0.9515	0.9525	0.9535	0.9535
1.7	0.9554	0.9564	0.9573	0.9582	0.9591	0.9599	0.9608	0.9616	0.9625	0.9633
1.8	0.9641	0.9648	0.9656	0.9664	0.9672	0.9678	0.9686	0.9693	0.9700	0.9706
1.9	0.9713	0.9719	0.9726	0.9732	0.9738	0.9744	0.975	0.9756	0.9762	0.9767
2	0.9772	0.9778	0.9783	0.9788	0.9793	0.9798	0.9803	0.9808	0.9812	0.9817
2.1	0.9821	0.9826	0.983	0.9834	0.9838	0.9842	0.9846	0.985	0.9854	0.9857
2.2	0.9861	0.9864	0.9868	0.9871	0.9874	0.9878	0.9881	0.9884	0.9887	0.989
2.3	0.9893	0.9896	0.9898	0.9901	0.9904	0.9906	0.9909	0.9911	0.9913	0.9916
2.4	0.9918	0.9920	0.9922	0.9925	0.9927	0.9929	0.9931	0.9932	0.9934	0.9936
2.5	0.9938	0.9940	0.9941	0.9943	0.9945	0.9946	0.9948	0.9949	0.9951	0.9952
2.6	0.9953	0.9955	0.9956	0.9957	0.9959	0.996	0.9961	0.9962	0.9963	0.9964
2.7	0.9965	0.9966	0.9967	0.9968	0.9969	0.997	0.9971	0.9972	0.9973	0.9974
2.8	0.9974	0.9975	0.9976	0.9977	0.9977	0.9978	0.9979	0.9979	0.998	0.9981
2.9	0.9981	0.9982	0.9982	0.9983	0.9984	0.9984	0.9985	0.9985	0.9986	0.9986
3	0.9987	0.9990	0.9993	0.9995	0.9997	0.9998	0.9998	0.9999	0.9999	1.0000

附表五 χ^2分布表

$$P\{\chi^2(n) > \chi_{\alpha}^2(n)\} = \alpha$$

n	0.995	0.99	0.975	0.95	0.9	0.75
1	0.00004	0.00016	0.001	0.004	0.016	0.102
2	0.01	0.02	0.051	0.103	0.211	0.575
3	0.072	0.115	0.216	0.352	0.584	1.216
4	0.207	0.297	0.484	0.711	1.064	1.923
5	0.412	0.554	0.831	1.145	1.61	2.675
6	0.676	0.872	1.237	1.635	2.204	2.455
7	0.989	1.239	1.69	2.167	2.833	4.255
8	1.344	1.646	2.18	2.733	3.49	5.071
9	1.735	2.088	2.7	3.325	4.168	5.899
10	2.156	2.558	3.247	3.94	4.865	6.737
11	2.603	3.053	3.816	4.575	5.578	7.584
12	3.074	3.571	4.404	5.226	6.304	8.438
13	3.565	4.107	5.009	5.892	7.042	9.299
14	4.075	4.66	5.629	6.571	7.79	10.165
15	4.601	5.229	6.262	7.261	8.547	11.037
16	5.142	5.812	6.908	7.962	9.312	11.921
17	5.697	6.408	7.564	8.672	10.085	12.792
18	6.265	7.015	8.231	8.39	10.865	13.675
19	6.884	7.633	8.907	10.117	11.651	14.562
20	7.434	8.26	9.591	10.851	12.443	15.452
21	8.034	8.897	10.283	11.591	13.24	16.344
22	8.643	9.542	10.982	12.338	14.042	17.24
23	9.26	10.196	11.689	13.091	14.848	18.137
24	9.886	10.859	12.401	13.848	15.659	19.037
25	10.52	11.524	13.12	14.611	16.473	19.939
26	11.16	12.198	13.844	15.379	17.292	20.843
27	11.808	12.879	14.573	16.151	18.114	21.749
28	12.461	13.565	15.308	16.928	18.939	22.657
29	13.121	14.257	16.047	17.708	19.768	23.567
30	13.787	14.954	16.791	18.493	20.599	24.478
31	14.458	15.655	17.539	19.281	21.434	25.39
32	15.134	16.362	18.291	20.072	22.271	26.304
33	15.815	17.074	19.047	20.867	23.11	27.219
34	16.501	17.789	19.806	21.664	23.952	28.136
35	17.192	18.509	20.569	22.465	24.797	29.054
36	17.887	19.233	21.336	23.269	25.643	29.073

(续)

n	0.995	0.99	0.975	0.95	0.9	0.75
37	18.586	19.96	22.106	24.075	26.492	30.893
38	19.289	20.691	22.878	24.884	27.343	31.815
39	19.996	21.426	23.654	25.695	28.196	32.737
40	20.707	22.164	24.433	26.509	29.051	33.66
41	21.421	22.906	25.215	27.326	29.907	34.858
42	22.138	22.65	25.999	28.144	30.765	35.51
43	22.859	24.398	26.785	28.965	31.625	36.436
44	23.584	25.148	27.575	29.787	32.487	37.363
45	24.311	25.901	28.366	30.612	33.35	38.291
1	1.323	2.706	3.841	5.024	6.635	7.897
2	2.773	4.605	5.991	7.378	9.210	10.579
3	4.108	6.251	7.815	9.648	11.345	12.838
4	5.385	7.779	9.488	11.143	13.277	14.860
5	6. 526	9.236	11.071	12.833	15.086	16.750
6	7.841	10.645	12.592	14.449	16.812	18.548
7	9.037	12.017	14.067	16.013	18.475	20.278
8	10.219	13.362	15.507	17.535	20.090	21.995
9	11.389	14.684	16.910	19.023	21.666	23.589
10	12.549	15.987	18.307	20.483	23.200	25.188
11	13.701	17.275	19.675	21.920	24.725	26.757
12	14.845	18.549	21.026	23.337	26.217	28.299
13	15.984	19.812	22.362	24.736	27.688	29.819
14	17.117	21.064	23.685	26.119	29.141	31.319
15	18.245	22.307	24.996	27.488	30.578	32.801
16	19.369	23.542	26.296	28.845	32.000	34.267
17	20.489	24.769	27.587	30.191	33.409	35.718
18	21.605	25.989	28.869	31.526	34.805	37.156
19	22.718	27.204	30.144	32.852	36.191	38.582
20	23.828	28.402	31.410	34.170	37.566	39.997
21	24.935	29.615	32.671	35.479	38.032	41.401
22	26.039	30.813	33.924	36.781	40.289	42.796
23	27.141	32.007	35.172	38.076	42.638	44.181
24	28.241	33.196	36.415	39.364	42.980	45.559
25	29.339	34.382	37.652	40.646	44.314	46.928
26	30.435	36.563	38.886	41.923	45.642	48.290
27	31.528	36.741	40.113	43.194	46.963	49.645
28	32.620	37.916	41.337	44.461	48.278	50.993
29	33.711	39.087	42.557	45.722	49.588	52.336
30	34.800	40.256	43.773	46.979	50.892	53.672
31	35.887	41.422	44.985	48.232	52.191	55.003
32	36.973	42.585	46.194	49.480	53.486	56.328
33	38.058	43.745	47.400	50.725	54.776	57.648

（续）

n	0.995	0.99	0.975	0.95	0.9	0.75
34	39.141	44.903	48.602	51.966	56.061	58.964
35	40.223	46.059	49.802	53.203	57.342	60.275
36	41.304	47.212	50.998	54.437	58.619	61.581
37	42.383	48.363	52.192	55.668	59.802	62.883
38	43.462	49.513	53.384	56.890	61.182	64.181
39	44.539	50.660	54.572	58.120	62.428	65.476
40	45.616	51.805	55.758	59.342	63.691	66.766
41	46.692	52.049	56.942	60.561	64.950	68.053
42	47.766	54.090	58.124	61.777	66.206	69.336
43	48.840	55.230	59.304	62.990	67.459	70.616
44	49.913	56.369	60.481	64.201	68.710	71.893
45	50.985	57.505	61.656	65.410	69.597	73.166

参考文献

1. 王炜，陈学武. 交通规划[M]. 北京：人民交通出版社，
2. 朱海燕，王伟雯等. 城市轨道交通客运组织[M]. 北京：中国铁道出版社，
3. 周里捷，姚振平. 大型活动地面公共交通运营组织与调度系统[M]. 北京：电子工业出版社，
4. 金键，欧筑新等. 城市道路交通管理体系规划理论、方法与应用[M]. 成都：西南交通大学出版社，
5. 陆化普. 交通规划理论与方法[M]. 北京：清华大学出版社，
6. 毛保华，陈绍宽等. 城市轨道交通规划与设计[M]. 北京：人民交通出版社，2011.
7. 谭复兴，高伟君等. 城市轨道交通系统概论[M]. 北京：中国水利水电出版社，2007.
8. 朱顺应，郭志勇. 城市轨道交通规划与管理[M]. 南京：东南大学出版社，2008
9. 张贵喜. 预测与决策概论[M]，北京：首都经济贸易大学出版社，2007
10. 李水旺，田智慧，熊伟. 运筹模型与决策支持[M]，郑州：黄河水利出版社，2009
11. 徐国祥. 统计预测和决策(第4版)[M]. 上海：上海财经大学出版社，2012
12. 宁宣熙，刘思峰. 管理预测与决策方法[M]，北京：科学出版社，2009
13. 邵长桥，刘小明，赵林. 交通预测原则和预测模型评价方法[J]. 道路交通与安全，2007(03)：30－33
14. 日本土木学会. 交通需求预测手册[M]. 技报堂出版株式会社，1981
15. 刘小明，任福田. 公路网规划预测中交通预测的思想方法[J]. 中国公路学报，1993，7(3)：55－59
16. 杨雪. 高速公路网络流量预测与分析[D]. 山东科技大学，2006
17. 任光，张均东. 时间序列状态空间建模及其应用(第1版)[M]. 大连：大连海事学院出版社，2006
18. 贾乃光译. 统计决策论及贝叶斯分析[M]. 北京：中国统计出版社，1998
19. 王振龙. 时间序列分析[M]. 北京：中国统计出版社，2000
20. 杨曾武. 统计预测原理[M]. 北京：中国财政经济出版社，1990
21. 韩天恩. 实用统计预测[M]. 北京：冶金工业出版社，1998
22. 左宪棠. 市场调查预测与决策[M]. 北京：经济管理出版社，1989
23. 梅汝和，余名岳. 市场调查和预测的应用[M]. 上海：上海人民出版社，1983
24. 蔡美德，徐建虹. 管理决策分析[M]. 广州：华南理工大学出版社，1992
25. 朱明德，余光辉. 统计预测与控制[M]. 北京：中国林业出版社，1993
26. 孙文生. 统计学原理[M]. 北京：学苑出版社，1990
27. 张维达. 统计学理论与方法[M]. 吉林：吉林人民出版社，1983
28. 邓全龙. 灰色系统[M]. 北京：国防工业出版社，1995
29. 冯中铨. 经济预测与决策[M]. 北京：中国财经出版社，1995
30. 冯文权. 经济预测和决策技术(修订本)[M]. 武汉：武汉大学出版社，1994
31. 李志伟，吴家楹，施家珍. 统计分析概论(修订本)[M]. 北京：对外贸易教育出版社，1989
32. 易丹辉. 数据分析与 EViews 应用[M]. 北京：中国统计出版社，2002
33. 周雄鹏. 统计预测和决策[M]. 立新会计图书用品社，1989

34. 华光彦，王慎之. 市场调查、预测和决策[J]. 黑龙江省财贸经济研究所经济研究编辑部，1982
35. 周复恭，倪加勋，朱汉江，汪叔夜，黄运成. 应用数理统计学[M]. 北京：中国人民大学出版社，1989
36. 吴敏，彭逢瑞. 经济统计预测[M]. 北京：中国统计出版社，1989
37. Alan Jessop. Decision and forecasting models with transport applications[M]. Ellis Horwood, 1990
38. Principles of forecasting: A handbook for researchers and practitioners[M]. Kluwer Academic Publisher, 2001
39. Andrzej P. Tarko, Praprut Songchitruksa. Reporting uncertainty in the highway capacity manual survey results [CD]. TRB 2003 annual meeting, 2003
40. Syporgs G. Makridakis. Forecasting, Planning and strategy for the 21 century[M]. A Division of Macmillan, Inc. New York, 1990
41. David F. Groebner, Patrick W. Shannon, Phillip C. Fry and Keut D. Smith, Business Statistics: A Decision-making Approach, 5th. ed. 中国统计出版社，2003
42. Box, G. E. P. and Jenkins, G. M., Time series Analysis Forecasting methods and control, holden-day, 1970
43. Morris Hamburg, Statistical Analysis For Decision Making, 4th ed., Harcourt Brace Jovanovich, Inc., 1984
44. John Neter, William Wasserman and G. A. Whitmore, Applied Statistics, Second Edition, Allyn and Bacon, Inc., 1982

图书在版编目(CIP)数据

交通运输预测与决策技术/胡郁葱,黄玲主编.
—长沙:中南大学出版社,2014.12
ISBN 978-7-5487-1272-5

Ⅰ.交... Ⅱ.①胡...②黄... Ⅲ.交通运输管理-高等学校-教材 Ⅳ.F502

中国版本图书馆CIP数据核字(2014)第312078号

交通运输预测与决策技术

胡郁葱　黄　玲　主编

□责任编辑　刘　辉
□责任印制　易红卫
□出版发行　中南大学出版社
社址:长沙市麓山南路　　邮编:410083
发行科电话:0731-88876770　　传真:0731-88710482
□印　　装　长沙利君漾印刷厂

□开　　本　787×1092　1/16　□印张25　□字数622千字
□版　　次　2015年1月第1版　□2015年1月第1次印刷
□书　　号　ISBN 978-7-5487-1272-5
□定　　价　50.00元